www.Seinbooks.com

2025 개정판

WTO 관세평가협정

관세 및 무역실무자·
관세사시험을 위한

관세법 포함

SEIN Books
세인북스

1994년도 관세와 무역에 관한 일반협정 제7조
(ARTICLE VII OF THE GENERAL AGREEMENT ON TARIFFS AND TRADE 1994)

- 001 　제7조 관세평가
- 004 　부속서 1
  　주석 및 보충규정

1994년도 관세와 무역에 관한 일반협정 제7조의 시행에 관한 협약
(GATT신평가협약)

- 005 　일반서설
- 007 　제1부
  　관세평가규칙
- 020 　제2부
  　관리, 협의 및 분쟁해결
- 021 　제3부
  　특별 및 차등 대우
- 022 　제4부
  　최종조항
- 024 　부속서 1
  　주　해
- 046 　부속서 2
  　관세평가에 관한 기술위원회
- 051 　부속서 3

CONTENTS

❚결 정
(DECISIONS)

- 053   결정 1.1
  협약 제8조 제1항 (다)호 주해에서의 "copyrights"의 불어번역
- 053   결정 2.1
  협약 제8조 제1항 (나)(4)호 규정 중 "undertaken"이라는 용어의 의미
- 054   결정 3.1
  수입물품 과세가격 결정시 이자비용의 처리
- 055   결정 4.1
  데이타 처리장치를 위한 소프트웨어 전달매체에 대한 평가
- 057   결정 5.1
  협약 제8조 제1항 (나)(4)의 용어 : 개발
- 058   결정 6.1
  세관당국이 신고가격의 정확성이나 진실성을 의심할 만한
  사유가 있는 경우 유통업자 및 독점 영업권자에 의한 수입
- 059   결정 7.1
  최저과세기준가격과 독점대리인, 독점유통업자 및
  독점영업권자에 의한 수입

❚권고의견
(ADVISORY OPINIONS)

- 061   권고의견 1.1
  협약에서의 판매의 개념
- 065   권고의견 2.1
  동일물품의 시장가격보다 낮은 가격의 인정 여부
- 066   권고의견 3.1
  협약 제1조 주해에서의 "구분 가능한"의 의미 : 수입국에서의 수입제세
- 066   권고의견 4.1 - 4.19
  협약 제8조 제1항(다)호의 로얄티 및 라이센스료
- 077   권고의견 5.1 - 5.3
  협약하에서의 현금할인 처리
- 078   권고의견 6.1
  협약하에서의 구상거래 및 보상거래의 처리
- 080   권고의견 7.1
  협약 제1조 제2항 (나) (1)호에서의 대비가격 채택가능성

081 권고의견 8.1
종전 거래와 관련된 신용채권의 처리

082 권고의견 9.1
공제가격 적용시 덤핑방지 관세 및 상계관세의 처리

082 권고의견 10.1
허위서류의 취급

083 권고의견 11.1
부주의로 인한 오류와 불완전한 서류의 처리

084 권고의견 12.1
협약 제7조의 신축적 적용

084 권고의견 12.2
제7조를 적용함에 있어서의 우선순위

085 권고의견 12.3
제7조를 적용함에 있어서 해외에서 제공된 자료의 사용

085 권고의견 13.1
협약 제8조 제2항 (다)호에서의 "보험"의 범위

086 권고의견 14.1
"수입국에 수출판매된" 이라는 표현의 의미

090 권고의견 15.1
수량할인의 처리

094 권고의견 16.1
평가대상물품에 대한 거래의 성립 또는 가격의 결정이 금액으로
환산할 수 있는 어떠한 조건이나 사정에 의하여 영향을 받은 경우의 처리

095 권고의견 17.1
협약 제11조의 범위와 의미

096 권고의견 18.1
협약 제11조의 범위와 의미

097 권고의견 19.1
협약 제11조의 범위와 의미

097 권고의견 20.1
계약서에 고정환율을 정하고 있는 경우의 통화 환산

100 권고의견 21.1
협약 제15조 제4항 (나)호 "동업자" 의 표현에 대한 해석

101 권고의견 22.1
산업플랜트 디자인 및 개발과 관련하여 수입된 기술문서에 대한 평가

102-1 권고의견 23.1
"반짝 세일"에서 구매한 수입물품의 평가

102-2 권고의견 24.1
구매자 소유의 상표가 부착된 수입물품의 평가처리

102-4 권고의견 25.1
부수적인 요금들에 적용되는 평가 처리

예 해
(COMMENTARIES)

103	예해 1.1	협약목적상 동일물품 및 유사물품
108	예해 2.1	수출보조금 또는 장려금 대상이 되는 물품의 평가
110	예해 3.1	염매가격으로 판매된 물품의 평가
111	예해 4.1	가격조정약관이 있는 경우의 평가
113	예해 5.1	제조, 가공 및 수리용으로 일시 수출된 후 재수입된 물품에 대한 평가
116	예해 6.1	협약 제1조에 의한 분할선적물품의 처리
120	예해 7.1	제1조에 따른 장치 및 관련비용의 처리
124	예해 8.1	일괄거래의 평가문제
127	예해 9.1	수입국에서 발생한 활동에 대한 비용의 처리
129	예해 10.1	협약 제1조 제1항 (나)호와 제2조 및 제3조 규정에서의 거래단계 및 거래수량의 차이에 대한 조정
137	예해 11.1	결합거래의 처리
142	예해 12.1	협약 제1조(가) (3)의 "제한"이라는 용어의 의미
143	예해 13.1	데이타 처리장치용 소프트웨어 전달매체의 평가에 관한 결정사항의 적용
145	예해 14.1	제1조 제2항의 적용
149	예해 15.1	역산가격방법의 적용
153	예해 16.1	물품구입후 수입전에 구매자의 계산으로 수행된 활동
155	예해 17.1	구매수수료
159	예해 18.1	제8조 제1항 (나)호 (ii)와 제8조 제1항 나호(iv)와의 관계

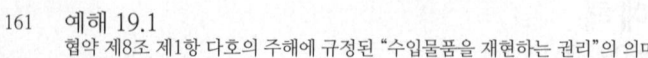

161 예해 19.1
협약 제8조 제1항 다호의 주해에 규정된 "수입물품을 재현하는 권리"의 의미

162 예해 20.1
하자보증

166 예해 21.1
운송비 : FOB 평가제도

168 예해 22.1
연속거래에서"수입국으로 수출하기 위하여 판매된"이라는 표현에 대한 의미

179 예해 23.1
이전가격 연구와 관련하여제1조 제2항 (가)호에서 정하고 있는 "판매를 둘러싼 상황"이라는 표현에 대한 검토

181 예해 24.1
협약 제8조 제1항 (나)호에 의한 생산지원의 가격 결정

183 예해 25.1
제3자 권리사용료 – 일반적인 해설

❙해 설
(EXPLANATORY NOTES)

187 해설 1.1
협약 제1조, 제2조, 제3조와 관련한 시간요소

191 해설 2.1
협약 제8조의 규정에 의한 수수료 및 중개료

195 해설 3.1
계약과 불일치하는 물품의 처리

202 해설 4.1
제15조 제4항과 관련한 제15조 제5항의 특수관계의 고려사항

206 해설 5.1
확인수수료

209 해설 6.1
협약 제1조 주해에 규정된 "유지"와 "보증"의 차이

사례연구
(CASE STUDIES)

page 211

- 211 **사례연구 1.1**
  협약 제8조 1(나)조항에 참조가 되는 사례연구에 대한 보고 :
  엔지니어링, 디벨로프멘트, 아트워크 등

- 218 **사례연구 2.1**
  협약 제8조 1(라)조항의 적용

- 220 **사례연구 2.2**
  협약 제8조 1(라)에 의한 사후귀속이익의 처리

- 224 **사례연구 3.1**
  협약 제1조의 조건과 제한

- 229 **사례연구 4.1**
  임차수입물품의 취급

- 234 **사례연구 5.1**
  협약 제8조 제1항 (나)호의 적용

- 235 **사례연구 5.2**
  상 동

- 237 **사례연구 6.1**
  보증보험료

- 239 **사례연구 7.1**
  실제로 지급했거나 지급하여야 할 금액의 적용

- 242 **사례연구 8.1**
  협약 제8조 제1항의 적용

- 245 **사례연구 8.2**
  협약 제8조 제1항의 적용

- 248 **사례연구 9.1**
  독점대리인, 독점유통업자 및 독점영업권자

- 251 **사례연구 10.1**
  제1조 제2항의 적용

- 255 **사례연구 11.1**
  특수관계자 거래에 대한 제15조 제4항의 적용

- 262 **사례연구 12.1**
  제조원가 이하로 수출 판매된 물품에 대한평가협정 제1조의적용

- 265 **사례연구 13.1~13.2**
  관세평가위원회의 결정 6.1의 적용

- 277 **사례연구 14.1~14.2**
  협정 제1조제2항(a)에 따른 특수관계자간 거래 검토시 이전가격 문서의 사용

▎연구
(STUDIES)

291 연구 1.1
중고 자동차의 처리

301 연구 2.1
임대차수입물품의 취급

▎부록

305 관세법
314 관세법시행령
335 관세법시행규칙
347 관세평가 운영에 관한 고시
392 4단 법령[관세법/ 시행령/ 시행규칙/ 관세평가운영에관한고시]

1

ARTICLE VII OF THE GENERAL AGREEMENT
ON TARIFFS AND TRADE 1994

1994년도 관세와 무역에 관한 일반협정 제7조

WTO관세평가협정
Agreement on Implementation of Article VII of the GATT 1994

1

1994년도 관세와 무역에 관한 일반협정 제7조
ARTICLE VII OF THE GENERAL AGREEMENT ON TARIFFS AND TRADE 1994

제 7 조 / 관세평가
부속서 1 / 주석 및 보충규정

WTO관세평가협정
Agreement on Implementation of Article VII of the GATT 1994

General Agreement on Tariffs and Trade

관세 및 무역에 관한 일반협정

관세 및 무역에 관한 일반협정(GATT)

　호주연방, 벨기에왕국, 브라질합중국, 버마, 캐나다, 실론, 칠레공화국, 중화민국, 쿠바공화국, 체코슬로바키아공화국, 프랑스공화국, 인도, 레바논, 룩셈부르크대공국, 네덜란드왕국, 뉴질랜드, 노르웨이왕국, 파키스탄, 남로데시아, 시리아, 남아프리카연방, 대영 및 북아일랜드 연합왕국과 미합중국 정부는 :

　무역과 경제활동분야에서의 그들의 관계가 생활수준을 향상시키고 완전고용 및 크고 지속적으로 증가하는 실질소득과 유효수요를 확보하고, 세계자원의 완전한 이용을 발전시키며, 재화의 생산 및 교환의 확대를 위하여 이루어져야 한다는 것을 인정하고,,

　관세 및 그 밖의 무역장벽을 실질적으로 감축하고 국제상거래에 있어서 차별적 대우를 철폐할 것을 지향하는 상호적이고 호혜적인 약정을 체결함으로써 이러한 목적에 기여할 수 있기를 바라며, 그 대표를 통하여 다음과 같이 합의하였다.

GATT 제7조 관세목적의 평가

1. 체약당사자들은 이 조 다음 각 항에 명시된 평가의 일반원칙의 타당성을 인정하며, 가격에 기초하거나 어떠한 방식으로든 가격에 의하여 규율되는, 수입 및 수출에 대한 관세, 그 밖의 부담금 또는 제한의 대상이 되는 모든 제품에 대하여 동 원칙을 실시할 것을 약속한다. 또한 체약당사자는 다른 체약당사자의 요청이 있는 경우 관세목적의 가격에 관련된 자신의 어떠한 법률 및 규정의 운영도 동 원칙에 비추어 검토한다. 체약당사자단은 체약당사자에게 이 조의 규정에 따라 취한 조치에 관한 보고서를 요청할 수 있다.

2. (a) 수입된 상품의 관세목적의 가격은 관세가 사정되는 당해 수입된 상품 또는 동종 상품의 실제가격에 기초하여야 하며, 국내원산인 상품의 가격이나 자의적 또는 가공의 가격에 기초하여서는 아니된다.

    (b) "실제가격"은 수입국의 법령에서 정한 시간과 장소에서 당해 또는 동종 상품이 충분히 경쟁적인 조건하의 통상적인 거래과정에서 판매되거나 판매를 위하여 제공되는 가격이어야 한다. 당해 또는 동종 상품의 가격이 특정한 거래에서 수량에 의하여 규율되는 범위 내에서, 고려되는 가격은 (i) 비교 가능한 물량 또는 (ii) 수출국과 수입국간의 무역에 있어서 보다 많은 양의 상품이 판매되는 경우의 수량보다 수입자에게 불리하지 아니한 물량 중 하나와 일관되게 관련되어야 한다.

    (c) 실제가격을 이 항 (b)호에 따라서 확인할 수 없는 경우 관세목적의 가격은 확인 가능한 한 실제가격에 가장 가까운 상당치에 기초하여야 한다.

3. 수입된 제품의 관세목적의 가격은 원산국 또는 수출국 내에서 적용되나 당해 수입된 제품에 대하여서는 면제되어 왔거나 또는 환불에 의하여 감면되어 왔거나 감면될 예정인 동 내국세 금액을 포함하여서는 아니된다.

4. (a) 이 항에 달리 제시된 경우를 제외하고는, 이 조 제2항의 목적상 체약당사자가 타국통화로 표시된 가격을 자신의 통화로 환산할 필요가 있는 경우에 사용될 외환환산율은, 각 관련된 통화에 대하여, 국제통화 기금협정에 따라 설정된 평가(平價) 또는 동 기금에서 인정한 환율에기초하거나 이 협정 제15조에 의하여 체결된 특별 환협약에 따라 설정된 평가(平價)에 기초하여야 한다.

(b) 이러한 설정된 평가(平價)와 인정된 환율이 존재하지 아니하는 경우 환산율은 상업적 거래에서의 동 통화의 현재가치를 실질적으로 반영하여야 한다.

(c) 체약당사자단은 국제통화기금협정에 합치되게 복수환율이 유지되고 있는 외국통화에 관하여 체약당사자가 행하는 환산을 규율하는 규칙을 국제통화기금과 합의하여 정한다. 체약당사자는 이러한 외국통화에 대하여 평가(平價)의 사용에 대한 대안으로서 이 조 제2항의 목적을 위하여 이러한 규칙을 적용할 수 있다. 이러한 규칙이 체약당사자단에 의하여 채택될 때까지는, 체약당사자는 상업적 거래에 있어서 동 외국통화의 가치를 실질적으로 반영하도록 고안된 이 조 제2항의 목적을 위한 환산규칙을 이러한 외국통화에 대하여 사용할 수 있다.

(d) 이 항의 어떠한 규정도 통화환산방법의 변경이 지급할 관세액을 일반적으로 증가시키는 효과를 초래하는 경우에는 체약당사자가 이 협정일자에 체약당사자의 영토에서 적용 가능한, 관세목적을 위한 통화환산 방법을 변경하도록 요구하는 것으로 해석되지 아니한다.

5. 가격에 기초하거나 또는 어떠한 방식으로든 가격에 의하여 규율되는 관세, 그 밖의 부담금 또는 제한의 대상이 되는 제품의 가격을 결정하는 기초와 방법은 무역업자가 상당한 정도의 확실성을 가지고 관세목적의 가격을 추산할 수 있도록 안정적이어야 하고 충분히 공개되어야한다.

ANNEX I Notes and Supplementary Provisions
(부속서 I 주(註)와 보충적 규정)

제7조에 관하여

- 제1항

"또는 기타의 부담금"이라는 표현은 수입되는 제품에 대하여 또는 이와 관련하여 부과되는 내국세 또는 동등한 부담금을 포함하는 것으로 간주되지 아니한다.

- 제2항

1. "실제가격"은 송장가격에 "실제가격"의 진정한 요소인 정당한 비용에대한 포함되지 아니한 부담액을 더하고 또한 통상적인 경쟁적 가격으로부터의 비정상적인 할인액 또는 그 밖의 경감액을 더한 것에 의하여 나타내어질 수 있다고 추정하는 것은 제7조에 합치된다.

2. 체약당사자가 "통상적인 거래과정에서....충분히 경쟁적인 조건하의"라는 문구를 구매자와 판매자가 서로 독립적이지 아니하며 가격이 유일한 대가가 아닌 거래를 배제하는 것으로 해석하는 것은 제7조 제2항() 호에 합치된다.

3. "충분히 경쟁적인 조건"이라는 기준은 체약당사자가 독점대리인에게 한정되는 특별할인을 수반하는 가격을 고려사항에서 제외하는 것을 허용한다.

4. (a)호와 (b)호의 표현은 체약당사자가 (1) 특정 수출자의 수입상품가격 또는 (2) 동종 상품의 일반적인 가격 수준의 둘 중 하나에 일관되게 기초하여 관세목적의 가격을 결정하는 것을 허용한다.

ARTICLE VII OF THE GENERAL AGREEMENT ON TARIFFS AND TRADE 1994

1994년도 관세와 무역에 관한 일반협정

1994년도 관세 및 무역에 관한 일반 협정

1. 1994년도 관세와 무역에 관한 일반협정(이하 "1994년도 GATT")은 다음과 같이 구성된다.

   (a) 국제연합 무역 및 고용회의 준비위원회 제2차 회의 종결시 채택된 최종 의정서에 부속된 1947년 10월 30일자 GATT(잠정적용 의정서는 제외)로서 세계무역기구 협정의 발효일 이전에 발효한 법률문서의 규정에 의해 정정, 개정 또는 수정된 규정

   (b) 세계무역기구협정의 발효일 이전에 1947년도 GATT하에서 발효한 아래 법률문서의 규정

   (ⅰ) 관세양허와 관련한 의정서와 증명서

   (ⅱ) 가입의정서(단, 잠정 적용 및 잠정적용의 철회와 관련된 규정과 1947년도 GATT 제2부가 의정서의 시점에 존재하는 법률과 불일치하지 않는 범위 내에서 최대한 잠정 적용된다고 규정한 조항은 제외)

(iii) 1947년 GATT 제25조에 따라 부여되었으며 세계무역기구 협정 발효일에 계속 유효한 면제에 관한 결정

(iv) 1947년도 GATT 체약국단의 그 밖의 결정

(c) 아래 명시된 양해

(i) 1994년도 GATT 제2조 제1항 (b)호의 해석에 관한 양해

(ii) 1994년도 GATT 제17조의 해석에 관한 양해

(iii) 1994년도 GATT 국제수지 조항에 관한 양해

(iv) 1994년도 GATT 제24조의 해석에 관한 양해

(v) 1994년도 GATT 의무면제에 관한 양해

(vi) 1994년도 GATT 제28조의 해석에 관한 양해

(d) 1994년도 GATT에 대한 마라케시 의정서

2. 해설

(a) 1994년도 GATT의 규정의 "체약국"은 "회원국"을 지칭하는 것으로 간주한다. "개발도상국 체약국"와 "선진국 체약국"은 "개발도상국 회원국"과 "선진국 회원국"을 지칭하는 것으로 간주된다. "사무국장"은 "세계무역기구 사무총장"을 지칭하는 것으로 간주된다.

(b) 제15조제1항, 제2항, 제8항, 제38조, 제12조와 제18조에 대한 주석, 1994년도 GATT 제15조 제2항, 제3항, 제6항, 제7항 및 제9항의 특별환 협정에 관한 규정에서 공동으로 행동하는 체약국단은 세계무역기구를 지칭하는 것으로 간주된다. 1994년도 GATT 규정이 공동으로 행동하는 체약국단에 부여하는 그 밖의 기능은 각료회의에 의하여 할당된다.

(c)

(ⅰ) 1994년도 GATT는 영어, 불어 및 스페인어가 정본이다.

(ⅱ) 1994년도 GATT 불어본은 문서 MTN.TNC/41의 부속서 A에 명시된 용어의 정정을 거친다.

(ⅲ) 1994년도 GATT 스페인어본은 기초문서 및 정선문서집 제4권의 본문이며 문서 MTN.TNC/41 부속서 B에 명시된 용어의 정정을 거친다.

3.

(a) 1994년도 GATT 제2부의 규정은 특정 회원국이 1947년도 GATT 체약국이 되기 이전에 제정한 특정 강행 법률에 따라 영해 또는 배타적 경제수역 내에서의 외국 건조 선박이 상업적 목적을 위하여 사용, 판매 또는 임대되는 것을 금지하는 조치에 대하여 적용되지 아니한다. 동 면제는 (1) 동 법률의 비합치 조항의 계속 또는 신속한 갱신과 (2) 1947년도 GATT 제2부의 규정과의 합치성을 감소하지 않는 한 동 법률의 비합치 조항의 개정에 적용된다. 동 면제는 세계무역 기구협정 발효 이전에 통보되고 명시된 위에 서술된 법률에 따라 취해진 조치에 한한다. 동 법률이 추후 1994년도 GATT 제2부와 합치성을 감소시키도록 수정되는 경우, 동 법률은 더 이상 이 항의 대상이 되지 아니한다.

(b) 각료회의는 세계무역기구 협정 발효일 이후 5년 이내에 또는 그 이후 동 면제가 계속 유효한 기간 동안 매 2년마다 동 면제를 필요하게 한 조건들이 계속 존재하는지 여부를 조사하기 위하여 이를 검토한다.

(c) 이 면제의 대상이 되는 조치를 취한 회원국은 동 면제가 적용되는 관련 선박의 사용, 판매, 임대 또는 수리에 관한 추가정보뿐만 아니라 관련 선박의 실제 및 기대 운송량의 5년간 이동평균을 내용으로 하는 상세한 통계를 매년 제출한다.

(d) 면제를 원용하는 회원국의 영토 내에서 건조된 선박의 사용, 판매, 임대 또는 수리에 대한 상호주의적이고 비례적인 제한을 정당화하는 방식으로 면제가 운영된다고 판단하는 회원국은 각료회의에 사전 통보를 조건으로 그러한 제한을 자유로이 도입할 수 있다.

(e) 이 면제는 분야별 협정 또는 그 밖의 장에서 협상되는 이 면제의 대상이 되는 법률의 특정 측면에 관한 해결을 저지하지 아니한다.

2

ARTICLE VII OF THE GENERAL
AGREEMENT ON TARIFFS AND
TRADE 1994

1994년도 관세와 무역에 관한 일반협정 제7조의 시행에 관한 협약
(GATT신평가협약)

WTO관세평가협정
Agreement on Implementation of Article VII of the GATT 1994

2

1994년도 관세와 무역에 관한 일반협정 제7조의 시행에 관한 협약
(GATT신평가협약)

일반서설
제 1 부/ 관세평가규칙
제 2 부/ 관리, 협의 및 분쟁해결
제 3 부/ 특별 및 차등 대우
제 4 부/ 최종조항
부속서 1/ 주 해
부속서 2/ 관세평가기술위원회
부속서 3/

WTO관세평가협정
Agreement on Implementation of Article Ⅶ of the GATT 1994

2

Agreement on Implementation of Article Ⅶ of the General Agreement on Tariffs and Trade 1994

1994년도 관세와 무역에 관한 일반협정 제7조의 이행에 관한 협정(WTO관세평가협정)

일 반 서 설

1. 이 협정에 따른 과세가격의 우선적인 기초는 제1조에 정의된 "거래가격 (transaction value)"이다. 제1조는, 특히 관세목적의 가격의 일부를 구성하는 것으로 간주되는 어떤 특정 요소가 구매자가 부담함에도 수입물품에 대하여 실제로 지급하였거나 지급하여야 할 가격에 포함되어 있지 않은 경우에는 실제로 지급하였거나 지급하여야 할 가격을 조정 (adjustments)하도록 규정하고 있는 제8조와 함께 해석되어야 한다. 아울러 제8조는 화폐 형태가 아닌 특정의 물품 또는 용역의 형태로 구매자로부터 판매자에게 이전되는 어떤 대가(considerations)를 거래가격에 포함하도록 규정하고 있다. 제2조부터 제7조까지는 제1조의 규정에 따라 과세가격을 결정할 수 없는 경우에 이를 결정하는 방법을 규정하고 있다.

2. 제1조의 규정에 따라 과세가격이 결정될 수 없는 경우 일반적으로 세관당국과 수입자 간에 제2조 또는 제3조의 규정에 따른 가격의 기초에 도달하려는 목적의 협의 과정(process of consultation)이 있어야 한

2. 1994년도 GATT 제7조의 이행에 관한 협정(WTO관세평가협정)

다. 예를 들면 수입자는 수입항의 세관당국이 즉시 입수할 수 없는 동종·동질(identical) 또는 유사한(similar) 수입물품의 과세가격에 관한 정보를 가지고 있을 수 있다. 반대로 세관당국은 수입자가 쉽게 입수할 수 없는 동종·동질(identical) 또는 유사한(similar) 수입물품의 과세가격에 관한 정보를 가지고 있을 수 있다. 양 당사자 간의 협의 과정(process of consultation)은 상업적 비밀보호 요건을 전제로, 관세목적의 가격의 타당한 기초를 결정하기 위한 목적의 정보 교환을 가능하게 할 것이다.

3. 제5조 및 제6조는 해당 수입물품, 동종·동질 또는 유사한 수입물품의 거래가격을 기초로 과세가격이 결정될 수 없을 경우에 이를 결정하기 위한 두 개의 기준을 규정하고 있다. 제5조 제1항에 따른 과세가격은 수입국의 특수관계가 없는 구매자에게 수입된 상태로 판매되는 물품가격을 기초로 결정한다. 아울러, 수입자는 수입자가 요청하는 경우 수입 후 추가 가공되는 물품에 대해 제5조에 따라 평가되도록 요구할 수 있는 권리를 갖는다. 제6조에 따른 과세가격은 산정가격(computed value)을 기초로 결정된다. 이러한 두 가지의 기준은 어느 정도의 어려움을 내포하고 있으며, 이 때문에 수입자에게는 제4조의 규정에 따라 두 가지 방식의 적용 순서를 선택할 수 있는 권리가 주어진다.

4. 제7조는 선행하는 어떤 조문의 규정에 의하여도 과세가격을 결정할 수 없는 경우에 과세가격을 결정하는 방법을 규정하고 있다.

   회원국들은, 다자간 무역협상을 고려하고, 1994년도 GATT의 목적을 증진하고 개발도상국의 국제무역을 위하여 추가적인 이익을 확보할 것을 희망하고, 1994년도 GATT 제7조 규정의 중요성을 인정하고 동 규정의 이행에 있어 통일성과 확실성을 제고하기 위하여 동 규정의 적용을 위한 규칙을 발전시켜 나가기를 희망하며, 자의적 또는 가공적인 과세가격의 사용을 배제하는, 공정하고 일관되고 중립적인 관세목적의 물품 평가체제가 필요함을 인정하고, 관세목적의 물품 평가에 대한 기초는 최대한 평가대상 물품의 거래가격이 되어야 함을 인정하고. 과세가격은 상업적 관행(commercial practices)과 일치하는 단순하고 공평한 기준을 기초로 하여야 하며 평가 절차는 공급원 간에 차별 없이 일반적으로 적용되어야 함을 인정하고, 평가 절차가 덤핑 방지를 위해 사용되어서는 아니 됨을 인정하면서, 다음과 같이 합의한다.

제1부 관세평가규칙

제1조

1. 다음 요건을 충족한다면, 수입물품의 과세가격은 거래가격(transaction value), 즉 물품이 수입국으로 수출하기 위하여 판매된 때에 실제로 지급하였거나 지급하여야 할 가격을 제8조의 규정에 따라 조정한 것이어야 한다.

    (a) 구매자가 물품을 처분 또는 사용함에 있어서, 아래에서 정하는 제한(restrictions)을 제외하고는, 어떠한 제한도 없어야 한다.

    (i) 수입국의 법률 또는 행정당국에 의하여 부과되거나 요구되는 제한

    (ii) 해당 물품이 전매(轉賣)될 수 있는 지리적인 영역을 한정하는 제한

    (iii) 물품의 가치(value)에 실질적으로 영향을 미치지 아니하는 제한

(b) 판매 또는 가격이 평가대상 물품과 관련하여 가치(value)를 결정할 수 없는 조건 또는 사정(condition or consideration)에 좌우되지 않아야 한다.

(c) 제8조의 규정에 따라 적절히 조정될 수 있는 경우를 제외하고는, 구매자가 추후에 물품을 전매, 처분 또는 사용하여 생긴 수익(proceeds)의 일부가 직접 또는 간접으로 판매자에게 귀속되지 않아야 한다.

(d) 구매자와 판매자 간에 특수관계가 없거나, 구매자와 판매자가 특수관계(related)가 있는 경우에는 그 거래가격은 제2항의 규정에 의하여 관세 목적 상 수용할 수 있다.

2. (a) 제1항의 목적 상 거래가격이 수용될 수 있는지 여부를 결정함에 있어서 구매자와 판매자가 제15조에서 의미하는 특수관계에 있다는 사실 그 자체가 거래가격을 수용할 수 없는 근거가 되지 않아야 한다. 그러한 경우에는 판매의 주변상황(circumstances surrounding the sale)이 검토되어야 하고 특수관계가 가격에 영향을 미치지 않았다면 거래가격은 수용되어야 한다. 만약 수입자에 의해 혹은 다른 방법으로 제공된 정보에 비추어 세관당국이 특수관계가 가격에 영향을 미쳤다고 판단할 근거를 가지고 있다면, 수입자에게 그 근거를 통지해야 하고 수입자에게는 답변할 수 있는 합리적인 기회가 제공되어야 한다. 만약 수입자가 요청하는 경우, 그 근거는 서면으로 통지되어야 한다.

(b) 특수관계자 간 판매에 있어, 거래가격이 동시 또는 거의 동시에 발생하는(occuring) 다음의 가격 중 어느 하나에 거의 근접함을 수입자가 입증하는 경우에는 언제든지 거래가격은 수용되어야 하고 물품은 제1항의 규정에 따라 평가되어야 한다.

   (i) 동종·동질 또는 유사 물품을 동일한 수입국으로 수출하기 위하여 특수관계가 없는 구매자에게 판매한 경우의 거래가격

   (ii) 제5조의 규정에 따라 결정된 바 있는 동종·동질 또는 유사물품의 과세가격

(iii) 제6조의 규정에 따라 결정된 바 있는 동종·동질 또는 유사물품의 과세가격

　　상기 검증을 적용함에 있어서 거래단계, 거래수량, 제8조에 열거된 요소 및 특수관계가 있는 판매자와 구매자 간 판매에 있어서는 판매자가 부담하지 않지만 특수관계가 없는 판매자와 구매자간 판매에 있어서는 판매자가 부담하는 비용의 입증된 차이에 대한 타당한 고려가 이루어져야 한다.

(c) 제2항 (b)에 규정된 검증은 수입자의 주도로 사용되어야 하고 비교의 목적으로만 사용되어야 한다. 대체 가격을 제2항 (b)의 규정에 따라 결정할 수는 없다.

▪ 제2조

1. (a) 만약 수입물품의 과세가격이 제1조의 규정에 따라 결정될 수 없는 경우, 과세가격은 동일한 수입국으로 수출하기 위하여 판매되고 평가대상 물품과 동시 또는 거의 동시에 수출된 동종·동질 물품의 거래가격이어야 한다.

　(b) 이 조를 적용함에 있어서, 평가대상 물품과 동일한 거래단계와 실질적으로 동일한 수량으로 판매되는 동종·동질 물품의 거래가격이 과세가격 결정에 사용되어야 한다. 이러한 판매가 발견되지 아니하는 경우에, 다른 거래단계 및/또는 다른 수량으로 판매되는 동종·동질물품의 거래가격이 거래단계 및/또는 수량에 기인하는 차이를 감안할 수 있도록 조정하여 사용하여야 한다. 다만, 이 경우의 조정은 가격이 증가 또는 감소되는지 여부와 상관없이 조정의 합리성과 정확성을 명확하게 확립할 수 있는 입증된 증거를 기초로 이루어져야 한다.

2. 제8조 제2항에서 규정하고 있는 비용 및 부담금이 거래가격에 포함되는 경우, 운송거리 및 운송형태의 차이로 인하여 발생하는 수입물품과 해당 동종·동질 물품 간의 그러한 비용 및 부담금의 중요한 차이를 감안할 수 있도록 조정이 이루어져야 한다.

3. 이 조를 적용함에 있어서, 발견되는 동종·동질물품의 거래가격이 둘 이상 있는 경우, 가장 낮은 가격이 수입물품의 과세가격의 결정에 사용되어야 한다.

- **제3조**

1. (a) 만약 수입물품의 과세가격이 제1조 및 제2조의 규정에 따라 결정될 수 없는 경우, 과세가격은 동일한 수입국으로 수출하기 위하여 판매되고 평가대상 물품과 동시 또는 거의 동시에 수출된 유사 물품의 거래가격이어야 한다.

   (b) 이 조를 적용함에 있어서, 평가대상 물품과 동일한 거래단계와 실질적으로 동일한 수량으로 판매되는 유사 물품의 거래가격이 과세가격 결정에 사용되어야 한다. 이러한 판매가 발견되지 아니하는 경우에, 다른 거래단계 및/또는 다른 수량으로 판매되는 유사물품의 거래가격이 거래단계 및/또는 수량에 기인하는 차이를 감안할 수 있도록 조정하여 사용하여야 한다. 다만, 이 경우의 조정은 가격이 증가 또는 감소되는지 여부와 상관없이 조정의 합리성과 정확성을 명확하게 확립할 수 있는 입증된 증거를 기초로 이루어져야 한다.

2. 제8조 제2항에서 규정하고 있는 비용 및 부담금이 거래가격에 포함되는 경우, 운송거리 및 운송형태의 차이로 인하여 발생하는 수입물품과 해당 유사물품 간의 그러한 비용 및 부담금의 중요한 차이를 감안할 수 있도록 조정이 이루어져야 한다.

3. 이 조를 적용함에 있어서, 발견되는 유사물품의 거래가격이 둘 이상 있는 경우, 가장 낮은 가격이 수입물품의 과세가격 결정에 사용되어야 한다.

▪ 제4조

수입자의 요청으로 제5조와 제6조의 적용순위가 바뀌는 경우를 제외하고 수입물품의 과세가격이 제1조, 제2조 및 제3조의 규정에 따라 결정될 수 없는 경우에는 제5조의 규정에 따라 과세가격을 결정하며, 과세가격이 제5조에 따라 결정될 수 없는 때에는 제6조의 규정에 따라 결정한다.

▪ 제5조

1. (a) 해당 수입물품 또는 동종동질 또는 유사 수입물품이 수입국내에서 수입된 것과 동일한 상태로 판매된다면, 이 조의 규정에 따른 수입물품의 과세가격은 평가대상 물품의 수입시기와 동시 또는 거의 동시에 해당 수입물품 또는 동종동질 또는 유사 수입물품이 그러한 물품의 수입자와 특수관계가 없는 자에게 가장 많은 수량으로 판매되는 단위가격에서 다음을 공제한 가격을 기초로 하여야 한다.
    (i) 동종 또는 동류의 수입물품의 수입국내에서 판매와 관련하여 통상적으로 지급하였거나 지급할 것으로 합의한 수수료 또는 통상적으로 이윤 및 일반경비로써 부가되는 금액
    (ii) 수입국내에서 발생되는 통상적인 운임, 보험료 및 관련 비용,
    (iii) 필요한 경우, 제8조제2항에 규정된 비용 및 부담금; 및
    (iv) 물품의 수입 또는 판매로 인하여 수입국 내에서 지급하여야 할 관세 및 기타 국세

(b) 만약 평가대상 물품의 수입시기와 동시 또는 거의 동시에 해당 수입물품, 동종동질 또는 유사 수입물품 중 어느 것도 판매된 것이 없다면, 과세가격은 그 외의 요건에 대해서는 제1항 (a)의 규정을 따르는 조건으로, 평가대상 물품의 수입 후 가장 빠른 날에, 그러나 최대한 90일 이내에 수입된 것과 동일한 상태로 수입국에서 판매된 해당 수입물품 또는 동종동질 또는 유사 수입물품의 단위가격을 기초로 하여야 한다.

2. 해당 수입물품 또는 동종·동질 또는 유사 수입물품 중 어느 것도 수입된 것과 동일한 상태로 수입국에서 판매된 경우가 없고, 수입자의 요청이 있는 때에는, 과세가격은 해당 수입물품이 추가 가공된 후 수입국내에서 그러한 물품의 수입자와 특수관계가 없는 자에게 가장 많은 수량으로 판매된 단위가격을 기초로 하되, 그러한 가공으로 부가된 가치 및 제1항 (a)에 규정된 공제 대상을 적절히 감안하여야 한다.

▪ 제6조

1. 이 조의 규정에 따른 수입물품의 과세가격은 산정가격(computed value)을 기초로 한다. 산정가격은 다음 금액의 합으로 구성된다.

    (a) 수입물품의 생산에 사용된 재료 및 조립 또는 기타 가공에 소요되는 비용 또는 가치,

    (b) 수출국의 생산자가 평가대상 물품과 동종 또는 동류인 물품을 수입국으로 수출하기 위하여 판매할 때 통상적으로 반영되는 이윤 및 일반경비에 해당하는 금액

    (c) 제8조 제2항에 따라 회원국이 선택한 평가 방법을 반영하는데 필요한 제반 기타 경비의 비용 또는 가치

2. 어떠한 회원국도 산정가격을 결정할 목적으로 자국 영토 내에 거주하지 아니하는 자에게 회계장부 또는 기타 기록을 심사에 사용하기 위해 제출하게 하거나, 이에 대한 접근을 허용하도록 요구하거나 강제할 수 없다. 다만, 생산자가 동의하고, 수입국 당국이 당사국 정부에 충분한 시간을 두고 미리 통지하고 당사국 정부도 해당 조사를 반대하지 않는 경우에는 이 조의 규정에 따라 과세가격을 결정할 목적으로 해당 물품의 생산자가 제공한 정보를 수입국 당국이 당사국 내에서 검증할 수는 있다.

- 제7조

1. 만약 수입물품의 과세가격이 제1조부터 제6조까지에 따라 결정될 수 없을 경우, 과세가격은 이 협정 및 1994년도 GATT 제7조의 원칙 및 일반규정에 부합하는 합리적인 방법과 수입국에서 입수할 수 있는 자료를 근거로 결정된다.

2. 이 조의 규정에 따라 결정되는 과세가격은 다음을 근거로 결정하지 않아야 한다.
   (a) 수입국내에서 생산된 물품의 국내 판매가격
   (b) 두 개의 선택 가능한 가격 중 보다 높은 가격을 관세목적상 채택하도록 규정하는 제도
   (c) 수출국의 국내 판매가격
   (d) 제6조의 규정에 따라 동종·동질 또는 유사물품에 대하여 결정된 산정가격 이외의 생산비용
   (e) 수입국외의 국가에 수출하는 물품의 가격

(f) 최저과세가격, 또는

   (g) 자의적 또는 가공적인 가격

3. 수입자가 요청하는 경우, 이 조의 규정에 따라 결정된 과세가격과 이러한 가격을 결정하기 위해 사용된 방법을 수입자에게 서면으로 통지하여야 한다.

- **제8조**

1. 제1조 규정에 따른 과세가격을 결정함에 있어서, 수입물품에 대하여 실제로 지급하였거나 지급하여야 할 가격에 아래의 금액이 가산된다.

   (a) 구매자가 부담하지만, 물품에 대하여 실제로 지급하였거나 지급하여야 할 가격에 포함되지 아니한 아래 금액,

      (ⅰ) 수수료 및 중개료, 다만, 구매수수료를 제외한다.

      (ⅱ) 관세목적상 해당 물품과 동일체로 취급되는 용기의 비용

      (ⅲ) 노무비 또는 재료비 여부에 관계없이 포장에 소요된 비용

   (b) 해당 수입물품의 생산 및 수출하기 위한 판매와 관련하여 사용하기 위하여 무료 또는 인하된 가격으로 구매자에 의하여 직접 또는 간접으로 공급된 아래의 물품 및 용역의 가격(Value) 중 실제로 지급하였거나 지급하여야 할 가격에 포함되지 않은 범위에서 적절하게 배분한 금액

      (ⅰ) 수입물품에 결합되는 재료, 구성요소, 부분품 및 이와 유사한 물품,

(ⅱ) 수입물품의 생산에 사용되는 공구, 금형, 주형 및 이와 유사한 물품,

(ⅲ) 수입물품의 생산과정에 소비되는 재료,

(ⅳ) 수입국 외의 곳에서 수행되고 수입물품 생산에 필요한 기술, 개발, 공예, 디자인, 설계 및 고안.

(c) 평가대상물품과 관련되고 평가대상 물품의 판매조건으로 구매자가 직접 또는 간접으로 지급하여야 하나 실제로 지급하였거나 지급하여야 할 가격에는 포함되지 않은 로열티 및 라이센스료

(d) 해당 수입물품을 추후에 전매, 처분 또는 사용하여 생긴 수익금(proceeds) 중 판매자에게 직접 또는 간접으로 귀속되는 부분의 가치

2. 각 회원국은 법규를 제정함에 있어, 다음의 전부 또는 일부를 과세가격에 포함할 지 또는 제외할 지를 자국 법률에 규정하여야 한다.

(a) 수입항 또는 수입 장소까지의 수입물품 운송비용,

(b) 수입항 또는 수입 장소까지의 수입물품 운송과 관련되는 적하비, 양하비 및 취급수수료, 그리고

(c) 보험료

3. 실제로 지급하였거나 지급하여야 할 가격에 대한 이 조에 따른 가산은 오직 객관적이고 수량화할 수 있는 자료만을 기초로 하여야 한다.

4. 과세가격을 결정함에 있어 실제로 지급하였거나 지급하여야 할 가격에는 이 조에서 규정한 것 외에 어떠한 것도 가산되어서는 아니된다.

2. 1994년도 GATT 제7조의 이행에 관한 협정(WTO관세평가협정)

- **제9조**

1. 과세가격을 결정하기 위하여 통화환산이 필요한 경우, 사용될 환율은 관련 수입국의 권한 있는 당국에 의하여 정당한 절차에 따라 공표되어야 하며, 각 공표문서가 대상으로 하고 있는 기간과 관련하여, 상거래에 사용된 통화의 현재가치를 가능한 한 효과적으로 수입국의 통화로 반영하여야 한다.

2. 사용될 환율은 각 회원국에서 규정하는 바에 따라, 수출 또는 수입시점에 유효한 환율이 되어야 한다.

- **제10조**

성격상 비밀이거나 또는 관세평가 목적을 위해 비밀로 제공된 모든 정보는 관계당국에 의하여 엄격히 비밀로 취급되어야 하고 사법절차와 관련해서 공개가 요구되는 경우를 제외하고 이러한 정보를 제공한 당사자나 정부기관의 분명한 허가가 없는 경우에는 공개하지 않아야 한다.

- **제11조**

1. 각 회원국의 법률은 관세의 과세가격 결정에 대하여 수입자 또는 관세를 납부할 의무가 있는 자에게 제재 없이 불복 청구할 수 있는 권리를 제공해야 한다.

2. 제재 없이 일차적인 불복 청구할 수 있는 권리는 특정 세관당국내 소속 기관이나 독립된 기관에 할 수 있다. 그러나 각 회원국의 법률은 제재 없이 사법당국에 불복 청구할 수 있는 권리를 제공해야 한다.

3. 불복청구에 대한 결정은 청구인에게 통지되어야 하고, 결정에 대한 이유는 서면으로 제공되어야 한다. 아울러 해당 청구인에게 추가적인 불복 청구할 수 있는 권리가 있음을 통보하여야 한다.

- **제12조**

   이 협정을 이행하기 위한 법률, 규칙, 사법판결 및 일반적으로 적용되는 행정 결정은 1994년 GATT 제10조의 규정에 따라 관련 수입국에 의하여 공표되어야 한다.

- **제13조**

   수입물품에 대한 과세가격을 결정하는 과정에서 과세가격의 최종결정을 지연할 필요가 있는 경우, 보증이 요구될 때에 그 수입자가 당해 물품에 대해 부과될 수 있는 최대 관세 지급액을 부보하는 담보, 예치 또는 그 밖의 적절한 증서의 형태로 충분한 보증을 제공한다면, 해당 물품의 수입자는 세관당국으로부터 수입물품을 반출할 수 있어야 한다. 각 회원국의 법률은 이러한 상황에 대한 규정을 마련하여야 한다.

- **제14조**

   이 협정 부속서 I의 주해는 이 협정을 구성하는 불가분의 일부를 구성하며 이 협정의 해당 조항은 각각의 주해와 연관하여 해석되고 적용되어야 한다. 부속서 II와 III도 이 협정의 불가분의 일부를 구성한다.

제15조

1. 이 협정에서,

    (a) "수입물품의 과세가격"은 수입물품에 종가관세를 부과하기 위한 물품가격을 말한다.

    (b) "수입국"은 수입국 또는 수입 관세영역을 말한다. 그리고

    (c) "생산된"은 '재배된', '제조된' 및 '채광된'을 포함한다.

2. 이 협정에서,

    (a) "동종·동질 물품"은 물리적 특성, 품질 및 평판을 포함한 모든 면에서 동일한 물품을 말한다. 그 밖의 점에서 정의에 부합하는 물품이라면 외양상의 경미한 차이 때문에 동종·동질 물품에서 제외되지 않는다.

    (b) "유사물품"은 모든 면에서 동일하지는 아니하지만 동일한 기능을 수행할 수 있게 하고 상업적으로 상호 대체사용이 가능할 수 있을 만큼 비슷한 특성과 비슷한 구성요소를 가지고 있는 물품을 말한다. 물품의 품질, 평판 및 상표의 존재는 물품이 유사한지 여부를 결정하는 데 있어 고려되는 요소들이다.

    (c) 용어 "동종·동질 물품" 및 "유사 물품"에는 수입국내에서 수행되었기 때문에 제8조 제1항 (b)(iv)에 따라 조정되지 아니한 기술, 개발, 공예, 디자인, 설계, 고안을 결합하거나 반영한 물품은 경우에 따라 포함되지 않을 수도 있다.

    (d) 평가대상 물품과 동일한 국가에서 생산되지 않는 물품들은 "동종·동질 물품" 또는 "유사 물품"으로 간주되지 않는다.

    (e) 경우에 따라, 평가대상 물품을 생산한 사람이 생산한 동종·동질 물품 또는 유사 물품이 없는 경우에만 다른 사람이 생산한 물품이 고려된다.

3. 이 협정에서 "동종 또는 동류의 물품"은 어느 특정 산업 또는 산업부문에서 생산된 품목군 또는 범주에 해당하는 물품을 말하며 동종·동질 또는 유사 물품을 포함한다.

4. 이 협정의 목적상, 다음 각 호에 해당되는 사람만을 특수관계가 있는 것으로 간주한다.
   (a) 양 당사자가 상호 사업상의 임원 또는 관리자인 경우
   (b) 양 당사자가 법률상 인정되는 사업상의 동업자인 경우
   (c) 양 당사자가 고용주와 피고용인인 경우
   (d) 특정인이 양 당사자의 의결권이 있는 발행 주식 또는 지분을 직접 또는 간접으로 5% 이상을 소유, 통제, 보유하는 자인 경우
   (e) 양 당사자중 한쪽 당사자가 다른 쪽 당사자를 직접 또는 간접으로 지배하는 경우
   (f) 양당사자가 제3자에 의하여 직접 또는 간접으로 지배를 받는 경우
   (g) 양당사자가 제3자를 직접 또는 간접으로 공동 지배하는 경우, 또는
   (h) 양당사자가 동일 친족의 구성원인 경우

5. 표현여부에 관계없이 한쪽이 다른 쪽의 독점 대리인, 독점공급권자(독점유통업자) 또는 독점 영업권자로 서로 사업상 제휴관계에 있는 자들은 제4항의 기준에 해당되면, 이 협정의 목적상 특수관계가 있는 것으로 간주된다.

- 제16조

  서면 요청을 조건으로, 수입자는 자신의 수입물품에 대한 과세가격이 어떻게 결정되었는지에 대해 수입국의 세관당국으로부터 서면으로 설명을 받을 권리를 가진다.

- 제17조

  이 협정의 어떠한 규정도 관세평가 목적을 위하여 제출된 진술, 문서 또는 신고의 진실성 또는 정확성에 관하여 이를 확인하고자 하는 세관당국의 권리를 제한하거나 이의를 제기하는 것으로 해석되지 않아야 한다.

제2부 관리, 협의 및 분쟁해결

제18조 기구

1. 이 협정에 따라 각 회원국 대표로 구성되는 관세평가위원회(이 협정에서는 "위원회"라 한다)가 설치된다. 위원회는 위원회의 의장을 선출하고, 이 협정의 운영 또는 목적의 증진에 영향을 미칠 수 있는 특정 회원국의 관세평가 제도의 시행과 관련된 사항을 협의할 기회를 회원국에게 부여하고, 회원국에 의해 위원회에 부여된 그 밖의 임무를 수행하기 위하여, 통상적으로 일 년에 한 번 또는 이 협정의 관련 조항에서 달리 예정한 바에 따라 회의를 개최한다. 세계무역기구 사무국은 위원회의 사무국 역할을 담당한다.

2. 관세협력이사회(이 협정에서는 "CCC"라 한다)의 주도로 관세평가기술위원회(이 협정에서는 "기술위원회"라 한다)를 설치한다. 기술위원회는 이 협정 부속서 Ⅱ에 규정된 의무를 수행하고 부속서 Ⅱ에 포함된 절차규정에 따라 운영된다.

제19조 협의 및 분쟁해결

1. 이 협정에 달리 규정된 경우를 제외하고는, 이 협정에 따른 협의 및 분쟁해결에 「분쟁해결 양해규정」이 적용된다.

2. 만약 다른 회원국 또는 다른 회원국들의 조치의 결과로 어떤 회원국이 이 협정에서 정하는 이익이 직접 또는 간접으로 무효화 또는 침해되거나 이 협정의 어떤 목적 달성이 방해된다고 생각한다면, 이러한 쟁점 사실의 상호 원만한 해결에 도달하기 위하여 해당 회원국 또는 해당 회원국들에게 협의를 요청할 수 있다. 각 회원국은 다른 회원국의 협의의 요청에 대해 호의적인 고려를 해야 한다.

3. 기술위원회는, 요청이 있는 경우, 협의에 참가한 회원국들에게 조언과 지원을 제공해야 한다.

4. 분쟁 당사자의 요청이나 자체 결정으로 이 협정의 규정에 관련된 분쟁을 검토하기 위하여 설치된 패널은 기술위원회에 기술적인 고려가 필요한 문제점에 대한 검토를 요구할 수 있다. 패널은 특정 분쟁에 대한 기술위원회의 위임사항을 정하고 기술위원회의 보고서 제출기한을 정한다. 패널은 기술위원회의 보고서를 고려해야 한다. 기술위원회가 이 조항에 따라 회부된 문제에 합의에 도달하지 못한 경우에 패널은 분쟁 당사자로 하여금 패널에 동 사안에 대한 자신의 견해를 제시할 수 있는 기회를 부여하여야 한다.

5. 패널에 제출된 비밀정보는 그러한 정보를 제출한 자, 기관 또는 당국의 공식적인 승인이 없이는 공개되지 않는다. 패널에 이러한 정보를 요청하였으나 패널에 이러한 정보의 공개가 승인되지 않은 경우에, 해당 정보를 제출한 자, 기관 또는 당국의 승인 하에 비밀이 아닌 자료 요약분이 제공되어야 한다.

제3부 특별 및 차등 대우

- 제20조

1. 1979년 4월 12일자「관세와 무역에 관한 일반협정 제7조의 이행에 관한 협정」의 당사자가 아닌 개발도상국 회원국은「세계무역기구(WTO) 협정」이 자기 나라에 대하여 효력이 발생한 날로부터 5년을 초과하지 아니하는 기간 동안 이 협정의 적용을 연기할 수 있다. 이 협정의 적용을 연기하고자 하는 개발도상국 회원국은 세계무역기구 사무총장에게 이를 통보해야 한다.

2. 제1항에 추가하여 1979년 4월 12일자 「관세와 무역에 관한 일반협정 제7조의 이행에 관한 협정」의 당사자가 아닌 개발도상국 회원국은 이 협정의 그 밖의 모든 규정의 적용 시부터 3년을 초과하지 아니하는 기간 동안 제1조 제2항 (b)(iii) 및 제6조의 적용을 연기할 수 있다. 이 조항에 명시된 규정의 적용을 연기하고자 하는 개발도상국 회원국은 세계무역기구 사무총장에게 이를 통보해야 한다.

3. 선진국 회원국들은 기술지원을 요청하는 개발도상국 회원국들에게 상호 합의된 조건에 따라 기술지원을 제공한다. 이를 기초로 선진국 회원국들은 특히, 직원훈련, 이행조치에 대비한 지원, 관세평가 방법론에 관련한 정보출처에 대한 접근 및 이 협정에서 정하는 규정의 적용에 관한 자문을 포함하는 기술지원 계획을 수립해야 한다.

제4부 최종조항

- ## 제21조 유보

  이 협정의 어느 조항에 대하여도 다른 회원국들의 동의 없이는 유보할 수 없다.

- ## 제22조 국내법령

1. 각 회원국은 자국에 대하여 이 협정의 규정이 적용되는 날 이전에 자국의 법률, 규정 및 행정절차를 이 협정의 규정에 일치시킬 것을 보장하여야 한다.

2. 각 회원국은 이 협정과 관련이 있는 자국의 법률 및 규정과 그러한 법률 및 규정의 이행상의 변경에 대하여 위원회에 통보해야 한다.

- **제23조 검토**

　위원회는 이 협정의 목적을 고려하여 그 이행 및 운영을 매년 검토해야 한다. 위원회는 상품무역이사회에 검토대상 기간 동안의 진전 상황을 매년 통보해야한다.

- **제24조 사무국**

　관세협력이사회(CCC) 사무국이 지원하는 기술위원회에 구체적으로 배정된 의무를 제외하고는 이 협정에 관한 사무 처리는 세계무역기구 사무국이 담당한다.

ANNEX I INTERPRETATIVE NOTES
(부속서 I 주 해)

일반 주해

- **평가방법의 순차적 적용**

1. 제1조부터 제7조까지는 수입물품의 과세가격이 이 협정의 규정에 따라 어떻게 결정되는지를 규정하고 있다. 평가방법은 순차적인 적용순서로 규정되어 있다. 관세평가에 대한 우선적인 방법은 제1조에서 규정하고 있으며, 수입물품은 이 조에 규정된 조건이 충족되는 때에는 언제나 이 조의 규정에 따라 평가된다.

2. 제1조의 규정에 따라 과세가격이 결정될 수 없는 경우에는 후순위 조에 대하여 순차적으로 진행하여 과세가격이 결정될 수 있는 첫 번째 조에 따라 과세가격이 결정되어야 한다. 제4조에 규정된 경우를 제외하고는, 특정 조의 규정에 따라 과세가격이 결정될 수 없는 경우에만 다음 순서의 조의 규정을 사용할 수 있다.

3. 수입자가 제5조와 제6조의 순서를 바꾸어 줄 것을 요청하지 아니하는 경우에는 정상적인 적용순위를 따라야 한다. 수입자가 그 같이 요청하였으나 제6조의 규정에 따라 과세가격을 결정하는 것이 불가능하다는 것이 증명되는 경우에는, 제5조의 규정에 따라 결정될 수 있다면, 과세가격은 제5조의 규정에 따라 결정된다.

4. 과세가격이 제1조부터 제6조까지에 따라 결정될 수 없는 경우에는 제7조의 규정에 따라 결정된다.

일반적으로 인정된 회계원칙의 사용

1. "일반적으로 인정된 회계원칙"은 어떠한 경제적 자원과 의무가 자산과 부채로 기록되어야 하는지, 자산 및 부채에 있어 어떤 변화가 기록되어야 하는지, 자산과 부채 및 자산과 부채의 변화는 어떻게 측정되어야 하는지, 어떤 정보가 공개되어야 하고 어떻게 공개해야 하는지, 어떤 재무제표를 작성할 것인지에 대하여 특정 시기에 특정 국가 내에서 인정된 합의 또는 실질적이고 권위있는 지지를 말한다. 이러한 기준은 구체적인 관행과 절차뿐만 아니라 일반적 적용에 대한 광범위한 지침이 될 수 있다.

2. 이 협정의 목적 상, 각 회원국의 세관당국은 해당 조항에 적절한 자국에서 일반적으로 인정된 회계원칙에 부합되는 방식으로 작성된 정보를 활용해야 한다. 예를 들면, 제5조의 규정에 따른 통상적인 이윤 및 일반경비는 수입국의 일반적으로 인정된 회계원칙에 부합하는 방식으로 작성된 정보를 활용하여 결정된다. 다른 한편으로, 제6조의 규정에 따른 통상적인 이윤 및 일반경비는 생산국의 일반적으로 인정된 회계원칙에 부합하는 방식으로 작성된 정보를 활용하여 결정된다. 또 하나의 사례로서, 수입국에서 수행된 제8조 제1항 (b) (ii)에 규정된 생산지원 요소의 결정은 수입국의 일반적으로 인정된 회계원칙에 부합하는 방식으로 작성된 정보를 활용하여 결정된다.

부속서 1 주해 (INTERPRETATIVE NOTES)

제1조에 대한 주해

- 실제로 지급하였거나 지급하여야 할 가격

1. 실제로 지급하였거나 지급하여야 할 가격이란 수입물품에 대하여 구매자가 판매자에게 또는 판매자의 이익을 위하여 지급하였거나 지급하여야 할 총금액이다. 지급이 반드시 화폐 이전의 형태를 취할 필요는 없다. 지급은 신용장 또는 유통증권에 의해 이루어질 수 있다. 지급은 직접 또는 간접으로 이루어질 수 있다. 간접 지급의 일례는 판매자가 지고있는 채무의 전부 또는 일부를 구매자가 청산하는 경우이다.

2. 제8조에서 조정하도록 규정된 사항 외에, 구매자가 자신의 계산으로 수행한 활동은 비록 판매자에게 이익이 되는 것으로 간주된다 할지라도 판매자에 대한 간접 지급으로 인정될 수 없다. 따라서 이러한 활동의 비용은 과세가격을 결정함에 있어서 실제로 지급하였거나 지급하여야 할 가격에 가산되지 아니한다.

3. 아래의 부담금 또는 비용은, 수입물품에 대하여 실제로 지급하였거나 지급하여야 할 가격과 구별되는 경우에는 과세가격에 포함되지 않는다. (a) 산업설비, 기계류 또는 장비와 같은 수입물품에 대하여 수입 후에 수행된 건설, 설치, 조립, 유지 및 기술지원에 대한 부담금 (b) 수입 후의 운송비용 (c) 수입국의 관세 및 제세

4. 실제로 지급하였거나 지급하여야 할 가격은 수입물품에 대한 가격을 말한다. 따라서 수입물품과 관련되지 않는 배당금 또는 기타 지급의 구매자로부터 판매자에게로의 이전은 과세가격의 일부가 아니다.

- 제1항 (a)호(iii)

　실제로 지급하였거나 지급하여야 할 가격을 수용할 수 없게 만들지 않는 제한은 물품의 가치(value)에 실질적으로 영향을 미치지 않는 제한이다. 그러한 제한의 예는 판매자가 자동차 구매자에게 모델연도의 시작을 나타내는 특정일 이전에는 자동차를 판매하거나 전시하지 않도록 요구하는 경우이다.

- 제1항 b호

1. 판매 또는 가격이 평가대상 물품과 관련하여 가치를 결정할 수 없게 하는 어떠한 조건이나 사정(consideration)에 좌우된다면, 거래가격은 관세목적 상 수용되지 않는다. 여기에 해당하는 사례는 다음과 같다. (a) 구매자가 특정 수량의 다른 물품을 함께 구매하는 조건으로 판매자가 수입물품의 가격을 결정하는 경우, (b) 수입물품 가격이 수입물품 구매자가 수입물품 판매자에게 다른 물품을 판매하는 가격 또는 가격들에 따라 결정되는 경우, (c) 수입물품이 판매자가 완제품의 일정 수량을 받는 것을 조건으로 공급하는 반제품인 경우와 같이, 수입물품과 관계없는 지급형태를 근거로 가격이 결정되는 경우,

2. 그러나 수입물품의 생산 또는 마케팅과 관련한 조건이나 사정(consideration)이 거래가격을 부인하는 결과가 되게 해서는 안 된다. 예를 들면, 구매자가 판매자에게 수입국 내에서 수행된 기술 및 설계를 제공한다는 사실이 제1조 목적의 거래가격을 부인하는 결과가 되게 해서는 안 된다. 마찬가지로, 만약 구매자가 수입물품의 마케팅에 관한 활동을 비록 판매자와의 약정에 따라 수행하는 경우라도, 구매자가 자

부속서 1 주해 (INTERPRETATIVE NOTES)

기의 계산으로 수행한다면 이러한 활동의 가치(value)는 과세가격의 일부도 아니고 그러한 활동이 거래가격을 부인하는 결과가 되게 하지도 않는다.

- **제2항**

1. 제2항 (a)와 (b)는 거래가격의 수용 여부를 입증하는 다른 수단을 규정하고 있다.

2. 제2항 (a)는 구매자와 판매자가 특수관계에 있는 경우, 판매 주변 상황이 검토되어야 하고, 특수관계가 가격에 영향을 미치지 않았다면 거래가격은 과세가격으로 수용되어야 한다고 규정하고 있다. 이것은 구매자와 판매자가 특수관계에 있는 모든 상황을 검토해야 한다는 것을 의도하는 것은 아니다. 그러한 검토는 해당 가격의 수용에 대하여 의심이 있는 경우에만 요구되는 것이다. 세관당국이 해당 가격의 수용에 대해 전혀 의심이 없는 경우에는 수입자에게 더 이상의 정보를 요구하지 않고 수용되어야 한다. 예를 들면, 세관당국이 특수관계를 미리 검토하였거나 또는 구매자와 판매자에 관련한 상세한 정보를 이미 가지고 있어서, 그러한 검토 또는 정보에 의하여 특수관계가 가격에 영향을 미치지 않았다는 것을 이미 납득하고 있을 수 있다.

3. 세관당국이 추가적인 조사 없이 거래가격을 수용할 수 없을 경우에는 수입자에게 자신이 판매 주변상황을 검토하는 데 필요한 보다 상세한 정보를 제공할 수 있는 기회를 부여하여야 한다. 이와 관련하여 세관당국은 특수관계가 가격에 영향을 미쳤는지 여부를 결정하기 위하여 구매자와 판매자가 그들의 상업적 관계를 조직하는 방법과 해당 가격이 결정된 방법

을 포함한 거래의 관련 측면을 검토할 준비가 되어 있어야 한다. 구매자와 판매자가 제15조의 규정에 따른 특수관계라 하더라도 특수관계가 없는 것처럼 상호간에 판매하고 구매하는 것을 입증할 수 있는 경우에는, 가격이 특수관계에 영향을 받지 않았다는 것을 증명하는 것이다. 이러한 예로서, 해당 가격이 해당 산업의 정상적인 가격결정 관행에 부합하는 방법으로 결정되었거나 판매자가 자기와 특수관계에 있지 않는 구매자에게 판매가격을 결정하는 방법으로 해당 가격이 결정된 경우, 가격이 특수관계에 영향을 받지 않았다는 것을 증명하는 것이다. 또 하나의 예로서 당해 가격이 모든 비용에 대표적인 기간(예 : 1년 기준)동안에 동종 또는 동류 물품의 판매에서 실현된 기업의 전반적 이윤을 나타내는 이윤을 합한 금액을 회수할 수 있을 만큼 적절하다는 것이 입증되는 경우에는, 가격이 특수관계에 영향을 받지 않았다는 것을 증명하는 것이다.

4. 제2항 (b)는 해당 거래가격이 세관당국이 종전에 수용한 바 있는 "비교" 가격에 거의 근접하고, 따라서 제1조의 규정에 따라 수용될 수 있음을 수입자가 입증할 수 있는 기회를 제공하고 있다. 제2항 (b)에서 정한 비교기준이 충족되는 경우에는 제2항 (a)에 따른 영향 문제는 검토할 필요가 없다. 만약 세관당국이 더 이상의 구체적인 조사 없이 제2항 (b)에서 규정된 비교 기준 중의 하나가 충족되었음을 납득할만한 충분한 정보를 이미 가지고 있다면 수입자에게 비교 기준이 충족될 수 있음을 입증하도록 요구할 이유가 없다. 제2항 (b)에서 "특수관계가 없는 구매자"라는 용어는 어떠한 특별한 경우에도 구매자가 판매자와 특수관계가 없는 구매자를 의미한다.

부속서 1 주해 (INTERPRETATIVE NOTES)

- 제2항 (b)호

  하나의 가격이 다른 가격에 "거의 근접"한지 여부를 결정함에 있어 많은 요소들이 검토되어야 한다. 이러한 요소들은 수입물품의 특성, 산업 자체의 특성, 물품이 수입되는 계절 및 가격의 차이가 상업적으로 중요한지 여부를 포함한다. 이러한 요소는 사안별로 변동될 수 있으므로 각각의 경우에 고정 백분율과 같은 통일적인 기준을 적용하는 것은 불가능하다. 예를 들면, 거래가격이 제1조 제2항 (b)에 규정된 "비교" 가격에 거의 근접한지 여부를 결정함에 있어 한 유형의 물품이 관련된 사안에는 작은 가격 (value) 차이가 인정될 수 없는 반면에 다른 유형의 물품과 관련된 사안에서는 큰 차이가 인정될 수도 있다.

제2조에 대한 주해

1. 제2조를 적용함에 있어서 세관당국은 가능한 경우에는 언제나, 평가대상 물품과 동일한 거래 단계와 실질적으로 동일한 수량의 동종·동질 물품의 판매를 사용해야 한다. 그러한 판매가 발견되지 아니할 경우에는 다음 세 가지 조건 중 어느 하나에 부합하는 동종·동질 물품의 판매가 사용될 수 있다. (a) 거래 단계는 같으나 수량이 다른 판매 (b) 거래 단계는 다르나 수량은 실질적으로 같은 판매, 또는 (c) 거래 단계가 다르고 수량도 다른 판매

2. 이들 세 가지 조건 중 어느 하나에 부합되는 판매를 발견하면, 각 사안별로 다음에 대하여 조정한다. (a) 수량 요소들만 (b) 거래 단계 요소들만, 또는 (c) 거래 단계 및 수량 요소들 모두

3. ""및/또는"이라는 표현은 판매를 사용함에 있어서 그리고 위에 기술된 세 가지 조건 중 어느 하나에 대하여 필요한 조정을 행함에 있어서 융통성을 허용한다.

4. 제2조의 목적상, 동종·동질 수입물품의 거래가격이란, 제1조에 따라 이미 수용된 바 있는 과세가격으로서 제1항 (b) 및 제2항에서 규정한 바와 같이 조정된 것을 말한다.

5. 다른 거래단계 또는 다른 수량으로 인한 조정의 조건은 해당 가격이 증가 또는 감소되는지 여부와 상관없이 조정에 대한 합리성과 정확성을 명확하게 확립할 수 있는 입증된 증거, 예를 들면, 다른 단계 또는 다른 수량에 대한 가격을 포함하고 있는 유효한 가격표 등을 기초로 이루어져야 한다. 이러한 예로서, 만약 평가대상 수입물품의 수량이 10 단위인데 비해 거래가격이 존재하는 유일한 동종동질 수입물품은 500 단위로 판매되었고 판매자가 수량할인을 제공하고 있음이 인정되는 경우, 판매자의 가격표에서 10단위의 판매에 적용되는 가격을 이용하여 필요한 조정을 할 수 있다. 이것은 해당 가격표가 다른 수량의 판매에서 진실된 것임이 입증되는 한, 10단위 수량의 판매가 반드시 있어야 함을 요구하는 것은 아니다. 그러나 그러한 객관적인 척도가 없는 경우에는 제2조의 규정에 따라 과세가격을 결정하는 것은 적절하지 않다.

부속서 1 주해 (INTERPRETATIVE NOTES)

제3조에 대한 주해

1. 제3조를 적용함에 있어, 세관당국은 가능한 경우에는 언제나, 평가대상 물품과 동일한 거래 단계와 실질적으로 동일한 수량의 유사 물품의 판매를 사용해야 한다. 그러한 판매가 발견되지 아니할 경우에는 다음 세 가지 조건 중 어느 하나에 부합하는 유사 물품의 판매가 사용될 수 있다. (a) 거래 단계는 같으나 수량이 다른 판매 (b) 거래 단계는 다르나 수량은 실질적으로 같은 판매, 또는 (c) 거래 단계가 다르고 수량도 다른 판매

2. 이들 세 가지 조건 중 어느 하나에 부합되는 판매를 발견하면, 각 사안별로 다음에 대하여 조정한다. (a) 수량 요소들만 (b) 거래 단계 요소들만, 또는 (c) 거래 단계 및 수량 요소들 모두

3. "및/또는"이라는 표현은 판매를 사용함에 있어서 그리고 위에 기술된 세 가지 조건 중 어느 하나에 대하여 필요한 조정을 행함에 있어서 융통성을 허용한다.

4. 제3조의 목적상, 유사 물품의 거래가격이란 제1조에 따라 이미 수용된 바 있는 과세가격으로서 제1항 (b) 및 제2항에서 규정한 바와 같이 조정된 것을 말한다.

5. 다른 거래단계 또는 다른 수량으로 인한 조정의 조건은 해당 가격이 증가 또는 감소되는지 여부와 상관없이 조정에 대한 합리성과 정확성을 명확하게 확립할 수 있는 입증된 증거, 예를 들면, 다른 단계 또는 다른 수량에 대한 가격을 포함하고 있는 유효한 가격표 등을 기초로 이루어져야 한다. 이러한 예로서, 만약 평가대상 수입물품의 수량이 10 단위인데 비해 거래가격이 존재하는 유일한 유사 수입물품은 500 단위로

판매되었고 판매자가 수량할인을 제공하고 있음이 인정되는 경우, 판매자의 가격표에서 10단위의 판매에 적용되는 가격을 이용하여 필요한 조정을 할 수 있다. 이것은 해당 가격표가 다른 수량의 판매에서 진실된 것임이 입증되는 한, 10단위 수량의 판매가 반드시 있어야 함을 요구하는 것은 아니다. 그러나 그러한 객관적인 척도가 없는 경우에는 제3조의 규정에 따라 과세가격을 결정하는 것은 적절하지 않다.

제5조에 대한 주해

1. " "가장 많은 수량으로 판매되는 .... 물품의 단위가격"은 수입 후 최초 거래 단계의 판매에서 그러한 물품의 수입자와 특수관계가 없는 자에게 가장 많은 단위가 판매된 가격을 말한다.

2. 이러한 예로서, 물품은 대량 구매에 대하여 유리한 단위가격을 허용하는 가격표에 따라 판매된다. 판매수량 단위가격 판매회수 가격별 총판매수량 1-10개100 5개 10회 65 3개 5회 11-25개 95 11개 5회 55 25개 이상 90 30개 1회 80 50개 1회 특정한 가격으로 판매된 가장 많은 단위수량은 80이다. 그러므로 가장 많은 수량의 단위가격은 90이다.

판매수량	단위가격	판매회수	가격별총판매량
1-10개	100	5개 10회 3개 5회	65
11-25개	95	11개 5회	55
25개 이상	90	30개 1회 50개 1회	80

3. 다른 예로, 두 번의 판매가 있다. 첫 번째 판매에서는 500개가 단위당 95 화폐단위의 가격으로 판매된다. 두 번째 판매에서는 400개가 단위당 90 화폐단위의 가격으로 판매된다. 이 예의 경우, 특정한 가격으로 판매된 가장 많은 단위수량은 500이다. 그러므로 가장 많은 수량의 단위가격은 95이다.

4. 세 번째 사례는 다양한 수량이 다양한 가격으로 판매되는 다음과 같은 상황이 있을 것이다. (a) 판매내역 판매수량 단위가격 40 개 100 30 개 90 15 개 100 50 개 95 25 개 105 35 개 90 5 개 100 (b) 합계 총판매수량 단위가격 65 90 50 95 60 100 25 105 이 예의 경우, 특정한 가격으로 판매된 가장 많은 단위수량은 65이다. 그러므로 가장 많은 수량의 단위가격은 90이다.

가. 판매내역		나. 합계	
판매량	단위가격	총 판매량	단위가격
40개	100	65	90
30개	90	50	95
15개	100	60	100
50개	95	25	105
25개	105		
35개	90		
5개	100		

5. 수입물품의 생산 및 수출하기 위한 판매와 관련하여 사용하도록 제8조 제1항 (b)에 명시된 어느 요소를 무료 또는 인하된 가격으로 직접 또는 간접으로 공급하는 자에 대한 위 제1항에서 설명한 수입국내 판매는 제5조 목적의 단위가격을 결정함에 있어 고려되지 않아야 한다.

6. 제5조 제1항에서 규정하고 있는 "이윤 및 일반경비"는 전체로서 취급되어야 함을 유의해야 한다. 이 공제를 위한 수치는 수입자가 제출한 수치가 동종 또는 동류의 수입물품을 수입국내에서 판매할 때 얻어진 수치와 불일치하지 않는 한 수입자가 제공하거나 수입자를 대신하여 제공된 정보를 기초로 결정되어야 한다. 수입자가 제출한 수치가 이러한 수치와 불일치하는 경우, 이윤 및 일반경비는 수입자 또는 수입자를 대신하여 제출된 정보 이외의 관련 정보가 근거가 될 수 있다.

7. "일반경비"는 해당 물품의 마케팅에 대한 직접비 및 간접비를 포함한다.

8. 물품의 판매를 이유로 납부하여야 하는 지방세가 제5조 제1항 (a)(iv)의 규정에 따라 공제되지 아니한 경우에는 제5조 제1항(a)(i)의 규정에 따라 공제되어야 한다.

9. 제5조 제1항의 규정에 따른 수수료 또는 통상의 이윤 및 일반경비 중 어느 하나를 결정함에 있어서, 특정 물품이 다른 물품과 "동종 또는 동류" 인지 여부는 관련된 상황에 따라 사안별로 결정되어야 한다. 평가대상 물품을 포함하고 필요한 정보를 제공받을 수 있는 동종 또는 동류의 수입물품에 대한 가장 한정된 그룹 또는 범위의 수입국 내에서의 판매가 검토되어야 한다. 제5조의 목적상 "동종 또는 동류의 물품" 은 평가대상 물품과 같은 국가에서 수입된 물품뿐만 아니라 다른 나라에서 수입된 물품도 포함한다.

10. 제5조 제1항 (b)의 목적상, "가장 빠른 날"은 해당 수입물품 또는 동종·동질 또는 유사 수입물품에 대한 단위가격을 결정하는데 충분한 수량으로 판매가 이루어진 날짜가 되어야 한다.

부속서 1 주해 (INTERPRETATIVE NOTES)

11. 제5조 제2항의 방법이 사용되는 경우, 추가 가공에 따라 부가된 가치에 대한 공제는 그러한 작업 비용에 관련되는 객관적이고 수량화할 수 있는 자료를 근거로 이루어져야 한다. 인정된 산업 방식, 비법, 공사방법 및 기타 산업관행은 계산의 근거를 구성한다.

12. 제5조 제2항에 규정된 평가방법은 추가 가공의 결과로 수입물품이 그 동질성을 상실한 때에는 일반적으로 적용되지 않는 것으로 인정되고 있다. 하지만 그럼에도 불구하고, 수입물품의 동질성이 상실된다 할지라도 추가 가공에 따라 부가된 가치를 무리한 어려움이 없이 정확하게 결정할 수 있는 경우가 있을 수 있다. 다른 한편으로, 수입물품이 동질성을 유지하고는 있지만 수입국 내에서 판매된 물품에 부차적인 요소를 구성함에 지나지 않기 때문에 이러한 평가방법에 대한 사용이 정당화되지 않는 경우도 있을 수 있다. 위의 관점에서 이러한 유형에 대한 각 상황은 사안별로 검토되어야 한다.

제6조에 대한 주해

1. 일반적으로, 과세가격은 수입국 내에서 쉽게 입수할 수 있는 정보를 근거로 이 협정에 따라 결정된다. 그럼에도 불구하고 산정가격을 결정하기 위해서는 평가대상 물품의 생산 비용과 수입국 외부에서 얻어져야 하는 다른 정보를 검토하는 것이 필요할 수 있다. 더구나 대부분의 경우 물품의 생산자는 수입국 당국의 관할권을 벗어나 있다. 산정가격 방법의 사용은 일반적으로 구매자와 판매자가 특수관계에 있고, 생산자가 필요한 원가계산서를 수입국 당국에 제출할 준비가 되어 있으며, 필요한 경우 일체의 사후 검증에 대하여 편의를 제공할 준비가 되어 있을 경우에 한정된다.

2. 제6조 제1항 (a)에 규정된 "비용 또는 가격"은 생산자에 의하여 또는 생산자를 대신하여 제출되는 평가대상 물품의 생산에 관한 정보를 기초로 결정된다. 생산자의 회계장부가 해당 물품이 생산된 국가에서 적용되는 일반적으로 인정된 회계원칙에 부합되는 경우라면 비용 또는 가격은 그 회계장부를 근거로 한다.

3. 해당 "비용 또는 가격"에는 제8조 제1항 (a)(ii)과 (iii)에서 명시하고 있는 요소들의 비용들 포함하여야 한다. 여기에는 또한 수입물품의 생산과 관련하여 사용하기 위해 구매자가 직접 또는 간접으로 제공한 제8조 제1항 (b)에 명시된 요소에 대하여 제8조에 대한 주해의 관련 규정에 따라 적절히 배분된 가격을 포함한다. 수입국 내에서 수행되는 제8조 제1항 (b)(iv)에 명시된 해당 요소 가격은 그러한 요소를 생산자가 부담하는 경우에만 포함된다. 이 항에서 규정하고 있는 요소의 비용 또는 가격은 산정가격 결정에 있어 결코 중복 계산되지 않아야 한다는 것으로 이해되어야 한다.

4. 제6조 제1항 (b)에 규정된 "이윤 및 일반경비의 금액"은, 생산자의 수치가 수출국 내의 생산자가 수입국에 수출하기 위하여 평가대상 물품과 동종 또는 동류인 물품을 판매할 때 통상적으로 반영되는 수치와 불일치하지 않는 한, 생산자에 의하여 또는 생산자를 대신하여 제출된 정보를 기초로 결정하여야 한다.

5. 이와 관련하여 "이윤 및 일반 경비에 대한 금액"은 전체로서 취급되어야 한다는 점에 유의해야 한다. 어떤 특별한 경우에, 생산자의 이윤 수치는 낮고 생산자의 일반경비는 높은 경우임에도 불구하고 함께 취급된 생산자의 이윤 및 일반경비는 동종 또는 동류의 물품의 판매에서 통상적으로 반영된 것과 일치할 수 있다. 예를 들면, 어떤 상품이 수입국

부속서 1 주해 (INTERPRETATIVE NOTES)

내에서 출시되고 생산자는 출시와 관련된 높은 일반경비를 상쇄하기 위하여 무 이윤 또는 낮은 이윤을 감수하는 상황이 발생할 수 있다. 생산자가 특별한 상업적인 상황 때문에 수입물품의 판매에서 낮은 이윤을 입증할 수 있는 경우, 생산자가 낮은 이윤을 정당화할 수 있는 타당한 상업적인 이유를 갖고 있고 생산자의 가격정책이 관련 산업분야의 일반적인 가격정책을 반영한다면 생산자의 실제 이윤수치는 고려되어야 한다. 예를 들면, 이러한 상황은 생산자가 예견할 수 없는 수요하락 때문에 일시적으로 어쩔 수 없이 가격을 인하해야 하는 경우 또는 생산자가 수입국에서 생산되는 범주의 물품을 보충하기 위하여 물품을 판매하고 경쟁력을 유지하기 위하여 낮은 이윤을 감수하는 경우에 발생할 수 있다. 이윤 및 일반경비에 대한 생산자 자신의 수치가 수입국으로 수출하기 위하여 수출국 내의 생산자가 평가대상 물품과 동종 또는 동류인 물품을 판매하는 때에 통상적으로 반영되는 수치와 일치하지 않는 경우, 이윤 및 일반경비에 대한 금액은 해당 물품의 생산자에 의해서 또는 생산자를 대신하여 제출된 정보 이외의 관련 정보를 기초로 할 수 있다.

6. 생산자가 제출하였거나 생산자를 대신하여 제출된 정보 이외의 정보가 산정가격의 결정을 위하여 사용된 경우, 수입국 당국은 수입자가 요청하는 경우, 그러한 정보의 원천, 사용된 자료와 그러한 자료에 근거한 계산내역을 제10조의 규정을 조건으로 수입자에게 통보해야 한다.

7. 제6조 제1항(b)에서 규정하고 있는 "일반경비"는 제6조 제1항(a)에 포함되지 않는 물품을 생산하고 수출하기 위하여 판매하는데 소요되는 직접 및 간접비를 포함한다.

8. 특정 물품이 다른 물품과 "동종 또는 동류"인지 여부는 관련된 상황에 따라 사안별로 결정되어야 한다. 제6조 규정에 따라 통상적인 이윤 및

일반경비를 결정함에 있어, 평가대상 물품을 포함하여 필요한 정보를 제공받을 수 있는 가장 한정된 그룹 또는 범위에 속하는 물품의 수입국에 수출하기 위한 판매가 검토되어야 한다. 제6조의 목적상 "동종 또는 동류의 물품"은 평가대상 물품과 같은 국가로부터 수입된 것이어야 한다.

제7조에 대한 주해

1. 제7조의 규정에 따라 결정되는 과세가격은 최대한 과거에 결정된 과세가격을 기초로 하여야 한다.

2. 제7조에 따라 사용되는 평가 방법은 제1조부터 제6조까지에서 정하고 있는 방법이어야 한다. 그러나 그러한 방법을 적용함에 있어서 합리적인 신축성은 제7조의 목적 및 규정에 부합한다.

3. 합리적인 신축성에 해당하는 몇 가지 사례들은 다음과 같다.
   (a) 동종·동질 물품 - 동종·동질 물품이 평가대상 물품과 동시에 또는 거의 동시에 수출되어야 한다는 요건은 신축적으로 해석될 수 있다 ; 평가대상 물품의 수출국 이외의 국가에서 생산된 동종·동질 수입물품이 관세평가의 기초가 될 수 있다 ; 제5조 및 제6조의 규정에 따라 이미 결정된 동종·동질 수입물품의 과세가격이 사용될 수도 있다.
   (b) 유사 물품 - 유사 물품이 평가대상 물품과 동시에 또는 거의 동시에 수출되어야 한다는 요건은 신축적으로 해석될 수 있다 ; 평가대상 물품의 수출국 이외의 국가에서 생산된 유사수입물품이 관세평가의 기초가 될 수 있다 ; 제5조 및 제6조의 규정에 따라 이미 결정된 유사 수입물품의 과세가격이 사용될 수도 있다.

(c) 공제가격 방법 - 해당 물품이 제5조 제1항(a)의 "수입된 것과 같은 상태"로 판매되어야 한다는 요건은 신축적으로 해석될 수 있다 ; "90일" 요건은 신축적으로 운용할 수 있다.

제8조에 대한 주해

- 제1항 (a)호(i)

"구매수수료"라는 용어는 평가대상 물품을 구매함에 있어서 수입자가 그의 대리인에게 해외에서 수입자를 대리하는 용역에 대하여 지급하는 보수를 말한다.

- 제1항 (b)호(ii)

1. 제8조 제1항 (b)(ii)에서 규정하고 있는 (생산지원)요소를 수입물품에 배분하는 데에는 두 가지 요인이 관계된다. 해당 요소 자체의 가격과 수입물품에 해당 요소 가격을 배분하는 방법이다. 이들 요소의 배분은 상황에 적절한 합리적인 방법과 일반적으로 인정된 회계원칙에 따라 이루어져야 한다.

2. 해당 요소의 가격(value)과 관련하여, 수입자가 수입자와 특수관계가 없는 판매자로부터 주어진 비용(given cost)으로 해당 요소를 취득한다면 해당 요소의 가격은 그 비용(that cost)이 된다. 해당 요소를 수입자가 생산하였거나 수입자와 특수관계에 있는 자가 생산한 경우에는,

해당 요소의 가격은 해당 요소의 생산비용이 된다. 수입자가 해당 요소를 과거에 사용한 경우에는, 그 수입자가 취득 또는 생산하였는지 여부와 상관없이, 당초의 취득 또는 생산 비용은 해당 요소의 가격을 결정하기 위하여 해당 요소의 사용분을 반영하여 하향 조정되어야 한다.

3. 일단 해당 요소에 대한 가격이 결정되면, 수입물품에 해당 가격을 배분하는 것이 필요하다. 여기에는 많은 가능성이 존재한다. 예를 들면, 수입자가 한 번에 전체가격에 대하여 관세를 납부하고자 한다면 첫 번째 선적분에 해당 가격이 배분될 수 있다. 또 하나의 사례로는 첫 번째 선적 때까지 생산된 단위수량의 개수에 대하여 가격을 배분하도록 요청할 수 있다. 또 다른 사례로, 해당 수입자는 생산에 대한 계약 또는 확약이 되어 있는 전체 예정된 생산량에 대하여 가격을 배분하도록 요구할 수도 있다. 사용되는 배분방법은 수입자가 제출한 자료에 따라 결정된다.

4. 위의 실례로, 수입자는 생산자에게 수입물품 생산에 사용될 주형을 제공하고 생산자와 10,000개를 구매하는 계약을 체결한다. 첫 번째 선적분 1,000개가 도착될 때까지 생산자는 이미 4,000개를 생산하였다. 수입자는 세관당국에 주형 가격을 수입물품 1,000개, 4,000개 또는 10,000개 단위로 배분하여 줄 것을 요청할 수 있다.

- 제1항 (b)호(iv)

1. 제8조 제1항(b)(iv)에서 명시하고 있는 해당 요소에 대한 가산은 객관적이고 수량화할 수 있는 자료에 근거해야 한다. 가산되어야 하는 가격을 결정함에 있어 수입자와 세관당국 모두 부담을 최소화하기 위해서는, 가능한 한 구매자의 상업적 기록체계 내에서 쉽게 이용 가능한 자료가 사용되어야 한다.

부속서 1 주해 *(INTERPRETATIVE NOTES)*

2. 구매자가 구매하거나 임대하여 제공된 그러한 요소들에 대한 가산금액은 해당 구매비용 또는 임차료가 된다. 공공 영역에서 이용 가능한 요소에 대하여는 이들 복제물을 취득하는 비용을 제외하고는 가산되지 않는다.

3. 가산되어야 할 가격을 쉽게 계산이 가능한지는 특정 기업의 회계방법뿐만 아니라 기업의 구조, 경영 관행에 달려 있다.

4. 예를 들면, 여러 나라로부터 다양한 상품을 수입하는 회사가 특정 상품에 귀속하는 비용을 정확히 표시하는 방식으로 수입국 밖의 자체 디자인 센터에 기록을 유지할 수 있다. 그러한 경우, 제8조의 규정에 따른 직접적인 조정이 적절히 이루어질 수 있다.

5. 다른 사례로, 회사는 수입국 밖의 디자인 센터 비용을 특정 상품에 배분하지 않고 일반경비로 처리하는 경우이다. 이 경우 디자인 센터 총비용을 디자인 센터로부터 이익을 얻는 총 생산량에 배분한 후 이 같이 배분된 비용을 수입물품에 단위 기준으로 가산함으로써 제8조 규정에 따른 적절한 조정이 가능하다.

6. 물론 상기 상황에서의 편차에 대하여는 적절한 배분방법을 결정하는데 있어 다른 요소들이 고려될 필요가 있다.

7. 해당 요소의 생산이 다수의 국가에 걸쳐 일정 시간 이상 관련되는 경우, 조정은 수입국 밖에서 해당 요소에 대하여 실제로 가산된 가격에 한정되어야 한다.

- 제1항 (c)호

1. 제8조 제1항(c)에 규정된 로열티 및 라이센스료에는 특히 특허권, 상표권 및 저작권에 관한 지급이 포함될 수 있다. 그러나 수입국 내에서 수입물품을 재현 생산하는 권리의 비용은 수입물품에 대하여 실제로 지급하였거나 지급하여야 할 가격에 가산되지 않는다.

2. 수입물품을 공급하거나 전매하는 권리에 대한 구매자의 지급은, 그러한 지급이 수입물품을 수입국으로 수출하기 위한 판매의 조건이 아니면, 수입물품에 대하여 실제로 지급하였거나 지급하여야 할 가격에 가산되지 않는다.

- 제3항

제8조 규정에 따라 요구되는 가산과 관련하여 객관적이고 수량화할 수 있는 자료가 없는 경우, 거래가격은 제1조의 규정에 따라 결정될 수 없다. 일례로 킬로그램 단위로 수입되고 수입 후 용액으로 제조된 특정 상품이 수입국 내에서 리터 단위로 판매되는 가격을 기초로 로열티가 지급된다. 만약 로열티가 일부는 수입물품에 기초하고, 일부는 (수입물품이 국내 원료와 혼합되어 더 이상 구분 식별할 수 없거나, 로열티를 구매자와 판매자 간의 특별한 금융약정과 구별할 수 없는 경우와 같이) 수입물품과 관계없는 다른 요소에 기초하고 있다면, 로열티를 가산하고자 하는 시도는 부적절할 것이다. 그러나 만약 이 로열티의 금액이 수입물품에만 기초하고 있어 쉽게 수량화될 수 있다면 실제로 지급하였거나 지급하여야 할 가격에 가산할 수 있다.

부속서 1 주해 (INTERPRETATIVE NOTES)

제9조에 대한 주해

제9조의 목적상 "수입시점"에는 관세목적상의 수입신고 시점이 포함될 수 있다.

제11조에 대한 주해

1. 제11조는 수입자에게 평가대상 물품에 대하여 세관당국이 내린 평가결정에 대하여 불복 청구할 수 있는 권리를 제공하고 있다. 불복청구는 우선 세관당국 내에서 상급 단계로 제기할 수 있다. 그러나 수입자는 최종적으로 사법기관에 불복 청구할 수 있는 권리를 보유하여야 한다.

2. "제재 없이"라는 용어는 단지 수입자가 불복 청구할 권리행사를 선택하였다는 이유만으로 벌금을 가하거나 벌금의 위협이 되지 않아야 한다는 것을 의미한다. 정상적인 소송 비용과 변호사 선임료의 지급은 벌금으로 간주되지 않는다.

3. 하지만, 제11조의 어떠한 규정도 회원국이 불복청구 전에 이미 부과된 관세를 완납하도록 요구하는 것을 금지하는 것은 아니다.

제15조에 대한 주해

- 제4항

제15조의 목적상 "사람들(persons)"이라는 용어는, 필요한 경우, 법인을 포함한다.

- 제4항 (e)호

이 협정의 목적상, 한 쪽 당사자가 다른 쪽 당사자에 대해 구속 또는 지시를 법적으로 또는 실질적으로 행사하는 위치에 있는 경우, 다른 쪽 당사자를 지배하는 것으로 간주된다.

ANNEX II Technical Committee on Customs Valuation
(부속서 II 관세평가 기술위원회)

1. 이 협정 제18조의 규정에 따라, 기술적 차원에서 이 협정의 해석 및 적용의 통일성을 확보하기 위한 목적으로 관세협력이사회 주도로 기술위원회를 설치한다.

2. 기술위원회의 임무는 다음 사항을 포함한다.
   (a) 회원국 관세평가제도의 일상적인 운영에 있어서 제기되는 구체적인 기술상의 문제점을 검토하고 제시된 사실에 근거한 적절한 해결방안에 대한 권고의견 제공,
   (b) 요청이 있는 경우, 이 협정과 관련이 있는 평가법령, 절차 및 관행을 연구하고 이러한 연구결과에 대한 보고서 작성
   (c) 이 협정의 운영 및 지위에 대한 기술적 측면에 관한 연례보고서 작성 및 배포,
   (d) 수입물품에 대한 관세목적상의 평가에 관한 모든 문제에 대하여 회원국 또는 위원회가 요청하는 정보와 조언의 제공. 이러한 정보와 권고는 권고의견, 예해 또는 해설의 형태를 취할 수 있다.
   (e) 요청이 있을 경우, 이 협정의 국제적인 수용을 보다 증진할 목적으로 회원국들에 대한 기술지원 촉진
   (f) 이 협정 제19조의 규정에 따라 패널에서 회부된 사안에 대한 조사의 수행
   (g) 위원회가 부여하는 기타 임무의 수행

일 반

3. 기술위원회는 특히 회원국, 위원회 또는 패널이 회부한 특정 사안에 대하여 합리적으로 짧은 기간 내에 업무를 완료하도록 노력하여야 한다. 제19조 제4항에 규정된 바와 같이 패널은 기술위원회의 보고서 제출기한을 정하여야 하고 기술위원회는 해당 기한 내에 보고서를 제출하여야 한다.
4. 기술위원회는 그 활동에 대하여 관세협력이사회 사무국의 적절한 지원을 받아야 한다.

대 표

5. 각 회원국은 기술위원회에 참여할 권리를 갖는다. 각 회원국은 기술위원회에서 자기 나라를 대표할 한 명의 대표와 한 명 또는 그 이상의 교체 대표를 지명할 수 있다. 이와 같이 기술위원회에서 대표되는 회원국을 이 부속서에서는 "기술위원회 회원국"이라 한다. 기술위원회 회원국 대표는 자문관의 도움을 받을 수 있다. 세계무역기구 사무국도 옵서버 자격으로 이 회의에 참석할 수 있다.
6. 세계무역기구 회원국이 아닌 관세협력이사회 회원국은 기술위원회 회의에 한 명의 대표와 한 명 또는 그 이상의 교체 대표를 참석시킬 수 있다. 이러한 대표는 옵서버로 기술위원회 회의에 참석한다.
7. 기술위원회 의장의 승인을 전제로, 관세협력이사회 사무총장(이하 이 부속서에서 "사무총장"이라 한다)은 세계무역기구 회원국이나 관세협력이사회 회원국이 아닌 정부의 대표와 국제 정부기구 및 국제 무역기구 대표들로 하여금 기술위원회의 회의에 옵서버로 참석하도록 초청할 수 있다.
8. 기술위원회 회의에 참가하는 대표, 교체대표 및 자문관의 명단은 사무총장에게 통보되어야 한다.

기술위원회 회의

9. 기술위원회는 필요에 따라, 그러나 최소 1년에 2회 이상 소집되어야 한다. 각 회의 날짜는 직전 회기에서 기술위원회가 정한다. 회의 날짜는 기술위원회 회원국 과반수의 동의를 얻은 어떤 기술위원회 회원국의 요청이나, 시급을 요하는 경우 의장의 요청에 의하여 변경될 수 있다. 이 조항의 첫 번째 문장의 규정에도 불구하고, 이 협정 제19조의 규정에 따라 패널에 의하여 회부된 안건의 심의를 위하여 필요한 경우 기술위원회가 소집되어야 한다.

10. 기술위원회의 회의는 달리 결정되지 않는 한, 관세협력이사회 본부에서 개최된다.

11. 사무총장은 기술위원회 모든 회원국들과 제6항 및 제7항에 포함된 대표들에게 시급한 경우를 제외하고는 적어도 30일 이전에 기술위원회의 매 회기의 개시 일을 통보한다.

의 제

12. 사무총장은 각 회의의 임시의제를 작성하여야 하고 긴급한 경우를 제외하고는 기술위원회의 회원국과 제6항 및 제7항에 포함된 대표들에게 최소한 회의 개시 30일 이전까지 배포해야 한다. 본 의제에는 이전 회기 동안 기술위원회가 포함시키기로 승인한 제반 사항, 의장의 발의로 의장이 포함시킨 제반 사항, 사무총장, 위원회 또는 기술위원회의 어떤 회원국에 의하여 포함토록 요청한 제반 사항을 포함하여야 한다.

13. 기술위원회는 매 회기 시작할 때 의제를 결정해야 한다. 회기 동안 의제는 기술위원회에 의해 언제나 변경될 수 있다.

임원과 업무수행

14. 기술위원회는 회원국의 대표 중에서 한 명의 의장과 한 명 또는 한 명 이상의 부의장을 선출한다. 의장 및 부의장은 각각 1년 동안 재직한다. 퇴임하는 의장 및 부의장은 재선 자격을 보유한다. 기술위원회의 회원국을 더 이상 대표하지 아니하는 의장 또는 부의장은 자동적으로 그 권한을 상실한다.

15. 의장이 회의 또는 회의의 일부를 궐석하는 때에는, 부의장이 회의를 주재한다. 그러한 경우, 부의장은 의장과 동일한 권한과 의무를 갖는다.

16. 회의의 의장은 기술위원회 그 자체 일련의 과정에 참가 하지만 기술위원회의 회원국 대표로서 참가하는 것은 아니다.

17. 이 규칙에 의하여 의장에게 부여된 권한을 행사하는 것 이외에도 의장은 각 회의의 개회 및 폐회를 선언하고, 토론을 유도하며, 발언권을 부여하고 이들 규칙에 따라 회의진행을 통제한다. 의장은 또한 발언자의 발언이 부적절한 경우에는 발언자에게 의사규칙에 따르도록 명령할 수 있다.

18. 어떤 사안을 토의하는 동안 회원국 대표는 의사 진행상의 이의를 제기할 수 있다. 이러한 경우에, 의장은 즉시 판정을 내려야 한다. 동 판정에 대해 이의가 제기되는 경우, 의장은 이를 회의에 상정하여 결정을 구하고, 결정으로 번복되지 않는 한, 판정은 유지되어야 한다.

19. 사무총장 또는 사무총장이 지명하는 관세협력이사회 사무국 직원은 기술위원회 회의에 대한 사무국 업무를 담당한다.

의결정족수 및 투표

20. 기술위원회 회원국 대표의 단순 과반수로 의결정족수를 구성한다.

21. 기술위원회의 각 회원국은 하나의 투표권을 갖는다. 기술위원회의 결정은 출석 회원국 3분의 2 이상 다수결로 결정된다. 특정사안에 대한 표결과 상관없이 기술위원회는 관련 토의과정에서 표명된 다른 견해를 표시한 사안에 대하여는 상세한 보고서를 작성, 위원회와 관세협력이사회에 제출할 수 있다. 이 항의 위 규정에도 불구하고, 기술위원회는 패널이 회부한 안건에 대하여는 만장일치로 결정하여야 한다. 기술위원회가 패널이 회부한 문제에 대한 합의에 이르지 못한 경우, 기술위원회는 해당 안건 관련 사실을 상술하고 회원국들의 견해를 명시한 보고서를 제출하여야 한다.

언어 및 기록

22. 기술위원회의 공식 언어는 영어, 불어 및 스페인어로 한다. 이들 세 가지 중 어느 하나로 행해지는 발언이나 진술은 모든 대표가 번역을 생략하는 것으로 동의하지 않는 한 다른 공식 언어로 즉시 번역되어야 한다. 기타 다른 언어로 행해지는 발언이나 진술은 동일한 조건으로 영어, 불어 및 스페인어로 번역되어야 하며, 그러한 경우, 관련 대표는 영어, 불어 또는 스페인어 번역을 제공해야 한다. 영어, 불어 및 스페인어만이 기술위원회의 공식적인 문서에 사용되어져야 한다. 기술위원회의 검토를 위한 제안서와 서한은 공식 언어중의 하나로 제출되어져야 한다.

23. 기술위원회는 모든 회기의 보고서를 작성하여야 하며, 의장이 필요하다고 간주할 경우에는 회의의 의사록 또는 요약 보고서를 작성하여야 한다. 의장 또는 의장이 지명한 자는 위원회 및 관세협력이사회의 매 회기 시에 기술위원회의 업무에 대하여 보고해야 한다.

ANNEX Ⅲ (부속서 Ⅲ)

부속서 Ⅲ

1. 제20조 제1항에서 개발대상국 회원들에 대해 이 협정 규정의 적용을 5년간 유예하는 것은, 실제에 있어서는 어떤 개발도상국 회원국들에게는 충분하지 않을 수 있다. 그러한 경우에 개발도상국 회원국들은 제20조 제1항에서 규정된 기간이 만료하기 전에 기간의 연장을 요청할 수 있고, 해당 개발도상국 회원국이 상당한 근거를 제시할 수 있는 경우에 회원국은 그러한 요청에 대해 호의적인 고려를 할 것으로 양해된다.

2. 현재 공식적으로 설정된 최저가격을 기초로 물품을 평가하는 개발도상국들은 회원국들이 동의한 조건 하에서 제한적이고 과도기적인 기초로 그와 같은 가격을 유지할 수 있도록 유보하는 것을 희망할 수 있다.

3. 협정 제4조의 규정에 따라 수입자의 요청으로 적용순위를 변경하는 것이 실질적인 곤란을 초래할 수 있다고 판단하는 개발도상국은 다음 조건으로 제4조에 대한 유보를 희망할 수 있다. "··· 국 정부는 제5조와 제6조의 순위변경 요청에 대하여 협정 제4조의 관련 규정은 세관당국이 동의하는 경우에만 적용할 수 있음을 규정할 권리를 보유한다." 만약에 개발도상국들이 이러한 유보를 하고자 하는 경우, 회원국들은 협정 제21조에 따라 이에 동의해야 한다.

4. 개발도상국들은 다음 조건으로 이 협정 제5조 제2항에 대하여 유보를 희망할 수 있다. "···국 정부는 수입자의 요청여부에 관계없이 협정 제5조의 2항은 관련 주해의 규정에 따라 적용되어야 한다고 규정할 권리를 유보한다." 개발도상국들이 이러한 유보를 하고자 하는 경우에, 회원국은 협정 제21조의 규정에 따라 이에 동의해야 한다.

5. 어떤 개발도상국은 독점대리인, 독점공급권자(독점유통업자), 독점영업권자에 의한 개발도상국들 국내로 수입되는 물품과 관련하여 협정 제1조의 이행에 문제가 있을 수 있다. 만약 그러한 문제가 실제로 협정을 적용하는 개발도상국 회원국들 내에서 초래된다면, 그러한 회원국들의 요청이 있는 경우, 적절한 해결방안을 모색하기 위하여 이 문제에 대한 연구가 이루어져야 한다.

6. 제17조는 협정을 적용함에 있어서 세관당국이 관세평가 목적을 위하여 제출된 진술, 문서 또는 신고의 진실성이나 정확성과 관련한 조사를 할 필요가 있을 수 있다는 것을 인정한다. 그러므로 이 조는 예를 들면, 관세평가의 결정과 관련하여 세관에 신고 또는 제출된 가격 요소가 완전한지 및 정확한지 여부를 검증할 목적으로 이루어질 수 있음을 인정한다. 회원국들은 자국의 법률과 절차를 조건으로 이러한 조사에 있어 수입자의 충분한 협조를 요구할 권리를 갖는다.

7. 실제로 지급하였거나 지급하여야 할 가격은 수입물품의 판매조건으로, 구매자가 판매자에게, 또는 구매자가 판매자의 의무를 이행하기 위하여 제3자에게 실제로 행하였거나 행할 모든 지급을 포함한다.

3

DECISIONS

결정

WTO관세평가협정
Agreement on Implementation of Article VII of the GATT 1994

결정
DECISIONS

결정 1.1 협약 제8조 제1항 (다)호 주해에서의 "copyrights"의 불어번역

결정 2.1 협약 제8조 제1항 (나)(4)호 규격 중 "undertaken"이라는 용어의 의미

결정 3.1 수입물품 과세가격 결정시 이자비용의 처리

결정 4.1 데이터 처리장치를 위한 소프트웨어 전달매체에 대한 평가

결정 5.1 협약 제8조 제1항 (나)(4)의 용어 : 개발

결정 6.1 세관당국이 신고가격의 정확성이나 진실성을 의심할 만한 사유가 있는 경우 유통업자 및 독점 영업권자에 의한 수입

결정 7.1 최저과세기준가격과 독점대리인, 독점유통업자 및 독점영업권자에 의한 수입

WTO관세평가협정
Agreement on Implementation of Article Ⅶ of the GATT 1994

3 DECISIONS
결정

결정 1.1
협정 제8조1항(c)호 주해에서 "Copyrights"라는 용어의 불어번역

1981년 1월 13일 개최된 첫번째 회의에서 관세평가위원회는 협정 제8조 제1항 (c)에 대한 주해의 "copyrights" 라는 용어에 대한 불어번역을 " droit dereproduction"에서 "droit d`auteur""로 대체하는 것으로 합의하였다.

결정 2.1
협정 제8조 1항 (b) (iv)에 사용된 "Undertaken"이라는 단어의 의미

1983년 3월 3일 개최된 제6차 회의에서 관세평가위원회는 협정제8조 1항 (b) (iv) 내용 중 "undertaken(취해진)"은 영어 단어의 "carried out(수행된)"의 의미로 이해한다는데 대해 합의하였다. 이 협정의 불어판이나 스페인어판에는 영향을 미치지 않는다는 점에 주의를 요한다.

3. 결 정 (DECISIONS)

결정 3.1
수입물품의 과세가격에 포함된 이자비용의 처리

관세평가위원회는 1984년 4월 26일 개최된 제9차 회의에서 다음 결정을 채택하였다.

「GATT 제7조 이행을 위한 협정」 체약국은 다음과 같이 합의한다.

수입물품의 구매와 관련하여 구매자에 의해 체결된 금융약정 하에서의 이자비용은, 다음과 같은 경우에는 과세가격의 일부로 간주되지 않는다.

(a) 이자비용이 물품에 대하여 실제로 지급하였거나 지급하여야 할 가격으로부터 구분되고

(b) 금융약정이 서면으로 체결되었으며,

(c) 필요한 경우, 구매자가 다음 사항을 입증할 수 있는 경우

- 동 물품이 실제로 지급하였거나 지급하여야 할 가격으로서 신고된 가격으로 실제로 판매된다는 것과
- 제시된 이자율이 금융이 제공된 국가 및 그 시점에 그러한 거래에서 통용되는 수준을 초과하지 않는다는 것

이 결정은 해당 금융을 판매자, 은행 또는 기타 자연인이나 법인이 제공하였는지 여부와 상관없이 적용되어야 한다. 또한 적절한 경우, 물품이 거래가격 이외의 방법으로 평가되는 경우에도 적용되어야 한다.

각 체약국은 이 결정에 대한 적용 일자를 위원회에 통지하여야 한다.

결정 4.1
데이타 처리장치용 소프트웨어를 수록하고 있는 전달매체의 평가

1984년 9월 24일 개최된 제10차 회의에서 관세평가위원회(제네바)는 다음과 같은 결정을 채택하였다.

1. 「GATT 제7조의 이행에 관한 협정 ('협정')」에 따라 거래가격이 평가의 가장 우선적인 기초라는 것과 전달매체에 기록된 데이터 처리장치용 데이터나 명령(소프트웨어)에 대한 거래가격의 적용은 협정에 전적으로 부합한다는 것을 재확인 한다.

2. 전달매체에 기록된 데이타 처리장치용 데이타 또는 명령(소프트웨어)에 관한 독특한 상황과, 일부 체약국들이 다른 접근 방법을 추구해오고 있는 점을 고려하면, 그 체약국들이 희망하는 바대로 다음의 관행을 채택하는 것 또한 협정에 부합될 수 있다.

    데이타 또는 명령을 수록하고 있는 수입물품인 전달매체의 과세가격을 결정함에 있어서, 해당 전달매체 자체의 비용이나 가격만이 고려되어야 한다. 그러므로 데이타 또는 명령의 비용이나 가격이 해당 전달 매체의 비용이나 가격과 구분된다면 데이타 또는 명령의 비용이나 가격은 과세가격에 포함되지 않는다.

    이 결정의 목적상, "전달매체"라는 표현은 집적회로, 반도체 및 그러한 회로 또는 장치를 결합한 유사한 장치들을 포함하지 않는다. ; "데이타 또는 명령"이라는 표현은 음향, 영화 또는 영상의 기록물을 포함하지 않는다.

3. 본 결정 제2항에서 규정하고 있는 관행을 채택하는 체약국은 관세평가위원회에 그 적용 일자를 통보해야 한다.

4. 이 결정 제2항의 관행을 채택하는 체약국들은 일부 체약국이 거래가격 관행을 계속 사용하는데 대한 차별대우 없이, 최혜국 대우의 원칙하에서 그 관행을 시행하여야 한다.

3. 결 정 *(DECISIONS)*

> 데이터 처리장치용 소프트웨어를 수록하고 있는 전달매체의 평가에 대한
> 결정을 채택하기 전 1984년 9월 24일자 관세평가위원회 회의에서의 의장 성명

데이타 처리장치(소프트웨어)에 사용하기 위한 데이타나 명령을 수록하고 있는 수입물품인 전달매체의 경우에 있어, 본질적으로 전달매체 자체, 예를 들면 테이프나 자기 디스크는 관세율표에 따라 관세를 납부할 의무가 있다. 하지만 수입자는 실제로 명령 또는 데이타 사용에 관심이 있는 것이며 전달매체는 부수적인 것이다. 사실, 거래 당사자들이 전문적인 설비를 이용할 수 있다면, 소프트웨어는 유선 또는 위성으로 전송될 수 있으며, 이런 경우 관세 문제는 제기되지 않을 것이다. 아울러 전달매체는 일반적으로 명령이나 데이타를 저장하기 위한 일시적인 수단이므로, 명령이나 데이터를 사용하기 위하여 구매자는 자신의 시스템의 메모리 또는 데이터베이스에 데이터 또는 명령을 전송하거나 복제해야 한다.

「GATT 제7조의 이행에 관한 협정('협정')」으로 대체된 국제적인 관세평가 관행에 따라, 전달매체를 평가할 때 소프트웨어의 가격은 일반적으로 포함되지 않았다. 이 협정을 채택한 후, 종전의 국제 관행을 따랐던 체약국들은 컴퓨터 소프트웨어를 수록하고 있는 전달매체를 평가하는 규정을 바꾸거나 종전의 관행을 그대로 유지하기도 하였다.

데이터 처리장치용의 소프트웨어를 수록하고 있는 전달매체의 평가에 대한 관세평가위원회의 제안된 결정은 거래가격이 협정에 따른 평가의 가장 우선적인 기초라는 것과 전달매체에 기록된 데이터 처리장치용 소프트웨어에 대한 거래가격의 적용은 협정에 전적으로 부합한다는 것을 나타낸다. 또한 이 결정은 지금까지 설명한 소프트웨어와 관련한 "독특한 상황"과 일부 체약국들이 다른 접근 방법을 추구하였다는 사실을 고려하여, 데이터 또는 명령을 수록하고 있는 수입물품인 전달매체의 과세가격을 결정함에 있어 그러길 원하는 체약국들이 전달매체 자체의 비용 또는 가격만을 고려하는 것도 협정에 부합된다는 것을 규정하는 것이다.

데이터 처리장치용 소프트웨어를 수록한 전달매체의 평가에 대한 이 결정을 채택함에 있어, 이 결정의 시행과 적용에 있어서 어려움이 발생된다면 이러한 어려움에 대하여는 협정 체약국에 의해서 논의되는 것이 유용할 것이라고 양해한다.

결정 5.1
협정 제8조 제1항 (b) (iv)의 용어 : 개발

1. 관세평가위원회는 1985년 5월 9일 ~ 10일 개최된 제12차 회의에서, 이것으로 인하여 협정상의 권리와 의무가 침해되지 않아야 하고, 필요한 경우 위원회 회원국이 해당 문제를 다시 논의할 수 있다는 양해를 전제로, 다음 문장을 의사록에 삽입함으로써 협정 제8조 제1항 (b) (iv)의 "개발"이라는 용어의 영어, 불어 및 스페인어 판 간의 언어적 일관성 문제를 해결하였다.

2. (위원회 문서) VAL/W/24/REV.1의 제6항에 언급된 바와 같이, 협정 체약국은 협정 제8조 제1항(b)에서 영어판의 "development", 불어판의 "travaux d`études" 및 스페인어판의 "creación y perfeccionamiento"라는 용어는 영어의 "research", 불어의 "recherche" 및 스페인어의 "investigación"가 제외되는 것으로 이해하였다. 하지만, 서명국 중 하나인 아르헨티나는 제8조 제1항(b)에 사용된 대로 스페인어 표현 "creación y perfeccionamiento"은 가격의 일부를 "creación perfeccionamiento"에서 제외할 수 있는 것으로 해석될 수 없다고 이해하였다.

3. 결 정 (DECISIONS)

결정 6.1
세관당국이 신고가격의 정확성이나 진실성을 의심할 만한 사유가 있는 경우

관세평가위원회는,

거래가격이 「1994년도 GATT 제7조의 이행에 관한 협정(이하 "협정"이라 한다)」에 따른 평가의 가장 우선적인 기초임을 재확인하면서,

세관당국이 신고가격을 뒷받침하기 위하여 무역업자가 제출한 문서나 서류의 정확성이나 진실성을 의심할 만한 사유가 있는 사례를 검토해야 한다는 점을 인정하며 :

이 과정에서 세관당국은 무역업자의 정당한 상업상의 이익을 침해하지 않아야 한다는 것을 강조하고 :

협정 제17조, 협정 부속서 Ⅲ의 제6항 및 관세평가 기술위원회의 관련 결정을 고려하면서 :

다음과 같이 결정한다.

1. 가격신고서가 제출된 이후 세관당국이 이 신고서를 뒷받침하기 위하여 제출된 문서나 서류의 진실성이나 정확성을 의심할 만한 사유가 있는 경우, 세관당국은 신고가격이 제8조 규정에 따라 조정된 수입물품에 대하여 실제로 지급하였거나 지급하여야 할 총 금액임을 의미하는 서류 또는 기타 증빙 자료를 포함한 추가적인 설명을 수입자에게 요청할 수 있다. 추가적인 정보를 받은 후, 또는 응답이 없는 경우, 세관당국이 여전히 신고가격의 진실성 또는 정확성에 대하여 합리적 의심이 있는 경우에는 제11조의 규정을 유념하면서, 수입물품의 과세가격은 제1조 규정에 따라 결정될 수 없다고 간주할 수 있다. 최종적인 판단을 하기 전에, 수입자의 요청이 있을 경우 세관당국은 제출된 문서 또는 서류의 정확성 또는 진실성을 의심하는 근거를 해당 수입자에게 서면으로 통지

해야 하고 수입자에게 응답할 수 있는 합당한 기회를 제공해야 한다. 최종적인 결정이 내려지면 세관당국은 서면으로 결정과 해당 근거를 수입자에게 통보해야 한다.

2. 한 회원국이 상호 합의된 조건으로 다른 회원국을 지원하는 것은 전적으로 이협정 적용에 적절하다.

결정 7.1
최저가격과 독점대리인, 독점공급권자(독점유통업자) 및 독점영업권자에 의한 수입

I

개발도상국이 부속서 Ⅲ 제2항의 조건 하에서 공식적으로 설정한 최저가격을 유지하도록 유보조항을 설정하면서 정당한 이유를 제시하는 경우, 위원회는 해당 유보 요청에 대하여 호의적인 고려를 해야 한다.

유보조항이 승인될 경우, 부속서 Ⅲ 제2항에서 규정하고 있는 조건은 관련 개발도상국의 발전, 재정 및 무역상의 필요성을 충분히 참작하여야 한다.

II

1. 많은 개발도상국들은 독점대리인, 독점공급권자(독점유통업자) 및 독점영업권자에 대한 수입물품의 평가과정에 존재할 수 있는 문제에 관심을 갖고 있다. 제20조 제1항에 따라, 개발도상국 회원국들은 협정의 적용에 앞서 최대 5년까지 유예기간을 가진다. 이러한 맥락에서, 이 규정을 적용하는 개발도상국 회원국들은 적절한 연구 수행과 적용을 용이하게 하는데 필요한 조치를 취하는데 본 기간을 활용할 수 있다.

3. 결 정 (DECISIONS)

2. 이점을 고려함에 있어, 본 위원회는 관세협력이사회가 부속서 Ⅱ 규정에 따라 독점대리인, 독점공급권자(독점유통업자) 및 독점영업권자에 의한 수입과 관련한 부분을 포함하여 문제될 수 있는 부분으로 확인된 분야에 대한 개발도상국들의 연구 수립 및 수행을 지원할 것을 권고한다.

ADVISORY OPINIONS

4

권고의견

WTO관세평가협정
Agreement on Implementation of Article Ⅶ of the GATT 1994

4

권고의견
ADVISORY OPINIONS

권고의견 1.1 협약에서의 판매의 개념
권고의견 2.1 동일물품의 시장가격보다 낮은 가격의 인정 여부
권고의견 3.1 협약 제1조 주해에서의 "구분 가능한"의 의미 : 수입국에서의 수입제세
권고의견 4.1 - 4.19 협약 제8조 제1항(다)호의 로얄티 및 라이센스료
권고의견 5.1 - 5.3 협약하에서의 현금할인 처리
권고의견 6.1 협약하에서의 구상거래 및 보상거래의 처리
권고의견 7.1 협약 제1조 제2항 (나) (1)호에서의 대비가격 채택가능성
권고의견 8.1 종전 거래와 관련된 신용채권의 처리
권고의견 9.1 공제가격 적용시 덤핑방지 관세 및 상계관세의 처리
권고의견 10.1 허위서류의 취급
권고의견 11.1 부주의로 인한 오류와 불완전한 서류의 처리
권고의견 12.1 협약 제7조의 신축적 적용
권고의견 12.2 제7조를 적용함에 있어서의 우선순위
권고의견 12.3 제7조를 적용함에 있어서 해외에서 제공된 자료의 사용
권고의견 13.1 협약 제8조 제2항 (다)호에서의 "보험"의 범위
권고의견 14.1 "수입국에 수출판매된" 이라는 표현의 의미
권고의견 15.1 수량할인의 처리
권고의견 16.1 평가대상물품에 대한 거래의 성립 또는 가격의 결정이 금액으로 환산할 수 있는
어떠한 조건이나 사정에 의하여 영향을 받은 경우의 처리
권고의견 17.1 협약 제11조의 범위와 의미
권고의견 18.1 협약 제11조의 범위와 의미
권고의견 19.1 협약 제11조의 범위와 의미
권고의견 20.1 계약서에 고정환율을 정하고 있는 경우의 통화 환산
권고의견 21.1 협약 제15조 제4항 (나)호 "동업자" 의 표현에 대한 해석
권고의견 22.1 산업플랜트 디자인 및 개발과 관련하여 수입된 기술문서에 대한 평가
권고의견 23.1 "반짝 세일"에서 구매한 수입물품의 평가
권고의견 24.1 구매자 소유의 상표가 부착된 수입물품의 평가처리
권고의견 25.1 부수적인 요금들에 적용되는 평가 처리

WTO관세평가협정
Agreement on Implementation of Article VII of the GATT 1994

4

ADVISORY OPINIONS

권고의견

권고의견 1.1
협정에서의 "판매(Sale)"의 개념

관세평가기술위원회는 다음과 같은 의견을 표명하였다.

(a) 「1994년도 관세와 무역에 관한 일반협정 제7조의 이행에 관한 협정 (이하 "협정"이라 한다)」에서는 "판매(sale)"에 대한 정의를 내리고 있지 않다. 제1조 제1항은 단지 특정한 요건 및 조건을 충족하는 특정한 상행위를 규정하고 있을 뿐이다.

(b) 그럼에도 불구하고 수입물품의 거래가격이 관세평가 목적상 최대한 사용(to the greatest extent possible)되어야 한다는 협정의 기본 취지에 따라, 해석과 적용의 통일성은 "판매(sale)"라는 용어를 가장 넓은 의미로 받아들임으로써 달성될 수 있으며, 이는 함께 해석되는 협정 제1조 및 제8조의 규정에 의해서만 결정된다.

4. 권고의견 (ADVISORY OPINIONS)

(c) 그러나, 함께 해석되는 협정 제1조 및 제8조의 요건 및 조건을 충족하는 판매를 구성하지 않는 것으로 간주되는 사례의 목록을 준비하는 것이 유용할 것이다. 이러한 경우에는 사용되는 평가방법 역시 협정에서 정하고 있는 우선순위에 따라 결정되어야 한다.

이 권고의견에 따라 준비된 목록은 다음과 같다. 목록은 다음에 한정되지 않으며 경험을 고려하여 추가될 것이다.

수입물품이 판매의 대상으로 간주되지 않는 사례의 목록

I. 무상 수입물품

가격의 지급을 수반하지 않는 거래는 협정에 따른 판매로 간주될 수 없다.

〔예시〕선물, 견본, 홍보물

II. 위탁판매 수입물품

이러한 무역관행 하에서 물품은 판매의 결과로서가 아니라, 공급자의 계산(for the account of the supplier)으로 가능한 가장 유리한 가격에 판매될 의도로 수입국에 송부된다. 수입시점에는 판매가 발생하지 않았다.

〔예시〕

수출국 E의 제조자 P는 수입국 I의 대리인 X에게 경매로 판매하기 위해 카펫 50개의 위탁판매 물품을 송부한다. 카펫은 수입국에서 총 500,000 c.u.로 판매된다. X가 수입물품에 대한 지급으로 제조자 P에게 송금해야 하는 총금액은 500,000 c.u.에서 물품의 판매와 관련하여 X가 부담한 비용과 해당 거래에 대한 X의 보수를 공제한 금액이 된다.

위탁판매 수입은 이익분배 거래(profit sharing transaction)와 혼동되어서는 안 된다. 후자의 경우에는 판매에 따라 물품이 수입되고 수입국 시장에서 물품이 판매될 때 실현되는 이익의 일부가 가산되어야 하는 특정 가격으로 잠정적인 송장이 작성된다. 이러한 종류의 거래는 최종가격의 결정에 대한 유보조항이 있는 판매로 간주되어야 한다. 이러한 거래의 본질이 제1조에 따른 평가를 배제하는 것은 아니나, 당연히 제1조 제1항(c)에서 정하는 조건에 특별한 주의를 기울여야 한다.

Ⅲ. 물품을 구매하지 않고 수입 후 물품을 판매하는 중개인(intermediaries)이 수입한 물품

이 표제에 따라 예상된 수입과 이전 표제에서 다룬 위탁판매 물품의 수입 간에는 구별이 이루어져야 한다. 후자는 별개의 특정한 무역관행이다. 현 범주는 물품이 판매의 대상이 되지 않고 중개인에게 인도되고 국제관례 상 일반적으로 위탁판매 수입물품으로 간주되지 않는 상관행에서 직면하는 모든 경우를 포함한다.

〔예시〕

수입국 I의 수입자 X는 수출국 E의 외국 제조자 F의 대리인 역할을 하고 있다. 수입물품은 대리점 재고를 보충하기 위해 X에 의해 세관을 거쳐 통관되고, 이후 F의 계산과 위험으로 수입국에서 판매된다. 공급자와 고객 간에 (때로는 대리인과 고객 간에 명목상으로) 기 체결된 판매계약에 따른 공급을 위한 대행수입은 제1조에 따른 평가의 기초로 사용될 수 있는 거래를 구성한다는 점에 유의해야 한다.

Ⅳ. 별개의 법적 사업체가 아닌 지점(branches)이 수입하는 물품

관련 법률에 따라 지점이 별개의 법적 사업체로 간주되지 않는 경우에는 판매가 있을 수 없으며, 판매는 반드시 별개의 두 당사자 간의 거래를 수반한다는 것을 유념해야 한다.

Ⅴ. 임대차계약(hire or leasing contract)에 따라 수입되는 물품

임대차 거래는 계약이 구매하는 선택권을 포함한다 할지라도 그 본질상 판매를 구성하지 않는다.

VI. 송하인 소유(property of sender)로 남아 있는 대여 물품

물품(대개 기계류)은 때때로 소유자에 의해 고객에게 대여된다. 이러한 거래는 판매를 수반하지 않는다.

〔예시〕
E국의 제조자 F가 수입국 I의 수입자 X에게 플라스틱이 코팅된 종이포장 제조용 특수기계를 대여해 준다.

VII. 송하인이 수입자에게 용역의 대가를 지불하고, 수입국에서 폐기하기 위해 수입되는 물품(웨이스트 또는 스크랩)

이러한 경우는 폐기하기 위해 수입되는 웨이스트나 스크랩과 관련 있다. 비용은 이 폐기와 관련하여 발생하기 때문에 수출자는 수입자에게 용역에 대한 금액을 지급한다.

수입자는 수입물품에 대한 대가를 지급하는 것이 아니라, 반대로 수입물품을 인수하고 폐기하는 대가를 지급받기 때문에 협정의 조건에 따라 판매가 발생했다고 간주할 수 없다.

권고의견 2.1
동종·동질물품에 대한 일반적인 시장가격보다 낮은 가격의 인정 여부

1. 동종·동질 물품의 일반적인(prevailing) 시장가격보다 낮은 가격이 「1994년도 관세와 무역에 관한 일반협정 제7조의 이행에 관한 협정」 제1조의 목적상 수용될 수 있는지에 대한 문제가 제기되었다.

2. 위원회는 이 문제를 검토하였으며, 가격이 동종·동질 물품의 일반적인 시장가격보다 낮다는 단순한 사실이 해당 가격을 제1조의 목적상 부인하는 이유가 되지 않아야 한다고 결론지었으며, 당연히 협정 제17조의 규정을 조건으로 한다.

4. 권고의견 (ADVISORY OPINIONS)

권고의견 3.1
협정 제1조에 대한 주해에서 "구분되는"의 의미 : 수입국의 관세 및 제세

1. 지급하였거나 지급하여야 할 가격이 수입국의 관세 및 제세(duties and taxes)에 대한 금액을 포함하고 있을 때에 이러한 사항이 송장에 구분되어 표기되어 있지 않고(not shown separately) 이러한 사항에 대하여 수입자가 달리 공제를 요청하지 않은 경우에 이들 관세 및 제세가 공제되어야 하는가?

2. 관세평가기술위원회는 다음과 같은 견해를 표명하였다.
수입국의 관세 및 제세는 그 본질상 실제로 지급하였거나 지급하여야 할 가격에서 구분할 수(distinguishable) 있기 때문에 과세가격의 일부를 구성하지 않는다.

권고의견 4.1
협정 제8조 제1항 (c)의 로열티 및 라이센스료

(판매자의 요구에 따라 수입자가 제3자(특허권자)에게 지급하여야 하는 로열티)

1. 특허에 의해 제작된 기계가 특허권료를 공제한 가격으로 수입국으로 수출하기 위하여 판매되고, 판매자가 수입자에게 해당 특허권료를 특허권 보유자인 제3자에게 지급하도록 한 경우, 해당 로열티는 협정 제8조 제1항 (c)의 규정에 따라 지급하였거나 지급하여야 할 가격에 가산되어야 하는가?

2. 관세평가기술위원회는 다음과 같은 견해를 표명하였다. 구매자가 지급하는 로열티는 평가대상 물품과 관련 있고 이들 물품의 판매조건이기 때문에 해당 로열티는 제8조 제1항(c)의 규정에 따라 실제로 지급하였거나 지급하여야 할 가격에 가산되어야 한다.

권고의견 4.2
협정 제8조 제1항 (c)의 로열티 및 라이센스료

(수입국의 법령에 따라 수입자가 수입된 음반을 전매(轉賣)할 때 제3자(저작권 보유자)에게 지급하여야 하는 로열티)

1. 수입자는 제조자로부터 음악연주 레코드판(phonograph records)을 구매하였다. 수입국의 법률에 따라 수입자는 레코드판을 전매(轉賣, resell)할 때 저작권을 보유하고 있는 작곡가인 제3자에게 판매가격의 3%에 해당하는 로열티를 지급하여야 한다. 로열티는 어느 일부도 제조자에게 직접 또는 간접으로 귀속되지 않으며, 판매계약에 따른 의무로 지급되지 않는다. 해당 로열티는 실제로 지급하였거나 지급하여야 할 가격에 가산되어야 하는가?

2. 관세평가기술위원회는 다음과 같은 견해를 표명하였다. 해당 로열티는 과세가격을 결정함에 있어서 실제로 지급하였거나 지급하여야 할 가격에 가산되지 않아야 한다. 로열티의 지급은 수입물품을 수출하기 위한 판매조건이 아니라 레코드판이 수입국에서 판매될 때 저작권자에게 지급하도록 하는 해당 수입자의 법률상의 의무(legal obligation)로 발생한 것이다.

권고의견 4.3
협정 제8조 제1항 (c)의 로열티 및 라이센스료

(특정 물품 제조에 특허공정을 사용하는 권리에 대한 대가로 별도 계약에 따라 수입자가 제3자(특허권 보유자)에게 지급하여야 하는 로열티)

1. 수입자 I는 특정 상품 제조를 위하여 특허공법(patented process)을 사용할 권리를 획득하면서 해당 공법을 사용하여 생산된 물품의 수량에 기초하여 특허권자 H에게 로열티를 지급할 것에 동의한다. 별도 계약에

4. 권고의견 (ADVISORY OPINIONS)

서 I는 특허공법을 수행하기 위해 특별히 고안된 기계를 설계하고 외국 제조자 E로부터 구매한다. 이 경우 특허공법에 대한 로열티는 수입 기계에 대하여 지급하였거나 지급하여야 할 가격의 일부에 해당되는가?

2. 관세평가기술위원회는 다음과 같은 견해를 표명하였다. 비록 해당 로열티 지급이 기계에 체화된 공법에 대한 것이고 해당 기계장치만 사용하도록 할지라도, 해당 지급이 해당 기계를 수입국으로 수출하기 위한 판매조건이 아니기 때문에 이 로열티는 과세가격의 일부가 아니다.

권고의견 4.4
협정 제8조 제1항 (c)의 로열티 및 라이센스료

(전매(轉賣)가 목적인 물품에 특허 농축물을 결합하거나 사용하는 권리에 대한 대가로 수입자가 판매 조건에 따라 판매자(특허권 보유자)에게 지급하여야 하는 로열티)

1. 수입자 I는 특허권자인 제조자 M으로부터 특허 농축물(patented concentrate)을 구매한다. 수입 농축물은 수입국에서 판매되기 전에 보통의 물로 단순 희석하여 소매 포장된다. 물품 가격에 더하여, 구매자는 전매(轉賣, resale)할 상품에 특허 농축물을 결합 또는 사용하는 권리에 대해 판매조건으로서 로열티를 제조자 M에게 지급해야 한다. 로열티 금액은 최종 상품(finished product)의 판매가격에 따라 계산된다.

2. 관세평가기술위원회는 다음과 같은 견해를 표명하였다. 로열티는 구매자가 이들 물품의 판매조건으로 지급해야 하는 수입물품과 관련된 지급이며 따라서 제8조 제1항(c)에 따라 실제로 지급하였거나 지급하여야 할 가격에 가산되어야 한다. 이 의견은 수입물품에 결합되어 있는 특허에 대하여 지급된 로열티와 관련된 것이며 다른 상황에는 영향을 미치지 않는다.

권고의견 4.5

협정 제8조 제1항 (c)의 로열티 및 라이센스료

(상표권 보유자 또는 아닌 자로부터 수입된 원료를 사용하는지 여부에
관계없이 해당 상표로 6가지 종류의 화장품을 제조·판매하는 대가로
수입자가 상표권 보유자에게 지급하여야 하는 로열티)

1. 외국 제조자 M은 수입국에서 보호받는 상표(trademark)를 소유하고 있다. 수입자 I는 M의 상표로 6가지 종류의 화장품을 제조하여 판매한다. I는 M의 상표로 판매된 모든 종류의 화장품의 연간 총 매출액의 5%로 계산된 로열티를 M에게 지급해야 한다. 모든 화장품은 M의 제조법에 따라 수입국 내에서 얻어진 원료로 제조되고 있지만, 예외적으로 한 종류 화장품(one)에 대한 핵심 원료들은 대개 M으로부터 구매하고 있다. 수입 원료들과 관련하여 로열티는 어떻게 처리되어야 하는가?

2. 관세평가기술위원회는 다음과 같은 견해를 표명하였다. 해당 로열티는 I가 M의 원료를 사용하든 국내 공급자의 원료를 사용하든지 관계없이 M에게 지급되어야 한다. 즉, 해당물품의 판매조건이 아니므로 평가목적상 제8조 제1항(c)에 의하여 실제로 지급하였거나 지급하여야 할 가격에 가산될 수 없다.

권고의견 4.6

협정 제8조 제1항 (c)의 로열티 및 라이센스료

(수입물품(농축물)을 상표 부착하여 전매(轉賣)할 때, 판매 조건으로 수입자가
판매자(상표권 보유자)에게 지급하여야 하는 로열티)

1. 수입자는 외국 제조자 M으로부터 농축물(concentrate)을 두 번에 걸쳐 별도로 구매한다. M은 수입을 위한 특정 판매의 조건에 따라 희석 후 판매할 때 물품에 부착될 수도 있고, 안될 수도 있는 상표(trademark)를 가지고 있다. 상표 사용에 대한 사용료는 단위 수량별

로 지급한다. 수입 농축물은 보통 물에 단순 희석되고 판매 전에 소매 포장된다. 첫 번째 구매에서 농축물은 희석되어 사용료가 지불되는 요건 없이 상표를 부착하지 않은 상태로 전매된다. 두 번째 경우에서 농축물은 희석되어 상표를 부착하여 전매되고 수입을 위한 판매조건으로서 사용료 지불에 대한 요건이 있다.

2. 관세평가기술위원회는 다음과 같은 견해를 표명하였다. 첫 번째 구매에서 물품은 상표를 부착하지 않은 상태로 전매되고 사용료가 지급되지 않으므로, 가산은 적절하지 않다. 두 번째 구매에서 M이 요구하는 사용료는 수입물품에 대하여 실제로 지급하였거나 지급하여야 할 가격에 가산되어야 한다.

권고의견 4.7
협정 제8조 1항 (c)의 로열티 및 라이센스료

(권리 보유자로부터 전 세계 재현생산 · 마케팅 · 공급(유통)권을 양도받은 판매자에게 수입자가 수입국내 마케팅과 공급(유통)권의 대가로 지급하여야 하는 로열티)

1. 음반회사 R과 음악가 A간에 계약이 체결된다. 둘은 수출국 X에 위치한다. 계약에 따르면, A는 전 세계적인 재현생산(reproduction), 마케팅 및 공급(유통)권(marketing and distribution rights)을 양도하는 대가(consideration)로 소매 판매되는 각 음반에 대하여 로열티를 지급받기로 되어 있다. 이어서 R은 수입국에서 전매(轉賣)하기 위하여 음악가 A의 연주내용을 재현 생산한 음반들을 I에게 공급하기 위하여 수입자 I와 공급(유통)및 판매계약을 체결한다. 이 계약의 일부로서 R은 I에게 마케팅과 공급(유통)권을 재양도하고, 이에 대한 대가로 수입국으로 구매되고 수입된 각 음반의 소매판매가격의 10%를 로열티로 I에게 요구한다. I는 R에게 10%의 로열티를 지급한다.

2. 관세평가기술위원회는 다음과 같은 견해를 표명하였다.

로열티 지급은 I와 R과의 공급(유통)및 판매계약에 대한 결과로서 I가 해당 금액을 지급해야 하는 것이기 때문에 판매조건이다. R은 자신의 상업적 이익(commercial interest)을 보호하기 위해 I가 이러한 조건에 동의하지 않았다면 I에게 음반을 판매하지 않았을 것이다.

지급은 특정 수입물품을 판매하고 공급(유통)하는 권리에 대하여 이루어지기 때문에 평가대상 물품과 관련이 있으며, 로열티 금액은 특정 음반의 실제적인 판매가격에 따라 달라질 것이다. 결과적으로, A의 연주의 전 세계적인 판매와 관련하여 R이 A에게 "로열티" 금액을 지급할 의무가 있다는 사실은 R과 I간의 계약과는 관련이 없다. I는 판매자에게 직접 금액을 지급하며, R이 실현한 총수익을 어떻게 할당하는가는 I의 관심사항이 아니다. 그러므로 10%의 로열티 지급은 실제로 지급하였거나 지급하여야 할 가격에 가산되어야 한다.

권고의견 4.8
협정 제8조 1항 (c)의 로열티 및 라이센스료

(상표 사용권의 대가로 수입자가 제3자(라이센스 보유자)에게 지급하여야 하는 로열티)

1. 수입자 I는 X국에 위치한 라이센스 보유자 L과 I가 L에게 수입국으로 수입되는 L의 상표가 부착된 신발 각 한 켤레당 로열티 정액을 지급하는데 동의하는 라이센스/로열티 계약을 체결한다. 라이센스 보유자 L은 상표와 관련한 공예 및 디자인(art and design works)을 제공한다. 수입자 I는 X국의 제조자 M과 M이 L의 상표를 부착하여 만든 신발을 구매하기 위하여 또 하나의 계약을 체결하며, M에게 L이 제공한 공예 및 디자인을 제공한다. 제조자 M은 L로부터 라이센스를 허가 받지 않았다. 이 판매 계약은 로열티 지급에 대한 어떠한 내용도 포함하고 있지 않다. 제조자, 수입자 및 라이센서는 모두 특수관계에 있지 않다.

2. 관세평가기술위원회는 다음과 같은 견해를 표명하였다.

수입자는 해당 상표를 사용할 권리를 취득하기 위하여 로열티를 지급해야 한다. 이러한 의무는 수입국으로 물품을 수출하기 위한 판매와 관련 없는 별도의 계약에 기인한다. 물품은 별도의 계약에 따라 공급자로부터 구매된 것이며 로열티 지급은 이들 물품의 판매조건이 아니다. 그러므로 이 사례의 로열티의 지급은 실제로 지급하였거나 지급하여야 할 가격에 가산되지 않는다. 상표와 관련한 공예 및 디자인의 제공이 제8조 제1항(b)에 따라 과세 대상이 되는지에 대한 여부는 별도로 고려해야 할 사항이다.

권고의견 4.9
협정 제8조 1항 (c)의 로열티 및 라이센스료

(수입국에서 "특허 조제물질"을 제조·사용·판매하는 권리와 특허 조제물질의 제조·판매와 관련한 해당 상표사용 권리 및 라이센스에 대한 대가로 수입자가 판매자(상표권 보유자)에게 지불하여야 하는 로열티)

1. 어떤 수의용 조제물질(veterinary preparations)의 제조자 겸 상표 보유자와 수입회사 사이에 계약이 체결되었다. 계약에 따라 제조자는 수입자에게 "특허 조제물질(licensed preparation)"에 관한 수입국 내에서의 제조, 사용 및 판매에 대한 독점권을 부여하고 있다. 수의용에 적합한 형태로 된 수입 코르티손(cortisone)성분을 포함하고 있는 이 특허 조제물질은 제조자 또는 제조자를 대행하는 제3자가 수입자에게 제공한 벌크상의 코르티손으로 제조된다. 코르티손은 다른 제조자로부터도 구입이 가능한 표준형의 비특허 항염제로 특허 조제물질의 주요 구성성분 중 하나이다. 또한 제조자는 수입자에게 수입국 내 특허 조제물질의 제조 및 판매와 관련하여 상표를 사용할 수 있는 독점권과 라이센스를 부여한다.

계약서의 대금 지급 규정은 수입자가 제조자에게 특허 조제물질의 연간 첫 번째 순매출액 2백만 c.u.에 대하여는 8%의 로열티를 지급하고, 동일한 해에 발생한 특허 조제물질의 두 번째 순매출액 2백만 c.u.에 대하여는 9%의 로열티를 지급하도록 규정하고 있다. 아울러, 매년 100,000 c.u.의 최저 로열티를 지급하도록 규정하고 있다. 계약에서 규정하고 있는 여러 가지 상황에 따라, 양 당사자는 수입자의 독점적인 권리를 비독점적인 권리로 전환할 수도 있다. 그러한 경우, 최저 로열티가 25%까지 감액되거나, 어떤 경우에는 50%까지 감액될 수 있다. 매출에 따른 로열티 역시 특정 상황에서 감액될 수 있다. 마지막으로 특허 조제물질의 매출에 따른 로열티는 매년 매분기의 마지막 날로부터 60일 이내에 지급되어야 한다.

2. 관세평가기술위원회는 다음과 같은 견해를 표명하였다. 로열티 지급은 수입 상품이 함유되어 있는 특허 조제물질을 제조하는 권리에 대하여 지급되는 것으로 결국 특허 제조물질에 대한 상표 사용에 대하여 지급되는 것이다. 해당 수입 상품은 표준형의 비특허 항염제이다. 그러므로 해당 상표를 사용하는 것은 평가대상 물품과 관련이 없다. 로열티의 지급은 수입물품을 수출하기 위한 판매 조건이 아니라 수입국 내 특허 조제물질의 제조 및 판매에 대한 조건이다. 따라서 이 지급 금액을 실제로 지급하였거나 지급하여야 할 가격에 가산하는 것은 적절하지 않다.

권고의견 4.10
협정 제8조 1항 (c)의 로열티 및 라이센스료

(상표가 붙은 재료를 포함한 수입 의류를 전매(轉賣)하는 권리에 대한 대가로 수입자가 판매자(상표권 보유자)에게 지급하여야 하는 라이센스료)

1. P국의 수입자 I는 X국에 위치한 제조자 M에게서 외투(outer garments)를 구매한다. 또한, M은 특정한 연작만화(comic strip) 캐릭터에 관련된 상표 보유자이다. I와 M의 라이센스 계약의 조항에 따르면, M은 I를 위해서만 의류를 생산하고 수입 전에 연작만화 캐릭터와 상표를 부착하며, I는 P국 내에서 이들 의류를 전매(轉賣)한다. 이 권리에 대한 대가(consideration)로 I는 M에게 의류에 대한 가격에 더하여 연작 만화 캐릭터 및 상표가 부착된 의류의 순판매가격의 일정 비율로 계산된 라이센스료를 지급하는 것에 동의한다.

4. 권고의견 (ADVISORY OPINIONS)

2. 관세평가기술위원회는 다음과 같은 견해를 표명하였다. 상표가 붙은 재료를 포함한 수입의류를 전매(轉賣)하는 권리에 대한 라이센스료의 지급은 판매조건이며, 수입물품과 관련이 있다. 수입물품은 연작만화 캐릭터와 상표가 없이는 구매되고 전매(轉賣)될 수 없다. 그러므로 이러한 지급은 실제로 지급하였거나 지급하여야 할 가격에 가산되어야 한다.

권고의견 4.11
협정 제8조 1항 (c)의 로열티 및 라이센스료

(수입물품에 부착된 상표 사용권의 대가로 수입자가 특수관계자(상표권 보유자, 판매자(제조자)와도 특수관계)에게 지급하여야 하는 로열티)

1. 스포츠 의류제조자 M과 수입자 I는 모두 스포츠 의류에 부착되는 상표권을 소유하고 있는 모기업 C와 특수관계에 있다. M과 I의 판매계약에는 로열티 지급에 대한 요건이 없다. 하지만 I는 C와의 별도 계약에 따라 I가 M으로부터 구매하는 스포츠 의류에 부착되는 상표 사용권을 취득하기 위해서는 C에게 로열티를 지급해야 한다. 로열티 지급은 수입 스포츠 의류의 판매조건이며 관련이 있는가?

2. 관세평가기술위원회는 다음과 같은 견해를 표명하였다. M과 I간의 상표 부착 물품에 대한 판매계약에는 로열티 지급에 대한 구체적인(certain specific)조건은 없다. 하지만 해당 지급은 I가 물품을 구매하는 결과로서 모기업에 로열티를 지급해야 하기 때문에 판매조건이다. I는 로열티 지급 없이 상표 사용권을 가질 수 없다. 모기업과의 서면계약이 없다는 사실이 모기업이 요구하는 I의 지급의무를 면제(not detract)하는 것은 아니다. 상기의 이유로 상표 사용권에 대한 지급은 평가대상 물품과 관련이 있으며, 지급금액은 실제로 지급하였거나 지급하여야 할 가격에 가산되어야 한다.

권고의견 4.12
협정 제8조 1항 (c)의 로열티와 라이센스료

(수입물품에 결합된 기술을 통해 수행되는 특허 공정을 사용하는 대가로 수입자가 판매자에게 지급하여야 하는 라이센스료)

1. 수입자 I와 판매자 S는 압연기(rolling mill equipment)공급을 위한 판매계약을 체결한다. 이 장비는 이미 수입국에 있는 연속구리봉(continuous cooper rod) 설비에 결합될 것이다. 압연기에는 압연기가 수행할 특허공법(patented process)과 관련 있는 기술이 결합되어 있다. 수입자는 장비의 가격에 더하여 특허공법 사용권에 대한 라이센스료로 15백만 c.u.를 지급해야 한다. 판매자 S는 수입자로부터 장비에 대한 지급과 라이센스료를 수령한 후, 라이센서에게 라이센스료의 총 금액을 송금한다.

2. 관세평가기술위원회는 다음과 같은 견해를 표명하였다. 라이센스료는 특허공법을 수행할 수 있게 하는 압연기에 결합된 기술에 대한 것이다. 압연기는 특허 생산 공법을 수행하기 위해 특별히 구매된 것이다. 그러므로 15백만 c.u.의 라이센스료가 지급된 특허 생산 공법은 평가대상 물품과 관련이 있고 판매조건이므로, 라이센스료는 수입 압연기에 대하여 실제로 지급하였거나 지급하여야 할 가격에 가산되어야 한다.

권고의견 4.13
협정 제8조 1항 (c)의 로열티 및 라이센스료

(상표 사용권에 대한 대가로 수입자가 특수관계자(상표권 보유자)에게 지급하여야 하는 로열티)

1. 수입자 I는 다른 공급자뿐만 아니라 외국 제조자 M으로부터 스포츠 가방을 구매한다. 수입자 I, 제조자 M 및 다른 공급자는 모두 특수관계

4. 권고의견 (ADVISORY OPINIONS)

가 없다. 다른 한편으로 수입자 I는 상표권을 보유한 C기업과 특수관계에 있다. I와 C간의 계약조건에 따라, C는 로열티 지급을 조건으로 I에게 상표 사용권을 양도한다. 수입자 I는 제조자 M과 다른 공급자에게 스포츠 가방에 부착되는 상표가 붙은 라벨을 수입 전에 제공한다.

로열티는 평가대상 물품과 관련이 있는가? I가 C에게 지급한 금액은 M과 I 및 I와 다른 공급자간 판매 조건의 일부인가?

2. 관세평가기술위원회는 다음과 같은 견해를 표명하였다. 비록 수입자가 상표 사용권을 취득하기 위하여 로열티를 지급해야 한다 할지라도, 이것은 물품을 수입국으로 수출하기 위한 판매와 관련 없는 별도의 계약에 기인한 것이다. 수입물품은 서로 다른 계약에 따라 여러 공급자로부터 구매된 것이며 로열티 지급은 이들 물품의 판매조건이 아니다. 구매자는 물품을 구매하기 위하여 로열티를 지급할 필요가 없다. 그러므로 제8조 제1항(c)에 따른 조정으로서 실제로 지급하였거나 지급하여야 할 가격에 가산되지 않아야 한다. 상표권을 입증하는 라벨 공급이 제8조 제1항(b)의 규정에 따른 과세대상인지 여부는 별도로 고려해야 할 사항이다.

권고의견 4.14
협정 제8조 1항 (c)의 로열티 및 라이센스료

(수입국에서 라이센서에게 지급되는 로열티 또는 라이센스료)

1. 로열티 또는 라이센스료가 수입국에 있는 라이센서에게 지급된다는 사실이 이러한 로열티 또는 라이센스료를 제8조 제1항(c)의 적용에서 배제하는가?

2. 관세평가기술위원회는 다음과 같은 견해를 표명하였다.

제8조 제1항(c)는 "평가대상 물품과 관련되고 평가대상 물품의 판매조건으로 구매자가 직접 또는 간접으로 지급하여야 하나 실제로 지급하였

거나 지급하여야 할 가격에는 포함되지 않은 로열티 및 라이센스료"를 수입물품에 대하여 실제로 지급하였거나 지급하여야 할 가격에 가산하도록 요구하고 있다.

제8조 제1항(c)는 수입국 이외의 국가에서 지급된 로열티와 수입국에서 지급된 로열티를 구별하고 있지 않다. 제8조 제1항(c)는 라이센서의 소재지 또는 로열티 또는 라이센스료가 지급되는 장소에 관한 어떠한 조건도 강요하고 있지 않으며, 이러한 지급의 국가간 이전을 요구하지 않는다.

라이센서의 소재지나 로열티가 지급되는 장소는 제8조 제1항(c)에 따른 결정에 아무런 관련이나 영향이 없다. 그러므로 로열티 또는 라이센스료가 수입국에 거주하는 라이센서에게 지급된다는 단순한 사실은 이러한 로열티 또는 라이센스료를 제8조 제1항(c)의 적용에서 배제하지 않는다.

권고의견 4.15
협정 제8조 1항 (c)의 로열티 및 라이센스료

(제3자 라이센서에게 지급된 로열티)

1. S국의 수입자 I는 R국에 위치한 라이센서 L과 라이센스 계약을 맺고, 동 계약에 따라 I는 L에게 물품의 제조 및 수입과 관련한 상표 사용권에 대하여 로열티를 지급해야 하며, 해당 로열티는 동 상표가 부착된 상품의 S국 내 판매로부터 I가 얻는 순이익에 기초하여 계산된 고정률로 구성된다. I가 L에게 로열티를 지급하지 못하는 경우에는 L이 라이센스 계약을 종료할 수 있는 권리를 가질 것이다. L과 I는 평가협정의 조건에 따른 특수관계에 있다.

추가적으로 L은 X국의 M사와 M이 L의 상표를 부착한 물품을 제조한 후 I에게 판매하도록 하기 위하여 공급계약을 체결하였다. 이 계약에 따라 M은 L이 제공하는 품질, 디자인, 기술과 관련된 제조사양서를 따라야 한다. 이 계약에는 M이 I 또는 L이 지정한 다른 회사에 독점적으로

4. 권고의견 (ADVISORY OPINIONS)

이 상표를 사용하는 물품을 제조하여 판매할 책임이 있다고 상세히 기술되어 있다. M사는 L 또는 I와 특수관계에 있지 않다.

I는 M과 판매계약을 체결하고, 이에 따라 M은 L의 상표를 부착한 물품을 I에게 판매한다. 그 계약서에 해당 로열티를 지급하라는 의무조항은 없다. I가 M에게 수입물품에 대하여 실제로 지급한 가격에는 I가 L에게 지급하여야 하는 로열티가 포함되어 있지 않다.

수입자 I가 라이센서 L에게 지급하는 로열티는 공급자 M으로부터 구입하는 물품의 판매조건인가, 그리고 이 로열티는 평가대상 물품과 관련이 있는가?

2. 관세평가기술위원회는 다음과 같은 견해를 표명하였다.

I가 수입하는 물품은 L의 상표를 부착하고 있기 때문에 해당 로열티는 평가대상 물품과 관련된다고 말할 수 있다.

또한 이 사례에서 공급계약에 따라 L은 라이센스 물품의 제조를 허여하고 M이 판매할 회사들을 결정하며 제조자 M에게 디자인과 기술을 직접적으로 제공함으로써 상표를 부착한 물품과 관련한 생산을 통제한다. L이 I에게 라이센스 계약의 규정에 따라 물품의 제조 및 수입과 관련하여 상표를 사용할 수 있도록 허여하기 때문에 L은 어떠한 당사자가 상표를 사용하고 수입물품을 구매할지 선택함으로써 M과 I 간의 거래에 더욱 영향을 미치고 통제한다.

M과 I간의 판매계약은 로열티의 지급을 요구하는 어떠한 조항도 포함하고 있지 않다. 그러나 I가 L에게 로열티를 지급하지 못하는 경우 I는 해당 물품을 구매할 수 없기 때문에 로열티는 물품의 판매조건으로 지급된다. I가 L에게 로열티를 지급하지 않는다면 라이센스 계약의 종료뿐만 아니라 이 상표를 부착한 물품을 제조하고 I에게 판매하도록 하는 M에게 부여된 권리의 철회까지 야기할 수 있다. 따라서 해당 로열티는 협정 제8조 제1항(c)에 따라 해당 물품에 대하여 실제로 지급하였거나 지급하여야 할 가격에 가산되어야 한다.

권고의견 4.16
협정 제8조 1항 (c)의 로열티 및 라이센스료

1. 수입국 I의 수입자 B는 수출국 X의 공급자 S와 상표 사용에 대한 라이센스 계약을 체결한다. 계약의 일부로 당사자들은 또한, 계약상 허여된 상표의 상업적 이용에 대하여 B가 S에게 지불하여야 할 로열티는 수입국에서의 상표부착 물품의 순 매출액의 5% 비율을 적용하여 계산하는 것에 동의한다.

2. 이어서 S와 B는 1,000 c.u.의 가격으로 P 상품의 국제 판매에 대한 계약을 체결한다. 이 계약에 따라, P 상품은 앞서 언급한 상표를 부착하여 유통되어야 하므로 해당 로열티는 이 물품과 관련된다고 간주된다. 또한 가격은 물품의 판매조건으로 지급되는 로열티를 포함하지 않는다. 따라서 협정 제8조 제1항(c)에 규정된 모든 요건이 충족된다.

3. I국에서 P상품의 순매출액이 2,000c.u.라면 B가 상표 사용에 대해 S에게 부담하는 라이센스료는 100 c.u.이다.

4. 수입국 I에서 시행 중인 국내 세법에 따라 상표 사용에 대한 로열티 형태로 지불되는 100 c.u.는 이러한 유형의 소득에 대한 특별세 대상이 되며, 총 세액은 지급하여야 할 총 합계액에 대해 25%의 명목세율을 적용하여 산출한다. 수입자 B는 원천징수 요건에 따라 판매자 S를 대신하여 25 c.u.의 이 소득세를 지불한다.

5. 그러나 라이센스 계약의 어떠한 조항에도 상표 사용에 대한 로열티로 얻은 소득에 대해 I국의 국내 법령에 규정된 조세를 B가 지불한다고 언급되어 있지 않다.

6. 따라서 B는 총 1,100c.u.를 지불한다. : 1,000c.u.는 P상품의 가격에 상응하는 것이고, 100화폐단위는 상표 사용에 대한 로열티 형식이다. 그러나 S는 단지 1,075c.u.만 수령하게 되는데, B가 로열티 75 c.u.를 판매자에게 송금하고, 이와 동시에 수입국 I의 소득세 25 c.u.의 지급을 확인하는 영수증을 함께 보낸다.

4. 권고의견 (ADVISORY OPINIONS)

7. 기술위원회에 제기된 쟁점은 수입자 B가 지급하는 25 c.u.가 제8조 제1항(c)에 따른 과세가격의 일부인지 여부이다.

관세평가기술위원회는 다음과 같은 견해를 표명하였다.

8. 현재 사례에서는, 관련 계약 규정에 따라 구매자가 지불하여야 하는 로열티는 100 c.u.이며, 이는 수입국에서 물품의 순 매출액의 5% 비율을 적용하여 산출된 금액이다.

9. 라이센서는 100 c.u. 대신에 더 적은 금액인 75 c.u.를 받는다. 25 c.u.의 차이는 로열티의 차감을 구성하는 것이 아니라, 이전에 기술된 바와 같이, 라이센서가 부담하는 수입국 소득세를 적용하면서 발생되는 비용을 나타낸다. 게다가, 로열티 소득은 발생될 수 있는 소득세를 차감하지 않고 수령되어야 한다고 라이센스 계약에서 합의된 바 없다.

10. 협정 제8조 제1항(c)는 과세가격을 결정함에 있어 실제로 지급하였거나 지급하여야 할 가격에 "구매자가 직접 또는 간접으로 지급하여야 하는" 로열티와 라이센스료가 가산되어야 한다고 규정하고 있다.

11. 협정의 어떠한 조항도 라이센서가 수령하는 로열티 조정에 대한 언급은 없다. 실제로 제8조 제1항(c)는 동 조항의 요구사항을 충족하는 범위에서, 구매자가 지불하여야 할 로열티는 과세가격의 일부가 되며, 이 로열티는 라이센서가 최종적으로 수령하는 로열티라고 규정하지 않는다. 이 사례에서는 구매자가 지불하는 로열티와 라이센서가 수령하는 로열티 간의 차이가 있다. 기 언급된 사유로 인해, 제8조 제1항(c)에 부합하기 위해서는 명시된 바를 준수할 필요가 있으며, 결과적으로 이 사례에서는 라이센서가 최종적으로 수령하는 금액이 아니라 수입자가 지불하는 금액의 총액이 물품의 과세가격에 가산되어야 한다.

12. 제1조에 대한 주해 ("실제로 지불하였거나 지불하여야 할 가격") 제3항(c)에서는 "수입국의 관세 및 제세"를 과세가격에 포함하지 않는다. 이는 로열티 소득에 대해 적용되는 조세보다는 물품의 수입에 대

해 부과되는 국내 조세와 관련이 있다. 제시된 해결책은 해당 물품의 과세가격에 수입국에서 적용 가능한 제1조에 대한 주해 제3항 (c)에 규정된 형태의 조세 금액이 아닌, 라이센서와 라이센시 간에 합의된 로열티 금액을 포함하자는 것이다.

13. 결론적으로 수입자 B에 의해 지급된 25 c.u.는 제8조 제1항(c)에 따라 수입물품 과세가격의 일부이다.

권고의견 4.17
협정 제8.1조 (c)에 따른 로열티 및 라이센스료

1. I국의 A사(수입자, 구매자, 프랜차이지)는 E국의 B사(수출자, 판매자, 프랜차이지)와 I국에서 프랜차이저의 브랜드(Brand)에 따라 매장을 운영하기 위한 프랜차이즈 계약을 체결하였다. 프랜차이즈 계약에 따라 A사는 A사가 그 매장에서 판매하는 제품을 I국에서 제조하기 위하여 사용하여야 하는 재료(inputs)를 B사 또는 B사에 의해 승인된 자로부터만 수입하여야 한다. 재료는 특허받은 것이 아니며, 어떠한 지적재산권에 의해 보호되지 않는다. 추가적으로 A사는 낮은 가격으로 판매하는 제3의 공급자로부터 재료를 구매할 수 있는데, 이러한 업체는 품질요건을 충족하도록 B사로부터 적절한 절차에 따라 승인된다. 프랜차이즈 계약조건에 따라 A사는 B사에게 브랜드(Brand)와 시스템(System)을 사용하는 대가로 A사가 수입한 재료들을 사용하여 제조된 최종제품(Final Products)에 대한 A사의 총매출액에 대하여 백분율로 계산한 로열티를 지불한다.

이 사례에서 수입재료가 위에서 언급된 것처럼 특허 또는 어떠한 지식(적)재산권에 의해 보호되지 아니한 때에 "브랜드(Brand)"는 매장운영과 관련하여 등록된 브랜드, 서비스표(Service Marks)와 다른 상업적 표식을 의미한다. '시스템(System)'은 매장 운영과 관련한 업무시스템과 절차를 나타낸다.

쟁점은 프랜차이즈 계약에 따라 지급된 로열티가 수입물품에 대하여 협정 제8.1조 (C)에 따라 실제 지급하였거나 지급하여야 할 가격에 가산되어야 하는지 여부이다.

2. 관세평가기술위원회는 아래와 같은 의견을 표명하였다.

협정제1조의 규정에 따른 과세가격의 결정에서는 구매자가 평가대상물품의 판매조건으로써 직접 또는 간접적으로 구매자가 지급하여야 하는 평가대상물품과 관련된 로열티와 라이선스료는 협정 제8.1조 (c)에 규정된 바와 같이 해당 로열티와 라이선스료가 실제로 지급하였거나 지급하여야 할 가격에 포함되지 않는 경우에 수입물품에 대하여 실제로 지급하였거나 지급하여야 할 가격에 가산되어야 한다.

이 사례에서 평가대상 수입물품(재료)은 제품 제조에 필수적이고, 핵심적이며, 프랜차이저의 품질 요구사항을 충족시키기 위해 프랜차이저 또는 프랜차이저가 승인한 자로부터 구매하여야 하지만, 대가가 지급되는 브랜드가 있는 물품이거나 특허(를) 받았거나, 또는 특허공정에 따라 제조된 것이 아니다.

로열티의 지급은 수입물품과 관련된 것이 아니라 프랜차이저의 지식재산권(브랜드)이 반영된 제품의 제조와 판매에서 프랜차이저의 브랜드와 시스템 사용과 관련된 것이다.

프랜차이지가 지급하는 로열티는 제8.1조 (c)의 규정에 따라 수입물품에 대하여 실제로 지급하였거나 지급하여야할 가격에 가산되지 않아야 한다.

권고의견 4.18

협정 제8조 제1항(c)에 따른 로열티 및 라이선스료

1. 수입국 I의 수입자/구매자/라이선시인 B는 수출국 X의 공급자/판매자/라이선서인 S와 특허 사용에 대한 라이선스 계약을 체결한다. 이 협의

의 일부로서, 당사자들은 다음과 같이 합의한다.

- 이 계약에서 허여된 특허의 상업적 사용에 대하여 B가 S에게 지급하여야 할 로열티는 수입국 내에서 특허 물품의 순 판매 가격의 5%의 비율을 적용하여 계산된다.
- 로열티 지급에 더하여, B는 S를 대신하여 수입국의 국내 조세 규정에 따라 세무 당국에 로열티 소득세를 납부해야 한다.

따라서 라이선시 B와 라이선서 S 간에 합의된 5%의 로열티 지급액은 세금을 제외한 로열티이며, 다른 말로 순 로열티라고 알려져 있다. 다시 말해, 라이선시 B는 라이선서 S에게 5%의 로열티를 지급하고, 세무 당국에게 S의 의무인 로열티 소득세 또한 납부해야 한다.

2. 그 후, S와 B는 1,000 화폐단위(c.u.)의 가격으로 P 제품에 대한 국제간 판매를 위한 계약을 체결한다. 해당 계약에 따라, 특허는 P제품에 구현되어 있고, 이에 해당하는 로열티는 해당 물품과 관련된 것으로 간주될 수 있다. 게다가, 해당 가격은 로열티를 포함하지 않으며, 해당 로열티는 물품의 판매 조건으로 지급된다. 따라서 협정 제8조 제1항(c)에 규정된 모든 요건이 충족된다.

3. I국에서 P 제품의 순 판매가격이 2,000 c.u.인 것을 고려하면, B가 S에게 특허 사용에 대하여 지급할 순 로열티는 100 c.u.이다.

4. 수입국 I에서 시행 중인 국내 조세 규정에 따라, 로열티 지급으로 인한 소득은 소득세 대상이며, 이는 "비거주자 소득세"라 불린다. 소득세 금액은 전체 로열티 소득에 대한 10%의 명목세율을 적용하여 계산된다. 납세자는 라이선서 S이고, 라이선시 B는 원천징수 요건에 따라 라이선서 S를 대신하여 소득세를 납부하는 원천징수의무자이다. 로열티 소득세 계산을 위한 과세표준은 수입국에서 라이선서 S가 창출한 총 로열티 소득이며, 이는 소득세를 포함한 총 로열티로 알려져 있다.

4. 권고의견 (ADVISORY OPINIONS)

5. 그러므로 소득세의 대상이 되는 로열티 소득은 라이선서 S가 받은 순 로열티와 라이선시 B가 세무 당국에 납부한 로열티 소득세의 합계로, 라이선서의 총 로얄티 소득의 일부인 로열티 소득세를 포함한다. 국내 조세 규정에서 정한 계산 방법에 따르면,

    원천징수 로열티 소득세 = 순 로열티 / (1−소득세율 %) × 소득세율 % 이다.

    상기 정보에 기초할 때, 로열티 소득세 = 100 / (1−10%) × 10% ≈ 11.11 c.u. 이다.

6. 따라서 B는 P 제품의 가격에 해당하는 1,000 c.u., S에게 송금한 순 로열티 100 c.u. 그리고 세무 당국에 납부한 소득세 지급액 11.11 c.u.의 총합인 1,111.11 c.u.를 지불한다. 그러나 S는 오직 P 제품에 대한 1,000 c.u.와 순 로열티 100 c.u.를 포함하여 1,100 c.u.만을 받는다.

7. 기술위원회에 제기된 쟁점은 구매자/라이선시 B가 납부한 소득세인 11.11 c.u.가 협정 제8조 제1항(c)에 따른 수입물품의 과세가격의 일부인지 여부이다.

▶ 관세평가기술위원회는 다음과 같이 견해를 표명하였다:

8. 사실관계에 기초할 때, (라이선스 계약에 따라 구매자/라이선시 B가 지급한)로열티 요금은 수입물품과 관련이 있고, 수입물품의 판매 조건으로 지급되었으며, 실제로 지급하였거나 지급하여야 할 가격에는 포함되어 있지 않다. 그러므로 로열티 지급액은 협정 제8조 제1항(c)에 따라 실제로 지급하였거나 지급하여야 할 가격에 가산되어야 한다.

9. 수입국 I에서 시행 중인 국내 세무 규정에 따라, 로열티 지급으로 발생한 소득은 소득세의 대상이 되며, 납세자는 라이선서이고 원천징수의무자는 라이선시가 된다. 추가로, 라이선스 계약에 따라 B는 S를 대신하여 세무 당국에 소득세를 납부해야 하고, 순 로열티는 어떠한 공제 없이 지급되어야 한다. 결과적으로 구매자/라이선시 B는 S에게 100

c.u.와 함께 세무 당국에 11.11 c.u.를 지급하는데, 이 금액의 합이 라이선시의 총 로열티 지급액이다.

10. 그러므로 소득세를 포함하여 총 로열티 의무를 충족함에 있어, 구매자/라이선시 B는 특허의 상업적 사용에 대하여 두 가지를 지급한다. 첫 번째는 라이선스 계약에서 정한 대로 특허 물품의 순 판매 가격에 고정된 비율을 적용하여 계산되는 순 로열티 100 c.u.의 금액이다. 두 번째는 원천징수 로열티 소득세 11.11 c.u.의 금액이다. 두 지급액 모두는 라이선스 계약에 따라 특허를 사용할 권리에 대하여 지급된다. 11.11 c.u.는 라이선서를 대신하여 라이선시에 의해 세무 당국에 지급되며, 이 로열티 소득세는 세무목적상 라이선서의 로열티 소득의 일부로 간주된다. 결과적으로, 11.11 c.u.는 라이선서의 총 로열티 소득 중 일부이기 때문에, 마찬가지로 이 금액은 관세평가 목적상 라이선시의 총 로열티 지급액 중 일부로 본다.

11. 협정 제8조의 제1항(c)은 과세가격을 결정함에 있어 실제로 지급하였거나 지급하여야 할 가격에 "구매자가 직접 또는 간접으로 지급하여야 하는" 로열티 및 라이선스료가 가산되어야 한다고 규정하고 있다. 이번 사례가 협정 제8조 제1항(c)에 규정된 모든 요건이 충족된다는 것을 고려하면, 소득세를 포함한 총 로열티 지급액인 111.11 c.u.가 수입물품의 과세가격에 가산되어야 한다.

12. 소득세를 포함한 총 로열티 지급을 다루고 있는 권고의견 4.16의 12 단락의 결론과 유사하게, 이번 사례에서 제시된 해결책은 제1조에 대한 주해 제3단락 (c)에 규정된 유형의 조세 금액 즉, 수입국의 관세 및 제세를 과세가격에 포함하는 것과 관련된 것이 아니라, 라이선서와 라이선시 간에 합의된 소득세를 포함한 로열티 지급액의 총 금액을 해당 물품의 과세가격에 포함하는 것과 관련이 있다.

13. 협정 제8조의 제1항(c)에 따라, 구매자/라이선시가 라이선서를 대신하여 세무 당국에 납부한 11.11 c.u.는 로열티 지급액의 일부로 간주되어야 하며, 따라서 소득세를 포함한 전체 총 로열티 지급액 - 111.11 c.u.의 금액 - 이 과세가격에 가산되어야 한다. 따라서 이번 사례에서 수입물품의 과세가격은 1,111.11 c.u.이다.

4. 권고의견 (ADVISORY OPINIONS)

권고의견 4.19
협정 제8조 제1항(c)의 로열티 및 라이선스료

1. 수입자 ICO는 특허권을 보유한 제조사 XCO로부터 특허 농축액을 구입한다. 수입 농축액은 특허공정을 사용하지 않고 일반 물과 단순 희석된 후 수입국에서 청량음료로 판매하기 위해 XCO가 소유한 상표를 붙여 소매 포장된다.

2. 물품의 가격에 더하여, ICO는 재판매할 제품에 특허 농축액을 결합하거나 사용할 권리 및 상표를 사용할 권리에 대한 단일 로열티(single royalty)를 판매 조건으로 제조사인 XCO에게 지급하여야 한다. 로열티 금액은 완제품인 청량음료의 판매가격의 15%이다.

3. XCO는 ICO에게 농축액 0.10리터를 30 c.u.의 가격으로 판매하는데, 농축액 0.10리터는 1리터의 청량음료를 생산하는데 사용된다. 수입국에서 일반적으로 인정되는 회계원칙에 따라 완제품 청량음료의 리터당 생산비용은 다음과 같다.

    (a) 수입농축액 비용(0.10리터당 XCO에게 실제 지급하였거나 지급하여야 할 가격) : 30 c.u.

    (b) 수입농축액 수입비용(0.10리터당 항만료, 관세, 내륙운송비 및 기타 비용) : 6 c.u.

    (c) 기타 재료비용 : 4 c.u.

    (d) 노무비용 : 3 c.u.

    (e) 기타 제조비용 : 7 c.u.

    완제품 청량음료 리터당 생산비용 합계 : 50 c.u.

4. ICO는 이후 수입국 소매상에게 리터당 100 c.u.의 가격으로 청량음료를 판매하며, (a)청량음료 생산에 필요한 수입 농축액의 결합 또는 사용 및 (b)청량음료의 상표 사용에 대한 대가로 15 c.u.의 단일 로열티를 XCO에게 지급한다.

5. 협정 제8조 제1항(c)호에 따른 조건들은 2번 단락에서 명시한대로 충족되었으므로, 쟁점은 해당 로열티가 수입물품과 관련이 있는지 여부와 만약 관련이 있다면, 수입 농축액에 대해 실제로 지급하였거나 지급하여야 할 가격에 얼마의 로열티 지급액을 가산해야 하는지를 결정하는 것이다.

▶ 관세평가기술위원회는 다음과 같은 견해를 표명하였다.

6. 권고의견 4.4와 4.6은 각각 특허 농축액 결합 또는 사용에 대한 권리와 상표를 사용하는 권리에 대해 지급된 로열티에 관한 것이다. 두 사례에서 로열티는 과세대상으로 여겨진다.

7. 로열티 지급은 사실관계에 제시된 바와 같이 판매조건이다. 그리고 수입 농축액은 특허 공정을 사용하지 않고 일반 물과 단순 희석된 후 수입국에서 청량음료로 판매하기 위해 XCO의 상표를 붙여 소매 포장되기 때문에 로열티 전부가 수입물품과 관련이 있다.

8. 실제로 지급하였거나 지급하여야 할 가격에 가산되어야 할 로열티 금액은 수입 농축액의 단위 수량 당, 청량음료의 판매에서 발생되는 최종 로열티에 해당하는 금액이 될 것이다. 이러한 목적상, 생산된 청량음료에 대해 지급하여야 할 로열티와 사용된 수입농축액에 대하여 실제 지급하였거나 지급하여야 할 가격을 연관시키기 위해서는 객관적이고 수량화할 수 있는 자료가 사용되어야 한다.

9. 이번 사례에 제시된 사실관계와 협정 제8조 제3항에 대한 주해에서 의도한 바와 같이 로열티 지급이 수입물품과 전혀 관련 없는 다른 요소에 기초하지 않는다는 점을 고려하면, 이 로열티를 과세가격에 포함하는 것이 적절하다.

10. 본 사례에서는, 1리터의 청량음료를 생산하는데 0.10리터의 농축액이 최종적으로 사용된다. 따라서 수입 농축액 0.10리터 당 과세가격은

수입 농축액에 대하여 실제로 지급하였거나 지급하여야 할 가격에 청량음료 1리터 판매로 발생한 로열티에 대해 요구된 조정액을 가산한 것이다.

11. 다시 말해서, 과세가격은 농축액 0.10리터 당 총 45 c.u.로 : 이는 실제로 지급하였거나 지급하여야 할 가격인 30 c.u.에, 해당 로열티의 후속 지급액에 대한 협정 제8조 제1항(c)호에 따른 해당 가격에 대한 조정으로 발생하는 15 c.u.를 더한 것이다.

권고의견 5.1
협정에 따른 현금할인의 처리

(물품에 대한 지급이 평가시점 전에 이루어진 경우)

1. 수입물품의 평가에 앞서 구매자가 판매자가 제공한 현금할인(cash discount)을 이용한 경우에는 그 현금할인(cash discount)은 물품의 거래가격을 결정함에 있어 허용되어야 하는가?

2. 관세평가기술위원회는 다음과 같은 견해를 표명하였다.

    평가협정 제1조에 따른 거래가격은 수입물품에 대하여 실제로 지급한 가격이기 때문에 현금할인(cash discount)은 거래가격 결정시 허용된다.

권고의견 5.2
협정하에서의 현금할인 처리 방법

**(물품에 대한 지급이 평가시점에 아직 이루어지지 않은 경우 :
협정 제1조 제1항(b)의 요건)**

1. 판매자가 제안한 현금할인(cash discount)을 이용할 수 있으나 물품에 대한 지급이 평가시점에 이루어지지 않은 경우에는 협정 제1조 제1항(b)의 요건이 거래가격의 기초로 판매가격을 사용하는 것을 배제하는가?

2. 관세평가기술위원회는 다음과 같은 견해를 표명하였다.

    현금할인(cash discount)을 이용할 수 있음에도 불구하고 평가시점에 지급이 아직 이루어지지 않았기 때문에 이용되지 않았다는 사실이 협정 제1조 제1항(b)의 규정이 적용된다는 것을 의미하는 것은 아니다. 그러므로 협정에 따라 거래가격을 결정할 때 판매가격을 사용하는 것을 배제할 이유가 전혀 없다.

권고의견 5.3
협정하에서의 현금할인 처리 방법

**(물품에 대한 지급이 평가시점에 아직 이루어지지 않은 경우 :
협정 제1조에 따른 거래가격)**

1. 구매자가 현금할인(cash discount)을 이용할 수 있지만 평가시점에 지급이 되지 않은 경우에는 어떤 금액이 협정 제1조에 따른 거래가격에 대한 기초로 수용되어야 하는가?

2. 관세평가기술위원회는 다음과 같은 견해를 표명하였다.

4. 권고의견 (ADVISORY OPINIONS)

현금할인(cash discount)을 이용할 수 있으나 평가시점에 지급이 아직 되지 않은 경우에는 수입자가 물품에 대하여 지급할 금액이 제1조에 따른 거래가격에 대한 기초로 채택되어야 한다. 지급할 금액을 결정하는 절차는 다양할 수 있다. 예를 들면, 송장 기재내역이 충분한 증거로 수용되거나 수입자가 지급할 금액에 대한 수입자의 신고내용이 처리의 기초가 될 수도 있다. 다만, 협정 제13조 및 제17조의 검증과 적용이 가능하다는 것이 전제되어야 한다.

권고의견 6.1
협정에 따른 물물교환(Barter) 또는 구상무역(Compensation)의 처리

1. 협정 제1조와 관련하여 물물교환 또는 구상무역을 어떻게 처리할 것인가?

2. 관세평가기술위원회는 다음과 같은 견해를 표명하였다.

    국제적인 물물교환은 여러 가지 형태를 취하고 있다. 가장 순수한 형태로서 거래를 나타내기 위하여 일반적인 측정 단위(화폐, money)에 의지하지 않고, 거의 동등한 가치의 물품이나 용역을 교환하는 것이다.

    [예시]
    E국의 A 상품 X톤과 I국의 B 상품 Y단위를 교환하는 경우

    판매가 순수한 물물교환의 사례에서 발생하였는지 여부에 관련된 문제는 논외로 하더라도, 거래가 화폐 조건으로 표시되거나 결제되지 않고, 거래가격이나 그 가격을 결정하기 위한 객관적이고 수량화할 수 있는 자료가 없는 경우에 과세가격은 협정에서 순차적으로 규정하고 있는 기타 방법 중의 하나에 기초하여 결정되어야 한다.

    다양한 이유(예를 들면 기장, 통계, 세제 등)로 국제무역 관계에서 화폐

의 개재를 전적으로 부인하는 것은 어려운 실정이다. 따라서 오늘날에는 순수한 형태의 물물교환은 거의 보이지 않는다. 지금의 물물교환은 물물교환 되는 물품의 가격이 결정되고(예를 들면 현행 국제시장가격 등을 기초로 하는 등) 화폐 조건으로 표시되는 보다 복잡한 거래를 일반적으로 포함한다.

[예시]
수입국 I의 제조자 F는 E국에서 생산된 동등한 가치의 물품이 E국으로부터 구매되고 수출되는 것을 조건으로 E국에 전기 장비를 판매할 기회를 가진다. F와 I국 내에서 합판을 거래하는 X간의 협의 후, X는 E국으로부터 일정량의 합판을 I국으로 수입하고 F는 E국으로 전기 장비를 수출하는데, 해당 장비는 100,000 c.u.로 청구된다. 합판 수입 시 제시된 송장에도 100,000 c.u.로 가격이 표시되어 있다. 하지만 X와 E국의 판매자간에 금전적인 정산은 이루어지지 않고, 물품에 대한 지급은 F의 전기 장비 수출로 갈음된다.

비록 화폐 조건으로 표시되는 많은 물물교환 거래가 금전적인 정산이 이루어지지 않고 종결된다 할지라도, 예를 들면 정산과정에서 대차잔액이 지급되어야 하거나, 거래의 일부는 화폐 지급을 수반하는 부분적 물물교환(partial barter)의 경우와 같이 화폐가 교환되는 상황이 있다.

[예시]
I국의 수입자 X는 E국으로부터 50,000 c.u.에 가격이 책정된 기계 2대를 수입하면서, 이 총 금액의 5분의 1은 화폐로 정산하고 나머지는 지정된 수량의 섬유 상품을 인도하는 것으로 보충하기로 한다. 수입 시에 제시된 송장은 50,000 c.u.의 가격이 표시되지만, X와 E국의 판매자 간에 화폐 정산은 단지 10,000 c.u.만 이루어지고, 차액은 섬유상품의 인도로 갈음된다.

일부 국가의 법률에 따라 화폐 조건으로 표시되는 물물교환 거래가 판매로 간주될 수 있지만, 당연히 이러한 거래는 제1조 제1항(b)의 규정에 따라야 한다.

4. 권고의견 (ADVISORY OPINIONS)

물물교환 또는 구상무역 거래는 물품 공급이나 가격이 해당 거래와 관련 없는 요인에 의해 결정되는 특정 판매거래와 혼동되지 않아야 한다. 이는 다음의 사례에 적용된다.

i) 물품가격이 구매자가 그의 공급자에게 판매하는 다른 물품의 가격에 따라 정해지는 경우

〔예시〕
수출국 E의 제조자 F는 I국의 수입자 X와 F가 디자인한 특화된 장비를 10,000 c.u.의 단위가격에 공급하기 위하여, 수입자 X가 해당 장비의 생산에 사용되는 계전기를 150 c.u.의 단위가격에 공급하는 조건으로 계약한다.

ii) 수입물품 가격이 동일한 공급자로부터 다른 물품을 특정수량 또는 특정가격으로 획득하고자 하는 구매자의 의사에 좌우되는 경우

〔예시〕
수출국 E의 제조자 F가 I국의 구매자 X에게 50 c.u.의 단위가격으로 가죽 물품을 판매하는데, X가 30 c.u.의 단위가격으로 신발 또한 구매하는 조건인 경우

이러한 거래 역시 제1조 제1항(b)에서 정하고 있는 조건의 대상임을 유의해야 한다.

권고의견 7.1
협정 제1조 제2항 (b) (i)호에서의 비교가격 수용여부

1. 동종동질 또는 유사물품의 일반적인(prevailing) 시장가격보다 낮은 가격을 협정 제1조제2항(b)(i)의 목적상 비교가격(test value)으로 사용할 수 있는가?

2. 관세평가기술위원회는 다음과 같은 견해를 표명하였다.

 특수관계가 없는 당사자 간의 가격이 제1조에서 규정하고 있는 조건을 충족하면서, 제8조 규정에 따라 필요한 조정이 이루어지고, 거래가격으로 세관에 의하여 수용된 바 있다면, 해당 가격은 비교가격(test value)으로 사용될 수 있다. 당연히 가격이 여전히 심사대상이거나 관세의 과세가격에 대한 최종 결정이 그와는 다르게 잠정적인 상태에 있는 경우에는 그렇지 않다. (협정 제13조 참조)

권고의견 8.1
종전 거래와 관련된 신용채권(Credit)의 협정에 따른 처리

1. 종전 거래와 관련하여 발생한 신용채권(credit)은 동 신용채권(credit)의 이익을 받은 물품을 평가할 때에 평가협정에 따라 어떻게 처리되어야 하는가?

2. 관세평가기술위원회는 다음과 같은 견해를 표명하였다.

 신용채권(credit)의 금액은 이미 판매자에게 지급한 금액에 해당하며, 이에 실제로 지급하였거나 지급하여야 할 가격이란 수입물품에 대하여 판매자에게 지급하였거나 지급하여야 할 총 금액임을 명시한 제1조에 대한 주해 "실제로 지급하였거나 지급하여야 할 가격"에 포함된다. 그러므로 신용채권(credit)은 지급한 가격의 일부이며, 평가목적상 거래가격에 포함되어야 한다.

 신용채권(credit)을 발생시킨 종전 거래에 대하여 세관이 용인하는 평가처리는 현 선적분에 대한 적절한 과세가격에 대한 어떠한 결정과도 별개로 결정되어야 한다. 종전 선적의 가격에 대하여 조정이 이루어져야 하는지 여부에 대한 결정은 국내법령에서 정하는 바에 따른다.

4. 권고의견 (ADVISORY OPINIONS)

권고의견 9.1
공제가격방법을 적용할 경우 덤핑방지관세 및 상계관세의 처리

1. 덤핑방지(anti-dumping) 또는 상계(countervailing) 관세 부과대상인 수입물품이 협정 제5조에 따른 공제가격 방법(deductive method)으로 평가되는 경우에 이들 관세를 수입국의 국내판매 가격에서 공제해야 하는가?

2. 관세평가기술위원회는 다음과 같은 견해를 표명하였다.

    공제가격 방법에 따라 과세가격을 결정함에 있어서 덤핑방지와 상계 관세는 관세 및 기타 국세로서 협정 제5조 제1항(a)(iv)에 따라 공제되어야 한다.

권고의견 10.1
허위문서의 처리

1. 협정은 세관당국이 허위 서류(fraudulent documentation)를 신뢰하도록 요구하고 있는가?

2. 관세평가기술위원회는 다음과 같은 견해를 표명하였다.

    수입물품은 실제 사실을 기초로 협정에 따라 평가되어야 한다. 그러므로 사실에 대하여 허위 정보(false information)를 포함하는 일체의 서류는 협정의 의도에 위배된다. 이러한 점에서 협정 제17조 및 부속서 Ⅲ 제6항은 관세평가 목적상 세관에 제출된 진술, 문서 또는 신고사항의 진실성(truth)과 정확성(accuracy)에 대하여 세관당국이 스스로 납득할 수 있는 권리를 규정하고 있다는 점에 주목해야 한다. 이러한 이유로 어떠한 행정당국도 허위 서류를 신뢰하도록 요구받을 수 없다. 아울러 과세가격을 결정한 후에 문서가 허위라고 입증되는 경우에 해당 과세가격을 무효(invalidation)로 할 것인지 여부는 국내법령으로 다루어야 할 문제이다.

권고의견 11.1
부주의로 인한 오류와 불완전한 문서에 대한 처리

1. 불완전(incomplete)하거나 부주의한 오류(inadvertent errors)를 포함한 것으로 발견된 문서는 협정에 따라 어떻게 처리되어야 하는가?

2. 관세평가기술위원회는 다음과 같은 견해를 표명하였다.

    협정에 따라 가격을 결정함에 있어서 세관당국은 관련 정보에 대하여 불완전하거나 관련 정보를 왜곡하는데 영향을 주는 부주의한 오류를 포함하는 문서를 신뢰하도록 요구받을 수 없다.

    하지만, 불완전한 문서에 포함된 정보를 활용하고 그러한 문서에서 누락된 정보나 사실을 취득하기 위해 추가로 조사하는 것이 필요한 상황이 생기게 된다. 마찬가지로 문서의 일부에만 부주의한 오류가 있고 문서의 다른 부분에는 일체의 그러한 오류도 없어 신뢰가 가는 경우도 있다. 그러한 경우 수입자 또는 그의 대리인이 완전한 정보를 제공하거나 문서의 오류를 수정한다는 것을 조건으로 협정 제13조에서 규정하고 있는 잠정통관(provisional clearance)에 대한 청구가 받아들여질 수 있다.

    그러므로 불완전하거나 부주의한 오류를 포함한 문서의 처리는 사안별로 다양할 수 있다. 이러한 점에서 세관당국이 준수해 온 관행과 세관당국에 주어진 재량권(discretion)의 정도에 따라 차이가 있다는 점 또한 인식되어야 한다.

4. 권고의견 (ADVISORY OPINIONS)

권고의견 12.1
협정 제7조의 신축적인 적용

1. 제7조를 적용함에 있어 제7조 제2항 (a)부터 (f)까지에서 금지하지 않고 협정 및 1994년 GATT 제7조의 원칙과 일반규정에 부합하는 경우에 제1조부터 제6조까지에서 규정하는 방법 이외의 방법을 사용할 수 있는가?

2. 관세평가기술위원회는 다음과 같은 견해를 표명하였다.

   제7조에 대한 주해 제2항에서는 제7조에 따라 사용되는 방법은 제1조부터 제6조까지에 정해진 것이어야 하지만 합리적인 신축성(reasonable flexibility)을 가지고 적용해야 한다고 규정하고 있다.

   하지만 과세가격이 이들 방법의 신축적인 방법으로도 결정될 수 없을 경우에는 과세가격에 대한 마지막 방편으로써 제7조 제2항에서 배제되지 않는 방법을 조건으로 기타 합리적인 방법을 사용하여 결정할 수 있다.

   제7조에 따른 과세가격을 결정함에 있어서 사용되는 방법은 협정 및 1994년 GATT 제7조의 원칙과 일반규정에 부합되어야 한다.

권고의견 12.2
제7조 적용 순서

1. 제7조를 적용하는 경우 제1조부터 제6조까지의 평가방법에 대한 적용 순서(hierarchical order)를 따를 필요가 있는가?

2. 관세평가기술위원회는 다음과 같은 견해를 표명하였다.

제7조를 적용할 때 제1조부터 제6조까지의 적용 순서를 따라야 한다고 구체적으로 규정하는 협정상의 규정은 없다. 하지만 제7조는 협정의 원칙과 일반규정에 부합하는 합리적인 방법을 사용하도록 요구하고 있고, 이것은 합리적으로 가능하다면 적용 순서(hierarchical order)를 따라야 한다는 것을 나타낸다. 그러므로 제7조에 따라 과세가격 결정에 사용될 수 있는 여러 가지 방법이 수용될 수 있는 경우에 적용 순서(hierarchy)는 유지되어야 한다.

권고의견 12.3
제7조를 적용함에 있어서 해외에 출처를 두고 있는 자료의 사용

1. 제7조를 적용하는 경우에 세관은 수입자가 제공했지만 해외 출처(foreign sources)에서 취득한 정보를 사용할 수 있는가?
2. 관세평가기술위원회는 다음과 같은 견해를 표명하였다.

    수입국 밖에서 발생한 거래를 취급함에 있어서 어느 정도의 자료는 해외 출처(foreign sources)에서 나온다는 점은 예상된 것이다. 하지만 제7조에서는 제7조의 적용에 사용되는 정보의 원 출처(original source)에 대해 언급하지 않고, 단지 그러한 자료를 수입국에서 입수할 수 있을 것을 요구하고 있다. 그러므로 정보의 출처는 그 자체로 정보가 수입국에서 입수될 수 있고 세관이 자료의 진실성이나 정확성에 대하여 납득하는 것을 조건으로 제7조 목적상 사용에 장벽이 되지 않는다.

권고의견 13.1
협정 제8조 제2항 (c)에서 정하는 "보험"의 범위

1. 협정 제8조제2항(c)의 "보험(insurance)"이라는 단어는 어떻게 해석되는가?

2. 관세평가기술위원회는 다음과 같은 견해를 표명하였다.

제8조 제2항의 문맥으로 보아 동 항은 수입물품의 선적에 관련된 비용(운송비용 및 운송관련 비용)에 관한 것이 분명하다. 그러므로 (c)에서 사용된 "보험(insurance)"이라는 단어는 협정 제8조 제2항(a) 및 (b)에 명시된 활동 중에 물품을 위해 발생된 보험료만 언급하는 것으로 해석되어야 한다.

권고의견 14.1
"수입국으로 수출하기 위하여 판매된" 표현의 의미

1. 협정 제1조의 "수입국으로 수출하기 위하여 판매된(sold for export to the country of importation)"이란 표현은 어떻게 해석되어야 하는가?

2. 관세평가기술위원회는 다음과 같은 견해를 표명하였다.

관세협력이사회의 국제관세용어사전에서 수입이라는 용어는 "어떤 물품을 관세영역으로 가져오는 행위"로, 수출이라는 용어는 "어떤 물품을 관세영역 밖으로 가져가는 행위"로 정의하고 있다. 그러므로 평가를 위하여 물품이 제시되었다는 사실은 그 자체로 해당 물품의 수입이 있었다는 것을 입증하는 것이고 이것은 다시 해당 물품의 수출이 있었다는 것이다. 그러므로 단 하나 남은 요건은 그와 관련된 거래인지 확인하는 것이다.

이러한 관점에서 판매가 특정 수출국에서 발생할 필요는 없다. 수입자가 검토 중에 있는 직접적인 영향을 미치는 판매(the immediate sale under consideration)가 수입국으로 물품을 수출할 목적으로 발생하였다는 것을 입증할 수 있다면 제1조가 적용될 수 있다. 이것은 물품의 실제적인 국제간 이동을 수반(involving an actual international transfer of goods)하는 거래만이 거래가격 방법으로 물품을 평가하는 데 사용될 수 있다는 것을 의미한다.

다음 사례는 상기 원칙을 설명한다.

[예시 1]
수출국 X의 판매자 S는 수입국 I의 수입자 A에게 가전제품을 개당 5.75 c.u.에 판매하는 계약을 체결한다. S는 역시 X국에 위치한 제조자 M과 물품을 제조하는 계약을 체결한다. 제조자 M은 S를 대리하여 I국의 A에게 물품을 선적한다. S에 대한 M의 판매 가격은 개당 5 c.u.이다.

이 사례에서 S와 A 간의 거래는 물품의 실제적인 국제간 이동을 수반하고 수입국으로 수출하기 위한 판매를 구성한다. 그러므로 협정 제1조에 따른 평가의 기초가 된다.

[예시 2]
수입국 I의 구매자 B는 동일한 I국의 판매자 S로부터 물품을 구매한다. S는 물품을 X국에 재고로 보유하고 있다. X국에서 물품의 선적 및 수출을 위해 필요한 준비는 S가 완료하고 물품은 B가 I국으로 수입한다.

판매가 특정 수출국에서 발생할 필요는 없다. 판매자 S가 X국, I국 또는 제3국에 소재하고 있는지 여부는 중요한 요인이 아니다. 구매자 B와 판매자 S사이의 거래는 수입국으로 수출하기 위한 판매이고 제1조에 따른 평가의 기초가 될 것이다.

[예시 3]
X국의 판매자 S는 I국의 구매자 B에게 물품을 판매한다. 물품은 X국에서 산물로 선적된 후 I국으로 수입되기 전에 S에 의해 T국에 위치한 환적항에서 포장된다.

예시 2에 적용한 원칙은 이 사례에서도 적용된다. 수출국이 X인지 T인지 여부는 이 사례에서 중요한 쟁점이 아니다. 판매자 S와 구매자 B의 판매계약은 수입국으로 수출하기 위한 판매를 구성하며 제1조에 따른 물품의 평가의 기초가 된다.

4. 권고의견 (ADVISORY OPINIONS)

[예시 4]

X국의 판매자 S는 I국의 구매자 A에게 물품을 판매하고 선적한다. 물품이 공해에 있는 동안 구매자 A가 판매자 S에게 대금지급과 물품 인수를 할 수 없다고 통지한다. 판매자는 역시 I국에 위치한 또 다른 구매자를 물색할 수 있어 판매계약을 체결하고 구매자 B에게 물품을 인도한다. 따라서 B가 물품을 I국으로 수입한다.

위 사례에서 판매자 S와 구매자 B간의 판매는 물품의 수입으로 귀결되었고 결과적으로 수출하기 위한 판매가 된다. 해당 거래는 물품의 국제간 이동을 구성하므로 제1조에 따른 물품 평가의 기초가 된다.

[예시 5]

X국에 위치한 다국적 체인호텔의 본사는 호텔운영을 위한 비품을 구매한다. 매년 초 I, I2 및 I3국의 체인호텔은 본사에 비품 구매주문서를 제출한다. 본사는 각 체인호텔의 모든 주문서를 합산한 다음 X국의 여러 공급자들에게 구매주문서를 발행한다. 해당 비품들은 공급자들이 직접 각 체인호텔에 송부하거나, 본사로 선적되면 그 후에 체인호텔로 송부된다. 어느 경우에나 공급자가 X국의 본사에 대금을 청구하면 본사는 각 체인호텔에 개별적으로 청구한다.

위 사례의 경우에서 모두 X국에 소재한 본사와 공급자 간의 판매는 물품의 국제간 이동을 수반하지 않는 수출국내의 국내 판매에 해당한다. 왜냐하면 본사는 공급자로부터 비품을 구매하고 난 후에 각각 별개의 체인호텔이 위치한 국가로 수출하기 위하여 비품을 각각 별개의 체인호텔에 판매하기 때문이다. 이 사례의 경우, 본사와 각각 별개의 호텔 간의 거래는 수입국으로 수출하기 위한 판매를 구성한다. 특수관계가 가격에 미치지 않는 것을 조건으로 이들 판매는 제1조에 따른 물품 평가의 기초가 될 것이다.

〔예시 6〕

I 국의 구매자 A는 X국의 판매자 S에게 의자 500개를 개당 20 c.u.에 구매한다. 구매자 A는 판매자 S에게 의자 200개는 I국에서 자신이 사용하기 위하여 자기 앞으로, 의자 300개는 X국의 창고로 선적하도록 지시한다. 그 후에 구매자 A는 나머지 의자 300개를 I국의 구매자 B에게 개당 25 c.u.에 팔기로 합의한다. 구매자 A는 다음으로 X국에 있는 자신의 창고 운영인에게 물품을 I국의 구매자 B에게 직접 선적하도록 지시한다.

이 사례에서 물품이 평가되어야 하는 경우는 두 가지이다. 첫 번째 경우에는 개당 20 c.u.에 판매자 S와 구매자 A간에 이루어진 거래는 수입국으로 수출하기 위한 판매를 구성하며 제1조에 따른 의자 200개에 대한 평가의 기초가 된다. 두 번째 경우에는 창고에 장치된 물품의 20 c.u.의 판매가격은 해당 물품이 I국으로 수출하기 위하여 판매된 것이 아니기 때문에 평가 목적상 적절하지 않다. 물품의 실제적인 국제간 이동을 수반하는 25 c.u.에 이루어진 구매자 A와 구매자 B간의 판매가 수입국으로 수출하기 위한 판매를 구성하며 제1조에 따른 평가의 기초가 된다.

권고의견 15.1
수량할인의 처리

1. 협정 제1조와 관련하여 수량 할인(quantity discounts)은 어떻게 처리되는가?

2. 관세평가기술위원회는 다음과 같은 견해를 표명하였다.

   수량할인은 정해진 기준연도(given basic period) 동안 구매된 수량에 따라 판매자가 고객에게 물품가격에서 공제하기로 허용한 금액이다.

   WTO 평가협정은 수입물품에 대하여 실제로 지급하였거나 지급하여야 할 가격이 제1조에 따른 과세가격을 결정하기 위해 유효한 기준인지 여부를 결정할 때 기준수량을 고려할 필요가 있는지에 대하여 규정하고 있지 않다.

   결과적으로 관세평가 목적상, 수입국으로 수출하기 위하여 판매되었을 때 평가되는 물품의 단위가격을 결정한 수량이 관련 있다는 것이다. 그러므로 수량할인은 판매자가 판매된 물품의 수량에 기초한 고정 가격표(fixed scheme)에 따라 자신의 물품가격을 책정한다는 사실이 입증되는 경우에만 발생한다. 이러한 할인은 두 가지 큰 범주로 나누어진다.

   i) 물품 수입 이전에 할인이 결정되는 경우
   ii) 물품 수입 이후에 할인이 결정되는 경우

   이들 고려사항은 다음 예시에서 설명하고 있다.

권고의견 15.1

■ 일반사실

판매자가 미리 정해진 특정 기간 내, 예를 들면 1역년 이내에 구매된 물품에 대하여 다음과 같은 수량할인을 제의한 입증된 증거가 있다.

▷ 1개 ~ 9개 : 할인 없음 　　▷ 10개 ~ 49개 : 5% 할인

▷ 50개 이상 : 8% 할인

위 할인에 추가하여 3%의 추가할인이 특정 기간 말에 동 기간 내에 구매된 총 수량을 참고하여 소급적으로 계산하여 인정된다.

[예시 1]

- 첫 번째 상황 : X국의 수입자 B는 27단위를 구매하고 단일 선적으로 수입한다. 송장 가격은 5% 할인을 반영한다.
- 두 번째 상황 : X국의 수입자 C는 단일 거래에서 5% 할인이 반영된 가격으로 27단위를 구매하지만 각 9단위씩 3번에 나누어 선적하여 수입한다.

■ 평가처리

두 상황 모두에서 과세가격은 수입물품에 대하여 실제로 지급하였거나 지급하여야 할 가격, 즉 그 가격을 결정하는데 기여한 5%의 할인을 반영한 가격을 기초로 결정되어야 한다.

[예시 2]

27단위를 구매하여 수입한 후 수입자 B와 C는 동일 역년 이내에 42단위 (즉, 각자 총 69단위)를 추가적으로 구매 및 수입한다. 두 번째 42단위의 구매에 대하여 B와 C 양 당사자에게 청구된 금액은 8% 할인된 금액을 반영한 가격이다.

4. 권고의견 (ADVISORY OPINIONS)

- 첫번째 상황 : 수입자 B의 첫 번째 27단위 구매와 두 번째 42단위 구매는 구매자와 판매자간의 누적할인(cumulative progressive discounts)을 약정한 최초의 일반계약(initial generation agreement)의 내용으로 체결한 두 개의 별개 계약의 대상이다.
- 두번째 상황 : 수입자 C의 구매가 최초의 일반계약 대상이 아니라는 점을 제외하고는 위의 첫 번째 상황과 같다. 하지만 판매자의 판매의 일반적인 조건에 대한 특징으로 판매자는 누적할인(cumulative progressive discounts)을 제의하였다.

- 평가처리

두 가지 상황 모두에 대하여 42단위에 대한 8%의 할인은 판매자의 가격의 특징이다. 이러한 특징은 수입국으로 수출하기 위하여 판매된 때의 물품의 단위가격 결정의 원인이 되었다. 그러므로 해당물품의 과세가격 결정에 있어 할인은 허용되어야 함을 나타낸다.

이러한 점에서 구매자가 이전에 구매한 수량을 고려하여 판매자가 수량 할인을 허용한다는 사실이 제1조 제1항(b)의 규정의 적용을 의미하는 것은 아니다.

[예시 3]

이 예시는 할인이 또한 소급적(retrospectively)으로 인정되는 점을 제외하면 위 두 예시와 동일하다. 각각의 경우에 수입자는 27단위를 구매하여 수입하고 동일 역년 이내에 추가로 42단위를 구매하여 수입한다.

27단위의 첫 번째 선적분에 대하여 5% 할인이 반영된 가격이 B에게 청구되고, 42단위의 두 번째 선적분에 대하여는 27단위의 첫 번째 선적분에 대하여 3%의 추가 할인으로 제시된 추가적인 공제와 함께 8%의 할인이 반영된 가격이 청구되었다.

- 평가처리

    42단위에 대한 8% 할인은 수입물품의 과세가격 결정시에 허용되어야 한다. 그러나 소급적으로 인정된 추가적인 3% 할인은 평가대상인 42단위의 단위가격 결정의 원인이 된 것이 아니라 종전 수입한 27단위와 관련된 것이므로 두 번째 수입분에 대하여는 허용되지 않아야 한다. 27단위에 대한 세관의 처리방법과 관련하여 종전 거래와 관련한 신용채권(credit)에 대하여는 권고의견 8.1로, 가격조정약관에 대하여는 예해 4.1로 이미 지침을 제공한 바 있다.

[예시 4]

특정 기간 동안 모든 수입이 완료된 후 결산이 이루어진다. 동 기간 동안 수입된 총 수량을 기초로 수입자는 추가 3% 할인에 대한 자격을 얻는다.

- 평가처리

    소급적으로 인정된 3%의 할인은 16번 단락[1]*에서 정한 이유로 고려될 수 없다. 하지만 위원회가 종전 거래와 관련한 신용채권(credit)에 대한 처리는 권고의견 8.1 및 가격조정약관의 처리에 대하여는 예해 4.1로 이미 지침을 제공하였던 점에 유의하여야 한다.

---

1) 예시 3의 평가처리(Valuation treatment) 단락을 말한다.

4. 권고의견 (ADVISORY OPINIONS)

권고의견 16.1
판매 또는 가격이 평가대상 물품과 관련하여 가치(value)를 결정할 수 있는 조건 또는 사정(consideration)에 의하여 영향을 받은 경우의 처리

1. 판매(sale) 또는 가격(price)이 평가대상 물품과 관련하여 가치(value)를 결정할 수 있는 조건 또는 사정(condition or consideration)의 대상인 상황은 어떻게 처리되어야 하는가?

2. 관세평가기술위원회는 다음과 같은 견해를 표명하였다

   제1조 제1항 (b)호에 따르면 판매 또는 가격이 평가대상 물품과 관련하여 가치(value)를 결정할 수 없는 조건 또는 사정(condition or consideration)의 대상이라면 해당 수입물품의 과세가격은 거래가격에 기초하여 결정될 수 없다.

   제1조 제1항(b)의 규정은 평가대상 물품과 관련하여 조건 또는 사정(condition or consideration)의 가치(value)가 결정될 수 있다면 수입물품의 과세가격은 제1조의 다른 규정이나 요건이 충족하는 경우에 제1조에 따라 결정되는 거래가격을 의미하는 것으로 해석되어야 한다. 제1조에 대한 주해와 부속서 Ⅲ에서는 실제로 지급하였거나 지급하여야 할 가격은 구매자가 판매자에게 지급하였거나 판매자의 이익을 위하여 지급한 총 금액이며, 지급은 직접 또는 간접으로 할 수 있고, 그 가격은 구매자가 판매자에게, 또는 구매자가 제3자에게 실제로 지급하였거나 지급하여야 할 모든 금액을 포함한다는 것을 명확히 하고 있다. 그러므로 조건의 가치(value)가 알려지고 수입물품과 관련되어 있을 때 실제로 지급하였거나 지급하여야 할 가격의 일부인 것이다.

   조건 또는 사정(condition or consideration)의 가치(value)를 구체적으로 결정하기 위해 개별 당국이 무엇을 충분한 정보로서 고려할 것인지 여부는 개별 당국에 맡겨 두어야 한다.

권고의견 17.1
협정 제11조의 범위와 의미

1. 협정 제11조에 포함된 불복청구(appeal) 규정과 관련하여 사용되고 있는 "제재 없이(without penalty)"라는 문구가 세관이 불복청구 전에 관세평가 사기(fraud) 및 기타 형태의 평가법령 위반의 결과로서 부과되는 일체의 제재금(penalties)을 불복청구 전에 완납하도록 요구하는 것을 금지하는 것인가?

   이러한 문제는 제11조에 대한 주해 제3항이 불복청구 전에 부과된 관세를 완납하도록 규정하고 있으나 벌금 및 제재금과 관련한 경우는 언급하고 있지 않기 때문에 발생되었다.

2. 관세평가기술위원회는 제11조에 대한 주해 제2항이 "제재 없이"라는 용어의 정의에서 "단지 수입자가 불복 청구할 권리행사를 선택하였다는 이유만으로 벌금을 가하거나 벌금의 위협이 되지 않아야 한다는 것을 의미한다"고 명백히 하고 있음을 결론지었다.

   게다가 이 조항에 따른 수입자의 불복청구 권리는 협정의 규정 내에서 과세가격 결정과 관련하여 세관당국이 내린 결정과 관련한 것이다.

   사기(fraud)의 경우는 이 조항의 범위를 벗어난다. 이러한 경우에는 불복청구 절차는 관세뿐만 아니라 제재금(penalties)의 사전납부를 규정하는 국내 법령에 의해 다루어진다.

권고의견 18.1
협정 제13조의 의미

1. 세관이 대물적 또는 대인적으로 부과될 수 있는 벌금(fines) 및 제재금(penalties)을 징수하기 위한 충분한 담보(security)가 없는 상태에서, 제13조에 따라 물품 반출을 위하여 수입자가 제공하여야 하는 보증(guarantee)은 오직 관세만을 보장하는지 여부에 대한 문제가 제기되어 왔다.

2. 관세평가기술위원회는 제13조는 수입물품의 과세가격을 결정하는 과정에서 해당 과세가격에 대한 최종적인 결정을 지연할 필요성이 있는 경우에만 적용된다고 결론지었다. 이 상황의 사례는 제8조에 따른 조정이 필요하지만 수입시점에 관련 정보가 입수될 수 없는 경우이다. 실제로 이러한 종류의 수많은 사례는 협정에 따른 과세가격을 결정하는 과정에서 제기될 수 있다. 이러한 상황에서 이 조항의 조건은 최종적인 관세 지급액을 부보하기에 충분한 보증 또는 담보가 제공된다면 물품을 반출하도록 규정한 것이다.

   제13조가 관세법 위반(violations) 또는 사기(fraud)와 관련한 경우를 포함하도록 의도한 것은 아니다. 즉, 그러한 경우에는 물품의 반출이나 벌금(fines) 또는 제재금(penalties)와 관련한 보증 규정은 국내 법률에 의해 다루어져야 한다.

권고의견 19.1
협정 제17조 및 부속서 Ⅲ 제6항의 적용

1. 부속서 Ⅲ 제6항과 함께 해석되는 제17조가 사기(fraud)를 포함한 평가 위법행위(valuation offences)를 발견하여 입증할 수 있도록 충분한 권한(sufficient power)을 세관당국에 부여하고 있는지 여부와 과세가격을 결정하는 과정에 입증책임(burden of proof)이 수입자에게 있는지 여부에 대한 문제가 제기되어 왔다.

2. 관세평가기술위원회는 이 문제를 검토함에 있어 제17조는 협정이 세관당국의 권리를 제한하거나 의문을 제기하는 것이 아니라고 규정하고 있다는데 유의해야 한다고 결론지었다. 부속서 Ⅲ 제6항은 일체의 진술, 문서 또는 신고의 진실성 또는 정확성과 관련한 조사를 함에 있어 수입자의 충분한 협조(full cooperation)를 기대할 정부 당국의 권리에 대해 구체적으로 언급하면서 이들 권리에 대해 상세히 설명하고 있다. 이 견해는 권고의견 10.1에서 반복하고 있다.

   제17조와 부속서 Ⅲ 제6항에서 언급하고 있지 않는 세관당국의 일체의 기타 권리들이 의미상 배제되어야 한다고 제의하는 것은 옳지 않을 것이다.

   협정에서 구체적으로 언급하고 있는 것들 외에 과세가격을 결정하는 과정에 수입자와 세관의 권리와 의무는 국내 법령 및 규정에 따른다.

권고의견 20.1
계약서가 고정환율로 약정하고 있는 경우의 통화 환산

1. 수입물품의 판매계약이 고정환율(Fixed rate)로 대하여 약정하고 있는 경우에 통화환산(conversion of currency)이 필요한지 여부에 대한 문제가 제기되어 왔다.

4. 권고의견 (ADVISORY OPINIONS)

2. 관세평가기술위원회는 이 문제를 검토한 후 가격의 결제(settlement of price)가 수입국 통화로 행해지는 경우에는 통화환산은 필요하지 않다고 권고하였다. 그러므로 이 문제에서 중요한 점은 가격이 결제되는 통화와 지급 금액이다.

〔예시 1〕

상업송장에는 수출국 통화(MX)로 금액이 기재되어 있다. 그러나 결제는 수입국 통화(MY)로 행해진다고 명시되어 있다. 지급하여야 할 금액은 고정환율로 송장에 기재된 금액을 환산하여 얻는다. 환율은 1 MX(수출국 통화) = 2 MY(수입국 통화)이다.

- 질문

 송장에 기재된 금액은 수입국 통화로 환산 시 계약된 환율에 기초하여야 하는가, 물품의 수출 또는 수입 시점에 (수입국의) 유효한 환율에 기초하여야 하는가(협정 제9조제2항 참조)?

- 답변

 제9조에서 규정하고 있는 바와 같은 통화환산은 필요하지 않다. 판매 계약은 수입국 통화로 정해진 금액을 지급하도록 약정하고 있다. 수입국 통화로 지급하여야 할 금액은 송장에 기재된 금액에 구매자와 판매자가 합의한 비율, 즉 2를 곱하여 결정된다.

〔예시 2〕

상업 송장에는 수입국 통화(MY)로 금액이 기재되어 있지만 결제는 수출국 통화(MX)로 행해진다고 명시되어 있다. 지급하여야 할 금액은 1MX = 2MY의 고정환율로 송장에 기재된 금액을 환산하여 결정된다.

- 질문

 (수입국의 통화로) 송장에 기재된 금액은 추가적인 환산 없이 인정될 것인가?

- 답변

    송장에 기재된 금액은 과세가격으로 수용될 수 없다. 판매 계약은 수출국의 통화로 정해진 금액을 지급하도록 약정하고 있다. 이 금액이 환산되어야 하는 금액이다. 먼저 MX로 지급할 계약된 금액은 송장에 기재된 금액을 2로 나누어 얻는다. 그 결과로 계산된 금액은 수입국의 권한 있는 당국이 공표한 적절한 환율을 사용하여 제9조에 따라 MY로 환산되어야 한다.

    〔예시 3〕
    상업 송장에는 수출국 통화(MX)로 금액이 기재되어 있지만 결제는 제3국 통화(MZ)로 행해진다고 명시되어 있다. 지급하여야 할 금액은 1 MX = 6MZ의 고정환율로 송장에 기재된 금액을 환산하여 얻는다.

- 질문

    어떤 외화 표시금액(즉, MX 또는 MZ)이 수입국 통화로 환산될 것인가?

- 답변

    제3국 통화가 환산될 것이다. 환산될 금액은 계약된 고정환율로 송장에 기재된 금액을 계산하여 결정된다.(즉, 송장에 기재된 금액 × 6 = 제3국 통화로 실제로 지급하여야 할 금액). 그 결과로 계산된 금액은 수입국의 권한 있는 당국이 공표한 적절한 환율을 사용하여 제9조에 따라 수입국의 통화로 환산되어야 한다.

    〔예시 4〕
    상업 송장에는 수입국 통화(MY)로 금액이 기재되어 있지만, 결제는 제3국 통화(MZ)로 행해진다고 명시되어 있다. 지급하여야 할 금액은 1MY = 3MZ의 고정환율로 송장에 기재된 금액을 환산하여 얻는다.

- 질문

    송장에 기재된 금액(수입국 통화)은 추가적인 환산 없이 인정될 것인가?

4. 권고의견 (ADVISORY OPINIONS)

- 답변

송장에 기재된 금액은 환산 없이 수용될 수 없다. 송장에 기재된 금액은 고정환율로 제3국의 통화로 결정되어야 한다(즉, 송장에 기재된 금액 × 3 = 제3국 통화로 지급하여야 할 금액). 그 결과로 계산된 금액은 수입국의 권한 있는 당국이 공표한 적절한 환율을 사용하여 제9조에 따라 수입국의 통화로 환산되어야 한다.

권고의견 21.1
협정 제15조 제4항 (b)의 "사업상 동업자"에 대한 해석

1. 독점대리인(sole agents), 독점공급(유통)권자(sole distributors) 및 독점영업권자(sole concessionaires)가 협정 제15조 제4항(b)의 "법률상 인정되는 사업상의 동업자(legally recognized partners in business)"인가?

2. 관세평가기술위원회는 다음과 같은 견해를 표명하였다.

    독점대리인, 독점공급(유통)권자 및 독점영업권자에 대한 기술적인 견해는 협정 제15조 제5항에서 규정하고 있다. 동 조항에서는 독점대리인, 독점공급(유통)권자 및 독점영업권자로서 사업상 제휴관계에 있는 자들은 제15조 제4항의 기준에 해당되는 경우에만 협정에 따른 특수관계자로 간주된다고 규정한다.

    제15조 제4항(b)는 "법률상 인정되는 사업상의 동업자"인 경우 당사자가 특수관계에 있는 것으로 간주한다. 웹스터 사전은 "동업자(partner)"를 다음과 같이 정의한다.

    "동일한 사업 분야에서 한 사람 또는 그 이상의 사람들과 제휴(associated)하는 자로서 이익과 위험을 분담(shares)하는 자. 즉, 동업자 관계의 일원"

다음으로 "**동업자 관계(Partnership)**"는 다음과 같이 정의하고 있다.

"합작 사업을 수행하기 위해 자금 또는 자산을 출자하고 일정한 비율로 이익과 손실을 분담(share)하는 둘 또는 그 이상의 당사자로 구성된 결합체(association)"

상법에서는 위에서 설명한 단순한 정의들은 "동업자"라는 용어에 내포된 법률관계를 계약, 조세 및 기타 법률을 통하여 정의, 해석, 성문화하도록 의도된 일단의 복합적인 법규와 원칙에 의하여 뒷받침된다.

결합체(association)는 동업자 관계 형성에 대한 국내의 법적 요건이 충족되는 경우에만 동업자 관계가 된다. 따라서 단순히 한 당사자가 다른 당사자의 독점대리인, 독점공급(유통)권자 또는 독점영업권자이기 때문에 협정에 따른 특수관계가 있는 것은 아니다.

독점대리인, 독점공급(유통)권자 등이 공급자와 밀접한 제휴관계를 가진다 할지라도, 이러한 사실 하나가 그들을 일체의 다른 비특수관계자와 달리 취급할 하등의 이유를 제공하는 것은 아니다

분명히 하기 위하여, 회원국은 자국의 관세법 평가규정에 동업자 관계를 국내법에서 구체화하거나 규정할 수 있다. 하지만 회원국이 자국의 관세법 평가규정의 해석을 위하여 특별히 동업자 관계에 대한 다른 정의를 고안하는 것은 적절하지 않다.

권고의견 22.1
산업플랜트 디자인 및 개발과 관련하여 수입된 기술문서에 대한 평가

1. P국의 수입자 I는 P국에서 산업 플랜트 건설을 위하여 X국의 엔지니어링 회사 E와 용역계약(service contract)을 체결한다. 산업 플랜트 건설에 필요한 용역(services)을 제공하는 수단으로써 엔지니어링 디자인(engineering designs)과 개발 계획(development plans)이 E에 의

해 종이형태("문서, the documents")로 제작되어 I에게 송부된다. 이들 용역(services)에 대한 대가(consideration)로 I는 E에게 계약금액을 지급한다.

협정에 따른 해당 문서의 과세가격은 어떻게 결정되어야 하는가?

2. 관세평가기술위원회는 다음과 같은 견해를 표명하였다.

유형(tangible)인 해당 문서는 과세가격의 결정이 요구되는 "물품"으로 간주되어야 한다. 문서를 이외에 다른 물품은 수입되지 않는다.

이 경우에서 문서는 수입국으로 수출하기 위하여 판매되지 않았다. 따라서 협정 제1조는 적용될 수 없다.

제시된 사실에 기초하면, 제2조, 제3조, 제5조 및 제6조 역시 적용될 수 없다. 결과적으로 수입물품의 과세가격은 협정 제7조의 규정에 따라 결정되어야 한다.

I가 E에게 지급하는 계약 금액은 용역계약(service contract)에 따라 산업 플랜트 건설을 위해 수행된 용역(services)에 대한 것이며, 수입된 문서에 대한 대가(consideration)는 아니다. 그러므로 해당 지급액은 문서의 과세가격을 결정할 때 고려되지 않아야 한다.

결과적으로 해당 문서의 과세가격은 협정 제7조의 신축적 적용을 통해 수입자와 협의하여 결정될 수 있다(권고의견 12.1 참조). 예를 들어 문서의 과세가격은 엔지니어링 디자인과 개발 계획을 종이에 전사하고 이들 문서를 인쇄하는데 직접적으로 발생되는 비용을 기초로 결정될 수 있다.

권고의견 23.1
"반짝 세일"에서 구매한 수입물품의 평가

1. 제기된 쟁점은 세관이 협정 제1조에 따른 과세가격의 기초로서, '반짝 세일' 중에 구매한 수입물품에 대한 매우 할인된 가격을 고려하여야 하는지 여부였다. 만약 그렇다면, 두 번째 쟁점은 세관이 거래가격이 없는 동종·동질 물품 또는 유사물품의 거래가격을 결정하는데 이 매우 할인된 가격이 사용되는 것에 동의하여야 하는지 여부였다.

2. 관세평가기술위원회는 다음과 같은 견해를 제시하였다.

    협정에 따라 수입물품의 과세가격은 "상업적 관행과 일치하는 단순하고 공평한 기준을 기초로 하여야 한다." 반짝 세일은 잠재적인 구매자를 끌어들이기 위해 단기간 동안 매우 할인된 가격으로 제공되는 판촉판매이다. 반짝 세일은 전통적인 시장 또는 전자상거래(e-commerce)를 통해 이루어 질 수 있다. 협정은 관세평가를 위한 유일한 국제적인 법체계이다. 그 규정들은 전통적인 시장과 전자상거래를 통해 구매된 수입물품 모두에 대하여 적용되어야 한다.

    협정 제1조에 따라 거래가격의 기초는 수입물품에 대하여 실제로 지급하였거나 지급하여야 할 가격이라는 점을 감안할 때, 반짝 세일 중에 구입한 수입물품에 대한 할인된 가격은 과세가격의 기초로 수용될 수 있다.

    권고의견 2.1에 따르면 단지 가격이 동종·동질 물품의 일반적인 시장가격 보다 낮다는 사실만으로 해당 가격을 제1조의 목적상 부인하는 이유가 되지 않아야 한다. 물론 협정 제17조의 규정을 조건으로 하여야 한다. 따라서 협정 제1조에 규정된 적용 조건들을 충족한다면 반짝 세일 중에 구매한 물품의 과세가격은 해당 물품의 거래가격이다.

4. 권고의견 (ADVISORY OPINIONS)

반짝 세일 중에 구매한 수입물품이 협정 제15조 제2항에 규정된 정의에 부합하고 제2조 또는 제3조 따른 모든 요건들을 충족한다면, 반짝 세일 중에 구매한 수입물품의 할인된 가격은 각각 협정 제2조 및 제3조에 규정된 동종동질물품의 거래가격 또는 유사물품의 거래가격의 적용 목적으로 사용될 수 있다.

제2조 및 제3조에서는 과세가격은 동일한 수입국으로 수출하기 위해 판매되고 평가대상 물품과 동시 또는 거의 동시에 수출되는 동종·동질물품 또는 유사물품의 거래가격(각각의 경우에 맞게)이 되어야 한다고 규정하고 있다. 시간 기준을 충족하는 것 외에도, 예해 1.1의 6단락과 해설 1.1의 12단락에서 설명한 것처럼 동일한 상업적 관행과 시장 조건이 적용됨을 확실하게 할 필요가 있다.

반짝 세일에 통용되는 상업적 관행과 시장 조건이 반짝 세일 이외의 상황에서 존재할 것 같아 보이지는 않는다.

각 사례는 사안별로 검토되어야 한다.

권고의견 24.1
구매자 소유의 상표가 부착된 수입물품의 평가처리

1. 이 질의는 구매자 소유의 상표가 부착된 수입물품의 가격이 다음과 같은 상황에서 협정 제1조를 적용하기 위한 목적으로 수용될 수 있는지 여부이다.

   (a) 상표는 구매자 소유이며, 이를 사용하기 위해 다른 자에게 지급되는 로열티나 라이선스료는 없다.

   (b) 상표는 수입되는 상품의 생산에 사용될 수 있도록 구매자가 이미지의 형태를 인터넷을 통한 전자적인 방법 등으로 판매자에게 무료로 제공하였다.

(c) 수입물품에 상표의 이미지나 로고를 재현하는 비용은 판매자에게 실제로 지급하였거나 지급하여야 할 가격에 포함되어 있다.

(d) 구매자 상표 부착 물품과 판매자 상표 부착물품을 동일한 판매자가 동일한 구매자에게 또는 동일 수입국의 다른 구매자에게 판매할 때, 구매자 상표 부착 물품의 가격은 판매자 상표를 부착한 동일한 물품의 가격과 다르다. 또한 이 물품들은 다음과 같다.

　ⅰ. 같은 국가에서 생산되었고,
　ⅱ. 거의 동시에 수출되었으며,
　ⅲ. 같은 상업적 단계에서 같은 수량으로 판매되었다.

2. 관세평가기술위원회는 이 쟁점을 검토하였고, 겉으로는 동일하지만 다른 상표를 가진 물품의 가격이 다르다는 사실만으로는, 협정 제17조에도 불구하고, 제1조를 배제하는 근거가 되지 않아야 한다는 결론을 내렸다.

3. 협정의 일반서설은 관세 목적의 물품 평가에 대한 기초는 평가 대상 물품의 거래가격이 되어야 하고, 과세가격은 상업적 관행과 일치하는 단순하고 공평한 기준을 기초로 하여야 한다고 규정한다. 그러므로 각 물품의 수입은 그 자체의 본질과 특징에 따라 검토되어야 한다.

4. 사실관계에 기초할 때, 협정 제1조 (a)부터 (d)까지 규정된 바와 같은 거래가격의 사용을 배제할 특별한 상황이 존재하는 것으로 보이지 않는다. 특히 협정 제1조 제1항(b)의 규정을 충족하며, 따라서 외관상 동일한 물품에 다른 상표가 존재한다는 점이 수입되는 물품과 관련하여 가치를 결정할 수 없는 어떤 조건 또는 사정에 해당되는 것으로 해석될 수 없다.

5. 추가적으로, 협정 제15조 제2항(b)에 따른 "유사물품"의 정의는 거래가격 방법이 배제되는 경우에만 적용된다 하더라도, 이 정의는 서로 다른 상표를 부착한 두 개의 유사물품 간에 가격이 다르다는 단순한 사실이 왜 거래가격을 배제할 만한 이유가 되지 않는지에 대한 결론에 도달할 수 있게 한다. 즉, 두 물품이 유사한지 여부를 결정할 때 고려되어야 할 두 가지 요소에는 그것들의 평판과 상표의 존재가 포함된다.

이 요소들은 어떻게 물품들이 유사하지 않을 수 있다는 것을 보여주며, 제시된 사례에서 가격의 차이를 설명한다.

6. 또한, 구매자가 상표를 소유하고 있으며, 다른 자에게 상표 사용에 대한 로열티 또는 라이선스료를 지급할 필요가 없기 때문에 협정 제8조 제1항(c)는 적용되지 않는다.

권고의견 25.1
부수적인 요금들에 적용되는 평가 처리

1. I국에 위치한 회사인 ICO는 특수관계에 있지 않은 해외 판매자 XCO로부터 특정 가격에 물품을 구매하여 수입한다.

    (i) XCO는 지급의 대가로 ICO에게 다음과 같은 별개의 프로그램을 제공한다.:

    a) 프로그램 I

    "절약 프로그램 요금"이란 구매자가 정해진 기간 동안 사전에 결정된 최소 수량의 수입물품을 구매하는 경우, 판매자는 구매자에게 일정 수량의 동일한 물품을 무료로 제공하는 프로그램이다. 수입자가 프로그램 I 가입을 선택하는 경우, 수입물품 단위 당 정해진 추가 금액을 지급해야 한다. 이 금액은 구매 목표가 충족되는지 여부와 관계없이 환불되지 않는다.

    b) 프로그램 II

    "클럽 요금"이라 불리는 이 프로그램은 정해진 기간 동안 판매자가 정한 구매 목표 달성 여부에 따라, 호텔 패키지와 선물이 수입자에게 제공되는 프로그램이다. 수입자가 이 프로그램에 가입을 선택하는 경우, 수입자는 수입물품 단위 당 추가 금액을 지급한다. 이 금액은 구매 목표가 충족되는지 여부와 관계없이 환불되지 않는다.

(ii) 판매자는 모든 수입자들에게 수입물품 단위 당 "통화 할증료"라 불리는 추가 요금을 부과한다. 이 요금으로 인해 판매자는 외환시장에서 발생할 수 있는 어떤 변화와 관련하여 해당 제품의 가격을 유지할 수 있게 된다. 통화 할증료는 ICO가 프로그램 Ⅰ과 Ⅱ에 가입하지 않는다 하더라도 지급해야 한다.

판매자가 "부수적인 요금들"이라 부르는 절약 프로그램 요금, 클럽 요금 및 통화 할증료는 ICO에게 별도의 인보이스로 청구된다.

i) ICO가 프로그램 Ⅰ과 Ⅱ에 가입하기로 선택하는 경우에, "절약 프로그램 요금"과 "클럽 요금"은 수입물품의 과세가격에 포함되어야 하는가?

ii) 반면에, ICO가 프로그램 Ⅰ과 Ⅱ에 가입하기로 선택하는지 여부와 관계없이, "통화 할증료"는 과세가격에 포함되어야 하는가?

2. 관세평가기술위원회는 다음과 같은 견해를 표명하였다.

제1조에 대한 주해(실제로 지급하였거나 지급하여야 할 가격) 제1항에 따라, 실제로 지급하였거나 지급하여야 할 가격이란 수입물품에 대하여 구매자가 판매자에게 또는 판매자의 이익을 위하여 지급하였거나 지급하여야 할 총 금액이다. 마찬가지로, 제1조에 대한 주해(실제로 지급하였거나 지급하여야 할 가격) 제4항은 "실제로 지급하였거나 지급하여야 할 가격은 수입물품에 대한 가격을 말한다. 따라서 수입물품과 관련되지 않은 배당금 또는 기타 지급은 과세가격의 일부가 아니다."라고 명시하고 있다. 협정 부속서 Ⅲ 제7항은 "실제로 지급하였거나 지급하여야 할 가격은 수입물품의 판매 조건으로 구매자가 판매자에게 또는 판매자의 의무를 이행하기 위하여 제3자에게 실제로 행하였거나 행할 모든 지급을 포함한다."라고 규정하고 있다.

제시된 이 사례에서, 절약 프로그램 요금과 클럽 요금은 구매자가 프로그램 Ⅰ과 Ⅱ에 가입하기로 선택한 경우에만 지급된다. 이들 지급액은 수입물품에 대한 것이 아니라 특정 구매 목표가 충족되는 경우 동일한 물품의 무료 수량을 얻거나 선물 또는 호텔 패키지를 무료로 얻을 수 있는 가능성에 대해 이루어진 것이다. 게다가, 구매자가 각 프로그램을 선

4. 권고의견 (ADVISORY OPINIONS)

택하는지 여부와 관계없이 구매자는 여전히 동일한 특정 가격과 정확히 같은 상업적 조건으로 해당 물품을 구매할 수 있다. 이와 같이, 절약 프로그램 요금과 클럽 요금은 제1조에 대한 주해 (실제로 지급하였거나 지급하여야 할 가격) 제1항 및 제4항에 규정된 것처럼 수입물품에 대하여 지급된 것이 아니며, 또한 이들 요금의 지급은 부속서 Ⅲ의 제7항에 규정된 바와 같이 수입물품의 판매 조건도 아니다. 따라서 절약 프로그램 요금과 클럽 요금은 제1조에 따른 "실제로 지급하였거나 지급하여야 할 가격"에 포함되지 않아야 한다.

협정 제8.4조는 과세가격을 결정함에 있어 실제로 지급하였거나 지급하여야 할 가격에는 그 조에 규정한 것을 제외하고는 어떠한 것도 가산되지 않아야 한다고 규정한다. 절약 프로그램 요금과 클럽 요금은 제8조에 언급된 요소 중 어느 하나에 해당하는 것으로 간주될 수 없으므로, 그것들은 수입물품에 대하여 실제로 지급하였거나 지급하여야 할 가격에 가산될 수 없다.

선택사항인 절약 프로그램 및 클럽 요금과 달리, 통화 할증료는 의무적이며 모든 수입자에게 부과된다. 기술된 통화 할증료의 목적이 외환 시장에서 발생할 수 있는 어떤 변화와 관련하여 수입물품의 가격을 유지하는 것이라 하더라도, XCO는 예를 들어 통화 할증료 지급을 피하기 위해 외환 위험을 부담하거나 다른 통화로 지급할 수 있는 선택권을 ICO에게 부여하지 않는다. 따라서 ICO는 이 요금을 지급하지 않고는 해당 물품을 구매할 수 없다. 게다가, 통화 할증료는 수입물품에 대한 것 이외에 다른 어떤 것에 대한 지급으로 보이지 않는다. 이와 같이, 이 요금은 수입물품에 대한 것이며, 마찬가지로 수입물품의 판매 조건으로 지급된 것이라 결론내릴 수 있다. 따라서, 통화 할증료는 협정 제1조를 적용함에 있어 "실제로 지급하였거나 지급하여야 할 가격"의 일부를 구성하여야 한다.

XCO가 ICO에게 제공하는 동일한 물품의 무료 수량 및 선물에 대해서는, 그것들이 수입되어 세관에 제시되는 경우, 그들의 평가 처리는 별도의 고려사항이 될 것이다.

COMMENTARIES

5 예해

WTO관세평가협정
Agreement on Implementation of Article VII of the GATT 1994

예해
COMMENTARIES

예해 1.1 협약목적상 동일물품 및 유사물품
예해 2.1 수출보조금 또는 장려금 대상이 되는 물품의 평가
예해 3.1 염매가격으로 판매된 물품의 평가
예해 4.1 가격조정약관이 있는 경우의 평가
예해 5.1 제조, 가공 및 수리용으로 일시 수출된 후 재수입된 물품에 대한 평가
예해 6.1 협약 제1조에 의한 분할선적물품의 처리
예해 7.1 제1조에 따른 장치 및 관련비용의 처리
예해 8.1 일괄거래의 평가문제
예해 9.1 수입국에서 발생한 활동에 대한 비용의 처리
예해 10.1 협약 제1조 제1항 (나)호와 제2조 및 제3조 규정에서의 거래단계 및 거래수량의 차이에 대한 조정
예해 11.1 결합거래의 처리
예해 12.1 협약 제1조(가) (3)의 "제한"이라는 용어의 의미
예해 13.1 데이타 처리장치용 소프트웨어 전달매체의 평가에 관한 결정사항의 적용
예해 14.1 제1조 제2항의 적용
예해 15.1 역산가격방법의 적용
예해 16.1 물품구입후 수입전에 구매자의 계산으로 수행된 활동
예해 17.1 구매수수료
예해 18.1 제8조 제1항 (나)호 (ⅱ)와 제8조 제1항 나호(ⅳ)와의 관계
예해 19.1 협약 제8조 제1항 다호의 주해에 규정된 "수입물품을 재현하는 권리"의 의미
예해 20.1 하자보증비
예해 21.1 운송비 : FOB 평가제도
예해 22.1 연속거래에서 "수입국으로 수출하기 위하여 판매된"이라는 표현에 대한 의미
예해 23.1 이전가격 연구와 관련하여제1조 제2항 (가)호에서 정하고 있는 "판매를 둘러싼 상황"이라는 표현에 대한 검토
예해 24.1 협정 제8조 제1항 (나)호에 의한 생산지원의 가격 결정
예해 25.1 제3자 권리사용료 - 일반적인 해설

WTO관세평가협정
Agreement on Implementation of Article Ⅶ of the GATT 1994

5 예해

COMMENTARIES

예해 1.1
협정목적상 동종·동질물품 또는 유사물품

1. 이 예해는 제2조 및 제3조 적용에 대한 일반적인 문맥에서 동종·동질 및 유사물품에 대한 문제를 검토한다.

2. 해당 원칙은 제15조에 규정되어 있다. 원칙은 "동종·동질 물품"은 다음을 포함한 모든 면에서 동일한 물품이라고 규정한다.

    (가) 물리적 특성

    (나) 품질 및

    (다) 평판

    그 밖의 점에서 정의에 부합하는 물품이라면 외양상의 경미한 차이 때문에 동종·동질 물품에서 제외되지 않는다.

5. 예 해 (COMMENTARIES)

3. "유사물품"은 모든 면에서 동일하지는 아니하지만

    (a) 비슷한 특성과
    (b) 비슷한 구성요소를 가지고 있어
    (c) 동일한 기능을 수행할 수 있게 하고
    (d) 상업적으로 상호 대체사용을 할 수 있게 하는 물품을 말한다.

    물품이 유사한지 여부를 결정하는데 여러 요소가 있지만 물품의 품질, 평판 및 상표의 존재여부가 고려된다.

4. 또한 제15조는 평가대상 물품과 동일한 국가에서 생산된 물품만이 해당 물품에 대한 동종·동질 또는 유사 물품으로 간주될 수 있고, 평가대상 물품의 생산자에 의하여 생산된 동종·동질 또는 유사 물품이 없는 경우에만 평가대상 물품의 생산자를 제외한 자가 생산한 물품이 고려된다고 명시하고 있다. 더욱이, 수입국내에서 수행된 기술, 개발, 공예, 디자인, 설계 및 고안을 결합하거나 반영한 물품은 "동종·동질 물품" 또는 "유사 물품"의 용어에 포함되지 않는다고 규정하고 있다.

5. 이 원칙들의 적용을 고려하기 전에, 제2조 및 제3조 적용의 일반적인 맥락에서 동종·동질 또는 유사 물품의 결정을 검토하는 것이 유용할 것이다. 제1조가 대부분의 수입물품에 적용되므로 이 두 조항이 빈번하게 쟁점이 될 것으로 예상되지 않는다. 제2조 또는 제3조가 적용되는 이러한 경우에는 세관과 수입자간에 이들 조항 중 하나에 따라 과세가격을 결정하기 위한 목적의 협의가 있어야 할 것이다. 이러한 협의는 다른 출처로부터 얻은 정보와 함께 세관이 협정의 목적상 만약 있다면 어떤 물품이 동종·동질 또는 유사 물품으로 간주될 수 있는지를 결정할 수 있게 해줄 것이다. 명백하게 답이 분명하여 시장조사나 수입자와 협의가 필요하지 않은 경우도 많을 것이다.

6. 제15조의 원칙은 비교대상 물품에 관련된 해당 시장의 특정한 사실을 기초로 적용되어야 한다. 이러한 결정을 하는데 있어서 제기될 수 있는 쟁점들은 비교대상 물품의 특성과 시장 상황의 차이로 인하여 달라질 것이다. 올바른 결정에 도달하기 위해 제15조에서 정하고 있는 원칙에 입각하여 각 사안별 사실들에 대한 신중한 분석이 필요할 것이다.

7. 다음의 예시들은 제15조에 따라 물품이 동종·동일한지 또는 유사한지를 결정하는데 있어 원칙의 적용을 설명하기 위한 것으로 특정 사안에 대한 일련의 결정들을 구성하기 위한 것은 아니다. 예시는 그의 범위로 한정되므로, 물품이 동종·동질 또는 유사 물품으로 간주될 수 있기 전에 각 예시에 나타낸 조건에 더하여 제15조의 나머지 요건도 당연히 충족되어야 한다.

[예시 1]
다른 용도로 수입된 화학적 구성, 끝마무리 및 크기가 동일한 철판의 경우
수입자가 차체용으로 철판의 일부를 사용하고 나머지는 용광로의 내장재로 사용한다고 할지라도 이 물품들은 동종·동질 물품이다.

[예시 2]
실내장식가와 도매유통(공급)업자가 수입한 벽지의 경우
한편으로는 실내 장식가, 다른 한편으로는 도매 공급(유통)업자가 다른 가격으로 수입한다 할지라도 모든 면에서 동일한 벽지는 협정 제2조 목적상 동종·동질 물품에 해당된다.
비록 가격 차이가 동종·동질 또는 유사 물품인지의 여부를 검토함에 있어서 고려하여야 할 요소인 품질이나 평판 상의 차이를 나타낼 수 있다 할지라도, 가격 그 자체는 그러한 요소가 아니다. 거래 단계 및/또는 수량에 대한 조정은 제2조를 적용함에 있어 당연히 필요할 수 있다.

5. 예 해 (COMMENTARIES)

[예시 3]
미조립 상태의 정원용 살충제 분무기와 조립된 동일 디자인 분무기의 경우
분무기는 분리할 수 있는 두 가지 부품으로 구성되어 있다. (1) 뚜껑에 부착된 펌프와 노즐 (2) 살충제 용기. 분무기를 사용하기 위해서는 해체하여, 용기에 살충제를 채우고 뚜껑을 잠그면 사용할 준비가 된다. 비교대상 분무기는 한쪽은 조립된 상태이고 다른 쪽은 미조립된 상태인 것을 제외하고 물리적 특성, 품질 및 평판을 포함한 모든 면에서 동일하다.

조립 행위는 일반적으로 조립된 물품과 미조립 물품을 동종·동질 또는 유사 물품으로 처리하는 것을 배제할 것이다. 그러나 이 사례와 같이 물품이 통상의 사용과정에서 조립 및 해체되도록 디자인된 경우에는 그 조립 행위의 특성은 조립된 물품과 미조립된 물품을 동종·동질물품으로 간주하는 것을 배제하지 않는다.

[예시 4]
거의 동일한 형태, 크기 및 색깔의 꽃을 피우는 품종이 다른 동일한 크기의 튤립 뿌리의 경우
뿌리가 동일한 품종이 아니므로, 동종·동질 물품이 아니다. 하지만 거의 동일한 형태, 크기 및 색깔의 꽃을 피우고 상업적으로 대체사용이 가능하므로 유사물품이다.

[예시 5]
두 명의 다른 제조자로부터 수입하는 내부 튜브(inner tube)의 경우
동일한 규격의 범위에 해당하는 고무재질의 내부 튜브가 동일한 국가에 위치한 두 명의 다른 생산자로부터 수입된다. 각 생산자는 다른 상표를 사용하고 있지만, 두 생산자가 제조한 내부 튜브는 동일한 규격, 동일한 품질, 대등한 평판을 가지고, 수입국내 자동차 제조자들에 의해 사용된다.

내부 튜브는 다른 상표를 보유하므로 모든 면에서 동일하지 않으며 제15조 제2항(a)에 의한 동종·동질 물품으로 간주되어서는 안 된다. 비록 모든 면에서 동일하지는 아니하지만 내부 튜브는 동일한 기능을 수행할 수 있게 하는

비슷한 특성과 구성요소를 가지고 있다. 물품들이 동일한 규격, 동일한 품질로 만들어졌고, 대등한 평판을 받고 있으며 상표를 갖고 있기 때문에, 상표가 다르더라도 두 물품은 유사 물품으로 간주되어야 한다.

[예시 6]
분석용의 특별등급의 과산화나트륨과 비교되는 표백용의 일반등급의 과산화나트륨의 경우

특별등급의 과산화나트륨은 순도가 매우 높은 원료를 사용하는 공정에서 분말형태로 제조되기 때문에 일반등급보다 가격이 훨씬 비싸다. 일반등급의 과산화나트륨은 분석용의 사양을 충족할 정도의 충분한 순도를 갖고 있지 않고 확실히 용해도 되지 않고 분말상태의 물품도 아니기 때문에 특별등급을 대체하여 사용될 수 없다. 그 물품들은 모든 면에서 동일한 물품이 아니기 때문에 동종·동질 물품이 아니다. 유사성과 관련하여, 특별등급의 과산화나트륨은 표백용으로 사용되거나 화학제품의 대량 생산용으로 사용되지 않는다. 그런 용도로는 가격이 워낙 비싸기 때문이다. 두 종류의 과산화나트륨은 분명히 비슷한 특성과 비슷한 구성요소를 가지지만, 일반등급의 과산화나트륨은 분석용으로 사용될 수 없기 때문에 상업적으로 상호 대체사용이 가능하지 않다.

[예시 7]
종이용 잉크와 종이 및 직물겸용 잉크의 경우

협정 제3조와 제15조 제2항(b)의 목적상 유사물품이 되기 위해서는 무엇보다도 물품이 서로 상업적으로 상호 대체사용이 가능할 수 있어야 한다. 종이 인쇄용에만 적합한 품질의 잉크는 비록 종이 및 직물 인쇄 겸용 품질의 잉크가 종이 인쇄업에서 상업적으로 수용된다 할지라도 종이 및 직물 인쇄 겸용 품질의 잉크와 유사한 물품이 아니다.

5. 예 해 (COMMENTARIES)

예해 2.1
수출보조금 또는 수출장려금 적용을 받는 물품의 평가

1. 대체로, 수출보조금 및 수출장려금은 상품의 생산, 제조 또는 수출을 진흥하기 위하여 정부가 자연인, 법인 또는 행정기관에 직접 또는 간접으로 공여하는 경제지원의 형태를 띠고 있는 무역정책의 수단이다. 이러한 점에서, WTO 설립협정 부속서1A의「보조금 및 상계조치에 관한 협정」을 참조한다.

2. 상기에 언급된 협정 제32조에서는 "이 협정에서 해석된 바와 같이「1994년도 GATT」의 규정에 따르는 경우를 제외하고 다른 회원국의 보조금에 대항하는 특정한 조치를 취할 수 없다." 라고 명시하고 있다. 하지만 주석에서 이 조항은「1994년도 GATT」의 기타 관련 규정에 따른 조치를 배제하는 것을 의도하지 않는다고 한정하고 있으므로,「제7조 이행에 관한 협정」에 따른 보조금의 처리에 대한 쟁점이 제기될 수 있다.

3. 첫째로 결정할 점은 보조금을 받은 가격이 제1조에 따라 거래가격을 결정하기 위한 목적으로 실제로 수용될 수 있는지 여부이다. 보조금을 받은 물품의 경우에는, 다른 경우와 마찬가지로, 거래가격을 부인하기 위해서는 제1조 제1항에서 정하는 조건 중 어느 하나를 충족하지 않아야 한다. 여기에서 쟁점은 보조금을 판매 또는 가격에 영향을 주고 가치(value)를 결정할 수 없는 조건 또는 사정(consideration)으로 간주할 수 있는지 여부이다. 하지만 협정의 기본적인 개념이 구매자와 판매자간의 거래와 그들 사이에 직접 또는 간접으로 발생하는 것과 관련이 있으므로, 이러한 맥락에서 조건 또는 사정(consideration)은 구매자와 판매자간의 의무(obligation)로 해석되어야 한다. 따라서 제1조 제1항 (b)는 단지 판매가 보조금을 받았다는 이유만으로는 적용될 수 없다.

4. 또 다른 쟁점은 보조금을 총 금액(total payment)의 일부를 구성하는 것으로 볼 수 있는지 여부이다. 협정 제1조에 대한 주해는 실제로 지급하였거나 지급하여야 할 가격은 수입물품에 대하여 구매자가 판매자에게 또는 판매자의 이익을 위하여 지급하였거나 지급하여야 할 총금액이라고 명시하고 있다. 자국 정부로부터 판매자가 수령한 보조금은 명백히 구매자로부터 수령한 지급 금액이 아니므로 지급하였거나 지급하여야 할 가격의 일부를 구성하지 않는다.

5. 보조금 처리를 고려함에 있어 해결되어야 할 또 다른 쟁점은 거래가격을 결정하기 위하여 구매자가 지급하였거나 지급하여야 할 가격에 보조금을 가산할 수 있는지 여부이다. 협정 제8조 제4항은 과세가격을 결정함에 있어 실제로 지급하였거나 지급하여야 할 가격에는 이 조에서 규정한 것 외에 어떠한 것도 가산되어서는 아니 된다고 명시하고 있다. 즉, 보조금은 제8조에서 언급하고 있는 어떠한 요소에도 해당하는 것으로 간주될 수 없으므로, 이 항목에서는 조정의 가능성이 없다.

6. 상기와 같은 이유로 보조금을 받은 물품의 평가에 적용되는 처리는 다른 물품에 대하여 적용되는 것과 동일하게 된다.

예해 3.1
덤핑 가격으로 판매된 물품

1. 「1994년도 관세와 무역에 관한 일반협정」 제6조에서는 덤핑(dumping)을 한 국가의 상품이 그 상품의 정상가격(normal price)보다 낮은 가격으로 다른 국가의 시장에 진입하는 것으로서 정의한다. 또한 덤핑은 회원국 역내의 기존 국내 산업이 실질적인 피해를 받거나 받을 우려가 있는 경우 또는 국내산업의 발전이 실질적으로 지연된 경우에는 비난받아야 하며 덤핑방지 관세로 상쇄하거나 예방할 수 있다고 규정하고 있다.

2. 평가협정에 대한 일반서설에 따르면, 회원국들은 "평가 절차가 덤핑방지를 위해 사용되어서는 아니됨"을 인정하고 있다. 따라서 어떠한 종류의 덤핑이 의심되거나 입증되는 경우, 이를 저지하기 위한 적절한 절차는 적용 가능하다면 수입국에서 유효한 덤핑방지규정에 의한다. 따라서 다음과 같은 사항은 쟁점이 될 수 없다.

   (a) 제1조 제1항에서 정하고 있는 조건 중 하나가 충족되지 않는 경우를 제외하고는, 덤핑물품을 평가하기 위한 기초로서 거래가격을 부인하는 경우

   (b) 거래가격에 덤핑 마진을 고려한 금액을 가산하는 경우

3. 상기와 같은 이유로 덤핑물품의 평가에 적용되어야 하는 처리는 동종·동질 물품의 일반적인 시장가격보다 낮은 가격으로 수입된 물품에 적용되는 것과 동일하게 된다.

예해 4.1
가격 조정 약관

1. 상업적 관행상, 어떠한 계약은 가격이 잠정적으로만 결정되는 가격조정 약관을 포함하고 있어서, 지급하여야 할 가격의 최종적인 결정은 해당 계약 자체의 규정에서 정하는 특정한 요소들에 따르는 경우가 있다.

2. 이런 상황은 다양한 방식으로 발생할 수 있다. 첫 번째는 물품이 최초의 발주 이후 상당한 기간이 지나 인도된 경우(예를 들면, 특별히 주문 제작되는 플랜트 및 자본설비 등)이다. 계약은 최종적인 가격은 노무비, 재료비, 간접비용 및 물품의 생산에서 발생하는 기타 투입비용과 같은 요소의 증가 또는 감소를 인정하는 합의된 계산식을 기초로 결정된다고 명시하고 있다.

3. 두 번째 상황은 주문된 물품의 수량이 일정기간에 걸쳐 제조되고 인도된다. 상기 2번 단락에서 설명하고 있는 계약 명세와 동일한 형태임을 가정하면, 각 가격이 원 계약에 명시된 동일한 계산식에 따라 산출되었음에도 불구하고, 첫 번째 단위의 최종 가격은 마지막 단위 및 다른 모든 단위의 최종 가격과 다르다.

4. 또 다른 상황은 물품 가격은 잠정적으로 결정되지만, 판매계약의 규정에 따라 최종적인 정산은 인도시점의 검사 또는 분석에 따르는 경우이다(예를 들면, 식물성 기름의 산성도, 광속의 금속함유량 또는 양모의 청결 정도 등)

5. 예 해 (COMMENTARIES)

5. 협정 제1조에서 정의하고 있는 수입물품의 거래가격은 물품에 대하여 실제로 지급하였거나 지급하여야 할 가격에 기초한다. 제1조에 대한 주해에서, 실제로 지급하였거나 지급하여야 할 가격은 구매자가 판매자에게 수입물품에 대하여 지급하였거나 지급하여야 할 총 금액이다. 그러므로 가격조정약관이 있는 계약에서, 수입물품의 거래가격은 계약 조항에 따라 지급하였거나 지급하여야 할 최종적인 총 가격에 기초하여야 한다. 수입물품에 대하여 실제로 지급하였거나 지급하여야 할 가격은 계약에 명시된 자료를 기초로 결정될 수 있기 때문에, 이 예해에서 설명하고 있는 종류의 가격조정약관은 가치(value)를 결정할 수 없는 조건 또는 사정(consideration)에 해당하는 것으로 간주되지 않아야 한다(협정 제1조 제1항(b) 참조).

6. 이에 대한 실무적인 측면과 관련하여, 가격조정약관이 평가시점에 완전한 효력을 발휘한 경우에는 실제로 지급하였거나 지급하여야 할 가격이 결정되었기 때문에 문제가 발생하지 않는다. 가격조정약관이 물품이 수입된 후 미래의 어느 시점에서 효력이 발생하는 변수들과 연계된다면 상황이 달라진다.

7. 그러나 협정은 평가대상 물품의 거래가격이 가능한 관세평가의 기초가 되어야 한다고 권고하고 있으며 제13조가 과세가격의 최종적인 결정의 지연 가능성을 규정하고 있는 점을 고려하면, 비록 항상 수입시점에 지급하여야 할 가격을 결정할 수 없을지라도, 가격조정약관 그 자체로 이 협정 제1조에 따른 평가를 배제해서는 아니 된다.

예해 5.1
제조, 가공 또는 수리용으로 일시 수출된 후 반송된 물품

1. 물품이 해외에서 제조, 가공 또는 수리 후 내수용으로 재수입될 때, 국내 법률이 수입관세 및 제세의 면세 또는 감세를 제공하는 경우도 있고 그렇지 않은 경우도 있다. 하지만 어떤 경우라도, 재수입되는 물품의 가격은 당연히 적용 가능한 협정의 규정에 따라 결정되어야 한다.

2. 면세 또는 감세가 인정되는 상황은 교토협약 부속서 E.8에서 정의하고 있는 "역외가공을 위한 일시수출"이라는 용어에 포함되어 있다.

   "관세영역 내에서 자유롭게 유통되는 물품을 일시 수출하여 해외에서 제조, 가공 또는 수리 과정을 거친 후 수입관세 및 제세의 전부 또는 일부를 면제받고 재수입하는 세관절차를 말한다."

3. 이러한 면제가 적용되는 경우, 제기되는 문제는 수입시점에서, 상품이 평가 문제를 수반하지 않는 관세 기술의 문제로 처리하는 수입의 개별적인 범주로 간주할 수 있는지 또는 일체의 기타 물품들처럼 수입시점에 과세가격을 결정할 수 있고 결정해야 하는지에 있다.

4. 이러한 관점에서, 면제규정에 따라 수입 관세 및 제세의 평가(사정)액은 때때로 재수입물품의 전체 가격에 적용되어야 할 수입 관세 및 제세 금액에서 일시적으로 수출된 물품의 수입시 부과될 수입 관세 및 제세 금액을 공제해서 계산될 수 있다. 아니면 평가(사정)액은 물품에 대하여 해외에서 수행된 가공으로 부가된 가격(value)에 기초할 수 있으며, 이는 재수입된 물품의 전체 가격(value)을 일시적으로 수출된 물품과 해외에서 수행된 가공으로 배분을 수반할 수 있다. 더욱이 어떤 경우에 관세율은 재수입된 물품의 가격에 따라 좌우될 수 있으며, 재수입된 물품의 가격은 이러한 목적을 위해 결정되어야 한다.

5. 예 해 (COMMENTARIES)

5. 이러한 모든 경우에는, 적용 가능한 협정 규정(상기 1번 단락에서 언급한 수입과 같이)에 따라 재수입 물품의 총 가격(value)을 결정할 필요가 있다. 그 결과뿐만 아니라 이 목적을 위하여 사용되는 방법 역시 모든 행정당국에 대하여 정형화되어야 한다. 감면(relief)에 대한 일체의 규정에 따른 처리는 평가와는 별개의 문제이다.

6. 다음 예시는 발생할 수 있는 상황에 대한 범위를 설명하고 있다.

   〔예시〕
   (i) I국의 공작기계 수입자 X는 해외에서 제조된 특수기계를 수입한 다. 수입될 때 이 기계는 X가 수출자 E에게 제공한 전기모터가 장착되어 있다.
   (ii) I국의 수입자 X는 남성용 셔츠를 수입한다. 셔츠에 사용되는 직물은 X가 수출자 E에게 제공한 것이다. 수출자 E는 단지 재봉과 액세서리(단추, 실 및 라벨) 제공에 대한 책임만 있다.
   (iii) 무역업자 X는 I국으로 플라스틱제 톱니바퀴를 수입한다. 이들 상품은 X가 제공한 폴리아미드 주형 재료를 사용하여 수출자 E가 해외에서 제조하였다.
   (iv) I국의 X사는 공작기계를 수리를 위해 외국에 보낸 후 수입한다. 재수입 시 X사는 수출자 E에게 수리비용만 지불한다.

7. 분명히, 예시된 경우에는 쟁점 물품의 수입을 초래한 거래와 지급된 가격 모두는 수입된 그 상태의 물품이 아니라 외국의 제조자가 사용한 재료와 제공한 용역, 어떤 경우에 있어서는 용역에만 관련이 있다.

8. 하지만, 다음과 같은 점을 유념해야 한다.

9. 협정 제8조 제1항(b)은 수입물품의 거래가격을 결정함에 있어 수입물품의 생산 및 수출하기 위한 판매와 관련하여 사용할 목적으로 무료 또는 인하된 가격으로 구매자에 의하여 직접 또는 간접으로 공급된 특정 물품 및 용역의 적절하게 배분된 금액은 가격에 포함되어야 한다고 명시하고 있다.

10. 그러므로 판매가 발생했다고 말할 수 있는 예시 (ⅰ)부터 (ⅲ)까지에서 설명하고 있는 종류의 경우에는, 함께 해석되는 제1조 및 제8조에 따라 거래가격을 결정할 수 있다. 제1조의 조건을 충족하는 경우에는 그렇게 결정된 거래가격이 수입된 그 상태의 물품의 과세가격을 구성할 것이다.

11. 용역의 제공이 더 중요한 문제인 예시(ⅳ)에서 설명하고 있는 종류의 상황은, 얼핏 보기에는 다른 사안을 구성하는 것으로 보인다. 하지만 다음과 같은 고려사항을 유념해야 한다.

    - 가능한 한, 특히 전문(Preamble)에 규정된 "과세가격은 상업적 관행과 일치하는 단순하고 공평한 기준을 기초로 하여야 하며 평가절차는 공급원간의 차별 없이 일반적으로 적용되어야 한다" 는 견지에서 모든 재수입물품은 평가목적상 동일한 방식으로 처리되어야 한다.

    - 협정의 기본취지는 제1조 및 제8조에 따라 결정된 거래가격이 관세평가 목적상 최대한 사용되어야 한다는 것이다.

    - 협정에서 "판매" 의 개념에 대해 권고의견 1.1은 해석과 적용의 통일성은 "판매" 라는 용어를 가장 넓은 의미로 받아들임으로써 달성될 수 있으며, 이는 함께 해석되는 협정 제1조 및 제8조의 규정에 의해서만 결정된다고 명시하고 있다.

12. 상기의 논쟁에 기초하여, 해외에서 수리 후 수입된 물품은 평가 목적상 제조 또는 가공의 결과로 얻어진 물품과 같은 방식으로 처리되어야 한다고 결론지을 수 있다. 그렇지 않다면, 협정의 적용순서(hierarchical sequence)에 따라야 한다. 수리의 특정한 경우에는 협정에서 정하는 기타 방법 중 하나가 적용되지 않을 수 있기 때문에 예를 들면 함께 해석되는 제1조 및 제8조의 규정의 신축적인 적용을 통해 제7조가 적용된다.

13. 이런 맥락에서 볼 때, 관세평가의 규칙을 적용하는 행정당국이 국내 법률에 따라 자유로이 관세 면제를 부여할 수 있다.

예해 6.1
협정 제1조에 의한 분할선적물품의 처리

1. 총 설

1. 이 예해의 목적상, "분할선적(split shipment)"이란 구매자와 판매자 간의 단일 거래의 대상임에도 불구하고 인도, 운송, 지급 또는 이와 유사한 행위와 관련된 이유로 단일 선적의 형태로 통관하지 않고, 따라서 동일한 세관이나 다른 세관들을 통하여 분할 또는 연속 선적의 형태로 수입되는 탁송물품을 의미한다.

2. 구체적인 상황

2. 분할선적의 상태로 수입되는 물품의 사례 대부분은 다음 세 가지 범주 중 하나에 해당된다.

A. 완전한 산업설비 또는 플랜트를 구성하는 물품이 다른 공급원으로부터 공급되거나, 단일선적 형태의 수입이 물리적으로 불가능하거나, 플랜트 조립 계획에 맞추어 시차를 두어 선적하는 것이 편리하다는 필요성 때문에 분할 선적되는 경우

B. 수량으로 인해 당사자가 단일선적으로 물품 전부를 수입하는 것이 불가능하거나 불편하여 분할 선적되는 경우

C. 지리적 분포(geographical distribution)의 이유로 분할 선적되는 경우

A. 산업설비 또는 플랜트의 분할선적

3. 이러한 형태의 사례는 규모 때문에 여러 번 선적되어 수입되어야 하는 특정 물품군 및 전체 설비의 수입과 관련되는 것이다. 관세율 및 관세기술 목적상 이러한 분할선적 물품의 처리는 당연히 수입국의 국내 법률에 따른다.

4. 각 선적분의 과세가격은 실제로 지급하였거나 지급하여야 할 가격에 기초한다. 이는 거래당사자가 체결한 거래에 반영되어 있는 금액으로서 구매자가 수입물품에 대하여 판매자에게 또는 판매자의 이익을 위하여 실제로 행하였거나 행하여야 할 총 지급금액을 적절하게 배분한 금액이다.

5. 분할선적이 별개의 송장의 대상인 경우에는 제8조(전체 거래에 대해 배분하는 것이 적절한 경우)에 따라 결정된 조정을 송장 금액에 가산할 필요가 있으며 공제 금액 역시 이와 유사하게 처리할 필요가 있다.

5. 예 해 (COMMENTARIES)

6. 분할선적이 별개의 송장의 대상이 되지 않는 경우에는 과세가격을 결정함에 있어서 거래에 대한 총 가격은 상황에 적절한 합리적인 방법과 일반적으로 인정된 회계원칙에 따라 배분될 수 있다.

7. 일반적으로 이러한 사례의 경우에는, 그러한 수입이 때때로 기술비용 또는 가격조정약관(예해 4.1 참조)과 같은 요소를 수반하기 때문에 각 탁송물품의 과세가격은 수입시점에 최종적으로 결정될 수 없다. 과세가격의 최종 결정을 지연할 필요가 있다면, 수입자는 협정 제13조에 의하여 세관으로부터 물품을 반출할 수 있다. 물품이 분할 선적되어 수입되는 경우 세관이 부과하는 잠정적인 관세는 과세가격이 최종적으로 결정될 때 당연히 수정할 수 있다.

B. 수량으로 인한 분할선적의 경우

8. 이러한 경우에는, 거래가 합의된 단가로 판매되는 동일한 단위 또는 세트로 구성된 다량의 물품을 수반한다고 가정한다. 인도일자는 당사자의 편의에 따라 사전에 확정되거나 나중에 확정될 수 있다.

9. 제1조의 목적상 판매계약이 체결된 시점이나 판매계약이 체결된 시점 이후의 시세변동은 고려되지 않아야 하기 때문에(해설 1.1 참조), 물품의 과세가격의 결정은 실제로 지급하였거나 지급하여야 할 가격에 기초하여야 한다.

10. 하지만, 분할선적 형태의 수입이 쟁점 거래의 일반적인 상업적 관행을 반영하는 합리적인 기간 이내에 이행되지 않은 경우에, 세관당국은 특별히 최초의 가격을 수정한 추가적인 계약이 있었는지 여부를 검증하기 위하여 실제로 지급하였거나 지급하여야 할 가격에 대하여 조사할

필요가 있는지를 고려할 것이다. 이러한 조치는 협정 제13조 및 제17조의 규정에 따라 이루어질 수 있다.

11. 단위가격은 해당 거래에 수반된 총 단위 수량에 따라 당연히 좌우될 수 있으나, 그럼에도 불구하고 제1조 제1항(b)는 적용 가능하지 않다. 제1조 제1항(b)에 대한 주해는 이러한 조건의 예시로서 구매자가 특정 수량의 다른 물품을 함께 구매하는 조건으로 판매자가 수입물품의 가격을 결정하는 경우를 인용할 때, 단일의 거래에 수반되는 동일한 물품이 아닌 그 밖의 다른 물품과 결부된 원칙을 정하고 있는 것이다.

C. 지리적 분포(geographical distribution)에 따른 분할선적의 경우

12. 이러한 상황은 일반적인 국제무역의 관행이다. 구매자는 단일의 거래에서 판매자로부터 하나의 수입국 또는 둘 이상의 항구나 세관에 별개의 선적으로 보내질 일정량의 물품을 구매하기로 합의한다. 각 세관 또는 관세영역을 통해 수입된 물품분의 과세가격은 협정 제1조에 따라 해당분에 대하여 실제로 지급하였거나 지급하여야 할 가격에 기초하여 결정되어야 한다.

3. 결 론

13. 다양한 형태의 분할선적의 처리에 대한 상기의 사항을 고려하여 볼 때, 제1조의 요건이 충족될 수 있다면 분할선적에 제1조에서 예정된 평가방법이 적용될 수 있다는 것을 알 수 있다.

예해 7.1
제1조 규정에 따른 창고보관료와 관련비용의 처리

I. 일반

1. 관세평가 목적상 보관비용의 처리는 어디서 누구에 의해 발생되느냐 하는 문제뿐만 아니라 비용의 정확한 성격을 결정하도록 요구한다.

2. 이 예해는 쟁점 거래가 협정 제1조의 요건을 충족한다는 가정에 기초한다. 이러한 경우가 아니라면 제1조는 적용할 수 없고 협정에서 순차적으로 규정하고 있는 기타 방법 중 하나를 사용하여야 한다.

3. 이 예해는 창고에 물품을 적출입하는 이동과 관련된 보관과 그 관련 비용에 대한 측면만 다루고 있다. 창고 내에서 발생할 수 있는 세척, 선별 또는 재포장과 같은 기타 활동은 포함하고 있지 않다.

4. 일반적인 보관창고와 수입관세 및 제세의 납부 없이 지정된 장소 내에서 세관의 통제 하에 물품이 보관되는 보세창고를 구별할 필요는 없다. 보관비용의 평가처리는 각각의 경우에 동일하다.

5. 평가문제가 제기될 수 있는 보관과 관련된 상황은 다음을 포함한다.
   - 수입국으로 수출하기 위하여 판매하는 시점에 해외에 물품이 보관되어 있는 경우
   - 물품을 구매한 후 수입국으로 수출하기 이전에 해외에 물품을 보관하는 경우
   - 내수용으로 통관하기 전에 수입국에서 물품을 보관하는 경우
   - 물품 운송과정에 부수적으로 물품이 일시적으로 보관되는 경우

6. 이러한 상황에서 발생되는 비용의 처리는 아래의 Ⅱ부터 Ⅴ까지의 부분에서 검토되고 있다.

7. 상황에 관한 목록은 다음에 한정되지 않으며, 예시는 보관과 그 관련비용의 처리와 관련된 일반 원칙을 설명하기 위한 것들이다. 명백하게 각 사안은 관련 상황에 따라 개별적으로 고려되어야 한다.

Ⅱ. 수입국으로 수출하기 위하여 판매하는 시점에 해외에 물품이 보관되어 있는 경우

8.
   [예시]
   (a) 수입국 I의 구매자 A는 수출국 X의 판매자 B가 X국 내 창고에 보관 중인 물품을 구매한다. A가 B에게 지급한 창고인도가격에는 창고보관 비용이 포함되어 있다.
   (b) 수입국 I의 구매자 A는 수출국 X의 판매자 B로부터 거래 시점에 X국 내 B의 창고에 보관된 물품을 공장도가격으로 구매한다. 물품가격에 더하여 구매자 A는 판매자 B에게 별개의 송장을 기초로 창고보관 비용을 지급한다.
   (c) 수입국 I의 구매자 A는 수출국 X의 판매자 B로부터 공장도가격으로 거래 시점에 B가 X국내 창고에 보관하고 있는 물품을 구매한다. 물품가격에 더하여 구매자 A는 창고업자에게 판매자 B에게 발생된 보관비용을 지급하여야 한다.

9. 제1조에 대한 주해에서는 실제로 지급하였거나 지급하여야 할 가격이란 수입물품에 대하여 구매자가 판매자에게 또는 판매자의 이익을 위하여 지급하였거나 지급하여야 할 총 금액이라고 명시한다.

5. 예 해 (COMMENTARIES)

10. 창고보관 비용은 구매자가 실제로 지급하였거나 지급하여야 할 가격의 일부로서 판매자가 회수할 것으로 추정할 수 있다. 그렇지 않다면, 이들 비용이 판매자에게 또는 판매자의 이익을 위하여 직접 또는 간접으로 지급한 금액을 구성한다면 해당 가격에 포함되어야 한다.

11. 그러므로 상기 사례의 경우에는, 창고보관 비용은 물품에 대하여 실제로 지급하였거나 지급하여야 할 가격의 일부이다.

Ⅲ. 물품을 구매한 후 수입국으로 수출하기 이전에 해외에 물품을 보관하는 경우

12.

〔예시〕

수입국 I의 구매자 A는 수출국 X의 판매자 B로부터 물품을 구매한 후, 물품을 I국으로 수입하기 이전에 자신의 계산으로 X국의 창고에 보관한다.

13. 구매 이후 구매자에게 발생하는 비용은 판매자에게 또는 판매자의 이익을 위하여 직접 또는 간접으로 지급한 금액으로 간주될 수 없다. 그러므로 실제로 지급하였거나 지급하여야 할 가격의 일부가 아니다. 다른 한편으로 이러한 비용은 구매자 자신의 계산으로 구매자가 수행한 활동에 해당한다. 이러한 활동의 비용은 제8조가 이에 대한 조정을 규정하는 경우에만 수입물품에 대하여 실제로 지급하였거나 지급하여야 할 가격에 가산되어야 한다. 이 예시에서는 그러한 규정이 없으므로 해당 창고보관료는 과세가격의 일부가 되지 않는다.

Ⅳ. 내수용으로 통관하기 전에 수입국에서 물품을 보관하는 경우

14.
〔예시〕
수입국 I의 구매자 A는 판매자 B로부터 물품을 구매한다. 수입항에 물품이 도착하면 구매자 A는 수입물품을 다른 상품으로 제조하는 생산 일정의 시작을 기다리는 동안 구매자는 자신의 계산으로 물품을 보세창고에 보관한다. 3개월 후 구매자 A는 내수용 신고서를 제출하고 보관료를 지급한다.

15. 제1조에 대한 주해에서는 실제로 지급하였거나 지급하여야 할 가격이란 수입물품에 대하여 구매자가 판매자에게 또는 판매자의 이익을 위하여 지급하였거나 지급하여야 할 총 금액이라고 명시한다. 또한 이러한 맥락으로 구매자가 구매자의 자신의 계산으로 수행한 활동의 비용은 제8조에서 규정하는 조정을 제외하고는 실제로 지급하였거나 지급하여야 할 가격에 가산되지 않아야 한다고 명시하고 있다.

16. 구매 이후 구매자에게 발생하는 비용은 판매자에게 또는 판매자의 이익을 위하여 직접 또는 간접으로 지급한 금액으로 간주될 수 없다. 그러므로 실제로 지급하였거나 지급하여야 할 가격의 일부가 아니다. 다른 한편으로 이들 비용은 구매자가 구매자의 자신의 계산으로 수행한 활동에 해당한다. 이들 활동의 비용은 제8조가 이에 대한 조정을 규정하는 경우에만 수입물품에 대하여 실제로 지급하였거나 지급하여야 할 가격에 가산되어야 한다. 이 예시에서는 그러한 규정이 없으므로 해당 보관비용은 과세가격의 일부가 되지 않는다.

V. 물품 운송과정에 부수적으로 물품이 일시적으로 보관되는 경우

17.

[예시]

(a) 수입자 I는 수출국에서 공장인도가격으로 물품을 구매한다. 수출 선박의 도착을 기다리는 동안 수출항에서 보관비용이 발생한다.

(b) 수입시점에, 물품 양하와 세관 신고시점 사이에 시간차가 있다. 이 기간 동안 물품은 세관의 통제 하에 보관되므로 보관비용이 발생한다.

18. 운송과정에서 물품의 부수적인 보관으로부터 발생하는 이러한 종류의 비용은 물품의 운송과 관련되는 비용으로 간주되어야 한다. 그러므로 협정 제8조 제2항(b)의 규정에 따라 처리되거나, 만약 수입 후 비용이 발생된 경우라면 수입물품에 대하여 실제로 지급하였거나 지급하여야 할 가격과 구별되는 경우에 수입 후의 운송비용은 과세가격에 포함되지 않는다고 규정하는 제1조에 대한 주해에 따라 처리되어야 한다.

예해 8.1
일괄거래의 처리

1. 이 예해의 목적상, 일괄거래(Package deal)라 함은 서로 관련이 있는 물품군 또는 함께 판매된 물품군 일체에 대하여, 단 하나의 대가(consideration)를 구성하는 판매된 물품의 가격을 총액(lump sum)으로 지급하기로 약정된 계약을 말한다.

2. 평가 문제가 수반될 수 있는 일괄거래의 예시는 다음과 같다.

   (A) 다른 물품이 판매되고 하나의 전체 가격으로 송장이 발행되는 경우

   (B) 하나의 전체 가격으로 판매되고 송장이 발행된 다른 품질의 물품의 물품이 단지 일부만 수입국에서 내수용으로 신고되는 경우

   (C) 동일한 거래에 포함되는 다른 물품이 오로지 세율 및 기타 사유를 위하여 개별 가격으로 송장이 발행되는 경우

- 평가처리

(A) 다른 물품이 판매되고 하나의 전체 가격으로 송장이 발행되는 경우

3. 제1조의 다른 조건들이 충족된다고 가정한다면, 다른 물품들에 대하여 하나의 전체 가격으로 기재되었다는 사실은 거래가격을 결정하는데 있어 장애가 되지 않는다. 해당 물품들이 다른 관세율로 별개의 관세율표 호에 분류할 수 있는 경우에, 협정 제1조의 요건을 충족하는 일괄거래의 일부로서 합의된 전체가격은 제1조를 적용할 때 품목분류 목적만을 이유로 배제되지 않아야 한다.

4. 추가로 다른 호에 분류할 수 있는 물품들에 대한 전체가격의 적절한 배분에 대한 실무적인 문제가 있다. 이들 방법이 일괄거래에 포함된 다양한 물품의 가격에 대한 유효한 지표를 제공할 수 있다면, 예를 들면, 과거 수입의 동종·동질 또는 유사 물품의 가격이나 가치(value)의 사용을 포함한 몇 가지 방법이 사용될 수 있다. 수입자가 일반적으로 인정된 회계원칙에 기초한 적절한 가격 배분(price breakdown)을 제시할 수도 있다.

5. 예 해 (COMMENTARIES)

(B) 하나의 전체 가격으로 판매되고 송장이 발행된 다른 품질의 물품이 단지 일부만 수입국에서 내수용으로 신고되는 경우

5. 이 경우 문제에 대한 본질이 각각 다르며, 다음 예시로 설명될 수 있다. 세 가지 다른 품질(최상급 A, 보통 B, 저급 C)로 구성된 탁송물품을 kg당 100 c.u.의 전체 단위가격으로 구매한다. 수입국에서 구매자는 A급 물품만 내수용으로 kg당 100 c.u.로 수입신고하고 나머지 등급 물품은 다소 다른 절차에 사용되도록 한다.

6. 실제로 지급하였거나 지급하여야 할 전체 가격은 다양한 품질을 가진 물품의 세트에 대하여 합의되었기 때문에 내수용으로 신고된 물품에 대한 판매가격은 없으므로 협정 제1조는 이러한 경우에는 적용되지 않는다.

7. 하지만, 상기 예시에서 여러 가지 품질의 물품 중에서 하나의 등급만 내수용으로 신고되는 대신에, 탁송물품을 구성하는 전체의 패키지에 포함된 각각의 상품이 특정되고 동등한 비율(예를 들어, 3분의 1 또는 2분의 1)로 내수용으로 신고되는 경우에는 협정 제1조 적용이 가능하다. 구매한 전체 수량에 대해 내수용으로 신고된 물품 수량을 전체 가격에 대한 비율로 나타낸 가격은 협정 제1조의 조건에 따라 거래가격의 기초로서 될 수 있다.

(C) 동일한 거래에 포함되는 다른 물품이 다음 예시에서 설명한 바와 같이 오로지 세율 및 기타 사유를 위하여 개별 가격으로 송장이 발행되는 경우

100 c.u.에 일괄거래로 구매한 상품 A와 B는 판매자에게 지급하여야 할 거래의 전체 가격의 변동 없이 관세에 대한 수입자의 총 부담을 경감하기 위하여 각각 35 및 65로(상품 A의 세율은 15%이고 상품 B의 세율은 6%이다) 송장이 발행되었다.

8. 상기 예시에서, 가격은 관세에 대한 부담을 경감하기 위하여 부적절하게 책정되거나 수정되었다(일부 상향 및 일부 하향). 이러한 종류의 행위는 덤핑방지 조치 또는 쿼터(quotas)에 대한 법망을 피하기 위하여 사용되기도 된다.

9. 상기에서 설명한 종류의 가격조작 사례는 관세 집행 당국에서 처리해야 할 문제지만, 그럼에도 불구하고 수입물품은 관세목적상 평가될 필요가 있다.

10. 이러한 맥락에서, 해당 사례에서의 상향-하향(off-setting, 상쇄) 조정은 평가대상 물품과 관련하여 가치(value)를 결정할 수 없는 조건 또는 사정(consideration)에 해당하는 것에 유의해야 한다. 그러므로 제1조 제1항(b)의 규정이 적용되므로 평가는 수입물품의 거래가격에 기초할 수 없다.

예해 9.1
수입국내에서 발생한 활동에 대한 비용의 처리

1. 이 예해는 제1조 및 제1조에 대한 주해의 맥락에서 수입국내에서 수행된 활동의 비용에 대한 처리를 검토한다.

2. 이 쟁점을 처리함에 있어, 수입국내의 활동과 이에 대한 평가목적상의 처리에 대한 목록을 작성하는 것은 유용한 접근방법이 아니다. 그러한 목록은 하나도 빠뜨리지 않고 만들 수 없으며, 게다가 많은 경우에 있어서 어떤 특정한 활동에 대한 평가 처리는 거래상황에 따라 달라진다. 다른 한편으로 원칙에 대한 간략한 언급은 광범위한 가능성을 포함하게 될 것이다.

5. 예 해 (COMMENTARIES)

3. 이러한 점에서 협정 제1조에 따른 과세가격을 결정함에 있어서, 수입 이후에 발생하는 활동의 비용이 실제로 지급하였거나 지급하여야 할 가격에 포함되어 있지 않은 경우, 제8조에서 특별히 규정하고 있지 않는 한 과세가격에 포함되지 않아야 한다. 이는 판매자의 이익으로 간주될지 모르나 구매자가 구매자의 자신의 계산으로 수행한 활동의 비용을 포함한다.

4. 반대로, 이러한 비용이 수입물품에 대하여 실제로 지급하였거나 지급하여야 할 가격에 포함되어 있는 경우, 다음과 같이 규정하는 협정 제1조에 대한 주해의 관련 규정에 부합하지 않는 한, 이들 비용은 가격에서 공제되지 않아야 한다.

   "아래의 부담금 또는 비용은, 수입물품에 대하여 실제로 지급하였거나 지급하여야 할 가격과 구별되는 경우에는 과세가격에 포함되지 않는다.

   (a) 산업설비, 기계류 또는 장비와 같은 수입물품에 대하여 수입 후에 수행된 건설, 설치, 조립, 유지 또는 기술지원에 대한 부담금
   (b) 수입 후의 운송비용
   (c) 수입국의 관세 및 제세(본질적으로 구별되는 것으로 간주. 권고의견 3.1 참조)

5. "수입"이라는 용어의 의미는 명백하게 결정될 필요가 있다. 관세협력이사회의 국제관세용어사전에서는 수입이라는 용어는 "어떤 물품을 관세영역내로 가져오거나 가져오게 하는 행위"로 정의하고 있다. 하지만 그럼에도 불구하고 다양한 국내 법률은 상기 정의보다 더 구체적인 정의를 규정하고 있다는 점에 유의해야 한다. 그러므로 해당 용어에 대한 참조는 해당 국가의 국내 법률의 의미 내에서 이루어져야 한다.

6. 제1조에 대한 주해 (a)호와 관련하여, "수입 후에 수행된" 이란 문구는 수입국에서 수행된 활동을 포함하도록 신축적으로 해석되어야 한다. 이러한 관점에서, (a)호에서 포함하고 있는 활동에 대한 비용은 수입물품의 설치를 위한 부분으로서 수행되고 있는 한, 수입 이전에 발생하였다 할지라도 과세가격에서 마찬가지로 제외되어야 한다. 이러한 사례로 콘크리트 기초에 설치될 기계류의 수입 이전에 수행되는 콘크리트 기초공사 부담금이 있다.

7. 운송과 관련한 구체적인 쟁점으로는, 제1조에 대한 주해 (b)호는 수입 후의 운송비용에 대해 언급하고 있지만, 이 표현은 수입 후 발생하는 부담금 및 비용이라는 표현에 수입 후 발생하는 적하비, 양하비 및 처리 비용을 포함하는 것과 관련되므로 주해의 전반적 취지에 부합한다. 수입 후 발생하는 보험료에도 동일한 근거가 적용된다.

예해 10.1
협정 제1조 제2항 (b)호와 제2조 및 제3조에 따른 상업적 단계 및 수량 차이에 대한 조정

- **일 반**

1. 협정을 적용할 때, 제1조 제2항(b)(비교가격), 제2조 제1항(b)(동종·동질 물품) 및 제3조 제1항(b)(유사 물품)에 대하여 거래 단계 및 수량의 입증된 차이를 고려하여 조정하는 것이 필요할 것이다. 비록 제1조 제2항(b)의 용어가 제2조 제1항(b) 및 제3조 제1항(b)와 다소 다르지만, 관련된 원칙은 동일하다는 것은 명백하다. 즉, 거래 단계 또는 수량에 기인하는 차이는 고려되어야 하고, 조정의 합리성과 정확성을 명

5. 예 해 (COMMENTARIES)

확하게 확립할 수 있는 입증된 증거에 기초하여 필요한 조정을 하는 것이 가능하여야 한다.

2. 세관이 제1조 제2항(b)에 따른 비교가격 또는 제2조 및 제3조에 따른 동종·동질 물품 또는 유사 물품의 거래가격을 결정하는데 사용될 수 있는 거래를 인지하게 된 경우에는, 그 거래가 평가대상 물품과 동일한 거래 단계 및 실질적으로 동일한 수량으로 이루어졌는지 입증하여야 한다. 만일 거래 단계와 수량이 해당 거래에 관하여 비교할 만하다면 이들 요소에 대한 별도의 조정은 필요하지 않다.

3. 그러나 거래 단계 및 수량에 차이가 있다면 가격 또는 가치가 그러한 차이에 의하여 영향을 받았는지 여부를 결정할 필요가 있을 것이다. 거래 단계 또는 수량에 차이의 단순한 존재는 그 자체로 조정을 하도록 요구하지 않는다는 것에 유념해야 한다. 가격 또는 가치의 차이가 거래 단계 또는 수량에 기인하는 경우에만 조정이 필요할 것이며 조정은 합리성과 정확성을 명확하게 확립할 수 있는 입증된 증거를 기초로 이루어져야 한다. 이러한 조건이 충족될 수 없다면 조정은 이루어질 수 없다.

4. 다음 예시는 단지 다른 거래 단계와 수량에 대한 조정의 문제를 수반하는 상황을 설명하며, 운송거리 및 운송수단의 차이와 같은 기타 조정요소는 포함하지 않는다. 제2조 및 제3조에 대한 예시의 목적상, 수입물품의 과세가격은 제1조의 규정에 따라 결정될 수 없고 동종·동질 또는 유사 물품의 과거에 수용된 거래가격을 기초로 결정되어야 함을 전제한다.

5. 동종·동질 물품에 대한 다음의 예시는 유사 물품에 동일하게 적용된다.

▪ 제2조 및 제3조의 적용

〔동일한 거래단계 및 수량 - 조정 없음〕

6.
〔예시 1〕
- 평가대상물품 거래

공급자	수량	단 가	수입자	거래단계
E	1,700	5 c. u.(c.i.f.)	I	도 매

- 다음은 동종·동질 물품의 판매와 관련한 거래가격이다.

판매자	수 량	단 가	수입자	거래단계
R	1,700	6 c. u.(c.i.f.)	I	도 매

이 사례에서는 조정이 필요하지 않으며 c.i.f. 조건의 6 c.u.의 거래가격은 제2조에 따른 과세가격이다.

〔동일한 거래단계, 다른 수량 - 조정 없음〕

7. 단계 또는 수량에 차이가 있으나 판매자가 물품을 판매할 때 단계 또는 수량을 고려하지 않으므로 그러한 차이가 상업적 관련성을 가지지 않는 상황이 발생할 수 있다. 이러한 경우에는 조정이 요구되지 않는다.

8.
〔예시 2〕
- 평가대상물품 거래

공급자	수 량	단 가	수입자	거래단계
E	2,000	5 c. u.(c.i.f.)	I	도 매

5. 예 해 (COMMENTARIES)

- 동종·동질 물품의 거래가격은 다음과 같다.

공급자	수 량	단 가	수입자	거래단계
R	1,700	6 c. u.(c.i.f.)	P	도 매

세관은 R이 최소한 물품 1,000 단위를 구매하는 모든 구매자에게 6 c.u.의 가격으로 물품을 판매하지만 그 외에는 구매수량에 따라 가격을 변경하지 않는다고 확정하였다. 이러한 경우에는, 수량에 차이가 있더라도 동종·동질 물품의 판매자가 두 거래 모두가 이루어진 수량 범위 이내에서는 가격을 변경하지 않기 때문에 그 차이는 가격에 영향을 미치지 않았다. 그러므로 수량에 대한 조정은 필요하지 않다. c.i.f. 조건의 6 c.u.의 거래가격은 제2조에 따른 과세가격이 된다.

〔다른 거래단계, 다른 수량 - 조정없음〕

9.
〔예시 3〕

- 평가대상물품 거래

판매자	수 량	단 가	수입자	거래단계
E	1,500	5 c. u.(c.i.f.)	I	도 매

- 동종·동질 물품 판매에 대한 거래가격은 다음과 같다.

판매자	수 량	단 가	수입자	거래단계
R	1,200	6 c. u.(c.i.f.)	P	소 매

R은 구매 단계에 따라 가격을 변경하지 않고 최소한 1,000 단위를 구매하는 누구에게나 단위당 6 c.u.에 판매한다. 이 예시에서는 비록 거래 단계에 차이는 있지만, 동종·동질 물품의 판매자는 거래 단계와 상관없이 모든 구매자에게 판매하기 때문에 단계에서 기인하는 가격 차이는 없다. 또한, 두 거래가 모두 1,000 단위를 초과하는 점에서 수량에 대해 비교할 만하므로 수량에 대한 조정은 필요하지 않다. 이 경우에는 c.i.f. 조건의 6 c.u.의 거래가격이 제2조에 따른 과세가격이 된다.

〔다른 거래 단계, 다른 수량 - 조정〕

10. 가격 차이가 거래 단계 또는 수량에 기인하는 경우에는, 평가대상 물품과 동일한 거래단계 및 실질적으로 동일한 수량의 가격을 결정하기 위해 조정이 이루어져야 한다. 이러한 조정이 이루어지는 경우, 동종·동질 또는 유사 물품 판매자의 판매관행이 결정 요소가 된다.

11. 수량의 차이 때문에 조정이 필요한 경우에는 해당 조정 금액이 쉽게 결정될 수 있어야 한다. 그러나 거래 단계와 관련하여 사용되는 기준이 그렇게 명확하지 않을 수 있다. 세관은 동종·동질 또는 유사 물품 판매자의 판매관행을 검토해야 할 것이다. 판매자의 관행이 명확하다면, 평가대상 물품 수입자의 활동에 대한 검토는 동종·동질 또는 유사물품의 판매자가 어떤 거래 단계를 수입자에게 부여하는지를 결정하는 기초를 제공할 것이다. 이러한 정보의 진전은 일반서설에서 언급한 바와 같이, 관련 당사자 간의 협의를 요구할 것이다.

12.
〔예시 4〕
- 평가대상물품 거래

공급자	수량	단가	수입자	거래단계
F	1,700	4 c. u.(c.i.f.)	I	도매

- 동종·동질 물품의 거래가격은 다음과 같다.

공급자	수량	단가	수입자	거래단계
F	2,300	4.75 c. u.(c.i.f.)	R	도매

세관은 F가 판매하는 가격표는 진실된 것이며 판매자는 모든 구매자에게 구매수량에 따라 달라지는 가격으로 물품을 판매한다는 것을 밝혀냈다. 즉, 2,000개 미만의 수량으로 구매하는 구매자에 대한 가격은 c.i.f. 조건의 5 c.u.인 반면에, 2,000개 이상의 수량으로 구매하는 구매자에 대한 가격은 c.i.f. 조건의 4.75 c.u.이다.

5. 예 해 (COMMENTARIES)

구매수량의 차이는 물품이 판매되는 가격에 영향을 미치는 상업적인 관련 요소이며 수량에 기인한 차이에 대한 조정이 이루어져야 한다. 이 사례에서 수량에 대한 조정 금액은 0.25 c.u.이다. 즉, c.i.f. 조건의 5 c.u.는 제2조에 따른 과세가격이 된다.

13. 앞에서 언급한 것처럼, 제2조 및 제3조는 조정의 합리성과 정확성을 명확하게 확립할 수 있는 입증된 증거를 기초로 조정이 이루어져야 한다는 것을 요구한다.

14. 제2조 및 제3조에 대한 주해에서는 다른 단계 또는 다른 수량에 따른 가격을 포함하고 있는 가격표를 이러한 증거의 예시로 규정하고 있다. 가격표가 진실된 것인지에 대한 결정은 사안별로 이루어져야 할 것이다. 이러한 객관적인 수단이 없는 경우에는, 제2조 및 제3조의 규정에 따른 과세가격 결정은 경우에 따라 적절하지 않을 수 있다.

15.
〔예시 5〕

- 평가대상물품 거래

공 급 자	수 량	단 가	수 입 자	거래단계
D	2,800	1.50 c. u.(c.i.f.)	K	도 매

- 동종·동질 물품의 거래가격은 다음과 같다.

공 급 자	수 량	단 가	수 입 자	거래단계
E	2,800	2.50 c. u.(c.i.f.) 할인율 15%	R	소 매

세관은 E가 도매상에게는 20%, 소매상에게는 15%의 할인율을 적용하고 있는 공표된 가격표를 고수하고 있는 것을 확인하였다. 상기 거래에서 R에 대한 판매는 이 가격표에 따른다. 따라서 이 증거는 가격표의 c.i.f. 조건의 2.50 c.u.의 단위가격과 도매 단계에 대한 20%의 할인율을 사용하여 동종·동질 물품의 거래가격을 조정하는 것을 허용한다. 그러므로 2.50 c.u.에 20%의 할인율을 적용한 가격이 제2조에 따른 과세가격이 된다.

예해 10.1

- 제1조 제2항 (b)호의 적용

〔다른 거래 단계, 동일한 수량 - 비교할 만한 비교가격〕

16. 특수관계자간의 판매에 있어, 제1조 제2항(b)는 수입자에게 가격이 해당 규정의 목(subparagraph)에서 규정된 비교가격 중에 하나와 거의 근접함을 입증할 기회를 제공한다. 결과적으로 비교가격은 적절한 경우 단계 및 수량을 포함한 모든 면에서 입증되어야 한다. 이러한 요소의 조정을 위한 제1조 제2항(b)의 원칙은 제1조 제2항(b)에 따른 조정이 비교 목적으로만 비교가격에 대하여 이루어지는 반면에 동종·동질 또는 유사 물품의 거래가격에 대한 조정은 수입물품의 과세가격을 결정하기 위한 목적이라는 것을 제외하고는 제2조 및 제3조의 원칙과 동일하다.

17.
〔예시 6〕

- 평가대상물품 거래

공급자	수 량	단 가	수입자	거래단계
E	1,700	5 c. u.(c.i.f.)	I	도 매

- I는 특수관계가 없는 구매자에 대한 동종·동질 물품의 거래가격인 다음과 같은 비교가격을 세관에 제출한다.

공급자	수 량	단 가	수입자	거래단계
F	1,700	6 c. u.(c.i.f.)	M	소 매

세관은 F가 도매상에게 c.i.f. 조건의 5 c.u.에 물품을 판매하는 것과 I가 도매상인 것을 확인한다.

이 사례의 조정 금액은 1 c.u.이다. 단계에서 기인한 차이를 감안한 비교가격은 5 c.u.이다. 특수관계자간 가격이 위에서 결정된 비교가격과 같으므로, 해당 가격은 제1조에 따른 거래가격으로 수용될 수 있다.

5. 예 해 (COMMENTARIES)

〔입증된 증거가 없는 경우 - 비교가격 배제〕

18.
〔예시 7〕

- 평가대상물품 거래

공급자	수 량	단 가	수입자	거래단계
E	20,050	1.50 c. u.(c.i.f.)	I	도 매

- I는 특수관계가 없는 구매자에 대한 동종·동질 물품의 거래가격인 다음과 같은 비교가격을 제출한다.

공급자	수 량	단 가	수입자	거래단계
E	1,020	2.10 c. u.(c.i.f.)	F	소 매

E는 가끔 독립적인 소매상에게만 판매한다고 진술한다. E는 독립적인 도매상에 대한 판매는 없었지만 판매한다면 가격은 c.i.f. 조건의 1.50 c.u.일 것이라고 추가로 진술한다.

E는 특수관계가 없는 도매상에게 판매하지 않았고 진술한 가격으로 판매할 의사만 표시하고 있어, 조정의 합리성을 결정할 입증된 증거가 부족하다. 단계의 차이에 대한 조정이 이루어질 수 없기 때문에 I가 제출한 비교가격은 비교 목적으로 수용될 수 없다.

19. 특수관계에 대한 문제가 있을 때 제1조에 따라, 또는 제2조 또는 제3조에 따라 물품을 평가하기 위해서는 일반적으로 수입자와 세관간의 협의(consultations)가 있어야 한다. 이러한 협의와 다른 출처로부터의 정보는 세관으로 하여금 조정이 이루어질 필요가 있는 지 여부와 입증된 증거를 기초로 조정이 이루어질 수 있는지 여부를 결정할 수 있도록 할 것이다.

예해 11.1
끼워팔기의 처리

1. 끼워팔기(tie-in sales)의 두 가지 큰 범주가 있다. 하나는 조건 또는 사정(consideration)이 물품 가격에 관련된 것이고 다른 하나는 물품 판매에 관련된 것이다. 조건 또는 사정(consideration)가 가격뿐만 아니라 판매와 관련된 상황은 첫 번째 범주의 끼워팔기로 취급되어야 한다.

2. 첫 번째 범주의 끼워팔기에서 한 거래의 가격은 판매자와 구매자간의 다른 거래의 조건에 영향을 받는다. 이러한 판매에서 가격은 유일한 대가(consideration)가 아니다. 이러한 끼워팔기는 가격이 평가대상 물품과 관련하여 가치(value)를 결정할 수 없는 조건 또는 사정(consideration)에 좌우되는 상황에 해당하고, 따라서 해당 가격은 제1조 제1항(b)의 규정에 따라 거래가격을 결정할 목적상 부인되어야 한다. 제1조에 대한 주해에서는 다음과 같은 세 가지 사례를 열거하고 있다. (1) 구매자가 특정 수량의 다른 물품을 함께 구매하는 조건으로 판매자가 수입물품의 가격을 결정하는 경우, (2) 수입물품 가격이 수입물품 구매자가 수입물품 판매자에게 다른 물품을 판매하는 가격에 따라 결정되는 경우, (3) 수입물품의 판매자가 반제품을 공급하고, 완제품의 일정 수량을 받는 조건과 같이, 수입물품과 관계없는 지급형태를 근거로 가격이 결정되는 경우

3. 하지만 이점에 대하여, 제1조 제1항(b)의 적용이 의도된 목적 이상으로 확대되지 않도록 주의해야 한다.

5. 예 해 (COMMENTARIES)

4. 예를 들면, 만약 판매자가 하나의 주문(single order)의 수량이나 금전적인 가치(value)에 따라 계산되는 수량할인을 인정하는 경우에, 수많은 다른 품목들로 이루어진 주문에 의하여 구매자에게 할인 자격이 부여되고, 이들 품목을 이루는 각각의 물품은 할인 자격이 없다는 사실이 제1조 제1항(b)이 적용되는 상황에 해당하지 않는다.

5. 조건 또는 사정(consideration)이 물품의 판매에 관련되는 끼워팔기의 두 번째 범주는 통상 "대응무역"으로 불리는 형태를 포함한다. 대응무역은 경우에 따라서는 추가적으로 다른 나라로부터의 판매가 연계되었다 하더라도, 어떤 국가에 대한 판매가 그 국가로부터 판매와 밀접하게 연계된 거래를 의미한다. 대응무역은 본질적으로 물물교환을 통한 국제무역에서의 물품에 대한 대금지급 체계이다. 어떤 경우에는 대응무역이 상품 대 용역의 교환과 그 반대를 수반할 수 있다.

6. 대응무역은 국가가 해외로부터 필요한 물품을 취득할 수 있고 동시에 자국물품(대응물품)의 수출판매를 보장함으로써 균형 잡힌 무역흐름을 유지할 수 있는 수단을 제공한다. 대응무역은 화폐지급 보다는, 수입국에서 생산되어 수출되는 상품 형태로 수입에 대한 전체 지급 또는 일부 지급을 수반한다. 하지만 주로 두 거래에 대한 지급은 화폐형태가 될 것이다.

7. 보다 일반적인 대응무역 관행에 대한 목록은 다음과 같다.

(a) **물물교환**(Barter)

화폐 지급이 없이 물품의 대가로 물품을 단일하게 교환하는 경우(권고의견 6.1 참조)

(b) 대응구매(Counterpurchase)

물품과 화폐의 대가로 물품을 교환하거나, 용역과 화폐의 대가로 물품을 교환하는 경우

(c) 증거계정(Evidence Account)

대응구매는 흔히 증거계정의 형태로 표현된다. 지급의 목적으로, 외환취급 은행이나 중앙은행에 증거계정이 설치되고 수출자의 대응구매가 현재 또는 미래의 대응구매 의무에 대해 보증된다. 이러한 거래는 즉각적인 요구에 대면하는 대신에 증거계정은 대응구매를 이행하는데 있어 수출자에게 "최선의 구매"를 할 시간적 여유를 허용하기 때문에 수출자에게 어느 정도 유연성을 제공한다.

(d) 구상무역(Compensation) 또는 제품환매(Buyback)

기계류, 장비, 기술 또는 제조 또는 가공 설비에 대한 지급액의 전부 또는 일부를 최종 제품의 일정 수량으로 교환하는 경우

(e) 청산협정(Clearing Agreement)

특정 기간 동안 서로간의 물품의 지정된 금액을 구매하는 양국 간의 양자협정을 체결하고 자유롭게 교환가능한 제3국 청산통화, 즉 "경화"를 사용하는 경우

(f) 스위치 또는 삼각무역(Switch or Triangle Trade)

양자 무역협정(상기 (e)호의 청산협정과 같은)의 당사자 중 한 쪽이 자신의 신용잔고를 제3자에게 이전하는 경우. 예를 들면, A국과 B국이 청산협정을 체결하고 A국은 C국으로부터 상품을 구매한다. 청산협정에 따라 A국을 대신하여 B국이 그 지급액을 이전받아 C국에 대가를 지급한다.

(g) 스왑거래(Swap)

운송비용을 절감하기 위하여 다른 지역에 있는 동종·동질 또는 유사 물품을 교환하는 경우. 이러한 종류의 거래는 일본의 구매자가 다량의 베네주엘라산 원유를 구매하고 미국 동부해안의 구매자가 구매한 동일한 양의 알라스카산 원유와 교환하는 경우와 같이 보다 근접한 공급처의 이점을 얻으려는 목적만으로 동종·동질 또는 유사 물품이 교환된다는 점에서 상기 (a)의 물물교환과는 다르다.

(h) 상계협정(Offset Arrangement)

일반적으로 첨단기술의 특징을 갖고 있는 상품의 판매는 수출자가 자신의 최종 생산물에 수입국에서 수출자가 획득한 특정 재료, 부품 또는 구성요소를 결합하는 것을 조건으로 일어날 수 있다.

8. 얼마나 많은 국제무역이 대응무역을 수반하는 지에 대한 신뢰할 만한 단일한 측정치는 없는 것으로 보인다. 추정치는 세계무역의 1%에서부터 전 세계 국제무역의 4분의 1까지 매우 다양하게 존재하고 있다. 이렇게 견해가 다양한 것은 주로 국제교역을 측정하는 통상적인 방법과는 대조적으로 국제무역과 같이 대응무역 거래를 보고하고 분석하는 수단이 없다는 사실에 기인한다. 실제로 대응무역을 확인하는 것은 쉬운 일이 아니다. 특히 거래가 통화형태로 표시되어 별개로 지급되는 경우에는 더욱 어렵다. 그럼에도 불구하고 대응무역량에 관한 일치된 의견은 없지만, 대응무역이 점점 더 세계무역에 있어서 큰 요인이 되고 있다는 것에 대하여는 일반적으로 의견이 일치되고 있다.

9. 대응무역이 물품 가격이나 비용에 미치는 영향에 대하여도 일치된 견해는 없는 것으로 보인다. 하지만, 대응무역을 고려하는 수출자는 자신의 물품을 판매하는 것뿐만 아니라 거래처의 물품판매도 인지하면서 자신의 물품 가격을 책정한다고 말할 수 있다. 수출자는 이러한 요인 때문

에 자신의 가격을 높게 책정할 수 있다. 그러므로 대응무역을 필요로 하거나 관습에 따라 수행하는 국가로 수출되는 물품 가격은 대응무역이 없는 물품 가격과 같거나 그보다는 높다고 기대할 수 있다.

10. 동일한 이유로, 앞에서 말한 것을 대신하여 또는 이에 부가하여 수출자는 자신이 구매해야 하는 물품 가격을 보다 낮게 책정하도록 요구할 수 있다. 따라서 대응구매 물품가격은 대응구매가 없는 가격보다 같거나 그보다 낮을 수 있다고 기대할 수 있다. 당연히 이들 물품들은 수출자의 국가로 수입되거나 어떤 다른 나라로 보내질 수도 있다.

11. 관세평가와 관련하여, 첫 번째로 반드시 고려할 사항은 제1조의 조건이 대응무역을 수반하는 어떠한 거래에 대하여 동 조항의 적용을 배제하는 것인지 배제하지 않는 것인지 여부 중의 하나가 될 것이다. 대응무역이 취할 수 있는 여러 가지 형태의 수에 비추어, 이러한 관점에서 어떤 일치된 결론이 이루어질 것으로 보이지 않으므로 관련된 대응무역 형태를 포함한 각 거래 사실에 기초하여 결정될 필요가 있다.

5. 예 해 (COMMENTARIES)

예해 12.1
협정 제1조 1(a)(iii)의 "제한"의 의미

1. 협정 제1조의 규정에 따라 수입물품의 과세가격은 무엇보다도 구매자가 물품을 처분 또는 사용함에 있어서, 아래에서 정하는 제한을 제외하고는, 어떠한 제한도 없는 것을 조건으로 한 거래가격이어야 한다.

   (i) 수입국의 법률 또는 행정당국에 의하여 부과되거나 요구되는 제한
   (ii) 해당 물품이 전매될 수 있는 지리적인 영역을 한정하는 제한, 또는
   (iii) 물품의 가치(value)에 실질적으로 영향을 미치지 아니하는 제한

2. 제한의 본질상, 위에서 기술된 첫 번째와 두 번째 예외 규정의 확인은 일반적으로 문제를 야기하지 않는다. 하지만, 세 번째 예외 규정의 경우에는 제한이 가치(value)에 실질적으로 영향을 미쳤는지 여부를 결정하기 위하여 많은 요인들이 고려되어야 할 수 있다. 이들 요인은 제한의 특성, 수입물품의 특성, 산업분야 및 상업적 관행의 특성, 가격에 대한 영향이 상업적으로 중요한 것인지를 포함한다. 이들 요인은 사안별로 다를 수 있으므로, 이러한 점에서 일률적인 기준을 적용하는 것은 적합하지 않다. 예를 들면, 어떤 유형의 물품의 경우에는 가치(value)에 대한 작은 영향이 중대한 것으로 취급될 수 있는 반면에 다른 유형의 물품 가치(value)에 대한 보다 더 큰 변화는 중대한 것으로 취급되지 않을 수 있다.

3. 물품의 처분 또는 사용에 대한 제한이 물품의 가치(value)에 실질적인 영향을 미치지 않는 사례는 제1조에 대한 주해에서 설명한다. 즉, 판매자가 자동차 구매자에게 모델연도의 시작을 나타내는 특정일 이전에는 자동차를 판매하거나 전시하지 않도록 요구하는 경우이다. 다른 사례는 화장품 제조업체가 계약 규정을 통해 모든 수입자에게 자신의 상품을 방문판매

(house-to-house)를 수행하는 개별 판매대리인을 통해서만 소비자에게 판매할 것을 요구하는 경우인데, 이는 그 업체의 전체적인 공급(유통)방식과 홍보방법이 이러한 종류의 판매 활동에 기초하기 때문이다.

4. 반면에, 수입물품의 가치(value)에 실질적인 영향을 미치는 제한이 관련 거래에서 통상적이지 않는 경우이다. 이러한 제한의 사례로는 구매자가 자선 목적에만 사용하는 조건으로 명목상 가격으로 판매하는 기계의 경우를 들 수 있다.

예해 13.1
데이타 처리장치에 사용되는 소프트웨어를 수록하고 있는 전달매체의 평가에 관한 결정사항의 적용

1. 이 예해는 관세평가위원회에서 채택된 결정 제2항의 적용에 대한 구체적인 맥락에서 데이타 처리장치용 소프트웨어를 수록하고 있는 전달매체에 대한 평가 쟁점을 검토한다.

2. 이러한 점에서 고려해야 할 원칙은 데이타 또는 명령을 수록하고 있는 수입된 전달매체의 과세가격을 결정함에 있어서, 전달매체 그 자체의 가격이나 비용만 고려되어야 한다는 것이다. 그러므로 데이타 또는 명령의 비용이나 가격이 해당 전달매체의 비용 또는 가격과 구별된다면 데이터 또는 명령의 비용이나 가격은 과세가격에 포함되지 않는다.

3. 이 결정을 적용함에 있어 직면하는 쟁점은 전달매체의 비용이나 가격으로부터 데이타 또는 명령의 비용이나 가격을 구별하는 규정과 관련 있다. 때때로 소프트웨어 및 전달매체의 전체 가격만 입수할 수 있고, 어

5. 예 해 (COMMENTARIES)

띤 때는 전달매체의 가격만 송장에 기재되거나 데이타 또는 명령의 가격 또는 비용만 아는 경우도 있다.

4. 회원국은 이 결정의 제2항을 적용할 것인지 적용하지 않을 것인지에 대한 선택권이 있으므로 이 결정을 적용하기로 한 국가들은 이 결정의 취지에 반하지 않도록 최대한 넓은 의미로 이 항을 해석하여야 한다. 그러므로 "구별한다(distinguish)"는 표현은 전달매체의 비용이나 가격만이 알려져 있다면 데이타 또는 명령의 비용이나 가격은 구별되는 것으로서 간주하는 방식에 따라 해석되어야 한다.

5. 어떠한 이유로 당국이 두 가지의 비용이나 가격을 별도로 신고하는 것이 필요하고, 단지 두 가지 중 하나만 입수될 수 있다고 여기고 있다면, 두 번째 비용은 협정 및 일반협정 제7조의 원칙과 일반규정에 부합하는 합리적인 수단을 사용하여 추산될 수 있다. 마찬가지로 두 가지 요소에 대한 총 가격만이 입수될 수 있는 경우에도 유사한 추산이 개별가격을 결정하기 위하여 이루어질 수 있다. 추산하는 방식을 따르기로 선택한 세관당국은 합리적인 해법에 도달하기 위하여 수입자와의 협의가 필요하다는 것을 알게 될 것이다.

6. 수입시점에 수입자가 이러한 목적을 위한 충분한 정보를 제공할 위치에 있지 않은 경우에는 제13조의 규정이 적용될 수 있다.

7. 이 예해에서 권고하는 방식(practice)은 소프트웨어를 수록하고 있는 전달매체에 대한 관세목적상 평가에 대하여 적용될 수 있는 것이며 통계수집과 같은 다른 요건들을 고려한 것은 아니다.

예해 14.1
제1조 제2항의 적용

1. 이 예해는 제1조제2항의 적용에서 특수관계자간 거래에 대한 처리와 관련한 협정에 따른 세관당국과 수입자의 권리와 의무에 대하여 검토한다.

2. 협정의 일반서설은 관세목적상 물품 평가의 기초는 최대한 그들 물품의 거래가격이어야 한다는 것을 인정하고 있다. 하지만 제1조에 따라 거래가격은 제1조의 제1항(a)호부터 제1항(d)호까지에서 규정하고 있는 네 가지의 제한요건이 모두 충족되는 경우만 과세가격으로 수용될 수 있다. 비록 특수관계가 있는 경우에도 제1조제2항의 규정이 충족되는 것을 조건으로 거래가격이 수용될 수 있다고 규정하고 있기는 하나, 4번째 제한인 제1항(d)는 판매자와 구매자가 특수관계가 아니어야 할 것을 요구하고 있다. 이 원문의 구조는 구매자와 판매자간 특수관계의 존재가 거래가격의 기초로서 가격의 수용여부에 대한 수입자와 세관의 주의를 환기하는 문제를 제기한다는 것을 의미한다.

3. 하지만, 제1조 제2항(b)의 규정이 충족될 수 있음을 입증할 수 있는 경우에는(즉, 거래가격이 동 호에서 규정하는 세 가지 "비교가격" 중 하나에 거의 근접하는 경우), 거래가격의 기초로 해당 가격이 수용될 수 있음을 입증하는 것이며, 제1조 제2항(a)에 따라 수입되는 물품의 판매의 주변상황에 대하여 조사할 필요성을 배제하는 것이다.

4. 이러한 비교가격이 없는 경우에는 다음의 질문과 답변이 제1조 제2항(a)호의 적용과 관련하여 세관당국과 수입자에게 지침을 제공한다.

5. 예 해 (COMMENTARIES)

[질문 1]

5. 제15조 제4항에서 정의된 바와 같이, 구매자와 판매자간 특수관계의 존재가 세관에 거래가격을 부인할 권한을 부여하는가?

- 답변

6. 아니다. 특수관계 그 자체만으로는 거래가격을 부인할 근거가 되지 않는다. 제1조 제2항(a)호는 이러한 점을 명백히 하고 있다. 하지만 특수관계의 존재는 판매의 주변상황에 대하여 조사할 필요성이 있을 수 있다는 사실에 대하여 세관의 주의를 환기한다.

[질문 2]

7. 세관은 판매의 주변상황을 조사하기 위한 근거(grounds)를 가지고 있어야 하는가?

- 답변

8. 아니다. 제1조 제2항(a)호는 특수관계자간 판매의 주변상황이 검토되어야 한다고 규정하고 있다. 하지만, 제1조 제2항에 대한 주해 제2항에서 상황의 검토는 모든 경우에 요구되는 것이 아니라 세관이 가격의 수용여부에 대한 의심이 있는 경우에만 요구된다고 규정하고 있다.

[질문 3]

9. 협정은 세관이 판매의 주변상황에 대한 조사를 초래하는 가격의 수용여부에 대한 의심과 관련하여 세부지침을 제공하고 있는가?

- 답변

10. 아니다. 하지만 협정의 그 구조상 특수관계가 가격에 영향을 미치지 않은 상황에서만 가격이 거래가격의 기초로 사용될 수 있으므로 특수관계의 존

재 자체가 판매자와 구매자간의 가격이 특수관계에 의해 영향을 받았는지 받지 않았는지에 대한 문제를 야기하는 것이다. 아울러, 제17조는 협정의 어떠한 규정도 진술, 문서 또는 신고의 진실성 또는 정확성에 관하여 세관이 확인하는 것을 제한하지 못한다고 규정하고 있다. 특수관계에 있는 구매자가 수입국의 서류제출 및 신고 요건에 따라 명시적 또는 묵시적으로 행하는 그러한 신고에는 거래가격 방법이 사용되는 경우, 즉 "해당 가격이 본인과 판매자와의 특수관계로 인해 영향을 받지 않은 경우"를 포함할 것이다.

[질문 4]

11. 세관은 판매의 주변상황에 대한 정보 또는 가격이 구매자와 판매자간의 특수관계에 의하여 영향을 받았는지 여부에 대한 정보를 수집하는 경우 수입자에게 세관의 "의심(doubts)"을 알려야 하는가?

- 답변

12. 아니다. 협정의 어떠한 규정도 세관이 수입거래와 관련하여 수입자에게 정보를 요청하는 사유를 정당화하도록 요구하지 않는다. 사실, 부속서 Ⅲ의 제6항 및 제17조는 세관이 관세평가 목적을 위하여 세관에 제출된 진술, 문서 또는 신고의 정확성 또는 진실성에 관하여 조사할 필요가 있을 수 있으며 그러한 조사에 있어서 수입자의 전적인 협조를 기대할 권리가 있음을 인정하고 있다. 세관이 거래에 대하여 조사하는 사유를 정당화하여야 한다는 취지의 세관에 부과된 전제조건은 없다. 하지만 세관이 의심에 대한 사유를 수입자에게 통지하는 것을 금지하고 있지 않다. 만약에 세관이 그렇게 할 수 있다면 이는 바람직할 것이다.

5. 예 해 *(COMMENTARIES)*

[질문 5]

13. 만약 세관이 거래에서 물품의 가격이 특수관계에 의하여 영향을 받았다는 것을 믿을 만한 근거를 가지고 있다면, 그렇게 믿는 사유를 수입자에게 통보해야 하는가?

- 답변

14. 그렇다. 제1조 제2항(a)호는 세관당국이 특수관계가 가격에 영향을 미쳤기 때문에 거래가격을 수용할 수 없고 해당 거래에 제1조를 적용하지 않는 근거를 갖고 있는 경우에 수입자에게 그 근거를 통지해야 한다고 규정하고 있다. 게다가, 수입자에게는 답변할 수 있는 합리적인 기회가 제공되어야 하며 세관의 믿음에 대한 근거를 서면으로 통지받을 권리가 있다.

[질문 6]

15. 수입자는 제1조의 규정에 따라 평가되는 물품을 신고하기 전에 특수관계가 가격에 영향을 미치지 않았다는 것을 입증해야 할 책임이 있는가?

- 답변

16. 그렇다. 거래가격 방법에 따른 과세가격을 신고하는 경우에는, 수입자는 특수관계가 가격에 영향을 미치지 않았다는 것을 최대한 입증할 의무가 있다. 이는 구매자와 판매자 간에 특수관계가 없거나, 구매자와 판매자가 특수관계가 있더라도 특수관계가 가격에 영향을 미치지 않았음을 입증할 수 있다면 거래가격이 사용되어야 한다고 규정하고 있는 제1조에 따라 수입자에게 그 의무가 있다.

[질문 7]

17. 세관이 과거에 판매의 주변상황과 구매자와 판매자간의 특수관계를 검

토하였고 특수관계가 가격에 영향을 미치지 않았다는 것을 확인하였다면 추후에 세관은 동일한 또는 추가적인 정보를 요청할 수 없는가?

- 답변

18. 아니다. 세관이 각각의 모든 판매의 주변상황을 검토할 의도가 없다할지라도, 세관이 가격의 수용여부에 대한 의심이 있을 때면 언제든지 수입자에 대한 새로운 조사를 지시할 수 있다.

예해 15.1
공제가격방법의 적용

1. 이 예해는 제5조 제1항의 규정을 운영하면서 발생할 수 있는 일반적인 특성의 문제를 기술한다. 이러한 점에서 제5조에 대한 주해에서 이미 중요한 지침을 제공한다.

2. 일반적으로, 협정 제5조에 따른 공제가격 방법의 적용은 상황에 따라 달라질 수 있다. 그러므로 제5조의 실무적인 적용은 각 사안별 상황을 고려하여 신축적인 접근을 요구한다.

3. 가장 많은 수량의 판매를 결정함에 있어 제기될 수 있는 첫 번째 쟁점은 제5조제1항의 적용이 해당 수입물품 또는 해당 수입물품의 수입자가 수입한 동종·동질 또는 유사 수입물품의 판매로 제한되는 것인지 또는 다른 수입자가 수입한 동종·동질 또는 유사 물품의 판매도 고려하도록 허용하는 것인지 여부이다.

5. 예 해 (COMMENTARIES)

4. 제5조 제1항(a)와 이에 대한 주해는 다른 수입자가 수입한 동종·동질 또는 유사 물품의 판매에 대해 고려하는 것을 금지하는 것으로 보이지는 않지만, 실무적인 조치로서, 수입자가 해당 수입물품 또는 동종·동질 또는 유사 물품의 판매를 행한다면, 다른 수입자가 행하는 동종·동질 및/또는 유사 물품의 판매를 고려할 필요는 없을 것이다.

5. 세관은 평가대상 수입물품의 수입자의 해당 수입물품, 동종·동질 또는 유사 수입물품의 판매가 있는 경우에 다른 수입자가 행한 판매를 고려할 필요가 있는지 여부를 각 개별 사안의 상황을 고려하여 결정해야 한다.

6. 첫 번째 쟁점과 밀접하게 관련된 또 다른 쟁점은 제5조 제1항을 적용함에 있어 단위가격 결정에 해당 수입물품, 동종·동질 또는 유사 수입물품의 판매를 사용하는데 적용순서(hierarchy)가 있는지 여부이다.

7. 제5조 제1항(a)의 실무적인 적용에서 해당 수입물품의 판매를 사용할 수 있다면, 가장 많은 수량으로 판매되는 단위가격을 결정할 목적으로 동종·동질 또는 유사 수입물품의 판매를 고려할 필요가 없을 것이다. 해당 수입물품의 판매를 사용할 수 없는 경우에는 동종·동질 또는 유사 물품의 판매가 순차적인 순서에 따라 사용될 수 있다.

8. 제5조 제1항에 따라 단위가격을 결정한 후, 동 조에서 규정된 요소를 공제할 필요가 있다.

9. 이 규정의 실무적인 운영에 있어, 몇 가지 요소가 고려되어야 할 필요가 있다. 하나는 "통상적으로 지급하였거나 지급하여야 할 것으로 합의한" 것으로 간주될 수 있는 수수료 또는 이윤 및 일반경비의 금액을 결정하는데 필요한 기준과 관련 있다.

10. 제5조와 이에 대한 주해의 표현은 공제는 동종 또는 동류의 수입물품이 수입국내에서 판매될 때 통상적으로 얻는 수수료 또는 이윤 및 일반경비의 금액에 대하여 행해진다는 것을 명백하게 한다. 이러한 공제는 그 수치가 통상적인 것과 불일치하지 않는 한 수입자가 제공하거나 또는 수입자를 대신하여 제공한 수치에 근거하여야 한다.

11. 수수료 또는 이윤 및 일반경비의 통상적인 금액은 평가대상 물품의 종류(class or kind)에 따라 달라질 수 있는 금액의 범위의 금액이 될 수 있다. 범위가 수용되기 위해서는, 모집단이 너무 광범위하거나 너무 부족해서는 안 된다. 그 범위가 "통상적인" 금액이 되기 위해서는 명백하고 쉽게 인식되어야 한다. 다른 접근방법, 예를 들면 압도적인 금액(그러한 금액이 존재하는 경우)이나 산술 또는 가중 평균된 금액 역시 사용할 수 있다.

12. 또 다른 고려사항은 제5조는 수수료 또는 이윤 및 일반경비 중 하나가 공제된다고 단순히 규정하고 있지만 이들 중 어느 것이 공제될 지 결정하기 위한 기준을 규정하지 않는다는 것이다. 이러한 쟁점을 취급함에 있어 과세가격은 상업적 관행과 일치하는 단순하고 공평한 기준을 기초로 해야 한다는 것을 인정하는 협정의 일반서설을 고려할 때, 수수료에 대한 공제는 평가대상 물품의 수입국 내에서 판매가 대리/위탁을 기초로 행해졌거나 행해질 경우에 일반적으로 발생한다. 이윤 및 일반경비에 대한 공제는 일반적으로 수수료를 포함하지 않는 거래에서 발생하고 있다.

5. 예 해 (COMMENTARIES)

13. 또 다른 쟁점은 수수료와 이윤 및 일반경비의 통상적인 금액에 대한 최신 자료의 수집 및 유지와 관계가 있다.

14. 실무적인 사항으로서, 수수료 또는 이윤 및 일반경비의 통상적인 금액을 확인하기 위해 필요한 자료를 지속적으로 수집하고 유지하는 것은 유용해 보이지 않는다. 필요한 경우, 그러한 자료는 특정 요건을 충족하기 위해서만 생성될 수 있다. 대부분의 경우, 실무적인 적용은 세관이 다품목 취급회사, 수입자 수가 한정되어 있는 소규모산업, 특수관계 거래가 많은 산업 등을 수반하는 상황을 사안별로 고려할 것을 요구한다. 이와 관련하여, 세관은 자신의 기록을 사용할 수 있다. 또한 자료는 무역기구, 다른 수입자, 회계법인, 무역 및 재정업무를 관장하는 정부기관 또는 일체의 다른 신뢰할 만한 출처로부터 얻어질 수도 있다.

15. 자료를 얻기 위한 방법은 국가별 사정에 따라 다양할 수 있으나, 그 중에서 요청에 따라 호의에 기초하여 그 자료를 제공할 수 있는 동종 또는 동류 물품의 알려진 수입자들에 대한 조사와 알려진 수입자들과 관련된 평가 재검토가 포함될 수 있다. 법인이 특정 상품별로 이윤 및 일반경비 정보를 보유하지 않을 수도 있다는 점을 고려하면, 행정당국은 충분한 정보가 취득될 수 있는 최소 물품군 또는 물품 범위로부터 이윤 및 일반경비를 검토하는 원칙을 따라야 할 수 있다.

예해 16.1
물품구매 후 수입하기 전에
구매자가 자기의 계산으로 수행한 활동

1. 이 예해는 물품 구매 후 수입하기 전에 구매자가 자신의 계산으로 수행한 활동에 대한 비용이 제1조 규정에 따라 결정되는 과세가격의 일부로 간주될 수 있는지 여부에 대한 상황을 검토한다.

2. 제1조에 대한 주해 "실제로 지급하였거나 지급하여야 할 가격"의 제2항은 구매자가 자신의 계산으로 수행한 활동에 대한 협정의 원칙을 확립한다. 이러한 활동에 대한 비용은 제8조에 따른 조정으로 규정되어 있지 않는 한, 실제로 지급하였거나 지급하여야 할 가격에 가산되지 않는다.

3. 이러한 상황에 대한 예시는 다음과 같다.
    - 수입국 Y의 수입자 I는 수출국 X의 판매자 S로부터 30,000 c.u.로 기계를 구매한다. 기계가 판매계약의 사양을 충족하는지 확인하기 위하여 수입자 I는 기계를 구매한 후, 같은 X국의 전문가 T에게 기계의 추가적인 검사를 맡기고 이 검사에 대하여 T에게 500 c.u.를 지급한다. 이 상황에서 추가적인 검사는 해당 물품의 제조공정의 일부로 간주되지 않는 검사를 의미한다. 추가적인 검사는 I와 S간의 판매조건이 아니다.
    - I가 S와 특수관계가 없는 T에게 기계검사에 대하여 지급한 금액은 판매자에게 또는 판매자의 이익을 위하여 직접 또는 간접으로 지급한 금액이 아니다. 그러므로 이는 실제로 지급하였거나 지급하여야 할 가격의 일부가 아니다. 더욱이 구매자가 수행한 이러한 활동은 제8조에 규정된 조정 중의 하나가 아니다. 만약 제1조의 다른 조건들이 충

족된다면, 기계는 개조, 정비, 성능 개선 또는 어떠한 방식으로든 본질적으로 변경되지 않는 한 제1조에 기초하여 평가된다.

4. 상업적 관행에서 물품 구매 후 수입 전에 구매자가 수행할 수 있는 활동은 다양할 수 있다. 제1조 및 제8조와 이들 주해의 맥락에서 볼 때, 상기 활동은 수입국 내에서 물품판매 및 공급(유통)을 촉진하기 위한 목표로 수행되는 활동을 포함할 수 있다. 이러한 활동에 대한 비용이 구매자 자신의 계산으로 활동을 수행한 경우에는 판매자의 이익을 위한 것이라 할지라도 판매자에 대한 간접지급으로 간주되지 않아야 한다. 다음 예시는 이러한 원칙을 보여준다.

A사는 I국의 전기제품 판매인이다. A사는 A사와 가맹점 계약(franchise agreements)에 따라 운영하고 있는 판매망(소매점 및 서비스센터)을 통하여 이들 물품을 판매한다. A사는 새로운 형태의 전기기기의 공급을 위하여 외국 제조사 S와 장기 계약을 체결한다. 계약조건에 따라, 기기는 S의 상표로 판매되어야 하고, A는 수입국 내의 모든 마케팅 비용을 자신의 계산으로 부담한다. A사는 해당 기기의 최초 구매분(initial stock)에 대하여 주문을 하고 수입하기 전에 광고활동을 수행한다.

5. 위 예시에서, 광고 활동에 대한 비용은 과세가격의 일부가 아니며 제1조에 대한 주해 제1항(b)의 마지막 문장에서 설명하고 있는 바와 같이 수입물품의 마케팅과 관련된 활동이므로 거래가격을 부인하는 결과가 되게 해서는 안 된다.

예해 17.1
구매수수료

1. 구매수수료에 대한 평가 처리와 정의는 협정 제8조 제1항(a)(i) 및 이와 관련된 주해에서 설명하고 있다.

2. 협정의 규정이 명백하여 원칙에 대한 특별한 쟁점이 없는 반면에 관세평가 목적상 수수료의 처리는 중개인이 제공하는 용역의 정확한 본질에 달려있다.

3. 관세평가기술위원회 해설 2.1은 제8조의 맥락에서 수수료와 중개료를 검토하고, 중개인에 대한 공통된 특징을 확인하면서, 중개인이 제공하는 용역에 대한 본질은 종종 상업 문서에서는 나타나지 않기 때문에, 정부 당국은 협정 제8조 규정의 적절한 적용을 보장하기 위해 필요한 합리적인 수단을 취할 필요가 있다고 결론지었다.

4. 이 예해는 구매자가 중개인에게 지급한 보수가 어떤 상황에서 구매수수료로 간주될 수 있는지를 입증하는데 필요한 증거에 대한 쟁점에 대하여 지침을 제공한다.

5. 이러한 맥락에서, 해당 용역의 존재와 정확한 본질을 확인하는데 필요한 모든 관련 문서는 세관이 입수할 수 있어야 한다.

6. 그러한 문서 중에는, 대리인이 물품을 구매자의 임의 처분 하에 놓을 때까지 대리인의 의무 수행 중에 이행해야 하는 절차와 활동을 명시한 대리인과 구매자간의 대리점 계약서가 있을 수 있다. 대리점 계약서는 구매자와 대리인 간의 계약 조건을 정확히 반영하여야 하고, 대리점

5. 예 해 (COMMENTARIES)

계약의 진실성을 명확히 입증해 주는 구매 주문서, 텔렉스, 신용장, 무역서한 등과 같은 기타 증빙 서류 등은 세관이 요청하면 제공되어야 한다.

7. 서면으로 작성된 대리점 계약서가 없는 경우에는, 대리인 관계의 존재를 명확히 입증하는 상기 6번 단락에서 언급한 바와 같은 대체 증빙 서류가 세관이 요청하면 제공되어야 한다.

8. 대리인 관계를 입증하는 충분한 증빙이 제공되지 않은 경우에는, 세관은 구매대리점 관계가 존재하지 않는다고 결론내릴 수 있다.

9. 때때로, 해당 계약서나 서류들은 소위 대리인의 활동에 대한 본질을 명백히 표현하거나 반영하고 있지 않다. 이러한 상황에서는 사안의 실제적인 사실들을 결정하고 아래에서 설명하는 다양한 요인들을 검토하는 것이 필수적이다.

10. 조사 대상이 될 수 있는 쟁점 중 하나는 소위 구매대리인이 해설 2.1의 9번 단락에서 예시하고 있는 구매대리인이 통상적으로 수행하는 용역 이외의 어떠한 위험을 부담하거나 부가적인 용역을 수행하는지 여부이다. 이러한 부가적인 용역의 정도는 구매수수료의 처리에 영향을 미칠 수 있다. 예를 들어, 대리인이 수입물품에 대한 지급을 위하여 자신의 자금을 사용할 수 있다. 이것은 소위 구매대리인이 구매대리인으로써 행동함으로써 합의된 보수를 받기 보다는 오히려 물품의 소유로 인한 손실을 부담하거나 또는 이윤을 취할 가능성이 있음을 보여준다. 이러한 경우에는, 구매 대리점 계약을 명백하게 규명할 수 있는 모든 상황이 검토될 수 있다.

11. 이 조사의 결과는 대리인이 자신의 계산으로 행동하고/하거나 물품에 재산적 이익을 갖고 있다는 것을 보여 줄 수 있다. 이러한 점에서 구매대리인과 유사한 활동을 수행하지만, 구매대리인과 달리 재산적 이익을 가지고 거래 또는 수입자가 지급한 가격을 통제하는 익스포트 하우스(export house) 또는 소위 독립적인 대리인에 주의하여야 한다. 이런 경우에 속하는 소위 중개인은 구매대리인으로 간주될 수 없다.

12. 검토되어야 하는 또 하나의 요소로는 거래에 관련된 당사자들의 제15조 제4항에서 규정하고 있는 특수관계에 대한 것이다. 예를 들면, 대리인과 판매자 또는 판매자와 특수관계에 있는 자와의 특수관계는 구매자의 이익을 대변하는 대리인으로 불리는 자의 능력과 관계가 있다. 대리점 계약의 존재에도 불구하고 세관은 소위 대리인이 실제로 구매자를 대리하여 행동하고 판매자의 계산으로는 행동하지 않는 것인지 또는 완전히 자신의 계산으로 행동하는 지 여부를 결정하기 위하여 전체 상황을 검토할 권한이 있다.

13. 어떤 거래에 있어서는, 대리인은 계약을 체결한 후 수입자에게 물품의 가격과 그의 보수를 구분하여 송장을 재발행한다. 단지 송장을 재발행하는 행위가 대리인을 물품 판매자로 만드는 것은 아니다. 하지만 공급자에게 지급한 가격이 협정에 따른 거래가격의 기초이므로 세관은 신고인에게 공급자가 발행한 송장과 신고된 가격을 입증하는 기타 문서의 제출을 요구할 수 있다.

14. 수입자가 세관에 판매자가 대리인에게 송부한 상업 송장이나 기타 판매에 대한 충분한 증거를 제출하지 못하는 경우에는 세관은 수입국으로 수출하기 위한 것이라고 주장하는 판매에 있어 실제로 지급하였거나 지급하여야 할 가격을 검증하지 못하므로 세관은 그 판매를 진정한(bona fide) 수출하기 위한 판매로 간주할 수 없다.

15. 제공된 용역과 관련하여 청구된 보수에 대한 적합성은 역시 정밀조사 대상이 될 수 있다. 때로는 구매대리인은 구매대리인에 대한 일반적인 기능의 범위를 벗어난 다른 용역을 수행할 수도 있다. 이러한 부가적인 용역은 구매인에게 청구되는 보수에 영향을 미칠 것이다. 예를 들면, 구매대리인이 공장에서 수출항 또는 수출지까지 물품의 운송을 주선하는 대신 스스로 물품을 운송하고 운송 비용을 그의 보수에 포함시키는 경우이다[1]*. 상기의 사례에서 청구된 총 보수는 구매수수료로 간주될 수 없다. 하지만, 구매대리 용역과 관련되는 것으로 확인되는 보수의 일부는 구매 수수료로 간주될 수 있다.

16. 상기의 고려사항을 근거로, 세관이 쟁점 용역의 본질을 검증하는 데 있어 여러 가지 방법이 사용될 수 있다고 결론 내릴 수 있다. 이 과정에서 당국은 협정 제17조 및 부속서 III 제6항에서 규정된 바와 같이 일체의 진술, 문서 또는 신고의 진실성과 정확성을 확인하는데 있어 수입자의 충분한 협조를 기대한다. 이 점에 있어서 세관이 요청한 정보 중 일부는 관련 당사자에 의해 상업적 비밀로 간주될 수 있다. 이러한 경우에, 세관은 협정 제10조의 규정과 수입국의 법률에 따른다.

---

[1] * 15번 단락에 제시된 비용들의 최종 과세 여부는 서명국들이 제8조제2항에 따라 운송비용 옵션을 어떻게 선택하였는지에 의해 영향을 받을 수 있다는 점에 주의하여야 한다.

예해 18.1
제8조 제1항 (b)호 (ii)와 제8조 1항 (b)호 (iv)와의 관계

1. 협정 제8조 제1항(b)에서는 제1조에 따른 과세가격을 결정함에 있어, 수입물품의 생산 및 수출하기 위한 판매와 관련하여 사용하기 위하여 무료 또는 인하된 가격으로 구매자의 의하여 직접 또는 간접으로 공급된 특정 물품 및 용역의 가격은 실제로 지급하였거나 지급하여야 할 가격에 포함되지 않은 범위(내)에서 실제로 지급하였거나 지급하여야 할 가격에 가산되어야 한다고 규정하고 있다.

2. 제8조 제1항(b)(ii)에 따라, 수입물품의 생산에 사용되는 공구, 금형, 주형 및 이와 유사한 물품의 가격은 과세가격을 결정함에 있어 수입물품에 대하여 실제로 지급하였거나 지급하여야 할 가격에 가산되어야 한다. 제8조 제1항(b)(iv)에 따라, 수입국 외의 곳에서 수행되고 수입물품 생산에 필요한 기술, 개발, 공예, 디자인 등의 가격은 수입물품에 대하여 실제로 지급하였거나 지급하여야 할 가격에 가산되어야 한다. 하지만 때때로, 기술, 개발 및 디자인 등은 공구, 금형 또는 주형의 가격에 포함되어 있다.

3. 이때 제기되는 쟁점은 수입국에서 수행된 그러한 디자인을, 이들 생산지원요소가 수입물품 생산에 사용된 경우에 제8조 제1항(b)(ii)에서 규정하고 있는 생산지원의 가격에서 제외되어야 하는지 여부이다.

4. 협정이나 해당 주해 어느 것도 제기된 쟁점에 대해 특별히 다루고 있지 않다. 하지만 제8조 제1항(b)(ii)에 대한 주해 제2항에서는 다음과 같이 제1항(b)(ii)에 명시된 요소의 가격을 어떻게 결정해야 하는지에 대하여 명백한 지침을 제공하고 있다.

"수입자가 수입자와 특수관계가 없는 판매자로부터 주어진 비용(given cost)으로 해당 요소를 취득한다면 해당 요소의 가격은 그 비용(that cost)이 된다. 해당 요소를 수입자가 생산하였거나 수입자와 특수관계에 있는 자가 생산한 경우에는, 해당 요소의 가격은 해당 요소의 생산비용이 된다."

5. 다시 말해, 제8조 제1항(b)(ⅱ)에서 언급하고 있는 생산지원의 가격은 이들을 취득하기 위한 총 비용이거나 일반적으로 인정된 회계원칙에 부합하게 생산지원 생산자의 기록에 반영된 생산지원의 생산비용이다. 이러한 점에서 "일반적으로 인정된 회계원칙의 사용"에 대한 일반 주해에서는 수입국에서 수행된 제8조 제1항(b)(ⅱ)에 규정된 생산지원요소의 가격 결정은 수입국의 일반적으로 인정된 회계원칙에 부합하는 방식으로 작성된 정보를 활용하여 결정될 것이라고 명시하고 있다 .

6. 생산지원 규정의 구조는 각 범주가 독립적으로 존재한다는 사실을 암시하며, 이는 제8조 제1항(b)(ⅳ)에 열거된 유형의 요소들과 연관된 비용에 대하여 제외가 없어야 한다는 결론을 뒷받침하는데 더 무게를 두고 있다.

7. 상기의 견해로, 제8조 제1항(b)(ⅱ)에서 언급하고 있는 요소의 가격은 취득 또는 생산 비용의 일부로서 체화된 디자인(비록 그 디자인이 수입국 내에서 수행되었다 할지라도)의 가격을 포함한다.

8. 이러한 맥락에서 당연히 관세평가 규정을 적용하는 행정당국은 국내 법률에 따라 자유롭게 관세납부 의무를 면제할 수 있다.

예해 19.1

협정 제8조 제1항 (c)호에 대한 주해에서 규정하고 있는 "수입물품을 재현하는 권리"의 의미

1. 이 예해는 "재현생산하는 권리"라는 문구에 의해 포함되는 것으로 의도된 활동에 대한 지침을 제공하고자 하는 것이다. 제8조 제1항(c)에 대한 주해에서는 제8조 제1항(c)의 "로열티" 및 "라이센스료"에는, 특히 "특허권, 상표권 및 저작권에 관한 지급이 포함된다"고 규정하고 있다. 주해에서는 연이어서 "수입물품을 수입국 내에서 재현생산하는 권리의 비용은 과세가격을 결정함에 있어서 수입물품에 대하여 실제로 지급하였거나 지급하여야 할 가격에 가산되지 않는다"라고 말하고 있다.

2. 제8조 제1항(c)에 대한 주해에서 규정하고 있는 것처럼 "재현생산하는 권리"는 수입물품의 물리적 재현생산(예: 샘플 물품을 수입하여 수입자가 원래 수입물품과 일치하는 복제품을 생산하는데 사용되는 주형을 만드는 경우) 뿐만 아니라 수입물품에 체화된 발명, 창작, 생각, 아이디어를 재현생산하는 권리를 규정한 것으로 보인다. 후자의 사례로는 회로기판 위에 새겨질 새롭게 개발된 회로를 담고 있는 계통도의 수입(발명), 전매(轉賣)할 목적으로 박물관에서 축소 모형으로 재현생산될 조각작품의 수입(창작)과 연하 카드에 재현생산될 만화 주인공의 그림을 담고있는 슬라이드(생각 또는 아이디어)의 수입을 포함할 것이다.

3. 그것은 과학적 성과물의 원본 및 복제품(예를 들면, 백신 생산을 위하여 필요한 형태로 재현생산될 신종 세균의 균주의 수입), 문학작품의 원본(예를 들면, 책자로 재현생산하기 위한 출판용 원고의 수입), 모형(다른 동일한 모델로 재현생산할 목적의 신형의 자동차 축소모형 수입), 시제품(신형 완구와 똑같은 복제품으로 재현생산될 신형 완구 시제품) 및 동물 또는 식물의 종자(원래 종자의 번식을 억제하기 위하여 재현생산될 유전적으로 변형된 곤충)에도 적용된다.

4. 다음과 같은 요소에 대한 분석은 재현생산하는 권리와 관련하여 몇 가지 지침을 제공할 수 있다.

   (a) 수입물품에 아이디어 또는 원작이 체화되어 있는지 여부
   (b) 아이디어 또는 작품의 재현생산이 보호받는 권리의 대상인지 여부
   (c) 재현생산하는 권리가 판매계약 또는 별도의 계약을 통하여 구매자에게 양도되었는지 여부
   (d) 보호받는 권리의 보유자가 재현생산하는 권리의 양도에 대해 대가를 요구하고 있는지 여부

5. 보호받는 권리에 포함된 물품을 취득하였다는 그 자체만으로 그들 물품을 재현생산하는 권리가 항상 부여되는 것은 아니다. 대부분의 경우에 그러한 권리는 특별한 계약을 통하여 취득된다.

6. 결론적으로 "재현생산하는 권리"를 수반하는 각각의 상황은 사안별로 검토되어야 한다.

예해 20.1
하자보증비

1. 상업적 거래에 대한 "하자보증"의 적용과 그 관련 비용의 다양한 특성은 세관 당국에 많은 문제를 제기한다. 이 예해는 하자보증비의 처리에 관한 이들 문제에 대한 해답을 제시하고자 한다.

2. 수입물품과 관련된 하자보증의 문제는 주로 두 가지 다른 기술위원회의 문서에서 제기되어 왔다. 즉;

예해 20.1

  (a) 사례 연구 6.1 "하자보증 보험료" 그리고
  (b) 제1조에 대한 주해에 규정된 "유지"와 "하자보증"의 차이에 대한 해설

3. 특정 사례에 대한 검토를 통해 사례연구 6.1은 (하자보증)금액이 어떻게 청구되었는지와 상관없이 지급은 실제로 지급하였거나 지급하여야 할 가격의 정의에 포함되며 거래가격에 대한 한 요소라는 일반적인 원칙을 전달하고 있다. 더욱이 비록 사례 연구에서 "하자보증"이란 용어가 보인다 할지라도, 이 사례 연구는 무엇보다도 보험(insurance), 하자보증과 보험이 실제로 지급하였거나 지급하여야 할 가격에 미치는 영향과 더불어 두 개념 사이의 관계를 다룬다.

4. 상기 2번째 단락의 (b)에서 언급한 해설에서는 "하자보증"을 다음과 같이 정의하고 있다.

  "하자보증은 자동차와 전기기기와 같은 물품에 대한 품질보증의 한 형태로서, 보증서 지참자가 일정한 조건을 충족하는 것을 조건으로 하자 교정(부품 및 인건비) 또는 대체에 소요되는 비용을 부담하는 것이다. 만약 그러한 조건이 충족되지 않는 경우, 하자보증은 무효가 될 수 있다. 하자보증은 물품에 내재된 숨겨진 하자, 즉 있어서는 안 되며 물품의 사용을 방해하거나 유용성을 감소시키는 하자를 대상으로 한다."

5. 기본적으로 두 가지 상황이 제기된다.
  (a) 판매자가 직접 또는 간접으로 비용을 부담하고 하자보증 위험을 떠안는 경우로, 하자보증 제공은 물품의 가격에 반영된다.
  (b) 구매자가 직접 또는 간접으로 비용을 부담하고 하자보증 위험을 떠안으며, 물품가격에 이 점이 고려(감안)된다.

5. 예 해 (COMMENTARIES)

판매자가 수행하는 하자보증

6. 하자보증이 물품의 단위가격에 포함되어 있는 경우라면 협정에 따른 하자보증비의 처리에 있어 어려움은 발생하지 않는다. 판매자가 고객에게 하자보증을 제공하는 경우, 판매자는 물품의 가격을 책정할 때 이 점을 고려할 것이다. 하자보증에 기인한 어떤 추가 비용도 가격의 일부가 되고, 판매조건으로서 지급된다. 이 경우에는, 협정은 어떤 공제도 허용하지 않으며, 하자보증의 비용은 비록 물품에 대하여 실제로 지급하였거나 지급하여야 할 가격과 구분된다 하더라도 거래가격의 일부이다.

7. 판매자가 구매자에게 하자보증(의 구매)을 부과하는 경우, 판매자는 물품과 별도로 하자보증비를 청구하는 방안을 선택할 수 있다. 이러한 사례에서, 하자보증비는 말할 것도 없이 여전히 수출하기 위한 판매조건이고, 실제로 지급하였거나 지급하여야 할 가격 즉, 총 지급의 일부로 고려된다.

8. 만약 판매자가 하자보증 위험을 제3자에게 양도하는 계약을 하는 경우, 이는 거래가 분할되는 것으로 보일 수도 있다. 판매자가 제3자와 계약을 체결한다는 것은 제3자가 수행한 어떠한 하자보증 위험도 판매자의 요청에 의한 것이며, 그래서 판매자의 이익을 위한 것이라는 것을 의미한다. 실제로 지급하였거나 지급하여야 할 가격은 수입물품에 대하여 판매자에게 또는 판매자의 이익을 위하여 구매자가 지급하였거나 지급하여야 할 총 금액으로 제1조에 대한 주해에서 정의하고 있다.

이러한 정의는 실제로 지급하였거나 지급하여야 할 가격은 수입물품의 판매조건으로, 구매자가 판매자에게, 또는 구매자가 판매자의 의무를 이행하기 위하여 제3자에게 실제로 행하였거나 행할 모든 지급을 포함한다고 규정한 부속서 Ⅲ의 제7항에 더 상세히 설명되어 있다. 결과적으로 판매자가 구매자에게 판매자와 하자보증 이행을 약정한 제3자에게 지급하도록 요구한 경우, 해당 지급은 수입물품의 거래가격에 포함되어야 한다. 판매자와 특수관계인 다른 당사자가 하자보증을 이행하는 경우에도 역시 동일하다.

구매자가 수행한 하자보증

9. 제5항(b)에서 명시된 바와 같이, 구매자가 자신의 계산으로 하자보증 비용을 부담하기로 결정하는 경우가 있을 수 있다. 이러한 상황에서는 하자보증에 대하여 구매자가 부담하는 일체의 지급액 또는 기타 비용은 하자보증이 구매자가 자기의 계산으로 수행하는 활동이기 때문에 제1조에 대한 주해에 따라 실제로 지급하였거나 지급하여야 할 가격의 일부가 아니다.

하자보증 계약

10. 거래가 하나는 물품에 대한 것이고, 다른 하나는 하자보증에 대한 것인 두 개의 별개의 계약의 대상인 상황 또한 발생할 수 있다. 판매자/구매자는 때때로 "별개의" 법적인 계약서를 작성함으로써 하자보증 지급을 분리한다. 이러한 경우, 물품의 "판매"와 "하자보증"의 주변 상황이 면밀하게 검토되어야 한다. 하자보증 계약은 하자보증이 물품에 대한 보증(guarantee)이라는 사실에 의하여 물품 판매계약과 연계되어 있다. 비록 별개의 하자보증 계약이 존재한다 할지라도 판매자가 물품에 대한 판매조건으로 구매자에게 의무를 부담시킨 이상, 이것은 단지 위에서 개설한 상황의 또 다른 변형일 뿐이다.

하자보증에 관련된 기타 쟁점

11. 하자보증 계약의 이행에 있어, 물품이 수입된 이후 일정기간 후에 최초 계약에 따라 부분품들이 구매자에게 무료로 송부된 경우, 그 부분품들은 협정 제2조부터 제7조까지에 규정된 방법을 사용하여 평가되어야 한다.

12. 구매자는 수입물품 가격에 어떠한 잠재적인 하자보증비가 포함되었기 때문에, 수입 시점에 이미 관세가 납부되었으므로 "무상" 대체 물품에 대해 다시 관세가 부과되지 않아야 한다고 주장할 수도 있다. 이에 대한 문제는 적절한 국내 통관절차 및 기술 적용을 통해 적절하게 다루어져야 한다.

예해 21.1
운송비 : FOB 평가제도

1. 협정 제8조 제2항은 "각 회원국은 다음의 전부 또는 일부를 과세가격에 포함할 지 또는 제외할 지를 규정하여야 한다..."고 규정하고 있다.

    (a) 수입항 또는 수입장소까지의 수입물품 운송비용
    (b) ...".

2. 일부 회원국들은 앞 단락에서 언급하고 있는 운송비용 제외를 선택하면서 일반적으로 FOB 관세평가 제도로 통용되는 제도를 채택하였다. 그럼에도 불구하고 이렇게 선택한 회원국들은 C&F 및 CIF 조건으로 판매되는 수입물품에 직면한다. 물품에 대하여 실제로 지급하였거나 지급

하여야 할 가격이 수출 지점(point of export)을 벗어난 운송 부담금을 포함하는 경우에, FOB 조건에서의 평가를 도출하기 위하여 이러한 운송에 대하여 공제되어야 할 금액에 대한 쟁점이 발생할 수 있다.

3. 「WTO 평가협정」은 관념적이거나 추정되는 가격에 반대되는 실제 가격에 기초한 평가제도를 확립하였다. 제8조제3항은 제8조에 따른 조정은 "오직 객관적이고 수량화 할 수 있는 자료만을 기초로 하여야 한다"고 규정하고 있다. 이것은 c & f 및 c.i.f 가격에 포함된 운송비를 고려함에 있어 공제는 실제 비용에 기초하여 이루어져야 한다는 것이다. 실제 비용은 예를 들면, 거래에 따른 물품의 이동을 위하여 국제 운송인 또는 운송 주선인에게 최종적으로 지급한 금액이다.

4. 다음의 예시는 3번 단락에서 표현하고 있는 원리를 설명한 것이다.

- 송품장 A

C&F 가격 합계	100
해상 견적 운임	10
FOB 견적 가격	90

- 과세가격 결정*

실제로 지급하였거나 지급하여야 할 가격(C&F)	100
운송인에게 지급한 실제 해상 운임	5
FOB 과세가격	95

(*제8조에서 요구되는 다른 조정요소는 없다고 가정한다)

예해 22.1
연속거래에서 "수입국으로 수출하기 위하여 판매된" 이라는 표현에 대한 의미

I. 서론

1. 연속판매는 둘 이상의 연속적인 물품 판매에 대한 계약으로 구성된다. 연속판매의 기본적인 쟁점은 협정 제1조 및 제8조에 따른 거래가격 결정에 어떤 거래가 사용되어야 하는가에 있다. 권고의견 14.1 – "수입국으로 수출하기 위하여 판매된"이라는 표현의 의미 – 은 연속판매 상황에 적용되는 이러한 문구에 대한 의미를 명확히 하지 못한다. 이 문서의 목적은 이러한 쟁점을 명확하게 하는데 있다.

2. 협정의 일반서설에서 규정된 바와 같이, 과세가격의 우선적인 기초는 거래가격이다. 거래가격은 제1조에서 "수입국으로 수출하기 위하여 판매된 때 물품에 대하여 실제로 지급하였거나 지급하여야 할 가격을 제8조의 규정에 따라 조정한 것"으로 정의하고 있다. 실제로 지급하였거나 지급하여야 할 가격은 "수입물품에 대하여 구매자가 판매자에게 또는 판매자의 이익을 위하여 지급하였거나 지급하여야 할 총 금액"이라고 제1조에 대한 주해에서 정의하고 있다.

3. 연속판매에 있어, 수입국으로 수출하기 위하여 판매된 때 물품에 대해 실제로 지급하였거나 지급하여야 할 가격을 확인하기 위하여 어떤 거래가 검토되어야 하는지 결정하는 것이 필요하다. 일체의 연속판매는 상업적 사슬에서 수입국으로 물품을 수입하기 이전에서 발생하는 마지막 거래(최종 거래)와 상업적 사슬에서 첫 번째(또는 이전)거래를 포함하고 있다.

*아래 예시에는 두 개의 연속적인 수입물품의 판매계약이 있다. 하나는 수입자 A와 공급권자(유통업자) B간의 계약(마지막 판매)이고 또 하나는 공급권자(유통업자) B와 생산자 C간의 계약이다(첫 번째 판매).

II. 연속거래 상황을 설명하는 사례

4. A는 I수입국 내 소재한 소매점이다. B는 Z국 내 소재한 펜 공급업자(유통업자)이고 C는 X국 내 소재한 펜 제조자로 A, B 또는 C는 제15조제4항에서 정하는 특수관계가 아니다.

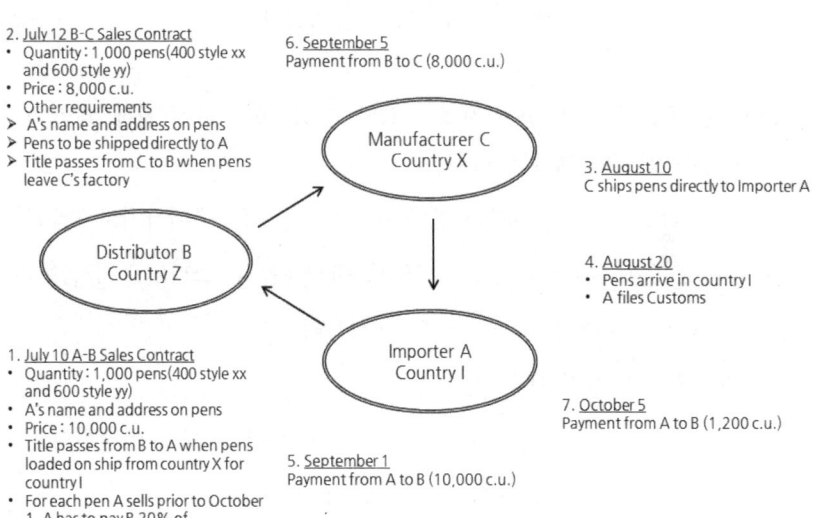

DIAGRAM

5. 2004년 7월 10일에 소매상 A는 공급권자(유통업자) B와 특정 펜에 대한 구매/판매 계약을 체결한다. A와 B와의 판매계약에 따라,

5. 예 해 (COMMENTARIES)

- A는 10,000 화폐단위(c.u.)로 B로부터 1,000개의 펜을 구매하기로 합의한다.
- B는 A에게 펜 400개는 xx 스타일로 펜 600개는 yy스타일로 공급한다.
- 각 펜에는 A의 상호와 주소가 표시된다.
- B는 X국의 어떠한 펜 제조자로부터 펜을 구입할 수 있다.
- 제조자가 A에게 직접 펜을 선적하여 송부한다.
- X국의 본선에 펜이 적재될 때 소유권은 B로부터 A에게 이전한다.
- 대금지급은 선적 후 30일내에 지급되어야 한다.
- A는 2004년 10월 1일 이전에 A가 판매한 각 펜에 대한 전매(轉賣)가격의 20%를 B에게 지급하기로 합의한다.

6. 2004년 7월 12일에 B는 제조자 C와 특정 펜의 구매/판매 계약을 체결한다. B-C 판매계약에 따라,

- B는 C로부터 1,000개의 펜을 8,000 c.u.로 구매하기로 합의한다.
- C는 B에게 400개는 xx 스타일로 600개는 yy스타일로 공급한다.
- 각 펜에는 A의 상호와 주소를 표시한다.
- C는 A에게 직접 펜을 선적하여 송부한다.
- 펜이 C의 공장을 떠날 때 소유권은 C로 부터 B에게 이전한다.
- 대금지급은 선적 후 30일내에 지급되어야 한다.

7. 2004년 8월 10일에 C는 A에게 펜을 선적하여 송부한다. 8월 20일에 펜은 I국에 도착하고 A는 세관에 수입신고한다. 9월 1일에 A는 B에게 10,000 c.u.를 지급한다. 9월 5일에 B는 C에게 8,000 c.u.를 지급

한다. 10월 1일 이전에 A는 단위가격 15 c.u.로 400개의 펜을 판매한다. 10월 5일에 A는 B에게 1,200 c.u.를 지급한다.(10월 1일 이전에 판매된 펜에 대한 A의 전매(轉賣)가격의 20%)

8. 이 예시에 있어, 마지막 판매는 A와 B간의 판매이며 첫 번째 판매는 B와 C간의 판매이다.

Ⅲ. 쟁점

9. 거래가격이 수입 펜의 과세가격 결정을 위한 적절한 기초이고 A가 A와 B 및 B와 C 판매 모두에 관련된 모든 문서를 제시할 수 있다고 가정할 때(계약서, 구매주문서, 송장, 대금지급 기록)

   (1) I국으로 수출하기 위하여 판매된 때 수입물품에 대하여 실제로 지급하였거나 지급하여야 할 가격은 10,000 c.u.(마지막 판매에서 A가 B에게 지급한 가격) 인가 8,000 c.u.(첫 번째 판매에서 B가 C에게 지급한 가격)인가?

   (2) A가 B에게 지급한 1,200 c.u.는 "해당 수입물품을 추후에 전매하여 생긴 수익금 중 판매자에게 직접 또는 간접으로 귀속되는 수익금"으로 협정 제8조 제1항(d)에 따라 실제로 지급하였거나 지급하여야 할 가격에 가산되어야 하는가?

Ⅳ. 분석

협정의 규정들로부터 도출된 지침

10. 협정은 "수입국으로 수출하기 위하여 판매된"이란 표현의 의미를 정의하거나 직접 언급하고 있지 않다. 하지만, 수입거래가 오직 하나의

판매만을 포함하고 있는 경우에는 제1조에 따른 거래가격 결정에 사용되는 수입국으로 수출하기 위한 판매를 확인하는 것은 용이하다. 이런 상황에서는 일반적으로 수입국에는 오직 한 명의 구매자만 소재하고 있고, 일반적으로 또 다른 나라에는 한 명의 판매자가 소재하고 있다.

11. 제1조는 연속판매를 수반하는 수입 거래에 대해 언급하고 있지 않으며 결론적으로 이러한 측면에 대해 기준을 규정하고 있지 않다. 그러므로 지침은 협정 규정에 대한 검토를 포함한 이 협정의 목적과 전체적인 문맥에서 도출되어져야 한다. 추가로 특정한 실무적 고려(certain practical considerations)도 관련 있다.

12. 아래에 설명된 바와 같이 협정의 일반서설, 제1조 및 기타 규정에는, 제1조가 일반적으로 수입국의 구매자에 대한 판매를 기초로 하고 있음을 예견하고 있는 여러 가지 암시가 있다.

13. 제1조에는 제1조가 의도하는 범위를 반영하는 명백한 표현이 있다. 제1조 제1항(a)(i)에 따라, 수입물품의 과세가격은 수입국의 법률 또는 행정당국에 의하여 부과되거나 요구되는 제한을 제외하고는 구매자가 물품을 처분 또는 사용함에 있어서 어떠한 제한도 없다면 거래가격이 되어야 한다. 강조 문구는 제1조 제1항(a)(i)의 저변에 깔려있는 전제는 일반적으로 수입국으로 수출하기 위하여 판매된 물품의 구매자는 수입국 내 소재하고 있을 것이라는 좋은 암시이다.[2]

14. 제1조가 의도하고 있는 범위는 실제로 지급하였거나 지급하여야 할 가격에 대한 조정과 관련한 규정에서도 반영되어 있다. 일반서설은 거래가격의 적정한 결정은 제8조와 제1조를 함께 적용하여 결정한다는 것을 명확히 하고 있다.

---

[2] 이 가정은 수입국에 구매자가 없다면 적용되지 않는다.

예해 22.1

일반서설 제1항에서는 "이 협정에서 과세가격의 우선적인 기초는 제1조에 정의된 '거래가격' 이다"라고 규정한다. 이는 또한 "제1조는, 특히 관세목적의 가격의 일부를 구성하는 것으로 간주되는 어떤 특정 요소가 구매자가 부담함에도 수입물품에 대하여 실제로 지급하였거나 지급하여야 할 가격에 포함되어 있지 않은 경우에는 실제로 지급하였거나 지급하여야 할 가격을 조정하도록 규정하고 있는 제8조와 함께 해석되어야 한다."고 명시한다.

15. 아울러 제8조는 화폐 형태가 아닌 특정의 물품 또는 용역의 형태로 구매자로부터 판매자에게 이전되는 일부 대가(consideration)를 거래가격에 포함하도록 규정하고 있다.[3] 특정 금액이 실제로 지급하였거나 지급하여야 할 가격에 이미 포함되어 있지 않다면, 제8조는 그들을 가산하도록 규정하고 있다. 다시 말하면, 거래가격 방법은 경제적인 투입과 그로부터 발생하는 관련된 거래를 포함하여, 물품의 수입을 진행하면서 전체 상업적 수입거래의 실체를 고려할 것을 의도하고 있다.

16. 그러므로 일반서설에서 위임한 바와 같이, 연속판매 상황에서 전체 상업적 수입 거래의 실체를 고려하고 제8조의 적절한 적용을 허용하는 방식으로 거래가격을 적용하는 것이 필수적이다.

17. 대부분의 경우, 거래가격이 첫 번째 판매를 기초로 결정된다면, 제8조의 조정을 하는 것은 불가능할 것이다. 예를 들면, 제8조 제1항 (a)와 (c)에 따라 판매수수료 또는 로열티 또는 라이센스료는 구매자가 부담하거나 지급하는 경우에만 과세가격에 포함되어야 한다. 제8조 제1항 (b)에 따라 구매자가 생산지원을 공급해야 하는 경우에도 마찬가지이다. 연속판매에 있어, 수입국에 소재하는 구매자는 첫 번째 판매에 있어서 거의 구매자가 아니다.

---

[3] 이러한 재화나 용역은 흔히 생산지원이라고 불린다.

5. 예 해 (COMMENTARIES)

18. 더욱이, 연속판매에서 첫 번째 판매에서 구매자는 반드시 로열티를 지급하거나 생산지원을 제공하는 당사자는 아니다. 그러므로 첫 번째 판매를 적용하면 특정 판매수수료, 로열티 및 생산지원 비용이 거래가격에 달리 포함되어 있지 않는 한 가산에서 배제 될 수도 있다. 마찬가지로 제8조 제1항(d)에 따른 판매자에게 직접 또는 간접으로 귀속되는 수익금만이 실제로 지급하였거나 지급하여야 할 가격에 가산될 수 있다. 수입국의 구매자가 지급한 수익금은 첫 번째 판매에서 반드시 판매자에게 귀속하지 않는다.

19. 이 사례는 예시적인 것이다. 거래가격이 B와 C와의 첫 번째 판매를 기초로 결정된다면, C는 수입물품의 판매자로 간주되고 A가 B에게 지급한 추후에 전매하여 생긴 수익금은 판매자에게 직접 귀속하는 수익금이 아닌 것이다. 판매자에게 간접적으로 귀속되는 수익금에 대한 입증이 없는 경우, 이러한 수익금은 제8조 제1항(d)에 따라 가산될 수 없다. 하지만, 거래가격이 A와 B와의 마지막 판매를 기초로 결정되는 경우에는 B는 판매자로 간주되므로 B에게 지급한 수익금은 제8조 제1항(d)의 규정에 정확하게 일치한다. 후자의 해석에 따른 거래가격은 전체 상업적 거래의 실체를 고려한 것이다. 반대로 첫 번째 판매에 대한 적용은 전체 거래의 실체를 충분히 반영하지 못한 거래가격으로 귀착된다.

20. 요약하면, 첫 번째 판매를 기초로 한 거래가격은 일반서설과 제1조 및 제8조에서 예견하고 있는 전체 상업적 사슬의 일부를 형성하거나, 상업적 사슬로 인한 투입의 실체를 충분히 반영하지 않을 수 있다. 반대로, 마지막 판매를 기초로 한 거래가격은 예견한 바와 같이 전체 거래의 실체를 보다 더 충분히 반영한 것이 될 것이다.

21. 협정의 어떤 규정은 "구매자"와 "수입자"라는 용어를 호환성있게 (interchangeably) 사용하고 있다. 예를 들면, 제8조 제1항(a)(i)은 구매자가 부담하는 구매수수료는 실제로 지급하였거나 지급하여야 할 가격에 가산되지 않는다고 명시하고 있는 반면에, 제8조에 대한 주해에서는 "구매수수료"라는 용어를 "평가대상 물품을 구매함에 있어서 수입자가 그의 대리인에게 해외에서 수입자를 대리하는 용역에 대하여 지급하는 보수"로 정의하고 있다. 또한, 제8조 제1항(b)는 구매자에 의해 공급된 특정 요소의 가격은 실제로 지급하였거나 지급하여야 할 가격에 가산하는 것으로 명시하고 있는 반면에, 제8조 제1항(b)(ii)에 대한 주해 제2항에서는 수입자와 관련한 요소의 가격으로 설명하고 있다. 더욱이, 해당 주해 제4항에서는 수입자가 수입물품의 생산에 사용되는 주형을 생산자에게 공급하는 구매자인 경우를 예시 사례로 제공하고 있다.

22. 제6조에 대한 주해는 "일반적으로 과세가격은 수입국에서 쉽게 입수할 수 있는 정보를 근거로 이 협정에 따라 결정된다."고 규정하고 있다. 이러한 개념은 제7조에서도 반영하고 있다. "수입물품의 과세가격이 제1조부터 제6조까지의 규정에 따라 결정될 수 없을 경우, 과세가격은 이 협정의…..원칙 및 일반규정에 부합하는 합리적인 방법과 수입국에서 입수할 수 있는 자료를 근거로 결정된다." 제1조에 따른 거래가격 결정과 관련하여, 첫 번째 판매보다는 마지막 판매가 이러한 일반규정을 일반적으로 충족시킨다. 언급한 바와 같이, 마지막 판매는 일반적으로 수입국에 소재하고 있는 구매자가 관련되고, 이 판매에 대한 정보는 첫 번째 판매에 관한 정보보다는 일반적으로 수입국에서 보다 더 쉽게 입수할 수 있다.

5. 예 해 *(COMMENTARIES)*

23. 제7조에 대한 주해 제2항에 규정된 바와 같이, 제7조에 따라 사용되는 평가방법은 제1조부터 제6조까지에서 규정하고 있는 규정을 합리적인 신축성을 가지고 적용되어야 한다. 하지만, 제7조는 이러한 신축성은 "수출국의 국내판매가격"(제7조 제2항 참조)을 포함한 특정 가격의 사용을 허용하는 것까지 확대되지는 않는다는 것을 보여주고 있다. 이것은 제1조가 의도하고 있는 범위에 대한 명백한 암시를 제공하고 있다. 즉, 제1조의 신축적인 적용에 있어 금지된 판매는 제1조를 정상적으로 적용할 때 유효한 것으로는 도저히 간주될 수 없다. 연속판매 상황에서, 첫 번째 판매는 흔히 동일국의 생산자와 국내 공급권자(유통업자)간의 판매에 대한 것이다. 명백히, 이러한 판매는 제7조에 따른 과세가격을 결정하는데 있어 사용될 수 없다. 이러한 판매는 또한 제1조에 따른 가격을 결정하는데 사용되지 않아야 한다는 결론이 나온다.

24. 또한 협정에는 수입거래가 단일의 판매 또는 연속판매를 수반하는 지 여부에 따라 거래가격의 결정이 달라질 것이라 예견하지 않는 다른 암시가 있다.

    예를 들면, 일반서설에서는 회원국들은 일관된 평가체제의 필요성을 인정한다. 연속판매에서 마지막 판매에 기초한 거래가격 결정은 이러한 일관성의 필요성을 강조한다. 단일의 판매상황에서, 실제로 지급하였거나 지급하여야 할 가격은 일반적으로 수입국의 구매자가 지급한 가격으로 표시된다. 연속판매 상황에서, 거래가격이 마지막 판매에 기초하고 있다면, 그 결과는 일반적으로 동일할 것이다. 다시 말하면 거래가격은 수입국의 구매자가 지급한 가격에 기초한다.

    반대로, 만약 거래가격이 첫 번째 판매에 기초하고 있다면, 실제로 지급하였거나 지급하여야 할 가격은 일반적으로 수입국 밖에 있는 구매자가 지급한 가격으로 표시될 것이고 그 결과는 다른 거래가격이다.

25. 또한 협정에서는 특정한 경우에 회원국들이 다른 처리를 적용하는 것을 허용한다는 점에 유의해야 한다. 이러한 점에서 제8조제2항은 회원국의 입법 테두리 내에서 각 회원국은 특정 운송비용을 과세가격에 포함할 것인지 제외할 것인지를 규정해야 한다고 명시하고 있다. 제9조는 사용될 환율은 각 회원국에서 규정하는 바에 따라, 수출 또는 수입시점에 유효한 환율이 되어야 한다고 규정하고 있다.

제1조는 이러한 선택권을 규정하고 있지 않기 때문에 입안자가 거래가격은 수입이 단일판매인지 연속판매인지 여부와 상관없이 결과적으로 동일할 것이라고 예견하고 있다는 논리적 결론을 내릴 수 있다(즉, 거래가격은 일반적으로 수입국의 구매자가 실제로 지급하였거나 지급하여야 할 가격에 기초하여 결정된다). 그렇지 않다면, 입안자는 연속판매 상황에서 어떻게 거래가격이 결정되어야 하는지에 대해 구체화 하거나 회원국들에게 명시적 선택을 제공할 것이다.

실무적 고려

26. 실제로, 세관 당국은 외국의 중개인 또는 판매자가 회계 자료를 포함하여 첫 번째 판매에 관련된 정보를 보유하고 있을 경우에는 이러한 정보를 검증하는데 있어 어려움에 직면할 수 있다. 예를 들면 이 정보는 외국의 중개인이 판매자에게 지급한 총 금액에 관련된 정보와 회계 기록 그리고 제8조의 조정이 포함될 수 있다. 이러한 어려움은 마지막 판매가 적용되는 경우 완화된다.

V. 결론

27. 기술위원회는, 제1조의 근저(根底)에 깔려있는 전제는 일반적으로 구매자는 수입국에 소재하고 있고 실제로 지급하였거나 지급하여야 할 가격은 이 구매자가 지급한 가격에 기초한다는 견해를 갖고 있다.

    기술위원회는 연속판매 상황에서 수입국으로 수출하기 위하여 판매된 때에 수입물품에 대하여 실제로 지급하였거나 지급하여야 할 가격은 첫 번째(또는 이전)판매 대신에 수입국으로 물품이 수입되기 이전에 발생한 마지막 판매에서 지급된 가격이라고 결론짓는다. 이러한 결론은 협정의 목적과 전체적인 문맥에 부합한다.

28. 사례에서는 그 결론과 부합하게 A와 B와의 판매가 이러한 판매에 해당한다. 그러므로 I국으로 수출하기 위하여 판매된 때 수입물품에 대하여 실제로 지급하였거나 지급하여야 할 가격은 10,000 c.u.이다(A가 B에게 마지막 판매에서 지급한 가격).

29. 따라서 A가 B에게 지급한 1,200 c.u.는 제8조 제1항(d)에 따른 해당 수입물품을 추후에 전매하여 생긴 수익금 중 판매자에게 직접 또는 간적으로 귀속되는 수익금에 해당하므로 거래가격을 결정함에 있어서 실제로 지급하였거나 지급하여야 할 가격에 가산되어야 한다.

예해 23.1

이전가격 연구와 관련하여
제1조 제2항 (a)호에서 정하고 있는
"판매를 둘러싼 상황"이라는 표현에 대한 검토

1. 본 예해는 OECD 이전가격 지침에 따라 준비되고, 본 협정 제1조 제2항 (a)호에서 정하는 "판매를 둘러싼 상황"을 검토하기 위한 근거로 수입자가 제시한 "이전가격결정 연구"의 사용에 대한 지침을 제공하고자 하는 것이다.

2. 협정 제1조에 따라, 거래가격은 구매자와 판매자가 상호 특수관계가 없는 경우이거나 특수관계가 있는 경우에는 그 특수관계가 해당 가격에 영향을 미치지 않았다면 관세의 과세가격으로 수용될 수 있다.

3. 구매자와 판매자가 상호 특수관계가 있는 경우, 본 협정 제1조 제2항은 거래가격에 대한 수용을 입증하는 여러 가지 방법들을 규정하고 있다.

   - 특수관계가 가격에 영향을 미치는지 여부를 결정하기 위해서는 판매를 둘러싼 상황이 검토되어야 한다.(제1조 제2항 (a)호)
   - 수입자는 3가지 비교가격중 하나에 해당 가격이 매우 근접하다는 것을 입증할 기회를 갖는다.(제1조 제2항 (b)호)

4. 본 협정 제1조 제2항에 대한 주해에서는 다음과 같이 규정하고 있다.
   "이것은 구매자와 판매자가 특수관계에 있는 모든 상황을 검토해야 한다는 것을 의도하는 것이 아니다. 이러한 검토는 해당 가격의 수용에 대하여 의심이 있는 경우에만 요구되는 것이다. 관세당국이 해당가격의 수용에 대해 전혀 의심이 없는 경우에는 수입자에게 더 이상의 정보를 요구하지 않고 수용되어야 한다."

5. 예 해 (COMMENTARIES)

5. 이러한 견지에서, 관세당국은 해당 가격의 수용에 대하여 의심이 있는 경우에는 관세당국은 수입자가 제출한 정보에 기초하여 판매를 둘러싼 상황을 검토해야 한다.

6. 제1조 제2항에 대한 주해는 관세당국이 추가적인 조사없이 해당 거래가격을 수용할 수 없을 때, 필요하다면 수입자에게 그러한 추가적인 상세한 정보를 제공하는 기회를 주어야 한다고 기술하고 있다. 해당 주해는 또한 구매자와 판매자 간의 특수관계가 가격에 영향을 미치지 않는지의 여부를 판단하는 방법에 대한 예시를 규정하고 있다.

7. 다음으로 제기되는 쟁점은 조세목적으로 준비되고 수입자에 의해 제출된 이전가격결정 연구를 관세당국이 판매를 둘러싼 상황을 검토하기 위한 근거로 활용할 수 있는지 여부이다.

8. 한편으로, 이전가격결정 연구가 판매를 둘러싼 상황에 대한 관련 정보를 포함하고 있다면, 수입자가 제출한 이전가격결정 연구는 훌륭한 정보의 출처가 될 수 있다.

반대로, 수입물품의 과세가격을 결정하기 위해 본 협정에 있는 방법과 OECD 이전가격결정 지침에 있는 방법 사이에 존재하는 본질적이고 중요한 차이 때문에 이전가격결정 연구가 판매를 둘러싼 상황을 검토하는 데 있어 타당하거나 적절하지 않을 수도 있다.

9. 따라서, 판매상황을 검토하기 위한 가능한 근거로서 이전가격결정 연구의 사용은 사안별로 고려되어야 한다. 결론적으로, 수입자가 제출하는 일체의 관련 정보와 문서들은 판매를 둘러싼 상황을 검토하기 위하여 활용될 수 있다. 이전가격결정 연구는 이러한 정보에 대한 하나의 공급원이 될 수 있다.

예해 24.1
협정 제8조 제1항 (b)호에 의한 생산지원의 가격 결정

▌협정 제8조 제1항 (b)호 (ii)목에 대한 주해에서 "주어진 비용 (given cost)"의 의미

1. 협정 제8조 제1항(b)는, 제1조의 규정에 따라 과세가격을 결정함에 있어, 해당 수입물품의 생산 및 수출하기 위한 판매와 관련하여 사용하기 위하여 무료 또는 인하된 가격으로 수입자/구매자에 의하여 직접 또는 간접으로 공급되는 특정 물품 및 용역의 가격 중 실제로 지급하였거나 지급하여야 할 가격에 포함되지 않은 범위(내)에서 실제로 지급하였거나 지급하여야 할 가격에 가산되어야 한다고 규정하고 있다.

2. 제8조 제1항(b)(ii)에 따라, 수입물품의 생산에 사용되는 공구, 금형, 주형 및 이와 유사한 물품과 같은 생산지원의 가격은 과세가격을 결정함에 있어 수입물품에 대하여 실제로 지급하였거나 지급하여야 할 가격에 가산되어야 한다.

3. 때때로, 수입자/구매자가 수출자/판매자에게 무료 또는 인하된 가격으로 공급하는 생산지원은, 수입자/구매자가 이들 생산지원의 판매자에게 역시 무료 또는 인하된 가격으로 공급하는 다른 물품 또는 용역을 사용하여 생산될 수도 있다.

4. 쟁점은 수입물품의 생산을 위하여 공급되는 생산지원의 가격이 "주어진 비용(given cost)"의 일부로서 다른 물품 또는 용역의 비용을 포함하는지 여부이다.

5. 예 해 (COMMENTARIES)

5. 생산지원의 가격의 결정을 위하여, 제8조 제1항(b)(ii)에 대한 주해 제2항에서는 다음과 같이 규정하고 있다.

    - 수입자/구매자가 수입자/구매자와 특수관계가 없는 판매자로부터 주어진 비용(given cost)으로 해당 요소를 취득한다면 해당 요소의 가격은 그 비용이 된다. 또는

    - 해당 요소를 수입자/구매자가 생산하였거나 수입자/구매자와 특수관계에 있는 자가 생산한 경우에는, 해당 요소의 가격은 해당 요소의 생산비용이 된다.

6. 결론적으로, 수입자 또는 수입자와 특수관계에 있는 자가 생산한 생산지원인 경우, 그 가격은 생산지원을 생산하는데 사용된 모든 요소를 포함하여 계산된다. 마찬가지로, 전술한 주해에서 언급한 "주어진 비용(given cost)"이라는 용어는 수입물품의 생산지원에 대하여 판매자에게 지급한 가격뿐만 아니라 수입자/구매자가 해당 생산지원을 생산하는 판매자에게 공급한 기타 물품 또는 용역의 비용을 포함한다.

7. 상기의 관점으로, 제8조 제1항(b)(ii)에서 "주어진 비용(given cost)"이란 용어는 생산지원의 획득과 관련하여 수입자가 부담하는 모든 비용을 포함한다.

예해 25.1
제3자 권리사용료 - 일반적인 해설

1. 이 문서의 목적은 로열티 또는 라이센스료가 판매자와 특수관계가 없는 제3자인 라이센서에게 지급되는 경우 협정 제8조 제1항(c)의 해석과 적용에 대한 지침을 제공하기 위한 것이다.

2. 제8조 제1항(c)에 따라, 평가대상 물품과 관련되고 평가대상 물품의 판매조건으로 구매자가 직접 또는 간접으로 지급하여야 하나 실제로 지급하였거나 지급하여야 할 가격에는 포함되지 않은 범위 내의 로열티 및 라이센스료는 수입물품에 대하여 실제로 지급하였거나 지급하여야 할 가격에 가산되어야 한다.

3. 국제 무역에서 발생하는 일반적인 쟁점은 로열티 또는 라이센스료가 제3자, 즉 수입물품 판매자가 아닌 자에게 지급되는 경우이다. 일반적으로 이러한 시나리오에서는, 구매자/수입자는 판매자/제조자와 판매계약을 체결하며 또한 제3자 라이센서와 로열티 또는 라이센스 계약을 체결한다. 어떤 경우에는, 라이센서와 판매자/제조자 간에도 로열티 또는 라이센스 계약이 존재한다.

4. 협정 제8조 제1항(c)에 따라 결정하기 위해서는, 로열티 또는 라이센스 계약과 판매 계약을 포함한 모든 관련 문서들을 검토하는 것이 중요하다. 지적재산권 소유자("라이센서")는 로열티 또는 라이센스 계약에 의하여 사용자("라이센시")에게 라이센스 제품을 사용하기 위한 수수료 또는 로열티를 청구함으로써 발명 또는 창조적인 작업에 대한 수익을 얻는다. 로열티 또는 라이센스 계약은 일반적으로 계약 기간, 금지된 사용, 권리의 양도 및 재라이센스, 보증, 라이센스 계약의 종결, 지원 및 유지 서비스, 품질관리 조항 등과 같은 라이센서와 라이센시 간

5. 예 해 (COMMENTARIES)

에 합의된 조건 즉, 라이센시에게 부여되는 권리가 무엇인지와 로열티 및 라이센스료의 지급과 관계된 세부사항을 구체화 한다. 지적재산권을 라이센스함으로써, 라이센서는 상표권과 같은 지적재산권을 사용할 수 있는 제한된 권리를 양도하지만 궁극적인 소유권은 여전히 보유한다. 판매 계약은 수입되는 상품을 수출하기 위한 판매와 관련된 조건을 구체화 한다. 이러한 계약들에 포함된 정보와 기타 관련 문서들은 로열티 또는 라이센스료의 지급이 제8조 제1항(c)에 따른 과세가격에 포함되어야 하는지를 보여줄 수 있다.

5. 로열티 또는 라이센스료가 제3자에게 지급되는 경우, 로열티 또는 라이센스료는 제1조에 따른 실제로 지급하였거나 지급하여야 할 가격에 포함되어 있을 것으로는 간주되지 않는다. 이 예해의 목적상, 로열티 또는 라이센스료는 실제로 지급하였거나 지급하여야 할 가격에 포함되어 있지 않는 것으로 가정한다. 따라서 분석은 제8조 제1항(c)에서 유래하는 두 가지 주요 질문에 초점을 맞추고 있다.

1. 로열티 또는 라이센스료가 평가대상 물품과 관련이 있는가?
2. 로열티 또는 라이센스료가 평가대상 물품의 판매조건으로서 지급되었는가?

로열티 또는 라이센스료가 평가대상 물품과 관련이 있는지 여부의 결정

6. 로열티 또는 라이센스료가 평가대상 물품과 관련이 있다고 간주될 수 있는 가장 일반적인 상황은 수입물품이 지적재산권과 결합되어 있고/또는 라이센스에 의하여 포함된 지적재산권을 사용하여 제조되는 때이다. 예를 들면, 수입물품에 로열티 또는 라이센스료가 지급되는 상표가 결합되어 있다면, 로열티 또는 라이센스료는 수입물품과 관련이 있다는 것을 나타낸다.

예해 25.1

로열티 또는 라이센스료가 평가대상 물품의
판매조건으로서 지급되는지 여부의 결정

7. 구매자가 판매조건으로 로열티 또는 라이센스료를 지급해야 하는지 여부를 결정하기 위한 핵심적인 고려사항의 하나는 구매자가 로열티 또는 라이센스료를 지급하지 않고 수입 물품을 구매할 수 없는지 여부이다. 로열티 또는 라이센스료가 수입물품 판매자와 특수관계가 있는 제3자에게 지급되는 경우는 판매자와 특수관계가 없는 제3자에게 지급되는 경우보다 판매조건으로서 지급되었을 가능성이 더 있다. 제 3자에게 지급되는 경우에도 로열티 또는 라이센스료의 지급이 판매조건으로서 간주되는 다양한 상황들이 있을 수 있다. 그러나 각각의 상황은 판매 계약과 로열티 또는 라이센스 계약과 같은 관련 문서에 포함된 계약 및 법적 의무사항을 포함한 물품의 판매와 수입을 둘러싼 모든 사실에 기초하여 분석되어야 한다.

8. 구매자가 로열티 또는 라이센스료를 지급하지 않고 수입물품을 구매할 수 없다는 가장 명확한 증거는 수입물품에 대한 판매 문서가 구매자가 판매조건으로서 로열티 또는 라이센스료를 지급해야 한다는 명시적 문구를 포함하는 경우이다. 그러한 언급은 로열티 또는 라이센스료가 판매조건으로서 지급되었는지 여부를 판단하는 결정적인 것이다.

그러나 기술위원회는 판매문서가 그러한 명시적 규정을 포함하지 않을 수 있고, 특히 로열티 또는 라이센스료가 판매자와 특수관계가 없는 당사자에게 지급되는 경우가 있다는 것을 인지한다. 이러한 경우에, 로열티 또는 라이센스료가 판매조건으로서 지급되었는지 여부를 결정하기 위하여 다른 요소를 고려할 필요가 있을 것이다.

5. 예 해 (COMMENTARIES)

9. 구매자가 로열티 또는 라이센스료를 지급하지 않고 수입물품을 구매할 수 없는지 여부는 판매 및 라이센스 계약 사이의 관계와 다른 적절한 정보를 포함하여 물품의 판매 및 수입을 둘러싼 모든 사실의 검토에 좌우된다는 것이 기술위원회의 견해이다. 다음은 로열티 또는 라이센스료의 지급이 판매조건인지 여부를 결정하는 데 고려할 수 있는 요소이다.

   (a) 판매 계약 또는 관련된 문서에 로열티 또는 라이센스료에 대한 언급이 있다.

   (b) 로열티 또는 라이센스 계약에 물품의 판매에 대한 언급이 있다.

   (c) 판매 계약 또는 로열티 또는 라이센스 계약의 조건에 따라 구매자가 로열티 또는 라이센스료를 라이센서에게 지급하지 않기 때문에 로열티 또는 라이센스 계약의 위반의 결과로서 판매 계약이 종료될 수 있다. 이것은 로열티 또는 라이센스료의 지급과 평가대상 물품의 판매 간에 관련이 있음을 나타낸다.

   (d) 만일 로열티 또는 라이센스료가 지급되지 않는다면 제조자는 라이센서의 지적재산권이 결합된 물품을 제조하여 수입자에게 판매하는 것이 금지된다고 나타내는 조건이 로열티 또는 라이센스 계약에 있다.

   (e) 로열티 또는 라이센스 계약이 라이센서에게 품질 관리를 넘어서 제조자와 수입자 간의 생산 또는 판매(수입국으로 수출하기 위한 판매)를 관리할 수 있도록 허용하는 조건을 포함한다.

10. 각 사례는 관련 상황을 유념하여 개별적으로 고려되어야 한다.

EXPLANATORY NOTES

해설

WTO관세평가협정
Agreement on Implementation of Article VII of the GATT 1994

해 설
EXPLANATORY NOTES

해설 1.1 협약 제1조, 제2조, 제3조와 관련한 시간요소
해설 2.1 협약 제8조의 규정에 의한 수수료 및 중개료
해설 3.1 계약과 불일치하는 물품의 처리
해설 4.1 제15조 제4항과 관련한 제15조 제5항의 특수관계의 고려사항
해설 5.1 확인수수료
해설 6.1 협약 제1조 주해에 규정된 "유지"와 "보증"의 차이

WTO관세평가협정
Agreement on Implementation of Article Ⅶ of the GATT 1994

6 해설

EXPLANATORY NOTES

해 설 1.1
협정 제1조, 제2조, 제3조와 관련한 시간적 요소

- **제1조**

1. 관세평가 협정 제1조는 수입물품의 과세가격은 거래가격, 즉 필요한 모든 조정이 이루어지고 특정 조건이 충족된다면 수입국으로 수출하기 위하여 판매된 때에(when sold) 물품에 대하여 실제로 지급하였거나 지급하여야 할 가격이어야 한다고 명시하고 있다.

2. 제1조나 해당 주해에는 실제로 지급하였거나 지급하여야 할 가격이 과세가격을 산출하기 위한 타당한 기초가 되는지 여부를 결정할 때 고려하여야 할 실제 거래에 대한 외부적 시간 기준(a time standard external)에 대한 어떠한 언급도 없다.

6. 해 설 *(EXPLANATORY NOTES)*

3. 협정 제1조의 평가 방법에 따라, 과세가격을 결정하는 기초는 수입을 야기하는 판매에서 결정된 실제 가격이며, 거래가 발생한 시간은 중요하지 않다. 이와 관련하여, 제1조제1항의 "판매된 때(when sold)"라는 표현은 가격이 제1조 목적상 타당한지 여부를 결정할 때 고려되어야 하는 시간에 대한 어떠한 암시를 제공하는 것으로 간주되어서는 안 된다. 이것은 단지 관련된 거래의 유형, 즉, 수입국으로 수출하기 위하여 판매된 해당 물품과 관련된 거래의 유형을 나타내는 것이다.

4. 결론적으로, 제1조에서 규정하고 있는 조건이 충족된다면, 수입물품의 거래가격은 판매 계약이 체결된 시점과 계약 체결일 이후의 어떠한 시가 변동과도 상관없이 수용되어야 한다.

5. 제1조는 제2항(b)에서는 시간 기준에 대한 보충적인 언급을 하고 있으나 이것은 단지 "비교" 가격과 관련된 것이므로 제1조에 따라 거래가격을 결정하는데 있어 관련된 시간 요소가 없다는 상황에 영향을 주지 않는다.

6. 제2항(b)는 특수관계자간 판매에 있어, 거래가격이 동시 또는 거의 동시에 발생하는 세 가지의 선택 가능한 가격 중 어느 하나에 거의 근접함을 수입자가 입증하는 경우에는 언제든지 거래가격은 수용되어야 하고 물품은 제1항의 규정에 따라 평가되어야 한다고 규정하고 있다. 그러나 "동시 또는 거의 동시에 발생하는"이라는 조건이 고려할 유일한 참고사항이라고 한다면, 어떤 경우에는 평가대상 물품에 영향을 미치는 조건과 비교가격을 제공하는 물품에 영향을 미치는 조건 사이에 실질적인 차이가 있을 수 있고 부적절한 비교를 야기할 수 있다.

7. 제2항(b)의 적용은 이 협정의 원칙에 일치하는 방식으로 적용되어야 한다. 제2조 및 제3조의 목적상 비교의 기준이 되는 수출시점은 하나의 접근 방식이 될 것이다.

8. 협정의 기본 틀 내에서 다른 방안들, 해당 비교가격의 기저를 이루고 있는 원칙에 적용된 특정한 시간 기준들이 또한 가능할 것이다. 즉, 제1조 제2항(b)호 (i)에 있어서는 평가대상 물품을 수입국으로 수출하는 시점, 제1조 제2항(b)호 (ii)에 있어서는 평가대상 물품을 수입국에서 판매하는 시점, 제1조 제2항(b)호 (iii)에 있어서는 평가대상 물품을 수입하는 시점이 가능하다.

- 제2조 및 제3조

9. 협정 제2조 및 제3조에서는 시간 요소를 다르게 취급하고 있다. 수입물품의 평가에 있어서 독자적인 요소 즉, 물품에 대하여 실제로 지급하였거나 지급하여야 할 가격에 기초하고 있는 제1조와는 달리, 제2조 및 제3조는 제1조에 따라 이전에 결정된 바 있는 가격 즉, 동종·동질 또는 유사 수입물품의 거래가격을 규정하고 있다.

10. 적용의 일관성을 위해 제2조 및 제3조는 이들 조항의 규정에 따라 결정되는 과세가격은 평가대상 물품과 동시 또는 거의 동시에 수출된 동종·동질 또는 유사 물품의 거래가격이라고 규정하고 있다. 그러므로 이들 조항은 그 적용에 대하여 고려되어야 할 외부적 시간 기준(external time standard)을 설정하고 있다.

11. 제2조 및 제3조에 따라 적용 가능한 외부적 시간 기준은 평가대상 물품이 수출된 때의 시간이지 판매된 때의 시간이 아니라는 점에 유념해야 한다.

12. 이러한 외부적 시간 기준은 해당 조항의 실무적인 적용을 감안하여야 한다. 그러므로 "또는 거의" 라는 단어는 단순히 "동시에" 라는 용어를 다소 융통성 있게 만들려는 의도로 간주되어야 한다. 아울러, 일반서설에 따라 협정은 과세가격을 상업적 관행에 일치하는 단순하고 공평한 기준에 기초하는 것을 추구한다는 것에 유념하여야 한다. 이러한 원리로부터 출발하여 "동시 또는 거의 동시에" 는 가능한 수출일에 근접하면서 가격에 영향을 미치는 상업적 관행 및 시장조건이 동일하게 유지되는 범위 내에 있는 기간을 포함하는 것으로 보아야 한다. 결국, 쟁점은 제2조 및 제3조의 적용에 대한 전체적인 맥락 안에서 사안별로 결정되어야 한다.

13. 물론 시간에 대한 요건은 제3조가 적용되기 전에 제2조가 철저히 검토될 것을 요구하는 협정의 엄격한 적용순서를 변경할 수 없다. 그러므로 유사 물품(동종·동질 물품이 아니라)의 수출시점이 평가대상 물품의 시점과 더 근접하다고 하여 제2조와 제3조의 적용순서를 결코 바꿀 수는 없다.

■ 관세평가에 있어 중요한 시간

14. 협정 제1조, 제2조 및 제3조 적용에 있어 시간 요소의 역할에 대한 상기 논의는 당연히 관세평가상 중요한 시간과 아무런 관련이 없다. 제9조는 통화 환산에 대해서만 시간이 고려되어야 한다고 규정하고 있다.

해 설 2.1
협정 제8조의 맥락에서의 수수료 및 중개료

▪ 서론

1. 협정 제8조 제1항(a)(i)에서는 제1조 규정에 따른 과세가격을 결정할 때, 구매수수료를 제외한 수수료 및 중개료가 구매자가 부담하지만 실제로 지급하였거나 지급하여야 할 가격에 포함되지 않은 경우에는 실제로 지급하였거나 지급하여야 할 가격에 가산하여야 한다고 규정하고 있다. 제8조에 대한 주해에 따라, "구매수수료"라는 용어는 평가대상 물품을 구매함에 있어서 수입자가 그의 대리인에게 해외에서 수입자를 대리하는 용역에 대하여 지급하는 보수를 의미한다.

2. 수수료 및 중개료는 판매 계약의 체결에 참여한 중개자에게 지급되는 금액이다.

3. 이들 중개자의 명칭과 기능에 대한 정확한 정의와 관련하여 국가별로 법적 지위는 다르지만 다음과 같은 공통적인 특징은 확인될 수 있다.

▪ 구매대리인과 판매대리인

4. 대리인(종종 "중개자"로 일컫고 있음)은 가능한 한 자기의 명의로 물품을 구매하거나 판매하는 자이지만 항상 본인(principal)의 계산으로 구매하거나 판매하는 자이다. 대리인은 판매자 또는 구매자 중 어느 한 쪽을 대신하여 판매계약 체결에 참여한다.

6. 해 설 (EXPLANATORY NOTES)

5. 대리인의 보수는 수수료의 형태를 취하고, 일반적으로 해당 물품의 가격에 대한 비율로 표시된다.

6. 판매대리인과 구매대리인의 구분은 가능하다.

7. 판매대리인은 판매자의 계산으로 행동하는 자로서, 고객을 물색하고 주문을 수집하며 어떤 경우에는 물품에 대한 보관 및 인도를 주선할 수도 있다. 계약 체결에서 제공된 용역에 대하여 판매대리인이 받는 보수는 일반적으로 "판매수수료"라고 불린다. 판매대리인을 통하여 판매되는 물품은 일반적으로 판매대리인의 수수료를 지급하지 않고는 구매할 수 없다. 이들 지급은 아래와 같은 방식으로 이루어질 수 있다.

8. 판매대리인을 통한 주문에 따라 물품을 인도한 외국의 공급자는 일반적으로 판매대리인의 용역 자체에 대하여 지급하고 이를 포함한 가격을 그들의 고객에게 제시한다. 이러한 경우에는, 이러한 용역을 고려하여 송장가격을 조정할 필요는 없다. 만약, 판매조건에서 해당 물품에 대하여 송장에 기재된 가격에 가산한 수수료를 구매자로 하여금 통상 중개자에게 직접 지급하도록 요구하는 경우, 이러한 수수료는 협정 제1조에 따라 거래가격을 결정할 때 가격에 가산되어야 한다.

9. 구매대리인은 구매자의 계산으로 행동하는 자로서, 공급자를 물색하고, 수입자의 요구사항을 판매자에게 알려주고, 샘플을 수집하고, 물품을 검사하며 어떤 경우에는 해당 물품의 보험, 운송, 보관 및 인도에 대한 주선과 관련한 용역을 구매자에게 제공한다.

10. 일반적으로 "구매수수료"라고 일컫는 구매대리인의 보수는 물품에 대한 지급과는 별개로 수입자가 지급한다.

11. 이러한 경우에는, 제8조 제1항(a)(i)의 조건에 따라, 수입물품의 구매자가 지급하는 수수료는 실제로 지급하였거나 지급하여야 할 가격에 가산되지 않아야 한다.

- **중개인(그리고 중개료)**

12. "중개인" 및 "중개료"의 용어와 "구매대리인/판매대리인" 및 "수수료" 의 용어 간에는 어느 정도 이론상 차이는 있지만 실제에 있어서는 이 두 범주 사이에 명확한 구분은 없다. 더구나 일부 국가에서 "중개인" 과 "중개료"라는 용어가 사용되긴 하지만, 설사 사용된다고 하더라도 아주 드물다.

13. "중개인"이란 용어가 사용되는 경우에, 이는 일반적으로 자기의 계산으로 행동하지 않는 중개자를 말한다. 중개인은 구매자와 판매자 모두를 위해 행동하며 일반적으로 양 당사자와 접촉하여 양 당사자가 거래를 체결하게 하는 것 이외의 다른 역할은 수행하지 않는다. 중개인의 보수는 일반적으로 그의 활동의 결과로 체결된 거래에 대한 비율인 중개료로 알려져 있다. 중개인이 받는 비율은 중개인의 다소 제한된 책임에 비례한다.

14. 중개인이 물품 공급자로부터 대가를 지급받은 경우, 일반적으로 중개료 총액은 송장 가격에 포함되어 있다. 그러한 경우에는, 평가와 관련한 쟁점은 발생하지 않는다. 송장 가격에 포함되지 않으나 구매자가 부담하는 경우에는 지급하였거나 지급하여야 할 가격에 가산되어야 한다. 반면에 중개인이 구매자로부터 대가를 지급받거나 각각의 거래 당사자가 중개료의 일부를 지급할 수 있다. 이러한 경우에는, 해당 가격

6. 해 설 (EXPLANATORY NOTES)

에 이미 포함되어 있지 않고 구매수수료에 해당하지 않으면서 구매자가 부담하는 한, 실제로 지급하였거나 지급하여야 할 가격에 가산되어야 한다.

- **결 론**

15. 요컨대, 수입물품의 거래가격을 결정하는 경우에 구매수수료를 제외하고는 구매자가 부담하는 수수료와 중개료를 해당 가격에 포함하는 것이 필요하다. 따라서 구매자가 중개자에게 지급하고 실제로 지급하였거나 지급하여야 할 가격에 포함되지 않은 지급액이 실제로 지급하였거나 지급하여야 할 가격에 가산되어야 하는지 여부에 대한 쟁점은 결국 중개자가 수행하는 역할에 좌우되는 것이지 알려진 용어("대리인" 또는 "중개인")에 따라 좌우되는 것은 아니다. 또한 제8조의 규정으로부터 판매자가 지급해야 하지만 구매자에게 청구되지 않는 수수료 및 중개료는 실제로 지급하였거나 지급하여야 할 가격에 가산될 수 없다는 것은 명백하다.

16. 아울러 판매와 관련하여 중개자가 제공한 용역의 존재와 특성이 세관신고서와 제출된 상업서류에서는 종종 분명히 나타나지 않음을 주목할 필요가 있다. 이해관계의 중요성을 감안하여, 정부 당국은 해당 용역의 존재와 정확한 특성을 확인하기 위하여 필요하다고 간주되는 모든 합리적인 수단을 취할 필요가 있을 것이다.

해 설 3.1
계약과 일치하지 않는 물품

▪ 일 반

1. 계약과 일치하지 않는 물품에 대한 처리는 선결(先決) 문제 즉, 해당 상황의 일부 또는 전부를 관세평가에 대한 문제로 처리하여야 하는지 그렇지 않으면, 관세기술상의 문제로 처리하여야 하는지 여부(「교토 협약 부속서 F.6」참조)를 제기하고 있다.

2. 비록 어떤 상황은 대부분의 국가에서 관세평가와 관련 없는 국내 법률에 따라 좌우되는 문제를 포함하는 것으로 보일 지라도, 다른 상황에서는 평가기준의 적용을 요구할 수 있다. 그러므로 이 해설은 평가방법에 의해 이러한 상황들을 처리하고자 하는 당국의 지침을 위하여 모든 예견 가능한 일반적인 상황에 대한 평가규칙의 수립을 목표로 하고 있다.

▪ 사례의 유형

3. "계약과 일치하지 않는 물품"에 대한 용어는 다양한 국내 법률에 따라 다른 의미를 가질 수 있다. 예를 들면, 일부 당국에서는 손상된 물품을 이 용어에 해당하는 것으로 간주하는 반면, 다른 당국에서는 이 용어를 계약 사양을 충족하지 않는 물품으로 한정하고 있고, 손상된 물품에 대한 쟁점은 별도의 절차나 다른 법률 규정에 따라 처리하고 있다. 그러므로 동 문서는 협정에 따른 통일된 접근법에 도달하는 것을 용이하게 하는 상황들을 식별하기 위하여 아래와 같이 세분화되었다.

6. 해 설 (EXPLANATORY NOTES)

Ⅰ. 손상된 물품의 경우

(A) 수입 시, 선적 물품이 완전히 손상되어, 가치가 전혀 없다고 판명된 경우

(B) 수입 시, 선적 물품이 부분적으로 손상되거나 잔존 가치만 갖고 있다고 판명된 경우

Ⅱ. 계약 사양과 일치하지 않는 물품, 즉, 손상되지는 않았지만 당초의 계약이나 주문과 일치하지 않는 물품의 경우

Ⅲ. 상기 Ⅰ. 또는 Ⅱ에 따른 물품을 대체하는 물품의 수입의 경우

(A) 이후에 선적되는 물품

(B) 동일한 선적물품에 포함된 경우

4. 손상의 특성과 물품의 유형은 무수히 많은 개별적인 상황을 만들 수 있으므로 이 해설에서는 평가 목적상 "완전히 손상된" 과 "부분적으로 손상된" 간의 차이에 대하여 상세하게 설명하지 않기로 한다.

- 평가처리

Ⅰ. 손상된 물품의 경우

(A) 해당 물품은 완전히 손상되었다

5. 해당 물품의 재수출, 멸실 또는 폐기에 대한 국내 절차규정이 있는 경우에는 관세납부 의무는 없다.(「교토 협약 부속서 F.6」의 규범 6 참조)

(B) 해당 물품은 부분적으로 손상되거나 잔존 가치만 있다

6. 상기 (A)호의 경우처럼, 물품이 재수출, 멸실 또는 폐기된 경우에는 관세 납부의무가 없다.

7. 그럼에도 불구하고 수입자가 해당 물품을 인수한다면, 협정은 다음과 같은 방식으로 적용될 것이다.

    제1조 : 실제로 지급하였거나 지급하여야 할 가격은 실제로 수입된 손상된 물품에 대한 것이 아니므로 제1조가 적용될 수 없다. 하지만 만약 선적물품의 일부가 손상된 것으로 판명된다면, 전체 가격 중 총 구매수량에 대한 손상되지 않은 수량에 해당하는 비율로 표시된 가격을 거래가격으로 수용할 수 있다. 선적 물품의 손상된 부분은 아래와 같이 규정된 순서에 따라 협정의 후속 규정중 하나에 의하여 평가된다.

    제2조 : 대부분의 경우에 손상된 선적물품은 동종·동질 물품 즉, 수입국으로 수출하기 위하여 판매되는 손상된 물품의 거래가격에 기초하여 평가되는 일은 거의 없을 것이다. 하지만 어떤 상품은 이러한 접근법이 적합할 수도 있기 때문에 이 기준이 완전히 무시될 수 있다는 것은 아니다.

    제3조 : 제2조에 따른 내용은 제3조에도 적용된다.

    제5조 : 손상된 물품 또는 동종·동질 또는 유사 물품이 수입된 상태로 수입국에서 판매되고 동 규정의 기타 모든 조건이 충족되는 경우에는, 손상된 물품의 과세가격은 공제가격 방법에 따라 적절하게 결정될 수 있다. 만약 물품이 판매 전에 수리된다면, 그리고 수입자가 그렇게 요청한다면, 가격은 수리비용을 감안하여 제5조 제2항의 규정에 따라 결정될 수 있다.

    제6조 : 손상된 물품은 손상된 상태로 제조 또는 생산되지 않았기 때문에 적용할 수 없다.

6. 해 설 *(EXPLANATORY NOTES)*

제7조 : 위에서 언급한 것처럼, 선순위 평가 기준 중 하나에 따라 손상된 물품에 대한 과세가격을 결정할 가능성은 분명히 있지만, 대부분의 경우는 제7조의 규정에 따라 처리될 것으로 보인다. 이 경우, 과세가격은 협정 및 일반협정 제7조의 원칙 및 일반규정에 부합하는 합리적인 방법과 수입국에서 입수할 수 있는 자료를 근거로 결정되어야 한다.

8. 제7조에 따라 사용되어야 하는 평가방법은 다음과 같이 인용되는 예시와 같이 제1조의 신축적 적용이 될 수 있다.

  (a) 재협상된 가격(이 가격은 판매자가 보상하는 부분 혹은 판매자가 물품을 반환시키는데 소요되는 비용을 회피하고 싶다는 사실 또는 두 가지 모두를 반영하는 가격이라는 점에 유의)

  (b) 당초 지급하였거나 지급하여야 할 총 가격에서 다음 중 어떤 하나에 상당하는 금액으로 감액된 금액

  (i) 구매자 및 판매자와 독립적인 감정인의 감정가격

  (ii) 수리 또는 보수비용

  (iii) 보험 정산 금액

  보험 정산 금액은 초과보험, 일부보험 또는 협상과 같은 외부적인 상황에 의해 영향을 받을 수 있기 때문에 손상에 기인한 가치감소분을 정확하게 측정할 수 없다는 사실에 유의해야 한다. 그럼에도 불구하고, 구매자에게 지급되는 보험 정산 금액은 세관이 수입시 손상되었음을 이유로 감액된 가격을 수용하는데 있어 영향을 미치지 않는다. 다시 말해, 보험업자와 수입자간에 개별 사안으로 취급되는 손상에 대한 보상 때문에, 비록 판매자에게 실제로 지급하였거나 지급하여야 할 가격이 변동이 없다고 할지라도 물품의 가격은 수입된 상태를 기초로 결정되어야 한다.

Ⅱ. 계약사양과 일치하지 않는 물품

(A) 재수출, 멸실 또는 폐기의 경우

9. 물품의 재수출, 멸실 또는 폐기에 대한 국내 절차규정이 있는 경우에는 관세납부 의무는 없다.(「교토 협약 부속서 F.6」의 규범 6 참조)

(B) 인수된 경우

10. 인도시점에 계약사양에 대한 불일치가 발견되었음에도 불구하고, 만약 수입자가 해당 물품을 인수한 경우에, 과세가격의 결정은 불일치의 특성에 의하여 영향을 받는다. 이 유형의 물품에는 두 가지 범주가 있다. 첫째는 선적물품이 계약과 상이한 물품(예를 들어, 주문한 스웨터 대신 모직 장갑이 선적된 경우)이고 두 번째는 실제로 그 물품을 주문하였으나 구매자가 판매자로부터 어떤 형태의 배상을 청구할 정도로 당초 주문 사양과 일치하지 않는 경우가 있다.

11. *(i) 계약과 상이한 물품*

    제1조 : 수출 판매가 없다면 거래가격은 적용할 수 없다.

    제2조 : 적용가능하다면, 동종·동질물품의 거래가격을 기초로 적용할 수 있다.

    제3조 : 동종·동질 물품에 대한 거래가격이 없는 경우, 유사 물품의 거래가격이 적용될 수 있다.

    제5조 : 제2조 또는 제3조에 따라 과세가격을 결정할 수 없는 경우, 과세가격은 해당 물품이 수입된 상태로 판매되거나, 제5조 제2항의 규정에 따라 수입자가 요청하는 경우에는 공제가격 방법에 따라 적절하게 결정될 수 있다.

제6조 : 산정가격은 적용순서에 따라 적용 가능하다. 하지만, 관련 상황의 발생 원인을 고려하여, 특히 제6조 제2항의 첫 번째 문장의 규정을 유의하면서 본 조항이 적용될 수 있는지에 대하여 판단을 하여야 한다.

제7조 : 선행 기준에 따라 과세가격을 결정할 수 없는 경우, 제7조가 적용된다. 인용 사례에서 실제로 수입이 이루어진 이후라 할지라도 장갑에 대해 수입자가 지급하기로 합의하고 지급한 가격은 제1조의 신축적인 적용에 따라 수용될 수 있다.(그러나 8번 단락의 (a) 주의 사항 참조)

(ii) *계약사양에 부합하지 않는 물품*

구매자와 판매자간 합의 또는 불합의의 수준에 따라 수많은 상황이 발생될 수 있다. 예를 들면, 판매자는 해당 물품에 대해 직접 또는 다른 당사자를 통해 계약에 일치시키는 조치를 취할 수도 있고 물품 자체와는 무관하게 구매자에게 어떤 형태의 보상을 제공할 수도 있다. 다른 한편으로, 판매자는 사실상 계약사양과 불일치하다는 것에 동의하지 않을 수도 있고 그렇지 않다면 구매자가 불일치 (non-specification) 자체를 측정하기보다 불일치로부터 야기되는 손해에 대하여 예상되는 배상 금액을 판매자에게 요구할 수도 있다. 하지만 관세평가 측면에서는 실제로 지급하였거나 지급하여야 할 가격은 여전히 실재하고 있고 협정은 이 상황에 대한 구체적인 규정이 없기 때문에 다른 모든 조건이 충족된다면 과세가격은 제1조에 따른 거래가격을 기초로 결정될 것이다. 이 단락에서는 "계약사양에 부합하지 않는 물품"을 "계약과 상이한 물품"으로 간주하고 상기 (i)에 따라 처리되는 것을 배제하지 않는다.

해설 3.1

III. 대체물품

12. *(A) 이후에 선적되는 경우*

    대체물품이 송부될 수 있는 두 가지 가능성은 다음과 같다.

    (a) 원래 물품에 대한 신용채권(credit)과 관련하여 별개의 계약이 체결되고 최초의 가격으로 송장이 발행된 경우
    (b) 무상으로 송장이 발행된 경우

    (a) 사례에서는 다른 조건이 충족되는 경우, 해당 가격은 제1조에 따른 과세가격의 결정에 대한 기초가 된다.
    (b) 사례에서와 같이 대체품이 무상으로 송부된 경우에는 대체품은 당초의 거래를 이행하기 위한 수입물품으로 간주되어야 한다. 이러한 상황에서는 제1조에 따른 과세가격을 결정하기 위하여 당초의 거래에서의 가격을 수용하는 것은 적절하므로, 최초 선적물품의 처리는 별개로 고려할 문제이다.

    (B) 함께 선적되는 경우

    어떤 유형의 물품에서는 판매자가 경험상 운송과정에서 결함 또는 손상되리라 보여지는 물품에 대해 대체품으로 일정량의 물품을 "무상"으로 선적물품에 포함하는 것은 무역 관행이다. 예를 들면, 가장자리는 운송과정에서 손상되기 쉬운 것으로 알려졌기 때문에 주문량을 다소 상회하는 수량을 보낼 수도 있다. 이러한 경우 판매가격은 선적된 총 수량을 포함하는 것으로 간주되어야 하며, 평가목적상 추가 수량을 고려하거나 "무상 대체품"을 별도로 평가해서는 안 된다.

6. 해 설 (EXPLANATORY NOTES)

해 설 4.1
제15조 제4항과 함께 연결하여 해석되는
제15조 제5항에서 정하는 특수관계에 대한 고려

1. 협정 제15조 제4항은 협정의 목적상 당사자가 특수관계에 있다고 간주되어야 하는 8가지 상황만을 규정한다.

2. 협정 제15조 제5항은 표현 여부에 관계없이 한쪽이 다른 쪽의 독점대리인, 독점공급권자(독점유통업자) 또는 독점영업권자(이하 간략히 독점대리인)로 서로 사업상 제휴관계에 있는 자들은 제4항의 기준에 해당되면, 협정목적상 특수관계가 있는 것으로 간주된다고 구체적으로 규정한다.

3. 협정 제15조 제5항의 문구는 두 가지 목적을 가지고 있다. 첫 번째는 독점대리인은 본질적으로 그의 공급자와 특수관계에 있다는 특정 평가제도에 내재된 개념에서 명백하게 벗어나기 위한 것이다.

4. 반면에 독점대리인으로 확인된 당사자가 사실상 제15조 제4항의 기준 중 하나에 해당한다면 그에만 기초하여 특수관계가 없는 것으로 간주되어서는 안 된다는 것이 인정된다. 그러므로 제15조 제5항의 두 번째 목적은 제15조 제4항의 규정 내에서만 당사자의 특수관계에 대한 고려사항을 알려주는 것이다.

5. 한 쪽 당사자가 다른 쪽 당사자의 독점대리인으로 사업상 제휴를 하고자 하는 자들은 무역업계에서 입수 가능한 업계 및 무역 간행물의 공고와 기타 수단과 같은 다양한 수단을 통하여 서로 접촉하게 될 것이다. 협상이 진행되면 대부분의 경우 독점대리점 계약에 대한 거래조건을 명시한 서면계약을 체결하게 될 것이다.

6. 세 가지 상황이 발생할 수 있을 것이다. 첫 번째 상황은 그의 상품이 수입국 시장에서 상당히 인기 있는 정평 있고 평판이 좋은 제조자/판매자를 수반한다. 이러한 상황에서는 분명히 제조자/판매자가 더 강한 협상 위치에 있게 될 것이므로 독점대리인에게 부과되는 조건 및 요건에 있어, 계약조건은 제조자/판매자에게 훨씬 더 유리할 것이다. 덧붙여 말하면, 그러나 이는 불가피하게 더 높은 물품가격을 동반한다.

7. 두 번째 상황은 정반대로 수입자가 수익성이 좋은 시장에 대형 유통, 판매 및 서비스 거점을 갖춘 대기업인 경우이다. 이러한 경우에는 수입자가 협상 과정에서 공급자에게 부과되는 조건과 요건에 대하여 더 많은 영향력을 행사할 것이다. 더욱이 공급자는 수입자의 대형 유통 및 판매 구조의 이점을 얻기 위해 다소 낮은 가격도 감수하려 할 것이다. 세 번째 상황은 이들 두 가지 극단적인 상황의 중간에 있는 경우로 양 당사자가 보다 대등한 입장에서 협상을 하여 결정하는 경우이다.

8. 이러한 경우에는 이러한 계약은 자유롭게 체결되고, 통상 해지 또는 갱신 조항을 가지며, 당사자 중 한 쪽이 조건을 위반하는 경우에는 관련 국가의 민법에 따라 강제된다는 것을 인식함으로써 최종 계약은 중요해진다.

9. 고려되어야 할 쟁점은 계약조건이 제15조 제4항의 규정 중 하나를 충족하는지 여부에 있다. 독점대리점을 설정하는 계약이 제15조 제4항(a)에 따른 상호 사업상의 임원 또는 관리자로 임명되는 당사자와 관련한 조항을 포함하고 있거나, 또는 제15조 제4항(d)에 따른 5% 이상의 주식 교환이 있는 경우와 같이 특수관계를 형성하는 경우가 있다. 어떤 계약은 제15조 제4항(f) 및 (g) 규정의 제3자를 형성할 수 있음을 예상할 수 있고, 반면에 다른 계약은 제15조 제4항(b)에 따른 동업자 관계를 형성할 수 있다. 다른 한편으로는 이러한 계약들은 일반적으로 제15조

6. 해 설 (EXPLANATORY NOTES)

제4항(c)에 따른 고용주/피고용인 관계나 제15조 제4항(h)에 따른 친족 관계를 형성하지 않는다고 간주하는 것이 타당하다.

10. 그러므로 계약의 특정 조항이 쟁점 협정 조항의 적용여부에 대한 명백한 지표를 제공할 것으로 기대될 수 있다고 분명하게 결론지을 수 있다.

11. 특수관계를 정의하고 있는 제15조제4항의 나머지 조항은 제15조 제4항 (e) 규정의 한쪽 당사자가 다른 쪽 당사자를 직접 또는 간접으로 지배하는 경우이다. 제15조 제4항(e)에 대한 주해는 "이 협정의 목적상, 한 쪽 당사자가 다른 쪽 당사자에 대해 구속 또는 지시를 법적으로 또는 실질적으로 행사하는 위치에 있는 경우, 다른 쪽 당사자를 지배하는 것으로 간주된다"고 규정한다.

12. 분명히, 달리 특수관계가 없는 당사자 간에 자유롭게 체결되었을 계약의 조건을 고려할 때, 이 조항에 대한 부적절한 해석으로 의도하지 않은 결과가 발생하지 않도록 주의하여야 한다. 위 6번 및 7번 단락에서 제시된 사례는 계약조건이 한 쪽 당사자가 다른 쪽 당사자에 대해 유리한 위치에 있는 경우로 전자는 후자에 대해 법적으로 계약상의 권리를 이행을 강요할 수 있는 위치에 있다. 하지만 구두 또는 서면 계약, 심지어 가장 단순한 형태의 계약에서도 한 쪽 당사자는 언제나 다른 쪽 당사자에 대하여 법적으로 강제할 수 있는 특정한 권리, 의무 및 기타 기대사항을 명시하는 위치에 있다.

13. 예를 들면, 주어진 가격으로 인도하는 기본 계약에서 양 당사자는 한 쪽은 인도하여야 하고, 한 쪽은 일정한 가격을 지급하여야 하는 그들의 법적 권리와 의무가 이행될 것이라는 기대를 가진다. 하지만 이는 제15조 제4항(e)에 따른 특수관계를 형성하지 않는다. 수입물품에 대한 로열티 지급 때문에 판매자가 수입자가 로열티의 회계처리를 위하여 사용해야 하는 회계시스템을 확인하고 감사할 권리를 보유하는 더 복잡한 계약상 합의를 한 경우에도 이러한 권리의 실행 그 자체로 제15조 제4항(e)에 따른 특수관계를 형성하지 않는다.

14. 그 본질상 국내법에 따라 집행 가능한 법적 권리 또는 의무를 확정하는 모든 계약 또는 합의에서 특수관계를 형성하는 것이 협정의 의도는 아니라고 결론지을 수 있다. 그러므로 제15조 제4항(e)의 주해의 표현은 통상적인 구매자/판매자 또는 공급(유통) 계약의 범위를 벗어나고 다른 당사자의 활동에 대한 관리와 관련한 본질적인 측면에 대한 구속 또는 지시를 행사할 수 있는 지위를 수반하는 상황에 통상적으로 적용되어야 한다.

15. 통제 및 구속 또는 지시를 행사할 지위의 존재에 대한 고려는 각 개별 상황의 구체적인 사항에 기초하여야 하는 사실 및 정도의 문제들을 결정하도록 요구한다.

6. 해 설 (EXPLANATORY NOTES)

해 설 5.1
확 인 수 수 료

총 설

1. 수출자는 국제무역에서 제공된 물품 및 용역에 대한 미지급의 금융 위험에 대하여 지급보증에 대한 확약을 포함한 금융서비스의 사용을 통하여 스스로를 보호한다. 구매자에 의한 미지급 또는 지급불능의 위험에 대한 보증을 위하여 수출자는 다양한 형태의 금융 서비스를 이용할 수 있다. 이러한 서비스는 국가별로 다양할 수 있는 반면에, 이들 서비스는 수수료로 수출자를 대신하여 위험을 인수하는 중개인(흔히 은행)에 대한 지급액을 일반적으로 발생시킨다. 이러한 서비스에 대하여 행해지는 지급액은 흔히 "확인수수료"로 알려져 있다. 하지만 여러 국가에서 다른 명칭으로 표시될 수 있다.

확인수수료

2. 구매자에 의한 물품에 대한 지급의 확약이나 보증은 보통의 은행계통, 정부기관, 보험회사 또는 이러한 사안을 취급하는 전문영리기업을 통하여 수행될 수 있다.

3. 자주 발생하는 상황은 다음과 같다. 구매자가 자신의 거래은행에서 신용장을 개설한다. 하지만 판매자는 구매자의 거래은행에서 개설한 신용

장의 상태와 신뢰성에 믿음이 가지 않을 수 있다. 판매자는 구매자의 거래은행에 의한 미지급의 상업적인 위험에 대하여 판매자에게 보증하는 다른 은행(일반적으로 수출국에 소재)을 통하여 신용장 확인을 요청한다. 이러한 서비스에 대해 은행이 청구하는 보수가 확인수수료이다.

4. 구매자 또는 판매자 어느 하나를 위하여 활동하는 확인회사(confirming houses)라고 불리는 전문영리기업이 있다. 이들 기업이 수행하는 다양한 서비스 중에 지급보증이 있다. 이러한 서비스에 대하여 청구되는 수수료를 흔히 확인수수료라 부른다.

평가 처리의 결정

5. 확인수수료를 다루는 평가처리에 대한 결정은 모든 국가에 일률적으로 정의될 수 없는 다양한 금융관행과 관련되어 있기 때문에 복잡한 문제다.

6. 이러한 비용을 부담하는 판매자가 그의 확인수수료 비용을 구매자로부터 보상 받고자 하는 것은 정상적인 관행이다. 대부분의 경우에 판매자는 자신의 물품 가격에 수수료 비용을 직접적으로 포함하려 할 것이다. 이러한 경우에는 확인수수료는 물품에 대하여 실제로 지급하였거나 지급하여야 할 가격에 포함되며, 거래가격을 결정함에 있어 이것을 공제하도록 허용하는 협정 규정도 없다.

7. 확인수수료의 부담금이 판매자에 의해 물품 판매에 대한 송장에, 또는 판매자나 확인기관(confirming institution)이 구매자에게 송부한 별도의 송장에서 개별적으로 확인되는 상황이 발생할 수 있다.

6. 해 설 *(EXPLANATORY NOTES)*

8. 상기 상황을 검토함에 있어, 확인수수료 지급을 발생시키는 활동의 유형은 제8조 제1항(a)의 "수수료" 또는 제8조 제2항(c)의 "보험료"와 같이 협정 제8조의 규정에서 예정하지 않는 것으로 보인다. 확인수수료는 용어의 엄밀한 의미에서 수수료라기보다는 오히려 물품에 대한 미지급 위험에 대비한 보험료 성격이 강하다. 마찬가지로 제8조 제2항(c)에서 규정하고 있는 보험료는 권고의견 13.1에서 언급한 바와 같이 오직 수입물품의 운송에 대하여 발생하는 것이다. 그러므로 검토가 필요한 쟁점은 확인수수료의 지급이 수입물품에 대하여 실제로 지급하였거나 지급하여야 할 가격의 일부인지 여부이다.

9. 제1조에 대한 주해와 부속서 Ⅲ의 제7항에서는 실제로 지급하였거나 지급하여야 할 가격이란 수입물품에 대하여 구매자가 판매자에게 또는 판매자의 이익을 위하여 직접 또는 간접으로 지급하였거나 지급하여야 할 총 금액이라고 명백히 하고 있다. 이러한 가격은 수입물품의 판매조건으로, 구매자가 판매자에게, 또는 구매자가 판매자의 의무를 이행하기 위하여 제3자에게 실제로 행하였거나 행할 모든 지급을 포함한다. 이 해설의 10번 단락에 따르면, 수입물품에 대한 지급수단의 확인이 구매자 거래은행의 미지급 위험으로부터 판매자를 보장하기 때문에 판매자의 이익을 위한 것으로 고려되는 경우로 수입물품의 판매조건으로 구매자가 판매자 또는 제3자에게 확인 수수료를 지급하는 경우에는 실제로 지급하였거나 지급하여야 할 가격은 일체의 확인수수료를 포함한다.

10. 구매자가 자신의 주도로 취소불능 및 확인 신용장을 판매자에게 제공하는 경우가 있을 수 있는데, 이의 주된 목적은 판매계약 체결을 보증하기 위한 것이다. 이러한 경우에 발생하는 일체의 확인수수료는 구매자가 확인기관에 직접 지급할 수 있다. 이러한 상황에서는 판매계약에서 부과되는 조건이 없고 판매자보다는 구매자의 이익을 실현하는 것이기 때문에 확인수수료에 대하여 지급한 금액은 실제로 지급하였거나 지급하여야 할 가격의 일부를 구성하지 아니한다.

해 설 6.1
협정 제1조에 대한 주해에 규정된 "유지"와 "하자보증"의 차이

1. 제1조에 대한 주해는 "실제로 지급하였거나 지급하여야 할 가격"에 관련된 조항에서 특히 산업설비, 기계류 또는 장비와 같은 수입물품에 대하여 수입 후에 수행된 유지비용은 수입물품에 대하여 실제로 지급하였거나 지급하여야 할 가격과 구분되는 경우에는 과세가격에 포함되지 않아야 한다고 규정하고 있다.

2. "유지"의 개념은 이 협정에서 특별히 정의하고 있지 않고 있으므로 이 용어는 일반적인 의미로 해석되어야 한다.

3. 참고문헌들은 "유지"를 다음과 같은 일반적인 용어로 정의한다. 예를 들면:
   - "자산의 상태를 유지 또는 보존하기 위하여 때때로 필요하고 적절한 통상의 수리비용을 포함한 자산 상태의 유지 또는 보존" (Black's Law Dictionary, Sixth Edition, 1990, page 953)
   - 자산과 관련하여, 유지라는 용어는 "원래 의도된 내구연한 동안 자산의 용역 잠재력을 보존하기 위한 지출. 이러한 지출은 기간비용 또는 생산비용으로 처리된다"라고 정의하고 있다(Black's, page 954) 또는
   - "양호한 상태로 유지하는 행위, 그러한 목적을 위하여 필요한 것을 제공하는 행위", "장비 및 기자재에 대한 성능을 유지할 책임이 있는 회사에서 수행하는 용역" (French dictionary Petit Larousse Illustre, 1987-translation)

6. 해 설 *(EXPLANATORY NOTES)*

4. 제1조에 대한 주해에서 언급하고 있는 "유지"라는 용어의 범위에 하자보증이 포함되는지 여부에 대하여 쟁점이 제기되었다. 이 쟁점은 다음과 같이 검토된다.

5. "하자보증"과 "유지"의 차이점은 다음과 같다.
   - "유지"는 산업설비 및 장비가 취득 목적의 기능을 수행할 수 있도록 이들 산업설비 및 장비에 대해 일정 기준을 유지하도록 보증하기 위한 물품에 대한 예방적 조치의 형태이다.
   - 하자보증은 자동차와 전기기기와 같은 물품에 대한 품질보증의 한 형태로서, 보증서 지참자가 일정한 조건을 충족하는 것을 조건으로 하자 교정(부품 및 인건비) 또는 대체에 소요되는 비용을 부담하는 것이다. 만약 그러한 조건이 충족되지 않는 경우, 하자보증은 무효가 될 수 있다. 하자 보증은 물품에 내재된 숨겨진 하자, 즉 있어서는 안 되며 물품의 사용을 방해하거나 유용성을 감소시키는 하자를 대상으로 한다.
   - 유지는 항상 수행되어야 하는 반면에, 하자보증은 단지 물품의 고장 또는 성능저하와 같은 경우에 실시되는 우발적인 조치이다.

6. 그러므로 두 가지 개념 사이에는 근본적인 차이가 있으며 제1조에 대한 주해의 "유지"라는 용어는 하자보증에는 적용될 수 없다.

CASE STUDIES

7 사례연구

WTO관세평가협정
Agreement on Implementation of Article Ⅶ of the GATT 1994

7

사례연구
CASE STUDIES

사례연구 1.1   협약 제8조 1(나)조항에 참조가 되는 사례연구에 대한 보고 :
엔지니어링, 디벨로프멘트, 아트워크 등
사례연구 2.1   협약 제8조 1(라)조항의 적용
사례연구 2.2   협약 제8조 1(라)에 의한 사후귀속이익의 처리
사례연구 3.1   협약 제1조의 조건과 제한
사례연구 4.1   임차수입물품의 취급
사례연구 5.1   협약 제8조 제1항 (나)호의 적용
사례연구 5.2   상 동
사례연구 6.1   보증보험료
사례연구 7.1   실제로 지급했거나 지급하여야 할 금액의 적용
사례연구 8.1   협약 제8조 제1항의 적용
사례연구 8.2   협약 제8조 제1항의 적용
사례연구 9.1   독점대리인, 독점유통업자 및 독점영업권자
사례연구 10.1   제1조 제2항의 적용
사례연구 11.1   특수관계자 거래에 대한 제15조 제4항의 적용
사례연구 12.1   제조원가 이하로 수출 판매된 물품에 대한평가협정 제1조의적용
사례연구 13.1~13.3   관세평가위원회의 결정 6.1의 적용
사례연구 14.1~14.2   협정 제1조제2항(a)에 따른 특수관계자간 거래 검토시 이전가격 문서의 사용

WTO관세평가협정
Agreement on Implementation of Article Ⅶ of the GATT 1994

7 CASE STUDIES

사례연구

사례연구 1.1
협정 제8조 제1항 (b)호에서 규정하고 있는 기술, 개발, 공예 등에 관련된 사례연구 보고서

- **거래사실**

1. 수입국 I에 소재한 NAVAL사는 수출국 E에 소재한 BORG사와 액화메탄가스 생산용 처리설비의 건설 및 판매 계약을 체결한다. NAVAL사가 BORG사에 지급해야 할 설비의 판매 가격은 20억 화폐단위(c.u.)이다. 하지만 계약 조항에는 설비의 건설에 필요한 기술 및 개발과 관련하여 NAVAL사가 BORG사에 5억 c.u.를 추가로 지급할 것을 규정한다.

2. 더욱이, 액화가스 생산은 BORG사가 갖고 있지 않은 특별한 기술이 필요하기 때문에, 계약서에는 또한 BORG가 사용할 수 있도록 알루미늄 액화가스 탱크의 디자인, 건설 및 설치에 필요한 재료 및 기술 용역을 NAVAL사가 부담하도록 규정하고 있다. 또한 NAVAL사는 해당 설비의 수송관 시스템 및 특정 보조 장비에 대해 필요한 기술적 검토와 디자인 작업을 제공하기로 계약서에 동의한다. 수송관 시스템은 NAVAL사가 무료로 제공할 것이다.

* 이 사례연구에서 사용된 이름들은 허구이다.

3. 이러한 목적을 위하여, BORG사(입찰명세서를 준비하고, 입수한 입찰내용을 검토한)의 권고에 따라 NAVAL사는 :

(a) 외국에 소재한 AMERICA사가 그 나라로부터 다음과 같은 물품을 공급하도록 계약한다.

 (ⅰ) 알루미늄 액화가스 탱크의 건설을 위해 BORG사가 요구한 특수재료 : 판매가격 4억 c.u.

 (ⅱ) BORG사가 건설하는 설비에 쓰이는 것뿐만 아니라 수입국에서 VIKING사가 NAVAL사를 위해 건설하는 세 개의 다른 설비에도 쓰이는 (알루미늄 액화가스)탱크의 건설을 위한 설계, 고안 및 도면 : 총 가격 2억 c.u.

 (ⅲ) 각각의 설비에 쓰이는 탱크 건설과 관련한 기술지원 : 총 가격 1억 c.u.

 (ⅳ) BORG사의 공장에서 알루미늄 탱크를 용접하는데 쓰이는 특수기계 10대 : 대당 임대료 1백만 c.u.

 (ⅴ) BORG사 공장에서 탱크를 용접하는 기계에 사용되는 가스 용기 500개 : 단위가격 1만 c.u.

(b) 외국에 소재한 VESPUCIO사가 그 나라로부터 다음과 같은 물품을 공급하도록 계약한다.

　　(i) NAVAL사가 주문한 4개의 설비에 쓰이는 증기시스템 : 총 가격 12억 c.u.

　　(ii) 증기시스템 건설을 위한 설계, 도면 및 기술 문서의 제공을 통한 기술 협력 : 총 가격 1억 8천만 c.u.

(c) 외국의 자회사인 CARTAGO사에게 총 가격 6억 c.u.로 4개의 설비에 공통으로 사용되는 보조 장비에 대한 디자인 작업 수행과 설계 및 고안을 공급하도록 주문하고, 그 중 한 세트를 BORG사에 송부할 것을 지시한다.

(d) 외국에 근거를 둔 CRIMEA 디자인 센터에 4개의 설비에 쓰이는 노(爐)시스템에 대한 도면을 준비하고 그 중 한 세트를 BORG사에 송부하도록 주문한다. 디자인 센터의 기록에는 이 작업에 8,000 노동시간(man-hours)이 소요되고, 회계자료에는 시간당 노무비는 2,000 c.u.라고 표시된다.

(e) 자사 기술부서에는 설비건설에 필요한 모든 재료의 목록을 준비하고 다양한 생산조건에 대한 압력 및 온도 연구를 수행할 것을 주문한다. 이들 연구 결과를 반영하는 그래프와 도면은 수입국에 본사가 있는 SERVO사가 준비하고 NAVAL사로부터 1,200만 c.u.를 지급받는다. NAVAL사는 설비 건설에 사용하기 위해 이들 기술 검토서, 그래프, 도면 한 세트를 BORG사에 송부한다.

4. 수입 이후의 건설 등 모든 작업은 NAVAL사가 자신의 계산으로 수행한다.

7. 사례연구 (CASE STUDIES)

- 과세가격 결정

5. 수입사인 NAVAL사는 BORG사의 설비 건설과 판매, 그리고 재료와 용역에 대한 다른 회사와의 계약과 관련된 모든 상업 서류 및 회계자료를 첨부하여 거래가격에 기초한 가격신고서를 수입국 세관에 제출한다.

6. 해당 쟁점을 검토한 후, 세관은 해당 물품은 제1조에 따라 평가되어야 한다는 결론에 도달한다.

7. 거래가격은 20억 c.u.로 BORG사와의 계약서에 정해진 설비의 판매가격에 다음 금액을 가산하여 계산된다.
   (a) 설비건설에 필요한 기술 및 개발과 관련하여 BORG사에게 지급해야 할 5억 c.u.(상기 1번 단락 참조).

   이 가산은 제8조에 따른 조정이 아니라 사실상 계약에 따라 실제로 지급하였거나 지급하여야 할 총 가격의 일부이다. 때때로 물품의 판매자가 제공하는 기술은 별도로 청구된다. 몇몇 국가에서 이러한 구분은 해외 지급액에 대한 다른 종류의 허가 때문이다.(물품에 대하여는 무역부, 기술지원에 대하여는 산업부). 실제로 지급하였거나 지급하여야 할 가격은 수입물품에 대하여 구매자가 판매자에게 지급하였거나 지급하여야 할 총 금액이다.

   (b) 알루미늄 탱크 건설에 필요한 특수 재료를 BORG사에 공급하기 위해 AMERICA사에게 지급해야 할 4억 c.u. (상기 3 (a) (i) 단락 참조)

   이 조정은 제8조 제1항(b)의 (iv)항목에 따른 가산이 아니라 (i)항목에 따른 가산이다. 왜냐하면 동 항목은 평가시점에 수입되는 설비에 결합되는 재료와 구성요소를 포함하기 때문이다. 설비 구매자는 이들을 설비의 생산 및 수출하기 위한 판매와 관련하여 사용하기 위하여 판매자에게 무료로 제공하였으며, 이들의 가격(value)은 설비의 판매가격으로 정해진 20억 c.u.의 금액에는 포함되어 있지 않다.

(c) 4개의 설비에 쓰이는 탱크의 건설을 위한 설계, 고안 및 도면에 대하여 AMERICA사에 지급해야 할 2억 c.u.의 1/4에 해당하는 5천만 c.u.(상기 3 (a) (ⅱ) 단락 참조)

이것은 제8조 제1항(b)(ⅳ)에 따른 조정이다. 동 항목은 구매자에 의해 무료로 제공되었으며, 수입국 밖에서 수행되고 해당 설비의 생산에 필요한 디자인, 설계 및 고안을 포함하고 있다. 제8조 제1항(b)호에 따라 2억 c.u.로 정해진 이러한 생산지원의 가격은 동일한 알루미늄 탱크를 결합하는 4개의 설비에 배분되어야 한다.

(d) 탱크건설과 관련한 기술지원에 대하여 AMERICA사에 지급해야 할 1억 c.u.의 1/4에 해당하는 2천 5백만 c.u. (상기 3 (a) (ⅲ) 단락 참조)

수입자에 의해 무료로 제공되었으며 AMERICA사의 직원에 의해 BORG사 공장에 제공되는 기술 지원의 가격(value)은 이러한 기술용역을 포함하고 있는 제8조 제1항(b)(ⅳ)에 따라 해당 설비에 대하여 지급하여야 할 가격에 가산되어야 한다. 물론 그 가격은 4개 설비 간에 배분되어야 한다.

(e) 10대의 특수 용접기계를 BORG사에 공급한 대가로 AMERICA사에 지급해야 할 1천만 c.u.(상기 3 (a) (ⅳ) 단락 참조)

이 조정은 제8조 제1항(b)의 (ⅳ)항목에 따른 가산이 아니라 (ⅱ)항목에 따른 가산이다. 왜냐하면 동 항목은 수입되는 설비의 건설에 사용되는 공구를 포함하기 때문이다. 구매자는 오로지 설비의 생산 및 수출하기 위한 판매와 관련하여 사용하기 위하여 판매자에게 무료로 그것들을 공급하였다. 해당 공구의 가격(value)은 취득비용으로 이 사례에서는 임대료로 표시되고 있다.

(f) 가스 용기 500개를 BORG사에 공급하는 대가로 AMERICA사에 지급해야 할 5백만 c.u. (상기 3 (a) (ⅴ) 단락 참조)

이 조정 역시 제8조 제1항(b)의 (ⅳ)항목에 따른 가산이 아니라 (ⅲ)항목에 따른 가산이다. 왜냐하면 동 항목은 설비 구매자에 의하여 무료로 공급되고 설비의 생산과정에 소비되는 재료를 포함하며, 재료의 가격은 설비의 판매가격에 포함되어 있지 않기 때문이다.

(g) 4개의 설비에 쓰이는 증기시스템을 공급하는 대가로 VESPUCIO사에 지급해야 할 12억 c.u.의 1/4에 해당하는 3억 c.u. (상기 3 (b) (ⅰ) 단락 참조)

이 경우의 가산은 제8조 제1항(b)(ⅰ)의 규정에 따른 것이다. 왜냐하면 동 항목은 수입되는 설비에 결합되는 재료, 구성요소 및 부분품을 포함하기 때문이다. 설비 구매자는 설비의 생산 및 수출하기 위한 판매와 관련하여 사용하기 위하여 판매자에게 무료로 그것들을 공급하며, 그것들의 가격은 설비의 판매가격으로 정해진 20억 c.u.에 포함되어 있지 않다.

(h) 4개의 설비에 쓰이는 증기시스템을 위한 설계, 도면 및 기술 문서의 제공에 대한 대가로 VESPUCIO사에 지급해야 할 1억 8천만 c.u.의 1/4에 해당하는 4천 5백만 c.u. (상기 3 (b) (ⅱ) 단락 참조)

이것은 제8조 제1항(b)(ⅳ)에 따른 또 하나의 조정이다. 이는 설비의 건설과 관련하여 사용하기 위한 디자인, 설계 및 도면과 해당 수입 설비의 수입 이전에 수행된 기술지원에 대한 부담금과 비용에 적용된다. 이러한 용역은 구매자에 의해 무료로 판매자에게 간접적으로 공급된 것이며, 이들의 가격은 판매가격에 포함되어 있지 않다.

(i) 4개의 설비에 공통으로 사용되는 보조 장비에 대한 디자인, 설계 및 고안에 대하여 CARTAGO 자회사에 지급해야 할 금액의 1/4에 해당하는 1억 5천만 c.u. (상기 3 (c) 단락 참조).

이러한 생산지원 또한 제8조 제1항(b)(ⅳ)에 포함된다. 구매자는 이들 설계와 고안을 공급하고 수입국 밖에서 수행된 디자인에 대하여 대가를 지급한다. 해당 조정은 수입자가 해외 자회사에 지급한 금액의 1/4에 해당한다.

(j) 4개 설비의 노(爐) 시스템에 대한 설계를 준비하는 비용, 즉 8,000 노동시간에 시간당 노무비 2,000 c.u.를 곱하여 계산된 비용의 1/4 에 해당하는 4백만 c.u.(상기 3 (d) 단락 참조)

제8조 제1항(b)(iv)에 따른 이 조정은 수입 설비의 노(爐) 시스템에 대한 디자인 작업의 가격을 포함한다.

8. 그래프 및 도면에 대하여 NAVAL사가 SERVO사에 지급한 1,200만 c.u.는 해당 용역이 수입국 내에서 공급되었기 때문에 판매가격에 가산되지 않는다. 같은 근거로 NAVAL사 자체의 전문 부서가 제공한 기술용역의 비용도 과세가격을 결정할 때 고려되지 않아야 한다. 이들 두 가지 모두 제8조 제1항(b)(iv)에 대한 주해 제7항의 규정에 따라 배제된다.

9. 요약하면(이 사례연구 목적상 운송비용의 문제는 무시한다) 수입된 설비의 거래가격은 다음과 같이 구성된다.

단위 : 백만 c.u

■ 설비 판매가격	2,000
■ 기술 및 개발에 대한 BORG사 지급 가격	500
■ 탱크재료에 대한 AMERICA사 지급 가격	400
■ 탱크설계에 대한 AMERICA사 지급 가격	50
■ 기술지원에 대한 AMERICA사 지급 가격	25
■ 용접기계에 대한 AMERICA사 지급 가격	10
■ 가스실린더에 대한 AMERICA사 지급 가격	5
■ 증기시스템에 대한 VESPUCIO사 지급 가격	300
■ 설계에 대한 VESPUCIO사 지급 가격	45
■ 보조장비 설계에 대한 CARTAGO사 지급 가격	150
■ 노(爐C)시스템 설계에 대한 CRIMEA사 지급 가격	4
수입설비의 과세가격	3,489

사례연구 2.1
협정 제8조 제1항 (d)호의 적용

- **거래사실**

1. 수입자 M은 특수관계가 없는 수출자 X로부터 양고기의 선적분을 구매하고 수입한다. 선적분은 f.o.b. 수출항 가격으로 청구된다. 계약조건에 따라 M은 송장 가격에 더하여 수입항까지의 운송과 보험에 대한 모든 비용과 부담금 그리고 관세와 제세를 지급하고, 아울러 수입국에서 해당 고기의 전매(轉賣)에 따라 실현된 순이익의 40%를 X에게 송금한다. 계약서에는 전매(轉賣)가격이 명시되지 않았으나 순이익은 전매가격에서 간접 관리비를 제외한 모든 직접 비용을 공제해서 결정된다고 규정한다.

2. 수입시점에 M은 도매상 R1에게 하나의 가격으로 일정량의 양고기를 판매하기로 하였다. 아울러 M은 남은 양고기를 더 작은 관절 단위로 잘라서 포장한 후 냉동식품 체인점인 R2에게 좀 더 비싼 가격으로 판매하기로 하였다.

3. 수입국은 c.i.f.를 기초로 평가협정을 적용한다.

- **과세가격 결정**

4. 위에서 설명한 상황에는 수출하기 위한 판매가 있다. 그리고 제1조의 다른 요건들이 충족된다면 제1조는 수입물품의 과세가격 결정을 위하여 적용될 수 있다. 가산은 제8조 제1항(d)에 따라 송장가격에 수출자에게 귀속되는 순이익의 해당 부분을 고려하여 이루어져야 한다. 거래가격의 실제적인 결정은 다음 예시로 설명된다.(주의 : 수입시점에 필요한 문

서가 입수될 수 없는 경우에는, 협정 제13조에 따라 과세가격의 최종 결정을 합리적인 기간 동안 지연할 필요가 있다.)

〔예시〕
1. 거래가격의 계산에 다음과 같은 부호와 숫자를 차용한다.

P	송품장 가격	2,000,000c.u
T	수출국으로부터 항구까지 또는 수입장소까지의 운임 및 보험료	200,000c.u
D	관세 및 수입부담금(과세가격의 총 20%에 해당)	200,000c.u
Ti	국내운송비	100,000c.u
C	마케팅 비용	150,000c.u
G	R2에 재판매하는 수량의 절단 및 포장비	300,000c.u
Pr1	R1에게 재판매하는 가격	2,700,000c.u
Pr2	R2에의 재판매하는 가격	1,250,000c.u
B	재판매에 대한 순이익	
V	거래가격	

2. 명백하게, 순이익 B는 관세 및 수입 부담금인 D를 기초로 결정되어야 하며, 물품의 과세가격에 좌우되는 이 금액은 순이익을 고려하여 결정되어야 한다. 그러므로 B와 V 요소 간에는 상호의존성이 있다.

3. 거래가격의 계산은 다음과 같이 결정된다.

  $V = P + T + 40B/100$
  $V = 2,000,000 + 200,000 + 40B/100$: 즉

  (1) $V = 2,200,000 + 0.4B$

  전매(轉賣)에 따른 순이익의 금액은
  $B = (Pr1 + Pr2) - (P + T + Ti + C + G + D)$: 즉
  $B = (2,700,000 + 1,250,000) - (2,000,000 + 200,000 + 100,000 + 150,000 + 300,000 + 20V/100)$:

  (2) $B = 1,200,000 - 0.2V$

(1)에 B의 가격을 대입하면,

V = 2,200,000 + 0.4 (1,200,000 - 0.2V)
  = 2,200,000 + 480,000 - 0.08V : 즉
    1.08 V = 2,680,000이므로 V = 2,680,000/1.08

V = 2,481,481 c.u
B = 703,704 c.u
그러므로 c.i.f.를 기초로 한 거래가격은 2,481,481 화폐단위이다.

사례연구 2.2
제8조 제1항 (d)호에 따른 사후귀속이익의 처리

1. 제8조 제1항(d)는 제1조의 규정에 따라 과세가격을 결정함에 있어 해당 수입물품을 추후에 전매, 처분 또는 사용하여 생긴 수익금 중 판매자에게 직접 또는 간접으로 귀속되는 부분의 가치(value)는 수입물품에 대하여 실제로 지급하였거나 지급하여야 할 가격에 가산되어야 한다고 규정하고 있다.

2. 이 호는 제8조 규정에 따라 적절히 조정될 수 있는 경우를 제외하고는, 구매자가 추후에 물품을 전매, 처분 또는 사용하여 생긴 수익의 일부가 직접 또는 간접으로 판매자에게 귀속되지 않는다면 수입물품의 평가에 있어 거래가격의 사용을 허용하는 제1조 제1항(c) 규정과 직접 관련되어 있다. 따라서 제1조제1항(c)의 조건은 제8조에 따라 이루어진 조정을 통해서는 적용될 수 없을 것이다.

3. 제8조 제1항(d)는 일체의 이러한 지급금액의 가산에 대한 원칙을 규정하고 있고, 협정은 그 범위와 적용을 명확하게 하는 주해는 포함하고 있지 않다. 아울러 협정에는 이러한 지급금액이 판매조건이어야 한다고 명시한 언급은 없다는 점에 유념해야 한다. 따라서 단지 이러한 수익의 존재만으로 제8조에 따른 조정이 요구된다.

4. 고려되어야 할 또 하나의 중요한 요소는 지급하였거나 지급하여야 할 가격에 대한 가산은 오직 객관적이고 수량화 할 수 있는 자료에 근거하여 이루어져야 한다고 명시하고 있는 제8조제3항이다. 그렇지 않을 경우에는 거래가격은 결정될 수 없다.

5. 제8조 제1항(d)를 적용함에 있어 해당 수입물품을 추후에 전매, 처분 또는 사용하여 생긴 수익(proceeds)은 수입물품과 관련되지 않는 배당금 또는 기타 지급의 구매자로부터 판매자에게로의 이전과 혼동되지 않아야 한다(제1조 및 제8조, 그리고 그와 관련된 주해 참조)

6. 사후귀속이익(proceeds)에 대한 조정이 요구되고 관련 정보가 수입 시점에 입수될 수 없는 경우에는 협정 제13조에 따라 과세가격의 최종 결정을 합리적인 기간 동안 지연할 필요가 있다.

7. 상기 원칙들을 고려하여 다음은 제1조의 다른 조건이 충족된다는 가정 하에 제8조 제1항(d)의 적용을 설명한다.

7. 사례연구 (CASE STUDIES)

- **거래에 대한 일반사실**

8. X국의 C사는 다른 나라들에 여러 자회사를 소유하고 있다. 모든 자회사들은 C사에서 결정한 회사정책에 따라 운영된다. 이들 자회사 중 일부는 제조회사이며, 일부는 도매상이고 일부는 용역 위주의 회사이다.

9. C사의 자회사인 수입국 Y의 수입자 I는 남성복, 여성복 및 아동복 도매상이다. I는 X국에 소재한 C사의 또 다른 자회사인 제조자 M으로부터 남성복을 구매하고, 국내 제조업체들뿐만 아니라 제3국의 특수관계가 없는 제조업체들로부터 여성복 및 아동복을 구매한다.

- **상황 1**

10. 자회사들 간의 판매와 관련한 C사의 회사정책에 따라 물품은 자회사들 간에 협상된 가격으로 판매되고 있다. 하지만 연말에 수입자 I는 물품에 대한 추가 지급으로써 그 해 동안 제조자 M에게 구매한 남성복의 연간 전매(轉賣) 총액의 5%를 제조자 M에게 지급한다.

11. 이러한 경우, 해당 지급금액은 판매자에게 직접 귀속되는 수입물품의 추후 전매에 대한 수익이며, 그 금액은 제8조 제1항(d)의 규정에 따른 조정으로서 지급하였거나 지급하여야 할 가격에 가산되어야 한다.

- **상황 2**

12. 수입자 I는 모든 공급처로부터 구매한 남성복, 여성복 및 아동복의 연간 총 매출액에 대하여 실현된 총이익의 1%를 C사의 다른 자회사인 용역회사 A에게 지급한다는 사실이 확인되었다. 수입자 I는 이 지급

금액은 해당 수입물품의 전매, 사용 또는 처분과 관련된 금액이 아니라 A사가 C사의 모든 자회사에 제공하는 저금리 대출과 기타 금융서비스에 대하여 A사에게 상환하는 회사 정책에 따라 지급하는 것이라는 증거를 제출하였다.

13. 용역회사 A는 해당 수입물품의 판매자와 특수관계에 있으므로 해당 지급 금액은 판매자에 대한 간접지급으로 간주될 수 있다. 하지만 그것은 수입물품과 관련 없는 금융서비스에 대한 지급금액이다. 그러므로 해당 지급금액은 제8조 제1항(d)에서 의미하는 사후귀속이익(proceeds)으로 간주되지 않는다.

- **상황 3**

14. 수입자 I는 회계 연도 말에 그 해에 걸쳐 실현된 순이익의 75%를 C사에 송금한다는 사실이 확인되었다.

15. 이러한 경우, I가 C사에 송금한 금액은 수입물품과 관련되지 않는 배당금 또는 기타 지급의 구매자로부터 판매자에게의 이전을 나타내기 때문에 사후귀속이익(proceeds)으로서 간주될 수 없다. 그러므로 제1조(지급하였거나 지급하여야 할 가격)에 대한 주해에 따라, 송금액은 과세가격의 일부가 아니다.

사례연구 3.1
협정 제1조의 조건과 제한[2]

- **거래사실**

1. 외국의 자동차 제조업체 M은 수입국 I의 도매상 D와 계약을 체결하였고 D는 수입국에서 자동차 제조업체 M의 독점공급권자(독점유통업자) 역할을 할 것이다.

2. 제조자 M과 공급권자(유통업자) D간의 독점공급(독점유통)계약의 구체적인 규정은 다음과 같다.
   (a) D의 판매권은 공급권자(유통업자)의 영역(즉, 수입국 I) 외의 국가로 확장되지 않는다.
   (b) D는 그의 영역 내에서 소매가격과 딜러에 대한 할인율을 정해야 한다.
   (c) D는 2~3개월의 자동차 재고분과 이에 상응하는 예비부품의 재고를 유지하여야 한다.
   (d) D는 M으로부터 최대 수량의 자동차를 수입하여 판매하는 노력을 아끼지 말아야 한다. 최소 판매량에 미달하였을 경우에는 M은 계약을 종료할 수 있는 권리를 가진다. 각각 다른 자동차 브랜드와 모델 별 최소 판매량은 M이 정한다. 그러나 각 브랜드와 모델에 대해 정해진 수량에 미달한다 할지라도 정해진 수량은 융통성 있게 절충이 가능하다. 또한 D는 M에게 적절한 통지를 함으로써 계약을 종료할 수 있는 권리를 보유한다.

---

[2] * 이 사례연구는 단지 제1조의 제한과 조건만을 다루며 제15조의 당사자 간 특수관계와 같은 쟁점에 대해서는 다루지 않는다.

(e) D는 전시장을 유지하고 적합한 직원을 훈련된 판매원으로 고용하거나 작업장을 갖춘 딜러 체인을 설립해야 한다.

(f) D는 영역 내에서 자동차에 대한 광고활동을 수행하여야 한다.

(g) D는 영역 내에서 사용되는 M사의 모든 자동차에 대하여 A/S를 제공하여야 한다.

(h) M은 D의 영역 내의 어느 회사에게도 자동차를 판매해서는 안 된다.

(i) D는 자신이 수입한 자동차에 대해 어떠한 수량할인도 받지 않아야 한다.

▪ 구체적 사실

3. 가장 인기있는 모델에 대해 M이 D에게 판매하는 가격은 수량에 상관없이 대당 12,000 c.u.이며 M은 일반적으로 자기 자동차를 제3자에게 판매하지 않기 때문에 M이 I국으로의 판매와 관련하여 거래 단계에 따라 자신의 판매가격을 변경한다는 증거는 없다.

4. I국의 렌트카 대리점 R은 M으로부터 동일 차종의 자동차 10대를 구매하고자 한다. R은 D의 세전 최저가격인 21,000 c.u.를 지급할 준비가 되어 있지 않기 때문에 10대를 직접 구매하기 위하여 M과 협상을 시작한다. M은 기꺼이 R에게 대당 12,600 c.u.로 동일한 모델의 자동차 10대를 판매할 의사를 표명하였으나, M은 D와의 독점공급권자(독점유통업자)계약에 따라 그렇게 할 수 없게 되어 있다. D는 자신이 수행하는 의무에 구속되지 않은 R이 I국에서 D의 판매가격 이하로 해당 자동차를 전매(轉賣)하여 실질적으로 자기(D)의 사업에 영향을 줄 수 있다는 것을 우려한다. D는 M과 R의 판매는 다음 조건에 따라 이루어져야 한다고 주장한다.

(a) R은 해당 자동차를 렌트카용으로 등록하여야 한다.

(b) R은 등록일로부터 1년 이내에는 자동차들을 전매(轉賣)하지 않아야 한다.

5. M의 국가를 방문한 몇몇 방문객들은 대당 면세 수출가격 13,900 c.u.로 동일한 자동차를 I국으로 수출하기 위하여 M으로부터 구매한다. 이러한 여행객에 대한 판매는 독점공급권(독점유통업) 계약에 의해 금지되지 않는다.

- 과세가격 결정

[독점공급권자(유통업자)에 의한 수입]

6. 독점공급(독점유통)계약에 대한 검토 결과는 다음과 같다.

(a) D의 판매권은 공급권자(유통업자)의 영역(즉, 수입국 I) 외의 국가로 확장되지 않는다. 이 규정은 해당 물품이 전매(轉賣)될 수 있는 지리적인 영역을 한정하는 것으로, 협정 제1조 제1항(a)호 (ii)에서 허용하는 제한이다.

(b) D는 그의 영역 내에서 딜러에 대한 소매가격과 할인율을 정해야 한다. 이 규정은 협정 제1조에서 규정하고 있는 제한이나 조건이 아니다.

(c) D는 2~3개월의 자동차 재고분과 이에 상응하는 예비부품의 재고를 유지해야 한다. 이 규정은 예상되는 판매와 수리를 위하여 적절한 재고를 유지하도록 요구하는 통상적인 사업 관행에 일치한다. 다른 물품을 구매해야 한다는 것을 의미하는 판매조건이라기 보다는 오히려 제1조 제1항(b)호에 대한 주해 제2항의 규정에서 정하고 있는 수입물품의 마케팅과 관련한 조건이나 사정(consideration)이다.

(d) D는 M으로부터 최대 수량의 자동차를 수입하여 판매하는 노력을 아끼지 말아야 한다. 최소 판매량에 미달하였을 경우에는 M은 계약을 종료할 수 있는 권리를 가진다. 각각 다른 자동차 브랜드와 모델 별 최소 판매량은 M이 정한다. 그러나 각 브랜드와 모델에 대해 정해진 수량에 미달한다 할지라도 정해진 수량은 융통성 있게 절충이 가능하다. 또한 D는 M에게 적절한 통지를 함으로써 계약을 종료할 수 있는 권리를 보유한다. 이 규정은 협정 제1조에서 규정하고 있는 제한이나 조건이 아니다.

(e) D는 전시장을 유지하고 적합한 직원을 훈련된 판매원으로 고용하거나 작업장을 갖춘 딜러 체인을 설립해야 한다. 이 규정은 통상적인 사업 관행에 일치하는 것으로 해당 수입물품의 마케팅과 관련한 조건이나 사정(consideration)으로 취급된다.

(f) D는 영역 내에서 자동차에 대한 광고활동을 수행하여야 한다. 이 규정은 통상적인 사업 관행에 일치하는 것으로 해당 수입물품의 마케팅과 관련한 조건이나 사정(consideration)으로 취급된다.

(g) D는 영역 내에서 사용되는 M사의 모든 자동차에 대하여 A/S를 제공하여야 한다. 이 규정은 통상적인 사업 관행에 일치하는 것으로 해당 수입물품의 마케팅과 관련한 조건이나 사정(consideration)으로 취급된다.

(h) M은 D의 영역 내의 어떠한 회사에게도 자동차를 판매해서는 안 된다. 이 규정은 제1조에서 규정하고 있는 제한이나 조건이 아니다.

(i) D는 자신이 수입한 자동차에 대해 어떠한 수량할인도 받지 않아야 한다. 이 규정은 제1조에서 규정하고 있는 제한이나 조건이 아니다.

7. 사례연구 (CASE STUDIES)

[렌트카 대리점에 의한 수입]

7. 수입자동차의 과세가격 결정을 위하여 어떤 조(article)가 사용되어야 하는지에 대한 결론에 도달하기 이전에 R에 대한 M의 판매절차를 검토하는 것이 필요하다.

8. M과 R사이의 계약을 검토하면, 구매자가 물품을 처분하고 사용하는 데 두 가지 제한이 있는 것으로 보인다.
   (ⅰ) R은 해당 자동차를 렌트카용으로 등록하여야 한다.
   (ⅱ) R은 등록일로부터 1년 이내에는 자동차들을 전매(轉賣)하지 않아야 한다.

9. M은 R에게 12,600 c.u.에 자동차를 판매하려고 하였기 때문에 만약 D가 M에게 그렇게 하도록 허락한다면 D의 사업을 보호하기 위하여 R에게만 부과된 제한은 해당 자동차 가격에는 영향을 미치지 않는다. 결론적으로 가격은 제1조의 규정에 따라 결정될 수 있다.

[여행자에 의한 수입]

10. 여행자가 I국으로 동일한 자동차를 수입하는 것과 관련하여, 비록 거래가 수출국 시장에서 이행되었을 할지라도 그 거래의 사실이 수입국으로 "수출하기 위한 판매"로서의 가격의 특징을 나타내고 있다는 사실을 고려해야 한다. 그러므로 이 범주에 대한 과세가격은 거래가격, 즉 13,900 c.u.에 필요한 경우 조정된 거래가격에 기초하여야 한다. (연구 1.1 - 중고자동차의 처리 참조)

사례연구 4.1
임대차물품(rented or leased goods)의 평가처리방법

거래사실

1. 기내식 공급업에 종사하는 X국의 I사는 국영 항공사와 승객들에게 제공하기 위한 특별한 낱개 포장의 조리된 식품을 제공하는 중기(mid-term) 기내식 공급 계약을 체결한다.

2. 이러한 목적을 위한 이전(以前)의 포장기계들은 다른 회사에 의하여 수입되어 왔으나, 계약기간을 고려하고 사전 비용 효과 분석에 근거하여 I사는 필요한 포장기계를 임차하기로 결정한다. 그래서 Y국의 임대회사 A사와 계약을 체결한다. I사가 제공한 사양서에 기초하여 임대회사 A는 자신의 계산으로 Y국의 국내 제조업체 B로부터 기계장치를 구매하고 I사는 공장인도 조건으로 인수한다. A가 제조업체 B에게 지급한 가격은 Y국의 국내시장에서의 물품가격이다.

3. 통관시 I사는 임차계약서 사본을 세관에 제출한다.

4. 임대차계약 조건은 다음과 같다.
   (a) 기계장치의 인도, 현장에서의 조립 뿐 아니라 그것의 분해 그리고 임대인이 지정한 주소로의 반환에 대한 모든 비용은 임차인이 부담하여야 한다.
   (b) 기계장치를 조립하고 가동하기 위한 기술 인력은 B사가 제공하여야 한다. 이러한 활동에 대한 비용은 임차인이 부담하여야 한다.
   (c) 임차인은 총 임차기간(공장인도부터 임대인에게 반환될 때까지) 동안 해당 기계장치에 보험을 들어야 한다.

(d) 임차 및 수입과 관련하여 지급하여야 할 일체의 수수료, 관세 및 제세는 임차인이 지급하여야 한다.

(e) 임차기간은 36개월이며, 갱신할 수 있다.

(f) 매월 임차료는 5,300 c.u.이다. 연장하는 경우 임차료는 월 15% 인하한다.

5. 임차계약서 외에 임차인은 세관에 다음과 같은 정보와 문서를 제공한다.
   - 임대인은 은행의 자회사이다.
   - 임대인은 이러한 유형의 계약에 대한 임차료에 9%의 이자(Y국에서 중기 대출에 적용하는 이자율)를 포함한다는 것을 나타내는 증거서류
   - 매월 임차료에는 또한 기본 계약기간 동안 지급하여야 할 총 금액에 대해 1.5%로 계산된 임대인의 수수료가 포함되어 있음을 보여주는 서류
   - 임대인이 제조자 B에게 지급한 기계장치의 가격을 표시하는 송장 사본

- **과세가격 결정**

6. 수입국 X에 이러한 기계장치가 수입된 것은 처음이므로 제2조 및 제3조의 적용은 배제되고, 거래의 특성 때문에 제5조는 적용될 수 없다. 산정가격 결정에 필요한 자료는 입수할 수 없다. 세관은 제7조에 따라 가격을 결정해야 한다.

7. 제7조에 따른 과세가격 결정을 위하여 협정 및 「1994년 GATT 제7조」의 원칙과 일반 규정에 부합하는 합리적인 방법을 사용하는 다양한 접근방법이 있지만, 이 경우에 해당 기계장치의 총 경제적 내구 연한 동안 지급하여야 할 임차료에 기초하여 과세가격을 결정하기로 정했다. 세관과 임차인 간의 협의를 통하여 경제적 내구 연한은 60개월로 추정되었다.

8. 36개월 동안은 매월 임차료는 5,300 c.u.이고 나머지 24개월 동안은 (15% 인하하여) 4,505 c.u.이다. 이들 금액에 포함된 9%의 이자요소는 이자에 대한 제네바 결정(Geneva Decision)에서 규정하고 있는 조건을 충족하는 한 공제되어야 한다.

9. 기본 계약기간에 대해 지급하여야 할 총 금액에 대한 1.5%의 수수료는 제8조 제1항(a)(i)의 조건에 따른 구매수수료로 간주될 수 없다는 사실이 확인되었다. 이 수수료는 실제로 임대인의 이윤이므로 공제되지 않아야 한다.

10. 각 당사자의 국내 법률에 따라, 제8조제2항에 열거된 요소들은 과세가격에 포함되거나 제외된다. 임차 및 수입과 관련하여 지급하여야 할 기계장치 조립을 위한 기술 인력에 대한 비용, 수수료, 관세 및 제세는 과세가격의 일부가 아니다.

11. 과세가격을 결정하기 위하여 이자를 제외한 임차료는 특정한 부호를 채택한 다음의 공식에 기초하여 결정될 수 있다.

R_1 = 기본 계약기간동안 지급할 월 임차료 (36개월)

R_2 = 기계에 대한 잔존 경제적 내구 연한 동안 지급할 월 임차료 (24개월)

Q = 1 + i, i는 매월 이자율을 나타낸다 (0.0075)

N = 지급회수

기본계약 기간 동안 이자를 제외한 임차료 계산

(a) 임차료가 후불로 지급되는 경우 :

$$\frac{R_1(Q^n - 1)}{Q^N(Q-1)}$$

다음의 계산식은 상기 공식을 대입한 실례이다.

$$\frac{5{,}300\,(1.0075^{36}-1)}{1.0075^{36}\,(1.0075-1)} = \frac{5{,}300\,(1.3086-1)}{1.3086\,(1.0075-1)}$$

$$= \frac{5{,}300 \times 0.3086}{1.3086 \times 0.0075} = \frac{1{,}653.58}{0.0098} = 166.896$$

(b) 임차료가 선불로 지급되는 경우 :

$$\frac{R_1\,(Q^N-1)}{Q^{N-1}\,(Q-1)}$$

다음의 계산은 상기 공식을 대입한 실례이다.

$$\frac{5{,}300 \times (1.0075^{36}-1)}{(1.0075^{36-1})(1.0075-1)} = \frac{5{,}300\,(1.3086-1)}{1.2989 \times 0.0075}$$

$$= \frac{5{,}300 \times 0.3086}{1.2989 \times 0.0075} = \frac{1{,}635.58}{0.00974} = 167.924$$

기계의 잔존 경제적 내구연한 동안의 이자를 제외한 임차료 계산

(a) 임차료가 후불로 지급되는 경우

$$\frac{R_2\,(Q^{N-1}-1)}{Q^N\,(Q-1)}$$

사례연구 4.1

다음 계산식은 상기 공식을 대입한 실례이다.

$$\frac{4{,}505\,(1.0075^{24}-1)}{1.0075^{24}\,(1.0075-1)} = \frac{4{,}505\,(1.1964-1)}{1.1964\,(1.0075-1)}$$

$$= \frac{4{,}505 \times 0.1964}{1.1964 \times 0.0075} = \frac{884{,}782}{0.00897} = 98.638$$

(b) 임차료가 선불로 지급되는 경우

$$\frac{R_2\,(Q^N-1)}{Q^{N-1}\,(Q-1)}$$

다음 계산은 상기 공식을 대입한 실례이다.

$$\frac{4{,}505\,(1.0075^{24}-1)}{(1.0075^{24-1})\,(1.0075-1)} = \frac{4{,}505\,(1.1964-1)}{1.1875 \times 0.0075}$$

$$= \frac{4{,}505 \times 0.1964}{1.1875 \times 0.0075} = \frac{884{,}782}{0.0089} = 99.414$$

12. 이 경우, 제8조 제2항에 열거된 요소와 관련한 국내 법률 규정을 조건으로, 위에서 표시된 대로 계산된 기계장치의 총 경제적 내구 연한 동안 지급하여야 할 총 임차료는 과세가격을 구성한다.

7. 사례연구 (CASE STUDIES)

사례연구 5.1
제8조 제1항 (b)호의 적용

장갑차에 대한 생산지원 : 기본차량

- 거래사실

1. 수입국 Y의 수입자 I는 세관통관을 위해 장갑차 10대를 제시한다. 동 차량의 장갑 작업은 수출국 X의 A사가 수행하였다. 기본 차량은 수입자 I가 수출국 X의 제조자 M으로부터 총 가격 17,400,000 c.u.에 구매하여, 구입 후 사용되지 않은 상태로 A에게 무상으로 제공되었다.

2. 수입시점에, I는 장갑 작업에 대한 43,142,000 c.u.의 A의 송장과 기본 차량에 대해 I에게 17,400,000 c.u.를 청구하는 제조자 M의 송장을 보여 준다.

- 과세가격 결정

3. 이 사례에서 장갑차는 함께 해석되는 제1조 및 제8조의 규정에 따라 평가되어야 한다. 기본 차량의 비용은 제8조 제1항(b)(i)에 따른 조정으로서 장갑 작업에 대하여 실제로 지급하였거나 지급하여야 가격에 가산되어야 한다. A는 장갑차를 판매한 것이 아니라 장갑 용역을 제공한 것이기 때문에 I와 A간의 거래에 적용되는 바와 같이 "판매" 라는 용어는 권고의견 1.1의 (b) 단락에 따라 가장 넓은 의미에서 물품의 판매로 간주될 것이다. 그러므로 이 사례의 목적상 운송비용 및 관련 비용을 고려하지 않은 장갑차의 거래가격은 60,542,000 c.u.이다.

사례연구 5.2

협정 제8조 제1항 (b)호의 적용

경주용 자동차의 제조에 대한 생산 지원: 카뷰레터, 전자측정장비, 경주트랙시험을 위한 연료 및 설계와 고안

- 거래사실

1. 수입국 Y에 위치한 I사는 수출국 X의 자동차 제조자 M에게 동종·동질의 경주용 자동차 3대를 주문한다. 이들 자동차는 I가 요구한 특정 기술사양에 맞게 제조되어야 한다. 사양서 내용은 다음과 같다.

    (a) 자동차 카뷰레터는 Q국의 A사가 제조하고 I는 M에게 이를 무료로 제공한다. 비용은 개당 10,000 c.u.이다.

    (b) 자동차 엔진 시험은 P국의 B사가 제조한 전자측정 장비로 M공장에서 수행한다. 동 측정장비는 I가 B에게 임차하여 M의 생산라인에 무료로 공급한다. 시험과정을 통과한 엔진은 자동차 차체에 결합되지만 불합격된 엔진은 폐기된다. M의 공장에 인도되어 설치된 장비의 임차료는 60,000 c.u.이다.

    (c) 자동차의 성능이 제작 사양을 충족하는지 확인하기 위한 경주트랙시험은 Q국의 C사가 생산한 특수한 연료 5,000 ℓ를 사용하여 M이 수행한다. I는 이 연료를 C가 자기에게 청구한 가격의 40%에 해당하는 특별가격으로 M에게 공급하는데, C가 I에게 청구한 가격은 리터당 10 c.u.이다.

    (d) 자동차의 차체는 R국의 D사가 작성한 설계 및 고안에 따라 M이 조립한다. 설계 및 고안은 M에게 무료로 제공되며 I가 부담하는 비용은 12,000 c.u.이다.

(e) 자동차 기어박스는 수입국 Y에 위치한 I의 기술지원부서가 수행하고 M에게 무상으로 제공된 설계 및 고안에 따라 M이 제조한다. 이러한 설계 및 고안의 제작비용은 8,000 c.u.이다.

2. 3대의 자동차 수입시점에 I는 수입국 Y의 세관당국에 거래가격에 기초한 가격 신고서와 함께 M의 자동차 생산 및 제공된 재료, 기타 물품과 용역에 대한 계약에 관련된 모든 상업서류 및 회계자료를 첨부하여 제출한다.

- **과세가격 결정**

3. 신고가격은 경주용 자동차 3대에 대한 M의 송장 가격 900,000 c.u.에 기초하고, 송장가격에 다음 금액이 조정으로서 가산된다 (이 사례연구의 목적상 제공된 물품 및 용역과 관련한 운송비용 및 관련비용의 문제는 고려하지 않는다)

(a) 수입 자동차에 결합되는 구성요소로서 카뷰레터와 관련하여 I가 A에게 지급한 30,000 c.u.; 제8조 제1항(b)(i)에 따른 조정

(b) 수입물품 생산에 사용되는 공구, 금형, 주형 및 이와 유사한 물품으로서 전자측정 장비를 M에게 공급하기 위해 I가 B에게 지급한 60,000 c.u.; 제8조 제1항(b)(ii)에 따른 조정

(c) 수입자동차의 생산과정에 소비되는 재료로서 경주트랙시험을 위해 M에게 제공된 연료에 대하여 C가 I에게 청구한 가격의 60%에 상당하는 30,000 c.u., 이 가격의 40%는 송장가격에 이미 포함된 것으로 이해된다; 제8조 제1항(b)(iii)에 따른 조정

(d) R국에서 수행된 수입 자동차의 생산에 필요한 자동차 차체의 설계 및 고안을 위해 I가 D에게 지급한 12,000 c.u.; 제8조 제1항(b)(iv)에 따라 가산되는 조정

4. 세관당국은 자동차 기어박스에 대한 설계 및 고안의 생산비용인 8,000 c.u.를 거래가격에서 제외하는 것을 수용한다. 이는 이러한 지원은 I의 기술지원(부서)에 의해 수입국내에서 제공되기 때문이다 ; 제8조 제1항 (b)(iv)의 규정에 따른 공제

5. 관세목적상 자동차 3대에 대한 M의 공장인도 가격(value)은 1,032,000 c.u.로, 수입국의 국내 법률에 규정되어 있다면 이 가격에 수입국까지 운송비용 및 관련비용이 가산된다.

사례연구 6.1
하자보증 보험료

- **거래사실**

1. 수출국 X에 위치한 판매자 S는 같은 X국의 M이 생산한 자동차의 수출자이다. 판매자 S는 수입국 Y의 구매자 B와 판매계약을 체결하였다. 판매계약의 조건 중 하나에 따라 2년의 하자보증(예비부품과 수리작업)이 B가 구매한 자동차에 제공된다. 1차 년도의 하자보증에 대한 비용은 B가 지급하여야 할 자동차 가격에 포함된다.

2. 판매계약은 구매자 B가 2차 년도의 하자보증 비용을 대당 일정 금액으로 계산된 별도의 지급금액의 형태로 판매자 S에게 지급하도록 규정하고 있다. 각 선적분의 자동차에 적용되는 지급금액은 선적 후에 청구된다. 지급하여야 할 금액은 2차 년도의 하자보증기간 동안 클레임이나 보상이 있었는지 여부에 상관없이 확정된다.

3. 판매자 S는 T국에 위치한 보험회사 N과 2차 년도의 하자보증에 대해 보험계약을 협상한다. 계약에 따르면 보험회사는 자동차에 제공되는 2차 년도의 하자보증과 관련한 모든 클레임에 대하여 구매자 B에게 직접 전액 보상한다. 보험회사는 판매자로부터 보험료를 받는다.

4. 하자보증 1차 년도 동안의 클레임 및 보상은 제조자와 구매자 사이에 직접 정산되며, 2차 년도 동안의 보험회사와 구매자 사이에 정산된다.

▪ 평가처리

5. 실제로 지급하였거나 지급하여야 할 가격은 제1조에 대한 주해에서 수입물품에 대하여 구매자가 판매자에게 또는 판매자의 이익을 위하여 지급하였거나 지급하여야 할 총 금액으로 정의된다는 점을 유의해야 한다. 이러한 정의는 부속서 III의 제7항에서 실제로 지급하였거나 지급하여야 할 가격은 수입물품의 판매조건으로, 구매자가 판매자에게, 또는 구매자가 판매자의 의무를 이행하기 위하여 제3자에게 실제로 행하였거나 행할 모든 지급을 포함한다고 더 자세히 설명하고 있다.

6. 이 사례의 경우, 1차 년도의 하자보증비용은 실제로 지급하였거나 지급하여야 할 가격의 일부이다. 2차 년도의 하자보증비용 역시 비록 별도로 지급되었다 할지라도 수입 자동차에 대하여 구매자가 판매자에게 실제로 지급하였거나 지급하여야 할 금액의 일부이다.

사례연구 7.1
실제로 지급하였거나 지급하여야 할 가격의 적용

- **거래사실**

1. 수입업체는 10,000 c.u위 가격으로 기계를 구매한다.

2. 쟁점 기계는 고도로 전문화되고 첨단기술이 체화되어 있어 정교한 작동 방법의 사용이 요구된다. 따라서 판매자는 구매자에게 기계의 조작을 가르치기 위한 훈련과정을 준비했다. 훈련과정은 수입이전에 수출국내 판매자의 공장에서 개최된다. 훈련비는 500 c.u.이다.

3. 기계의 세관통관 이전에 수입자/구매자는 기계가격에 대한 송장을 제출한다.

4. 훈련과정과 관련한 금액을 세관 신고서에 포함해야 할 것인지 여부를 확신할 수 없는 수입자는 세관에 훈련과정의 비용에 대한 별도의 계산서를 제출한다.

- **상황 1**

5. 판매계약에 따르면, 훈련과정이 필요한지 여부 또는 훈련과정에 참가하지 않고도 기계를 조작할 수 있는지 여부를 결정하는 것은 구매자에게 달려 있다. 훈련비는 구매자가 실제로 참가한 경우에만 지급된다. 정보에 따르면, 세관통관 시점에 구매자는 훈련과정에 참석했다. 또한 기계가격이 10,000 c.u.임을 확인할 수 있다.

7. 사례연구 (CASE STUDIES)

▪ 과세가격 결정

6. 제1조에 대한 주해 및 부속서 Ⅲ의 제7조는 실제로 지급하였거나 지급하여야 할 가격은 수입물품에 대하여 직접 또는 간접으로 구매자가 판매자에게 또는 판매자의 이익을 위하여 실제로 지급하였거나 지급하여야 할 총금액이라는 점을 명확하게 하고 있다. 이 가격은 수입물품의 판매조건으로 구매자가 판매자에게 실제로 행하였거나 행할 모든 지급을 포함한다.

7. 훈련과정에 대한 지급 없이도 기계를 구매할 수 있다면 훈련과정에 대한 지급은 판매조건이 아니다. 훈련비가 별도로 청구되었다는 사실은 구매자가 훈련과정에 참가하였다는 것을 암시한다. 이 사례에서, 훈련과정에 대한 지급은 기계에 대한 판매조건이 아니기 때문에 수입물품에 대하여 지급된 것이 아니다. 실제로 판매계약은 두 가지 요소, 즉 물품의 공급과 훈련과정 제공으로 이루어져 있다. 훈련과정에 대한 지급 없이 기계를 구매할 수 있는 한 이들 두 가지 요소는 별개이다.

8. 따라서 훈련과정에 대한 지급은 판매조건이 아니기 때문에 상기 6번 단락에서 언급한 규정에 따라 과세가격의 일부가 아니다.

▪ 상황 2

9. 훈련과정에 대한 지급은 판매계약에 명시된 요구사항이며 구매자가 훈련과정에 참석하지 않더라도 지급되어야 한다.

- **과세가격 결정**

10. 훈련과정에 대한 지급액은 판매조건이다. 구매자가 실제로 훈련과정에 참가하지 않았더라도 훈련과정에 대한 지급 없이는 기계를 구매할 수 없기 때문이다. 이 사례에서, 훈련과정에 대한 가격을 포함한 총 지급은 판매조건으로 지급되기 때문에 상기 6번 단락에서 언급한 규정에 따라 수입물품에 대하여 지급된다. 이것은 훈련비가 별도의 계산서에 표시된다 하더라도 동일하다.

- **상황 3**

11. 판매계약은 구매자에게 훈련과정 참석과 훈련비 지급 두 가지 모두를 의무화한다.

- **과세가격 결정**

12. 훈련비 지급은 상기 상황 2와 같은 이유로 물품의 과세가격의 일부를 구성한다.

7. 사례연구 (CASE STUDIES)

사례연구 8.1
제8조 제1항의 적용

- **거래사실**

1. ICO는 수입국의 소매상에게 최신유행의 남성복을 판매한다. 모든 의류는 해외 공급자인 XCO로 부터 수입된다. XCO는 ICO를 대리하는 LCO가 무료로 제공하는 패턴지를 사용하여 의류를 만든다. 제3국의 LCO는 최신 유행의 남성복을 전문적으로 디자인하고 있다. ICO, XCO 및 LCO간의 관계는 제15조 제4항에서 규정하고 있는 특수관계가 아니다.

2. ICO는 LCO와 권리사용계약을 체결하고 이에 따라 ICO는 다음과 같은 권리를 부여받는다.
   (1) 수입국에서 LCO의 디자인이 구현되어 있는 의류를 공급할 수 있는 독점적인 사용권한
   (2) LCO가 개발한 종이패턴과 구체화된 디자인을 사용할 수 있는 권리

3. 아울러 권리사용계약에서 LCO는 ICO가 지명하는 자는 누구든지 디자인과 패턴지를 공급한다. ICO는 다양한 규격의 의류를 만드는데 필요한 패턴지(디자인이 재현되어 있는) 여러 장의 복제물을 XCO에게 제공하도록 LCO에게 지시한다.

4. ICO는 XCO에게 한벌당 200 화폐단위를 지급한다. 권리사용계약에 따라 ICO는 의류 총 매출액의 10%에 해당하는 권리사용료를 LCO에게 지급한다. 수입시 모든 의류는 한벌당 400 화폐단위로 소매업자에게 판매된다. 그러므로 수입시 한벌당 LCO에게 지급되는 권리사용료는 40 화폐단위라는 것을 알 수 있다.

과세가격 결정

5. 수입자는 LCO와 체결한 권리사용계약서와 이 권리사용계약서에서 부여된 권리사용에 대해 지급되는 지급액 모두와 관련된 일체의 서류와 첨부하여 거래가격에 기초한 가격신고서를 수입국의 관세당국에 제출한다.

6. 제1조 제1항 (a)호 내지 (d)호에서 규정하고 있는 모든 규정을 충족하고 있기 때문에 관세의 과세가격은 거래가격방법으로 결정되어야 한다.

실제로 지급하였거나 지급하여야 할 가격

7. 제1조에 따라 한벌당 실제로 지급하였거나 지급하여야 할 가격은 200화폐단위이다. 이것은 구매자가 한벌에 대하여 판매자에게 또는 판매자의 이익을 위하여 지급한 총 금액이기 때문이다.

조정요소

8. 관세당국은 의류 한벌당 40화폐 단위로 추가 지급한 금액이 수입된 의류의 관세가격의 일부를 형성하는지 여부를 결정하기 위하여 추가 지급한 금액에 대한 정확한 본질을 규명하여야 한다. 만약 해당 사실이 제8조 제1항 (b)호("생산지원비용")의 요소와 관련된 권리사용료로 규정하고 있는 지급액으로 보이는 경우에는 관세당국은 제8조 제1항 (b)호를 적용할 것이고 그렇지 않다면 관세당국은 지급금액이 제8조 제1항 (c)호에서 규정하고 있는 조건을 충족하는지 여부를 검토해야 한다.

9. 패턴지는 주형 또는 금형과 유사한 기능을 수행한다. 구매자는 권리사용 허가권자인 LCO를 통하여 무료로 패턴지를 공급하고 패턴지는 수입물품의 수출을 위하여 생산과 판매에 사용한다. 이들 패턴지는 제8조 제1항 (b)호 (ⅱ)항에서 규정하는 생산지원에 해당하고 아울러 디자인 비용을 포함한 패턴지 가격은 수입물품에 대하여 실제로 지급하였거나 지급하여야 할 가격에 가산되어야 한다.

10. 제8조 제1항 (b)호 (ⅱ)항 대한 주해는 요소가격을 결정하는데 있어 2가지 방법을 규정하고 있다. 첫째, 수입자가 취득 비용으로 수입자와 특수관계에 있지 않은 판매자로부터 요소를 취득하는 경우에는 해당 요소가격은 취득 비용이다. 둘째, 해당요소를 수입자가 생산하거나 수입자와 특수관계에 있는 자가 생산한 경우에는 요소가격은 요소의 제조원가가 된다. 이 사례에 있어, ICO는 LCO와 특수관계에 있지 않다. 그러므로 패턴지 가격은 LCO로부터 패턴지를 취득하기 위하여 ICO 가 지급한 비용이 될 것이다. ICO는 LCD의 권리사용계약에 따라 패턴지를 취득한다. 권리사용에 대한 대가로 ICO는 LCO에게 해당 의류에 대한 ICO의 총 판매가격의 10%에 해당하는 금액을 지급해야 한다. 그러므로 패턴지를 취득하기 위하여 ICO가 지급한 비용은 총 판매가격(400 화폐단위)의 10% 또는 한벌당 40 화폐단위이다.

11. 추가로 지급하는 40 화폐단위가 제8조 제1항 (b)호에 따라 수입의류의 관세의 과세가격에 포함되어야 한다면, 제8조 제1항 (c)호의 규정에 라 동 금액이 실제로 지급하였거나 지급하여야 할 가격에 가산할 수 있는지 여부는 고려할 필요가 없다.

▪ 결론

12. 의류 한벌에 대한 거래가격은 240 화폐단위이다. 즉, 요약하면 실제로 지급하였거나 지급하여야 할 가격은 200 화폐단위이고 40 화폐단위는 이 사례에서 권리사용료가 평가목적상 생산지원에 대한 지급금액으로 처리되는 한 제8조 제1항 (ⅱ)항목에서 규정하고 있는 조정금액이다.

사례연구 8.2
협정 제8조 제1항의 적용

▪ 거래사실

1. ICO는 다수의 비디오 레이저 디스크 복제물을 XCO로부터 구매한다. 이 디스크는 수출국의 XCO가 제작한 저작권 대상이 되는 뮤직비디오 클립이 체화되어 있다. ICO는 제3국의 LCO와 별도의 권리사용계약에 따라 디스크에 체화되어 있는 뮤직비디오클립을 사용할 권리를 획득했다. ICO와 체결한 권리사용계약에 따라 LCO는 디스크에 체화되어야 하는 뮤직비디오클립의 선정을 위해 마스터 테이프를 편집하였다. ICO는 마스터테이프를 XCO에게 무료로 제공했다. ICO, XCO 및 LCO는 제15조 제4항의 특수관계에 있지 않다.

2. 마스터테이프는 XCO의 생산과정의 기초역할을 한다. 이미지가 전사된 마스터테이프는 레이져디스크스템퍼로 동종·동질의 형태로 복제된다. 다수의 디스크 복제품은 스템퍼로 만들어진다. 그러므로 각각의 디스크는 마스터테이프의 동종·동질의 복제품이며 XCO는 마스터테이프 없이 디스크를 제조할 수 없다.

3. ICO는 스템퍼 생산을 위하여 XCO에게 1,000 화폐단위, 4,000개 디스크 복제물에 대하여는 28,000 화폐단위를 지급했다. 뮤직비디오클립 및 마스터테이프를 사용하는 권리에 대한 대가로 ICO는 수입국 국내 디스크 총 판매가격의 5%를 권리사용료로 LCO에게 지급한다.

- **(관세의) 과세가격의 결정**

4. 수입자는 LCO와 체결한 권리사용계약서와 권리사용계약서에서 부여된 권리에 대한 대가로 지급한 금액에 관련된 모든 서류를 첨부하여 거래가격을 기초로 한 가격신고서를 수입국의 관세당국에 제출하였다.

5. 제1조 제1항 (a)호 내지 (d)호의 모든 규정이 충족된다면 관세의 과세가격은 거래가격방법에 따라 결정되어야 한다.

- **실제로 지급하였거나 지급하여야 할 가격**

6. 제1조에 대한 주해에 따라 실제로 지급하였거나 지급하여야 할 가격은 29,000 화폐단위로, 이 금액은 레이저디스크에 대하여 판매자에게 또는 판매자의 이익을 위하여 지급하였거나 지급하여야 할 총 지급금액이다. 레이저 디스크 스템퍼에 대하여 지급한 1,000 화폐단위는 구매자가 동 수입물품을 획득하기 위하여 판매자에게 이 금액을 지급하였기 때문에 실제로 지급하였거나 지급하여야 할 가격의 일부를 형성한다.

■ 조정요소

7. 관세당국은 추가 지급되는 디스크의 수입국 국내 총판매가격의 5%가 수입된 디스크의 관세가격의 일부를 형성하는지 여부를 결정하기 위하여 추가 지급한 금액에 대한 정확한 본질을 규명하여야 한다. 만약 해당 지급금액이 제8조 제1항 (b)호의 요소("생산지원비용")에 관련된 권리사용료라는 것이 사실로 보여진다면 관세당국은 제8조 제1항 (b)호를 적용할 것이고 그렇지 않다면 관세당국은 지급금액이 제8조 제1항 (c)호에서 규정하고 있는 조건을 충족하는지 여부를 검토해야 한다.

8. 마스터테이프가 디스크 생산과 관련되어 사용되고, 구매자가 판매자에게 무료로 제공하였기 때문에, 마스터테이프가 제8조 제1항 (b)호 (i)목 내지 (iv)목에서 열거하고 있는 물품 및 용역의 종류에 해당된다면, 마스터테이프의 가격은 실제로 지급하였거나 지급하여야 할 가격에 가산된다.

9. 이 사례 연구 제1항에서 이미 언급한 바와 같이, LCO는 뮤직 비디오 클립을 마스터 테이프에 편집하여 XCO에게 제공한다. 이 편집은 디자인과 수입된 비디오 레이저 디스크에 대한 개발단계의 일부이다. 디자인과 개발은 수입국 이외의 장소에서 수행되었다. 그러므로 해당 금액은 제8조 제1항 (b)호 (iv)목에 따라 해당 물품에 대하여 실제로 지급하였거나 지급하여야 할 가격에 가산되어야 한다.

10. 생산지원비는 뮤직비디오클립과 마스터테이프를 ICO가 취득하는 비용이기 때문에 5%의 권리사용료이다.

7. 사례연구 (CASE STUDIES)

11. 수입국에서 추가로 지급하는 디스크의 수입국 국내 총 판매가격의 5%가 제8조 제1항 (b)호 규정에 따라 수입 디스크에 대한 과세가격에 포함된다면, 제8조 제1항 (c)호의 조건에 따라 실제로 지급하였거나 지급하여야 할 가격에 가산할 수 있는지 여부는 고려할 필요가 없다.

- **결 론**

12. 수입디스크 4,000개의 거래가격은 실제로 지급하였거나 지급하여야 할 가격(29,000 화폐단위)에 생산지원비용(디스크 수입국 국내 총 판매액의 5%)을 더한 금액이다.

사례연구 9.1
독점대리인, 독점판매자 및 독점영업권자

- **거래사실**

1. 수출국 X에 위치한 회사인 Autoex는 "Auto" 브랜드의 고성능 자동차를 제조하고 있다. Autoex는 수입국 I에 새로 설립된 회사인 Auto Inc.(이하 Inc)를 I국의 독점공급권자(독점유통업자)로 지정한다. Autoex와 Inc간의 서명된 계약서는 다음과 같이 규정하였다.

    (ⅰ) Autoex는 Inc.에게 I국에서 "Auto" 자동차를 판매하고 공급(유통)하는 독점적인 권리를 부여한다.

    (ⅱ) Autoex와 Inc.는 매년 자동차의 시장동향 및 예상수요에 기초하여 I국에서의 자동차에 대한 권장 소매 판매가격을 책정하여야 한다.

(iii) Autoex와 Inc.는 합의한 권장 소매 판매가격에 기초하여 Inc.의 자동차 구매가격을 협상한다. 추가로 Inc.는 자동차 1대 이상 주문시 합의된 가격의 10%로, 송장에 영향을 주는 수량 할인의 자격이 주어진다.

(iv) Inc.는 전적으로 자신의 계산으로 사업을 수행한다. Autoex는 고객의 채무불이행을 포함한 "Auto" 자동차의 판매와 관련하여 입은 어떠한 손실에 대해서도 Inc.에 보상하거나 배상하지 않는다.

2. 1번 단락은 당사자 간 전체의 합의사항을 규정한 것이고 그 합의사항은 상업적 관행에 부합된다.

3. Inc.는 이후 수입국 I에 위치한 자동차 딜러인 PCO에 2대의 "Auto" 자동차를 판매한다. 2대의 자동차는 Autoex가 제조하였고 사전 인도 준비를 위해 Inc.에게 선적된다.

4. Inc.는 수입되기 전에 세관 통관절차 주선에 책임을 지며, 법령에서 요구하는 거래와 관련된 모든 문서를 I국 세관에 제출한다.

5. 판매의 주변 상황에 대한 검토는 다음의 사실을 확인한다.

(a) Autoex와 Inc. 모두 자동차와 관련한 송장을 발행한다.

(i) Autoex가 Inc.에게 발행한 첫 번째 송장은 200,000 c.u.에서 20,000 c.u.를 "할인"한 총 180,000 c.u.의 지급을 요구한다. 판매조건은 선하증권을 제시할 때 일람불 신용장으로 지급하는 f.o.b.(수출항)이다

(ii) Inc.사가 PCO사에 발행한 두 번째 송장은 300,000 c.u.(관세 및 제세 포함)의 지급을 요구한다. 판매조건은 I국의 Inc. 건물에서 야적장 인도 조건이다. 지급은 인도 후 30일 이내에 이루어져야 한다.

(b) Inc.가 지급한 해상 운송 및 보험료는 5,000 c.u.이다.

7. 사례연구 (CASE STUDIES)

- **과세가격 결정**

6. 이러한 경우, 과세가격의 결정은 거래에 대한 각 당사자의 역할과 법적 지위에 대한 적절한 특징짓기에 따라 좌우된다.

7. Autoex와 Inc.간 계약서의 검토와 당사자들의 행위는 다음과 같은 사실을 보여준다.

    (a) Inc.는 독립 법인이다.

    (b) Inc.는 f.o.b. 단계에서 물품에 대한 소유권을 갖고 위험을 부담한다.

    (c) Inc.는 PCO의 지급 불이행에 대한 위험을 부담한다.

8. 이러한 사실들은 I국으로의 수출하기 위한 판매가 있고 Autoex사는 판매자이며 Inc.사는 수입물품의 구매자라는 사실을 나타낸다.

9. Autoex와 Inc.간의 계약서에는 제15조 제4항, 특히 제15조 제4항(e)의 관점에서 특수관계를 시사하는 내용은 없다. 마찬가지로 계약서의 여러 요소들은 제1조제1항의 관점에서 조건이나 제한이 아니다.

10. Autoex와 Inc.간의 판매는 제1조에 따른 과세가격을 결정하는 데 있어 기초를 구성한다.

사례연구 10.1
제1조 제2항의 적용

- 거래사실

1. I국의 ICO는 X국의 XCO로부터 식품 첨가물 생산에 사용되는 두 가지 종류의 재료를 구매하고 수입하였다.

2. 물품을 통관하는 시점에, ICO는 I국의 세관에 다음과 같이 XCO와 특수관계가 있음을 신고하였다.

   (a) XCO는 ICO의 주식 22%를 보유하고 있으며, 또한
   (b) XCO의 임원과 관리자들은 ICO의 이사회를 대표한다.

3. 수입 후, I국의 세관은 가격의 수용여부에 대한 의문이 있었기 때문에 협정 제1조제2항에 따라 XCO와 ICO간의 물품 판매의 주변상황에 대한 검토를 실시하기로 결정하였다. 이를 위해 세관은 ICO에게 XCO의 I국내 다른 구매자에 대한 상품의 판매와 관련한 정보와 필요하다면 XCO의 생산비용 및 이윤과 관련한 정보뿐 만 아니라 일체의 가격 차이에 대한 타당한 이유를 요청하는 질의서를 송부하였다. ICO의 요청으로 세관은 XCO에도 질의서를 송부하였다. 수취된 답변으로부터, 아래와 같은 사실들이 확인되었다.

4. ICO는 XCO로부터 식품 첨가물의 생산에 필요한 여러 재료들을 구매하였다. XCO가 ICO에 판매한 재료는 다음 두 가지 종류에 해당된다.

   (a) XCO가 제조한 재료 ; 그리고

(b) XCO가 다른 제조자 및 공급자로부터 취득하여 보관하고 있는 재료. 이 종류의 재료는 XCO가 제조하거나 가공한 것이 아니다. 그렇지만 이들 재료의 일부는 XCO가 전매(轉賣)를 위해 포장한 것이다.

5. 협정 제15조제2항의 관점에서 (a)종류의 재료와 (b)종류의 재료는 동종·동질 또는 유사 물품이 아니다.

6. 아울러 (a)종류의 재료는 I국내에 특수관계가 없는 다른 구매자에게 판매된다. (a)종류의 재료와 관련하여 XCO가 청구하는 가격은 다음과 같다.

(ⅰ) ICO에 대한 판매   92 c.u f.o.b.

(ⅱ) 특수관계가 없는 구매자에 대한 판매   100 c.u f.o.b.

7. (a)종류의 재료와 관련하여 세관은 다음의 사실을 발견하였다.

(ⅰ) 특수관계가 없는 구매자가 ICO와 동일한 거래 단계 및 유사한 수량으로 재료를 구입하였고 같은 목적으로 재료를 사용하였다. 특수관계가 없는 구매자의 이들 재료에 대한 수입은 100 c.u.의 거래가격으로 평가되었다. ; 또한

(ⅱ) XCO가 부담한 비용은 ICO 및 I국 내 특수관계가 없는 구매자에 대한 판매와 관련하여 동일하다.

8. 아울러, 세관은 6번 단락에 명시된 8%의 가격 차이를 설명할 수 있는 재료의 가격에 대한 계절적 영향은 없다는 사실을 확인하였다. 더욱이 세관에서 가격 차이에 대한 설명을 요청 받은 후에도 ICO와 XCO는 가격 차이를 설명할 추가적인 정보를 제공하지 않았다.

9. (b)종류의 재료는 I국에서 ICO에게만 판매되며, I국으로 동종·동질 또는 유사 물품의 수입은 없다.

10. (b)종류의 재료와 관련하여, 세관은 ICO에 청구된 가격은 대표적인 기간 동안 해당 기업의 전반적인 이윤을 나타내는 이윤의 회수 뿐 만 아니라, 취득비용에 더하여 재포장비, 취급 및 운송 비용을 포함한 XCO의 모든 비용을 회수할 수 있을 만큼 적절하다는 사실을 확인하였다.

- **과세가격 결정**

11. ICO 및 XCO는 제15조 제4항의 (a) 및 (d)호에 따른 특수관계자이다. 제1조제2항과 함께 해석되는 제1조 제1항(d)에 규정된 바와 같이, XCO와 ICO간의 판매에 대한 거래가격은 가격이 특수관계로 인하여 영향을 받지 않았음이 입증된 경우에만 과세가격을 결정하기 위한 기초를 구성한다.

12. 협정 제1조제2항에 따라 특수관계가 가격에 영향을 미치지 않았음을 입증하는 책임은 수입자에게 있다. 협정은 세관이 수입자에게 가격이 특수관계에 의하여 영향을 받지 않았음을 보여주는 정보를 제출할 수 있는 합리적인 기회를 부여할 것을 요구하고 있는 데 반하여, 세관당국에게 가격 차이가 타당함을 입증할 목적으로 철저한 조사를 수행할 것을 요구하지 않는다. 그러므로 이와 관련하여 어떠한 결정은 수입자가 제공하는 정보를 상당한 정도로 근거 하여야 한다.

7. 사례연구 (CASE STUDIES)

- **(a) 종류의 재료**

13. 이 사례에서 입수 가능한 정보는 ICO와 XCO간의 거래는 특수관계가 없는 구매자에게 판매한 가격보다 낮은 가격이라는 것을 보여준다. 이러한 이유에 대해 설명을 요청하였을 때, XCO와 ICO는 가격 차이를 설명하지 못했다.

14. 세관이 입수한 정보는 ICO와 특수관계가 없는 구매자는 동일한 거래단계에서 동일한 목적으로 유사한 수량의 재료를 구매하고 XCO의 판매 비용은 ICO와 특수관계가 없는 구매자에 대한 판매에서 동일하다는 것을 보여준다. 앞에 전술한 내용과 산업 및 물품의 특성에 기초하여, 가격 차이가 중요하지 않다는 견해를 갖기에는 근거가 불충분하다.

15. 그러므로 (a)종류의 재료와 관련하여 거래가격 방법은 적용할 수 없다. (a)종류의 재료에 대한 과세가격의 결정은 대체적인 방법을 사용하는 것이 필요하다. 이와 관련하여 특수관계가 없는 구매자가 수입한 동종·동질 또는 유사물품의 거래가격이 과세가격 결정의 기초가 될 수 있다.

16. 하지만 해당 특정 가격차의 영향은 이 사례에서 제시된 사실에만 적용된다는 점에 유념하여야 한다. 이 가격차는 다른 사례에서 가격 차이가 상업적으로 중요한지 여부를 결정하는데 있어 기준이나 척도로 받아들여져서는 안 된다. 협정은 가격 차이의 중요성은 쟁점 사례에서 물품과 산업의 특성을 기초로 고려되어야 한다는 것을 명확히 하고 있다.

- (b) 종류의 재료

17. ICO에게만 판매되는 (b)종류의 재료와 관련하여, 판매의 주변상황을 검토한 결과, 해당 가격은 모든 비용에 대표적인 기간 동안에 동종 또는 동류 물품에서 XCO의 전반적 이윤을 나타내는 이윤을 합한 금액을 회수할 수 있을 만큼 적절하다는 것을 보여준다. 제1조제2항에 대한 주해 제3항에 따라 이 종류의 재료와 관련한 거래가격은 관세목적상 수용할 수 있다.

사례연구 11.1
특수관계자 거래에 대한 제15조 제4항의 적용

- 거래사실

1. 수입국 I의 B사는 수출국 X의 C사와 판매, 서비스 그리고 공급(유통) 계약(이하 계약)을 체결한다. C사는 소비자들에게 잘 알려진 중장비와 예비 부품을 제조하는 대규모 다국적 기업의 자회사이다.

2. 계약은 다음을 규정한다.
   (a) B사와 C사 두 회사 모두의 주된 계약 체결 목적은 상품 판매를 촉진하고 발전시키는 것과 상품 사용자의 만족을 보장하기 위하여 높은 수준의 부품 가용성과 기계에 대한 서비스를 제공하는 것이다.
   (b) B사는 합의된 영역에 소재하고 있는 고객 및 잠재적 고객에 대해 상품 판매를 촉진하고 발전시키는 것과 상품에 합의된 범위의 서비스를 제공할 책임이 있다.

(c) 계약은 고객에게 판매와 서비스를 제공하는 B사의 능력을 신뢰하여 C사가 체결한 사적 계약이다. C사의 서면 동의 없이, B사는 이러한 판매와 서비스 책임을 수행하도록 다른 회사를 지명하지 않을 것에 동의한다.

(d) C사와 B사는 계약의 주된 목적을 달성함에 있어 B사의 효율성과 능력은 상품의 실질적 이용자(최종 소비자)인 다른 조직과 B사간의 제휴로 인해 악영향을 받을 수 있다는 것에 동의한다. B사는 계약 기간 동안, C사가 달리 서면으로 동의하는 경우를 제외하고는 자본 투자 및 자본 공급, 공동 경영, 공동 소유, 또는 기타 방식에 의한 어떠한 제휴도 무효라는 것에 동의한다.

(e) C사는 I국에서 판매 촉진, 판매 및 유지보수의 제공을 위해 B사가 고용한 특정 개인들의 자질과 능력을 필요로 한다. B사는 해당 개인들이 계속하여 B사를 적극적으로 관리하거나 B사에 상당한 재정적 이해관계를 계속하여 가질 거라는 것에 동의한다. C사에 대한 사전 통지 및 C사의 사전승인 없이는 해당 개인들에 대한 관리 직위 및 소유권 또는 의결권 통제에 실질적인 변화가 이루어져서는 안 된다.

(f) B사는 만약 C사가 달리 서면으로 합의하지 않는 한, 계약에 따라 C사로부터 구매한 상품의 재고가 일체의 다른 채권자를 위해 어떠한 형태로든 담보권에 의해 저당 잡혀 있지 않도록 한다는 것에 동의한다.

(g) B사는 C사가 만족하도록 고객들의 이익을 위해 적절한 상품의 공급 및 기계에 대한 서비스를 제공할 적당한 장소 또는 영업소를 유지한다. B사는 고객에게 적절한 서비스를 제공하기 위하여 추가적으로 영업소를 설치하거나 기존의 영업소의 위치를 변경하는 것에 동의한다. 추가적인 영업소의 위치와 기존 영업소의 위치 변경은 C사의 서면 동의가 있어야만 할 수 있다. 모든 영업소는 B사에 의해 깔끔하고 매력적인 방식으로 유지되어야 하고 C사가 만족하도록 적절한 양의 상품을 보유해야 한다.

(h) B사는 C사가 만족하도록 상품을 판매하고 서비스를 제공하기 위해 적절한 인원의 가격 있는 직원을 고용한다.

(i) B사는 C사가 명시한 방법으로 재고 및 판매기록을 유지하고 C사가 명시한 주기에 따라 C사에게 재고, 판매 및 서비스에 관한 보고서를 제출한다.

(j) C사의 회계연도의 말일 이후 30일 이내 및 C사의 요구가 있을 때는 언제든지, B사는 B사, 일체의 자회사 및 일체의 특수관계 회사의 소유권, 재정상태 및 운영에 관하여 C사가 합리적으로 요구하는 경우 그러한 정보를 C사에게 제출한다.

(k) C사가 달리 동의하지 않는다면, B사의 회계연도 종료 후 90일 이내에 B사는 회계감사 보고서 및 해당 회계연도에 대한 경영결과 보고서를 C사에 제출한다.

(l) 그들 관계가 독립된 계약자 및 매도인과 매수인 관계가 되는지는 당사자들의 의도에 달려있다. 계약서에 포함되어 있거나 또는 계약에 따라 행해진 어떤 것도 그 어떤 목적으로도 B사를 C사의 대리인으로 간주하지 않으며 또한 계약에 따라 B사가 수행하였거나 수행하여야 하는 모든 행위들은 명시적으로 다르게 규정되지 않다면, B사 자신의 비용과 경비로 수행되어야 한다. .

(m) 어느 당사자도 이유 여부와 관계없이 다른 당사자에게 통지함으로써 계약을 종결할 수 있다.

3. 계약서의 다른 조항들은 딜러 가격, 최종 소비자 가격, 소유권 이전, 지급 및 보증의 방법을 포함하여 계약에 따라 수행된 각 판매에서의 판매 조건뿐 아니라 C사가 B사에 물품을 판매하는 방식을 규정한다.

4. 계약에 따라 C사에 의해 공급된 물품의 I국으로의 수입은 다음의 4가지 종류에 해당한다.

7. 사례연구 (CASE STUDIES)

(i) C사가 B사에 판매하는 물품

(ii) B사가 요청한 주문에 따라 C사가 직접 고객(최종 소비자)에게 판매하는 물품

(iii) B사 또는 일체의 다른 딜러들의 관여 없이 C사가 최종 소비자에게 판매하는 물품

(iv) (i)종류에서 정하는 B사에 대한 판매와 유사하게 C사가 두 명의 다른 딜러에게 판매하는 물품

5. 두 명의 다른 딜러와 관련된 상황을 검토하면 B사는 C사와 유일한 유대관계가 있다는 것을 알 수 있다. 다른 딜러들은 :

   (a) 자기의 계산으로만 물품 구매가 허용된다.

   (b) (ii)범주(즉, 위탁판매)에서 정하는 B사가 요청하는 형태의 최종 소비자로부터의 주문을 요청하는 것이 허용되지 않는다.

   (c) 진단 활동을 수행할 권한은 없다. 또는

   (d) C사가 I국의 다른 구매자에게 판매하는 것에 대하여는 수수료를 받지 않는다.

6. 이들 두 명의 딜러와 C사간의 계약 조건은 상기 2번 단락에서 약술한 조항을 포함하고 있지 않다.

7. 세관은 또한 B사와 C사가 협정 제15조제4항 (a), (b), (c), (d), (f), (g) 및 (h)호에 따른 특수관계자가 아님을 확인했다.

사례연구 11.1

▪ 결정을 위한 쟁점

8. C사와 B사간의 판매와 관련하여, 결정을 위한 쟁점은 양 당자자중 한 쪽이 다른 당사자를 직접 또는 간접으로 지배하기 때문에 제15조제4항(e)에 따른 특수관계자에 해당되는지 여부에 있다.

▪ 분석

9. 제15조 제4항(e)에 대한 주해에서는 "한쪽 당사자가 다른 쪽 당사자에 대해 구속 또는 지시를 법적으로 또는 실질적으로 행사하는 위치에 있는 경우, 다른 쪽 당사자를 지배하는 것으로 간주된다"고 규정하고 있다. 기술위원회의 해설 4.1에서는 독점대리인, 독점영업권자, 독점공급권자(독점유통권자) 계약과 관련하여 협정 제15조 제4항(e) 및 관련 주해의 적용에 대한 추가적인 지침을 제공하고자 노력한다. 지배를 결정하기 위한 고려 사항이 이 사례에서도 동일하게 제기되고 있다.

10. 해설 4.1에서는 모든 구매자/판매자 및 공급(유통)계약은 당사자 간에 법적으로 강제할 수 있는 권리와 의무를 규정한다고 말하고 있다. 아울러, 일반적인 국제적 판매 및 물품의 공급(유통)과 관련된 권리와 의무를 제15조 제4항(e)에 의해 예견된 당사자들 간의 특수관계를 설정하는 계약상의 권리와 의무로부터 구별하는 것의 중요성을 강조하고 있다. 해설 4.1에서는 "제15조 제4항(e)에 대한 주해의 표현은 ..... 다른 당사자의 활동에 대한 관리와 관련한 본질적인 측면에 대한 구속이나 지시를 행사할 수 있는 지위를 수반하는 상황에 통상적으로 적용되어야 한다"고 명시한다. B사와 C사가 공급(유통)계약에 기초하여 특수관계가 있는지 여부를 결정하기 위해서는 이 원칙 및 제15조 제4항(e)과 관련 주해와 대비하여 공급(유통)계약 규정의 영향을 면밀히 검토할 필요가 있다.

11. C사와 B사간의 공급(유통)계약에 포함된 많은 조항들은 공급(유통) 계약에서 통상적으로 볼 수 있는 일반적인 것이며 한쪽 당사자가 다른 쪽 당사자에 대해 지시하거나 구속하는 내용을 포함하고 있지 않다. 예를 들면, 공급(유통)계약은 일반적으로 계약종료 조항(2 (m)), 책임할당 조항(2 (b)), 최선의 노력 조항 2((h)), 그리고 책임 한계에 대한 독립 규정(2 (l))을 포함하고 있다. 하지만 공급(유통)계약에 있는 많은 기타 조항들은 보다 자세한 분석을 요구한다.

   (a) 조항 2 (d) - 공급(유통)계약은 일반적으로 이해관계의 상충을 야기하는 한 쪽 당사자의 제휴관계 설정을 금지하는 것을 의도하는 조항을 포함한다. 이 경우, 당사자들은 B사의 최종 사용자와의 일체의 제휴가 계약의 주된 목적을 달성하는 능력에 악영향을 미칠 수 있음을 확인하였다. B사는 "C사가 달리 동의하지 않는 한 자본 투자 및 자본 공급, 공동 관리, 공동 소유 또는 기타 방식에 의한" 어떠한 제휴도 무효라는 것에 동의한다. 투자, 자본 공급, 관리 및 소유권과 관련한 결정은 기업의 목적에 있어 핵심적인 측면일 수 있다. 하지만 이러한 제한의 실질적 범위는 계약의 주된 목적과 이해관계 상충을 방지한다는 맥락에서 평가되어야 한다. 이 조항은 "최종 소비자"로부터 자본을 획득하거나 이들과 제휴하는 B사의 권리를 제한한다. B사는 C사의 사전 동의 없이 자유롭게 다른 공급처로부터 자본을 획득하고 다른 당사자와 제휴할 수 있다. 이런 상황에서, B사의 우선권 및/또는 충성에 대해 잠재적으로 악영향을 미치기 때문에 C사가 B사가 제시하는 "최종 소비자"와의 제휴를 수용하거나 거절할 권리를 갖는 것은 합리적이다.

   (b) 조항 2 (e) - 공급(유통)계약은 일반적으로 한 쪽 당사자가 소유권 또는 경영의 어떤 중대한 변화를 다른 쪽 당사자에게 통지할 것을 요구하는 조항을 갖고 있다. 대부분의 경우에, 그러한 변화는 계약 종결에 대한 근거를 제공한다. 하지만 조항 2 (e)는 관리 직위, 소

유권 및 의결권 통제의 변화가 발생하기 전에 C사의 사전 승인을 요구하고 있기 때문에 단순 통지규정보다 상당히 더 나아간 조항이다. 관리자의 임명과 소유권 및 의결권 통제의 양도와 관련한 결정은 B사를 경영하는데 있어 핵심적인 측면이다.

(c) 조항 2 (g) – 적절한 영업소 뿐 만 아니라 적절한 수준의 재고와 예비부품을 유지하도록 하는 요구사항은 흔히 공급(유통)계약에 포함되어 있다. 대부분의 경우, 영업소의 위치는 공급자와 공급권(유통업)자간에 의논될 수 있다. 하지만, 이 조항은 C사가 궁극적으로 새로운 영업소의 설립과 기존 영업소의 위치 재조정에 대해 결정할 권리를 가진다는 것을 명백히 하고 있다. 영업 활동의 위치와 관련한 결정은 B사를 경영하는 데 있어 핵심적인 측면이다.

(d) 조항 2 (j) & (k) – 이들 조항들은 C사에게 어떤 특정한 의사결정을 할 권리를 부여하지 않지만, C사가 B사, B사의 자회사 및 특수관계에 있는 회사의 재정 상태를 감시하는 것을 보여준다. 재무 자료에 대한 접근은 전형적으로 한 쪽 당사자로 하여금 다른 쪽 당사자가 지급하는 금액(예 : 로열티, 수수료 및 수익금)의 정확성을 감사하고 확인할 수 있도록 하기 위해 제공된다. B사의 재무 자료에 대해 C사가 접근하는 것의 정확한 특성은 제공된 정보로는 명확하지 않으며, 이 조항의 실제적인 범위와 영향을 결정하기 위해 보다 구체적인 검토가 필요할 수 있다.

▪ 결정 및 이유

12. B사와 C사간 계약의 모든 측면은 상업적 관행과 일치하는 반면, 통상의 구매자/판매자 및 공급(유통)계약의 범위를 벗어나고 있다. 전체 계약내용을 검토하여 볼 때, C사는 B사의 경영에 있어 핵심적인 측면

(예, 관리 직위, 소유권 또는 의결권 통제, 영업소의 위치)에 대하여 B사에 지시 또는 통제를 수행하는 위치에 있다. 그러므로 B사와 C사는 「WTO 관세평가협정」의 목적상 특수관계자이다. 왜냐하면 C사는 협정 제15조제4항 (e)의 조건 내에서 B사를 직접 또는 간접으로 지배하는 능력을 갖고 있기 때문이다.

13. 이러한 결론에 비추어, 만약 가격의 수용여부에 의심이 있다면 세관당국은 제1조 제2항 및 관련 주해에 따라 특수관계가 가격에 영향을 미쳤는지 여부에 대한 검토를 수행하여야 한다.

사례연구 12.1
제조원가 이하로 수출 판매된 물품에 대한 평가협정 제1조의적용

- 거래사실

1. B국의 수입자 A는 T국의 수출자 S로부터 제조 공정에서 소비되는 고품질의 부품을 구매한다. 수출자 S는 특정 산업 분야에 판매하는 다국적 대기업의 자회사이다. 구매자와 판매자간에는 특수관계가 없다. 모든 협상은 현재 재고가 유지되는 동안에만 합의된 가격 수준이 유지될 수 있다는 것을 수입자 A에게 통지한 수출자 S에 의해 결정되었다. 수출자 S는 B국에 소재지가 없어 이 판매를 해당 시장 진출을 위한 기회로 본다. 성공적인 시장 진출은 회사에 상당한 장기적인 이익을 가져다 줄 것이고 이들 그룹의 보다 수익성 있는 특수관계 회사들을 소개할 수 있는 기반이 될 것이다. 이러한 기회는 가격 수준에 영향을 주었다.

사례연구 12.1

2. 세계 경제 상황으로 인해 수출자 S는 현금 흐름을 창출하기 위해 생산비용보다 평균 30% 낮은 가격에 재고 물품을 팔아야 했다. 수입자 A가 주문한 부품은 이 범주에 해당한다. 하지만 마케팅 기회를 이유로 수출자 S는 생산비용보다 40% 낮은 가격으로 판매하는데 동의했다.

■ 질 문

3. 평가협정에 따라 과세가격은 어떻게 계산되어야 하는가?

■ 과세가격 결정

4. 수입물품에 대한 과세가격의 우선적인 기초는 거래가격이며, 즉 거래가격은 특정 요건(제1조)을 전제로 하여 제8조에 따라 조정된 물품에 대하여 실제로 지급하였거나 지급하여야 할 가격이다. 실제로 지급하였거나 지급하여야 할 가격은 구매자가 판매자에게 또는 판매자의 이익을 위하여 실제로 지급하였거나 지급하여야 할 총 금액이다. (제1조에 대한 주해)

5. 제시된 사실은 수출을 위한 판매가 수출자 S와 수입자 A간에 합의되었다는 것을 나타낸다.

6. 검토 중인 사례에서 당연히 협정 제17조의 규정을 조건으로 제1조에 따른 거래가격을 부인할 근거를 제공하는 징표는 없다. 알려진 제한은 없다. 평가대상 물품과 관련하여 가격(value)을 결정할 수 없는 조건이나 사정(consideration)은 없다. 수출자 S와 수입자 A는 판매 가격에 합

의했다. 그 가격은 재고를 구매할 수 있을 때에만 조건부이다. 마찬가지로 판매자에게 귀속되는 후속 판매에 따른 사후귀속이익도 없다. 제시된 사실에 기초하면 제15조제4항에서 규정하고 있는 어떠한 특수관계도 없다.

7. 그러므로 거래가격을 부인하고 과세가격을 결정하기 위하여 다른 조항으로 넘어가기 위한 평가협정 제1조에 규정된 조항에 따른 근거는 없다.

8. 권고의견 2.1은 가격이 동종·동질물품의 일반적인 시장가격보다 낮다는 단순한 사실이 제1조에 따른 거래가격을 부인하는 충분한 근거가 되지 않는다고 결론 내린다. 마찬가지로 이 사례에서 가격이 판매자의 생산비용보다 낮고 판매자에게 이익이 남지 않는다는 단순한 사실이 거래가격을 부인할 충분한 근거는 되지 않는다.

- **결론**

9. 제시된 정보에 기초하여, 과세가격은 수입자 A가 수출자 S에게 지급한 제8조에 따라 조정된 가격을 사용한 거래가격을 기초로 계산되어야 한다.

사례연구 13.1
관세평가위원회의 결정 6.1의 적용

동종·동질물품보다 낮은 가격으로 신고된 수입물품

- 거래 사실

1. I국의 ICO사는 수출국 X로부터 소비재 2,000(이천)개를 수입했다. ICO는 수입신고서에 다음과 같은 정보를 제출했다.

    (ⅰ) 물품의 판매자는 X국에 소재한 XCO이다.

    (ⅱ) 수입물품의 제조자는 M국에 소재한 MCO사이다.

    (ⅲ) 신고가격은 협정 제1조에 규정된 거래가격을 사용하여 계산되었다.

    (ⅳ) 협정 제8조제1항에 따른 가격에 대한 조정은 이루어지지 않았다.

    (ⅴ) 제15조제4항의 규정에 따라 ICO, XCO 또는 MCO간에는 특수관계가 없다.

    (ⅵ) 상업 송장에 따르면 수입물품의 단위가격은 9.30 c.u. (FOB 가격)이다.

    (ⅶ) 지급은 현금으로 이루어졌다.

2. 물품 반출 후, 세관 위험분석시스템은 수입심사 대상으로 ICO를 선정했다.

3. 심사에 앞서 수입자의 프로파일(profile)을 작성하는 과정의 일부로서, 세관당국은 동종·동질물품의 모든 수입을 분석하여 다음과 같은 정보를 얻었다.

7. 사례연구 (CASE STUDIES)

　　(ⅰ) 평가대상 물품과 동시 또는 거의 동시에 9명의 다른 구매자가 동종·동질물품을 수입하였다.

　　(ⅱ) 동종·동질물품의 과세가격은 거래가격방법으로 결정되었다.

　　(ⅲ) 동종·동질물품의 단위가격은 69.09 c.u.에서 85.00 c.u.(FOB) 까지로 다양했다.

　　(ⅳ) 각 거래에서 수입된 물품의 수량은 ICO와 XCO간 거래(2,000개)에서와 같이 거의 동일(1,800개~2,300개)했다.

　　(ⅴ) 동종·동질물품의 수입에 대한 지급은 물품 비용이 85.00 c.u. (FOB)인 경우를 제외하고는 현금으로 이루어졌다.

4. 세관당국은 다른 수입자에 대한 조사를 실시했고 수출국 X의 몇몇 공급자의 가격표를 입수했다. 이 가격표들에서 동종·동질물품의 단위가격은 판매된 수량에 따라 80.00 c.u.부터 140.00 c.u.(FOB)까지 다양했다. 수입국 I에 이러한 물품을 공급하는 주요 공급자들은 수출국 X에 거주하고 있음에도 불구하고 모든 수입물품의 원산지는 M국이었다.

5. I국의 세관당국은 X 또는 M국의 세관당국과 상호 지원 협정을 체결하지 않았다. 세관당국은 공급자 XCO와 제조자 MCO에게 물품 가격에 대한 정보를 요청했다. 답변은 받지 못했다.

6. 세관당국은 인터넷에서 공급자들을 검색하여 동종·동질물품의 많은 매물들을 발견했으며, 그들의 수출을 위한 소매판매가격은 123.99 c.u.에서 148.00 c.u. 사이였다.

7. 세관당국은 ICO에게 상기에 명시된 사실들, 그러나 주로 가격이 낮다는 사실을 기초로 신고된 거래가격의 진실성을 의심할 만한 이유가 있

음을 서면으로 통지하였다. 당국은 수입자에게 송장가격이 수입물품에 대하여 실제로 지급했거나 지급하여야 할 총금액임을 확인하는 추가적인 증빙 자료 즉, 상업 서신 및/또는 그 밖의 다른 서류를 제시하도록 요청하였다.

8. ICO은 다음과 같이 회신했다.
   (i) 모든 거래의 세부사항은 제공된 상업송장에 상세히 기재되어 있다.
   (ii) 거래에 적용되는 협정 제1조에서의 규정하고 있는 것과 같은 특별한 무역조건은 없다.
   (iii) 거래는 XCO의 통상적인 판매제의에 기초했다.
   (iv) 서면으로 작성된 판매계약서나 상업서신은 없다.
   (v) 판매는 전화로 합의되었다.

9. 세관당국은 ICO사에 대한 심사를 수행하기로 결정하였다. 첫 번째 방문에서 세관당국은 다음과 같은 정보를 얻었다.
   (i) XCO와 상업 서신은 없었다.
   (ii) ICO는 I국의 BCO사에게 281.00 c.u.의 단위가격으로 모든 물품을 판매하였다.
   (iii) 회계 기록은 순서대로 되어 있지도 않았고 최근 자료도 아니었으며 쟁점 수입 물품에 대하여 지급한 금액을 입증할 수 없었다.

10. 세관당국은 ICO사가 회계 기록을 최신자료로 갱신하고 정리할 수 있도록 합당한 기간을 주었다. 회계 기록이 제공되었을 때 제8조의 규정에 따라 조정된 물품에 대하여 실제 지급하였거나 지급하여야 할 가격과 관련한 추가적인 증빙 자료가 발견되지 않았다. 제시된 유일한 정보는 이전에 세관에 제공되었던 것이었다.

11. 심사는 ICO사의 직원 중 한 명이 X국 출장 동안 신용카드로 제3자에게 지급한 사실을 밝혀냈는데, 해당 지급은 회계 기록에 관리비로 기록되었다. 수입자는 이 지급의 성격에 대해 납득할 만한 설명을 제공하지 못했다. 따라서 해당 물품의 전매(resale) 가격이 수입 시 신고된 가격보다 훨씬 높았다는 점을 고려할 때, 벌어들인 낮은 이익과 기록된 관리비의 금액에 대한 의심이 제기되었다.

12. 심사보고서는 다음과 같은 결론을 내렸다.
    (i) 수입자는 신고가격이 제8조에 따라 필요한 조정이 이루어진 수입물품에 대하여 실제로 지급하였거나 지급하여야 할 총금액에 해당한다는 점을 입증할 추가적인 증빙 자료를 제공하지 못했다.
    (ii) 심사에서 어떤 새로운 정보가 나오지 않았으며 신고된 거래가격의 진실성과 정확성에 대한 세관의 의심을 해소하지 못했다.

- **과세가격 결정**

13. 과세가격의 우선적인 기초는 거래가격이다. 즉, 물품이 수입국으로 수출하기 위하여 판매된 때에 실제로 지급하였거나 지급하여야 할 가격을 제8조의 규정에 따라 조정한 것이다.

14. 실제로 지급하였거나 지급하여야할 가격은 제1조의 규정을 기초로 과세가격을 결정할 수 없게 하는 조건이나 사정(consideration)에 의해 좌우되지 않아야 한다.

15. 이 가격은 송장가격에 해당하며 평가협정의 규정에 따라 조정될 수 있다. 이러한 점에서 상업송장은 당연히 협정 제17조에 따라 신고가격의 진실성과 정확성에 대한 충분한 증거가 될 수 있다.

16. 관세평가위원회 결정 6.1에 따라 세관당국이 신고된 가격의 진실성이나 정확성을 의심할 만한 이유가 있는 경우, 세관당국은 신고가격이 제8조 규정에 따라 조정된 수입물품에 대하여 실제로 지급하였거나 지급할 총 금액임을 의미하는 서류 또는 기타 증빙 자료를 포함한 추가적인 설명을 수입자에게 요청할 수 있다.

17. 이 사례에서, 신고가격이 9명의 다른 구매자가 동시 또는 거의 동시에 수입한 동종·동질물품의 신고가격보다 현저히 낮았다는 사실 때문에 세관당국은 상업송장에 반영된 신고가격의 진실성과 정확성에 대하여 의심할 만한 이유를 가졌다. 그러므로 결정 6.1에 따라 세관당국은 신고가격이 제8조의 규정에 따라 조정된 수입물품에 대한 실제로 지급하였거나 지급하여야 할 총 금액임을 확인할 수 있는 추가적인 증빙 자료를 제출하도록 수입자에게 정당하게 요청하였다.

18. 이러한 경우에는, 양 당사자는 수입자나 세관당국 그 누구의 정당한 이해도 손상하지 않는 해결방안을 찾기 위해 협정에서 장려하고 있는 협력과 대화의 정신을 강화시키도록 애써야 한다.

19. 협정에 따른 과세가격을 결정함에 있어, 특히 거래가격의 일부를 구성할 수 있는 기타 부담액과 지급에 대한 의심이 있다면 세관당국은 관련 있는 정보에 대하여 불완전한 문서들에 의존할 필요가 없어야 한다.

20. 특히, 결정 6.1은 추가적인 정보를 받은 후, 또는 응답이 없는 경우, 세관당국이 여전히 신고가격의 진실성 또는 정확성에 대하여 합리적 의심이 있는 경우에는 제11조의 불복청구 규정을 고려하여, 수입물품의 과세가격은 제1조 규정에 따라 결정될 수 없다고 간주할 수 있다고 규정하고 있다. 그러나 최종적인 판단을 하기 전에, 수입자의 요청이 있을 경우 세관당국은 제출된 문서 또는 서류의 정확성 또는 진실성을 의심하는 근거를 해당 수입자에게 서면으로 통지해야 하고 수입자에게 응답할 수 있는 합당한 기회를 제공해야 한다.

21. 이 사례에서는, (ⅰ) 수입자는 신고가격이 제8조에 따라 조정된 수입물품에 대하여 실제로 지급하였거나 지급하여야 할 가격에 해당한다는 점을 입증하기 위해서 상업 송장 외의 어떠한 증빙 자료도 제출하지 않았고, (ⅱ) 심사기간 동안 검토된 회계 기록에서 의심스러운 비용을 발견되었고, 그런 이유로 세관당국은 여전히 신고가격의 진실성과 정확성에 대해 합리적 의심이 있다고 결정하였으며 이러한 결론에 대한 근거를 수입자에게 통지하였다.

- **결론**

22. 따라서 결정 6.1에 따라 세관당국은 수입물품의 과세가격은 제1조 규정에 따라 결정될 수 없다고 정당하게 결론내릴 수 있다. 세관당국은 서면으로 그 결정과 해당 근거를 수입자에게 통보해야 한다.

23. 이 사례에서, 과세가격은 협정 제2조의 규정에 따라 결정되었다.

사례연구 13.2
관세평가위원회의 결정 6.1의 적용

원재료보다 낮은 가격으로 신고된 수입물품

- 거래 사실

1. Y국 세관당국은 나사못 제조에 사용되는 원재료, 즉 강선재의 국제시장 가격은 MT당 600 c.u.에서 675 c.u.까지의 범위이고 국내 시장에서 가격은 MT당 약 670 c.u.인 반면에, X국을 원산지로 하는 수입 나사못은 MT당 340 c.u.에서 440 c.u.까지의 지나치게 낮은 가격으로 수입되어 통관되고 있다고 주장하는 민원을 접수하였다.

2. 민원인은 추가적으로 나사못의 실제 수입가격은 MT당 1,250 c.u.라고 진술하였다. 민원인은 또한 나사못이 MT당 350 c.u.의 신고가격 대신에 MT당 750 c.u.로 과세된 것을 보여주는 물품신고서 사본을 제출하였다.

3. Y국의 세관당국은 이 사안에 대해 조사에 착수하고 입수 가능한 자료를 검토하였다. 원재료(강선재)의 국제시장가격은 동일한 기간 동안 런던에서 발행된 전문 간행물에서 발표된 자료의 검토와 MT당 675 c.u.로 강선재를 Y국으로 실제 수입한 기록을 통해 검증되었다. 나사못과 강선재의 수출국/생산국은 동일한 반면, 나사못과 강선재의 생산자/수출자는 상이하였다.

4. 세관당국은 세관이 수입나사못의 과세가격을 MT당 750 c.u.로 과세한 사례가 있음을 발견하였다. 이는 입수 가능한 자료에 기초한 산정가격에 해당했다(MT당 350c.u.의 신고가격은 거래가격에 해당하지 않는 것으로 결정되었고, 세관당국에 의하여 부인되었다).

7. 사례연구 (CASE STUDIES)

5. 나사못 수입의 추가 사례 5건이 확인되었다. 제13조의 목적상 결정된 잠정적인 가격은 MT당 551 c.u., 551 c.u., 539 c.u., 541.3 c.u. 및 565.7 c.u.였다. 이 사례들은 관세평가 및 통관 후 심사부서로 이첩되었다. 해당 부서는 일선부서에서 해결할 수 없는 평가분쟁과 관련한 사례들을 결정하는 전문 기능을 수행한다.

6. 세관당국은 수입자들에게 신고가격이 거래가격을 의미함을 입증할 기회를 제공하기 위해 이 사례들에 대하여 몇 차례 회의를 열었다.

7. 수입자들은 신고가격이 정말 실제로 지급하였거나 지급하여야 할 가격임을 확인할 수 있는 견적송장, 상업송장, 계약서 사본, 지급 증빙 자료, 거래와 관련된 기타 모든 서류를 제출하도록 요청받았다. 하지만, 수입자들은 수출자들이 발행한 견적송장과 상업송장 만을 제출하였다. 수입자들은 지급수단으로 신용장을 사용하지 않았다고 진술하였으나, 물품에 대한 어떠한 지급 증빙 자료도 제출하지 못했다. 수입자들은 또한 물품의 서면 계약서는 없고 해당 물품은 수출자들과의 구두계약에 기초하여 수입되었다고 진술하였다.

8. 세관당국은 협의 과정에서 수입자들의 회계 자료를 검토하였지만, 수입자들은 구체적인 회계 기록과 회계 장부를 보존하고 있지 않아 실제로 지급하였거나 지급하여야 할 가격을 뒷받침할 수 없음을 발견하였다. 세관당국은 물품에 대한 어떠한 지급 증빙자료나 생산지원과 같이 가격에 반영될 수 있는 가산에 대한 어떠한 정보나 증빙 자료도 찾을 수 없었다.

사례연구 13.2

- **과세가격 결정 & 거래가격 방법**

9. 과세가격의 우선적인 기초는 거래가격이다. 즉, 물품이 수입국으로 수출하기 위하여 판매된 때에 실제로 지급하였거나 지급하여야 할 가격을 제8조의 규정에 따라 조정한 것이다.

10. 실제로 지급하였거나 지급하여야할 가격은 제1조의 규정을 기초로 과세가격을 결정할 수 없게 하는 조건이나 사정(consideration)에 의해 좌우되지 않아야 한다.

11. 이 가격은 송장가격에 해당하며 평가협정의 규정에 따라 조정될 수 있다. 이러한 점에서 상업송장은 제17조에 따라 신고가격의 진실성과 정확성에 대한 충분한 증거가 될 수 있다. 이 조항은 협정의 어떠한 규정도 평가 목적으로 세관에 제출된 진술, 문서 또는 신고의 진실성이나 정확성에 관하여 스스로를 납득시키고자 하는 세관당국의 권리를 제한하거나 이의를 제기하는 것으로 해석되지 않아야 한다고 규정한다.

12. 관세평가위원회 결정 6.1에 따라 세관당국이 신고된 가격의 진실성이나 정확성을 의심할 만한 이유가 있는 경우, 세관당국은 신고가격이 제8조 규정에 따라 조정된 수입물품에 대하여 실제로 지급하였거나 지급할 총 금액임을 의미하는 서류 또는 기타 증빙 자료를 포함한 추가적인 설명을 수입자에게 요청할 수 있다.

13. 이 사례에서, 나사못의 신고가격이 나사못 제조에 사용되는 원재료의 국제시장 가격보다 현저히 낮았다는 사실 때문에 세관당국은 상업송장에 반영된 신고가격의 진실성이나 정확성을 의심할 만한 이유를 가졌다.

그러므로 결정 6.1에 따라 세관당국은 신고가격이 제8조 규정에 따라 조정된 수입물품에 대한 실제로 지급하였거나 지급하여야 할 가격임을 확인할 수 있는 추가적인 증빙 자료를 수입자에게 요청하였다. 수입자는 추가적인 정보를 제출할 몇 차례의 기회가 있었지만 계약서 또는 어떠한 지급 증빙자료를 제출하지 못했다. 더욱이, 협의 중 검토된 회계 자료도 실제로 지급하였거나 지급하여야 할 가격을 뒷받침하지 못했다. 세관당국은 여전히 신고가격의 진실성이나 정확성에 대한 합리적 의심을 갖고 있었다.

14. 기술위원회는 사례연구 13.1 "관세평가위원회 결정 6.1의 적용"에서 따라야 하는 적절한 절차를 포함하여 관세평가위원회 결정6.1이 어떻게 적용되어야 하는지를 앞서 검토한 바 있다. 결정 6.1은 추가적인 정보를 받은 후, 또는 응답이 없는 경우, 세관당국이 여전히 신고가격의 진실성 또는 정확성에 대하여 합리적 의심이 있는 경우에는 제11조의 규정을 유념하면서, 수입물품의 과세가격은 제1조 규정에 따라 결정될 수 없다고 간주할 수 있다고 규정한다. 최종적인 판단을 하기 전에, 수입자의 요청이 있을 경우 세관당국은 제출된 문서 또는 서류의 정확성 또는 진실성을 의심하는 근거를 해당 수입자에게 서면으로 통지해야 하고 수입자에게 응답할 수 있는 합당한 기회를 제공해야 한다.

15. 이 사례에서는, (i) 나사못의 신고가격이 나사못의 제조에 사용되는 원재료의 국제시장 가격보다 현저히 낮다는 점, (ii) 수입자들은 신고가격이 협정 제8조에 따라 조정된 수입물품에 대하여 실제로 지급하였거나 지급하여야 할 가격에 해당한다는 점을 입증하기 위해서 상업송장이나 견적송장 외에 지급 증빙자료를 포함한 어떠한 증빙 자료도 제출하지 않은 점, 그리고 (iii) 수입자들은 구체적인 회계 기록과 회계장부를 유지하거나 제출하지 않았다는 점을 고려하여, 세관당국은 여전히 합리적 의심을 가지고 수입물품의 과세가격은 제1조의 규정에

따라 결정될 수 없다고 결론 내렸다. 최종적인 판단을 하기 전에 세관당국은 수차례의 협의 과정에서 서면 및 구두로 제출된 자료의 진실성이나 정확성을 의심하는 근거를 통보하였다. 세관당국은 또한 수입자들에게 응답할 수 있는 기회도 제공하였다.

16. 상기에 비추어, 신고가격은 제17조, 결정 6.1 및 사례연구 13.1을 고려하여 부인되었다. 최종적인 결정을 내릴 때, 세관당국은 그 결정과 그것의 근거를 수입자에게 서면으로 통보하였다. 제1조에 따른 거래가격 부인 후, 협정 제2조 이하를 순차적으로 적용하여 과세가격을 결정하려는 시도가 이루어졌다.

▪ 동종·동질 / 유사물품 방법

17. 다음으로 세관당국은 협정 제2조 및 제3조 적용을 검토하였다. 세관당국이 동종·동질 혹은 유사한 나사못의 가격을 MT당 750 c.u.로 결정한 사례 하나가 있었으나, 이 가격은 동종·동질 또는 유사 물품의 거래가격이 아닌 산정가격이었기 때문에 제2조 및 제3조의 적용 목적으로는 사용될 수 없었다. 제2조 및 제3조에 대한 주해는 신고가격이 협정 제1조에 따라 이미 결정된 경우 그러한 사례만이 동종·동질 또는 유사 물품의 목적을 위해 선택되어야 한다는 것을 명확히 하고 있다.

18. 수입 나사못의 5건의 다른 사례가 있었고, 세관당국은 제13조에 따라 이에 대한 가격을 잠정적으로 평가하였다. 제13조는 단지 과세가격의 최종 결정을 지연할 필요가 있는 경우 충분한 보증금을 예치하고 수입 물품을 반출하는 것에 관련된 것이므로, 이들 잠정가격은 동종·동질/유사물품 방법에 따른 평가의 근거로 사용될 수 없다.

19. 이 사례에서 입수할 수 있는 동종·동질 또는 유사 물품의 거래가격이 없기 때문에, 수입물품의 과세가격은 제2조 및 제3조 규정에 따라 결정될 수 없고, 협정에 따라 다음 평가방법이 검토되어야 했다.

- **공제가격 방법**

20. 협정 제1조, 제2조 및 제3조의 규정을 철저히 검토한 후, 제5조에 따른 공제가격 방법이 적용되었다.

- **결론**

21. 결정 6.1에 따라 과세가격은 제1조에 따라 결정될 수 없었다.

> ### 사례연구 14.1
> Use of transfer pricing documentation when examining related party transactions under Article 1.2 (a) of the Agreement[3]

- **도 입**

1. 이 문서는 세관이 제1조 제2항(a)에 따라 수입물품의 가격이 구매자와 판매자 간의 특수관계에 영향을 받았는지 여부를 검토할 때 거래순이익률법(TNMM)에 기초한 회사의 이전가격 연구에서 제공된 정보를 고려한 사례를 설명한다.

    이 사례연구는 WTO 평가협정을 해석하고 적용하는데 있어 세관당국이 OECD 지침과 OECD 지침을 적용하여 산출한 문서를 활용해야 할 그 어떠한 의무를 명시하거나 시사하거나 규정하지 않는다.

- **거래사실**

2. X국의 제조자 XCO는 그의 완전히 소유한 자회사인 I국의 공급(유통)업자 ICO에게 계전기를 판매한다. ICO는 계전기를 수입하며 특수관계가 없는 판매자로부터는 어떠한 상품도 구매하지 않는다. XCO는 특수관계가 없는 구매자에게는 계전기나 동종 또는 동류의 물품을 판매하지 않는다.

---

[3] 협정 제1조 제2항 (a)에 따른 특수관계자간 거래검토시 이전가격 문서의 사용

3. 2012년에 ICO는 I국 세관에 제출한 상업송장에 기재된 가격에 기초한 거래가격을 사용하여 해당 물품을 수입하였다. 거래가격 사용을 금지하는 협정 제1조 (a)호부터 (c)호에 규정된 특별한 상황이 존재한다는 증거는 없다.

4. 수입 후에 I국의 세관은 거래가격의 수용여부에 대해 의심을 가졌기 때문에 협정 제1조 제2항(a)에 따라 ICO와 XCO간 물품의 판매 주변상황을 검토하기로 결정하였다.

5. 수입자는 특수관계가 가격에 영향을 미치지 않았음을 입증하는 수단으로서, 제1조 제2항(b)와 (c)에 따른 비교가격을 제공하지 않았다.

6. 세관의 추가 정보 요청에 대하여, ICO는 ICO를 대신하여 독립 기업이 작성한 2011년도에 대한 이전가격 연구를 제출하였다.

7. 이전가격 연구는 거래순이익률법("TNMM")을 사용하였으며, 이 사례에서 거래순이익률법은 같은 기간에 독립적인 당사자 간의 비교 가능한 거래를 수행하였고 역시 I국에 위치한 기능적으로 비교 가능한 동종 또는 동류의 물품 공급(유통)업자들의 영업이익률과 ICO의 영업이익률을 비교하였다. 이전가격 연구는 I국의 조세 규정의 요건을 준수하기 위해 작성되었으며, '다국적 기업과 OECD 조세 당국을 위한 OECD 이전가격 지침("OECD 이전가격 지침")에 포함된 원칙이 적용되었다. 이전가격 연구는 ICO가 XCO로부터 구매하는 모든 계전기를 다루었다.

사례연구 14.1

8. ICO사의 재무 기록에서 얻어진 관련 자료

    – 매출액 100.0

    – 매출원가(COGS) 82.0

    – 매출총이익 18.0

    – 영업비용 15.5

    – 영업이익 2.5

    – 영업이익률(기준이 되는) 매출액의 2.5%

9. ICO의 기업 기록에서 얻어진 자료를 이용한 이전가격 연구는 XCO로부터 구매한 계전기의 판매에 대한 ICO의 영업이익률이 2011년에 2.5%였음을 보여준다.

10. 해당 연구는 ICO에 대한 신뢰할만한 비교가능 기업을 찾는 것이 가능하며, 이에 따라 ICO가 이전가격 연구에서 분석대상 당사자로 선정되었다고 결정한다.

11. I국과 X국의 내국세 당국은 쌍방 APA 협상의 맥락에서 ICO의 이전가격 연구를 검토했다. 그 뒤에 ICO와 XCO 간의 모든 거래에 대하여 ICO, XCO와 I국 및 X국 내국세 당국 간 APA가 합의되었다. I국과 X국 내국세 당국이 검토하는 동안 ICO는 해당 계전기 판매에서 얻은 이익률이 전기기기와 전자부품 산업에서 독립된 공급(유통)업자들이 실현한 이익률과 일반적으로 동일함을 보여주는 정보를 제출하였다.

12. 이전가격 연구에서는, ICO와 비교하여 기능, 자산 및 위험의 실질적인 유사성을 기준으로 공급자와 특수관계가 없는 8개 공급(유통)업자들이 선정되었다.

13. 2011년 회계연도에 대한 비교의 목적으로 이들 8개 공급(유통)업자들과 관련한 정보 수집이 이루어졌다. 이들 특수관계가 없는 (공급)유통업자들이 실현한 영업이익률의 범위는 0.64%에서 2.79%였으며 중위값은 1.93%였다. APA 협상의 맥락에서 이 범위는 XCO와 ICO의 거래와 비교가능한 거래의 정상 영업이익률 범위로서 내국세 당국이 수용하였다. 이 정상 영업이익률 범위는 공개 데이터베이스에서 입수가능한 재무 기록을 활용하여 8개 비교가능 회사들의 영업이익률을 사용하여 설정되었다. ICO의 영업이익률은 2.5%였으므로 해당 범위 내에 들었다. 수입국에서 수입자가 실현한 2.5%의 이익률은 (a) ICO가 XCO에 실제로 지급하였거나 지급하여야 할 가격, (b) ICO 자신의 매출액, 그리고 (c) ICO 자신의 비용과 함수 관계에 있었다.

14. 협정 제8조에 규정된 어떠한 조정도 실제로 지급하였거나 지급하여야 할 가격에 대해 이루어질 필요가 없다고 결정되었다. 추가로 ICO는 2011년도에 내국세 목적으로 보상 조정도 하지 않았다.

15. ICO는 이전가격 연구에 제시한 대로 목표 정상(4분위) 범위를 충족하는 영업이익을 얻을 수 있도록 판매가격을 책정한다. XCO에 지급하였거나 지급하여야 할 가격은 해당 년도 동안 큰 변동이 없었다.

▪ 결정을 위한 쟁점

16. 이 사례에서 제시된 이전가격 연구는 OECD 이전가격 지침을 기초로 작성되고 쌍방 APA의 근거로 사용되었다. 이 연구는 세관이 수입물품에 대하여 실제로 지급하였거나 지급하여야 할 가격이 협정 제1조에 따라 당사자 간 특수관계에 영향을 받았는지 여부를 결정할 수 있게 하는 정보를 제공하는가?

▪ 분 석

17. 협정 제1조에 따라 구매자와 판매자가 특수관계에 있지 않거나, 특수관계에 있더라도 그 특수관계가 가격에 영향을 미치지 않았다면 거래가격은 과세가격으로 수용 가능하다.
    구매자와 판매자가 특수관계에 있는 경우, 세관이 가격과 관련한 의심이 있을 때 협정 제1조제2항은 거래가격의 수용 가능성을 확인하는 두 가지 방법을 제시한다 : (1) 특수관계가 가격에 영향을 미쳤는지를 결정하기 위해 판매 주변상황을 검증하여야 하거나(협정 제1조 제2항(a)), (2) 수입자가 해당 가격이 3개의 비교가격 중 하나에 매우 근접하다는 것을 입증하는 방법(협정 제1조 제2항(b)). 이 사례에서는 5번 단락에서 보여주는 바와 같이 수입자가 비교가격을 제공하지 않았으므로 세관은 판매 주변상황을 검토하였다

18. 협정 제1조제2항에 대한 주해는 판매 주변상황을 검토하는데 있어 "세관당국은 특수관계가 가격에 영향을 미쳤는지 여부를 결정하기 위하여 구매자와 판매자가 그들의 상업적 관계를 조직하는 방법과 해당 가격이 결정된 방법을 포함한 거래의 관련 측면을 검토할 준비가 되어 있어야 한다." 라고 규정하고 있다.

19. ICO로부터 얻은 정보에 기초하면, XCO는 특수관계가 없는 구매자에게는 해당 물품을 판매하지 않는다. 따라서 ICO는 협정 제1조 제2항(a)에 대한 주해에 규정된 해당 가격이 특수관계가 없는 자에 대한 판매에서와 같은 방법으로 결정되었다는 것을 입증할 수 없다.

20. 판매 주변 상황을 검토하는 동안, 세관은 제1조 제2항(a)에 대한 주해에 따라 해당 산업의 정상적인 가격결정 관행에 부합하는 방법으로 가격이 결정되었는지를 결정함에 있어, 이전가격 연구에서 논의된 정보의 검토내용을 고려하였다. 이와 관련하여 "산업"이란 용어는 수입물품과 동종 또는 동류(동종·동질 또는 유사 물품을 포함하는)의 물품을 포함하는 산업 또는 산업부문을 포괄한다.

21. 8번 단락에서 제시된 정보에 기초하면 :
    - 매출액 수치는 ICO가 단지 특수관계가 없는 자들에게만 판매하고 있기 때문에 수용될 수 있다. (그리고 ICO가 특수관계가 없는 자들과의 거래에서 자신의 이익을 합리적으로 극대화 할 것이라고 가정한다.)
    - 영업비용은 ICO가 자기 비용을 최소화하고자 하면서 특수관계가 없는 자들에게 지급하며 판매자의 이익을 위해 지급되지 않았다고 밝혀졌기 때문에, 영업비용의 금액은 신뢰할 만한 것으로 검토되고 수용되었다.
    - 이전가격 연구는 ICO의 영업이익률이 정상범위(즉, 독립적인(특수관계가 없는) 공급(유통)업자이면서 비교가능 기업에 대한 조사에 기초한) 내에 있다는 사실을 보여준다.
    - ICO의 매출원가(COGS)는 XCO에게 지급하였거나 지급하여야 할 가격을 반영하며, ICO와 특수관계자인 XCO 간의 거래를 나타낸다. 이것이 쟁점 이전가격이다.

위에 제시된 영업이익률의 정상범위와 수용된 다른 정보를 되짚어보면, 이전가격이 정상가격(arm's length amount)이라는 것을 추론할 수 있다. 이것은 XCO와 ICO 간의 판매 주변상황을 검토할 때, ICO와 특수관계가 없는 공급(유통)업자간의 거래와 관련된 정보가 세관에 유용하고 적절할 수 있다는 것을 보여준다.

22. 기능 분석은 ICO와 8개의 특수관계가 없는 공급(유통)업자들 간에 기능, 위험, 자산 면에서 큰 차이가 없다는 사실을 보여준다. 또한, 상품의 비교가능성은 적절한 수준으로 보였다. 비교가능 회사들은 전기기기와 전자부품 산업(수입물품과 동종 또는 동류의 물품을 판매하는 회사들)에서 선정되었다. 따라서 수입물품의 전매에 대한 영업이익률은 전기기기나 전자부품 산업에서와 전반적으로 동일한 것으로 나타났다.[4]

특히, 이전가격 연구에 따르면 비교가능 회사들의 영업이익률의 정상범위는 0.64%에서 2.79%였다. 앞에서 언급한 바와 같이, ICO의 영업이익률은 2.5%였다. 따라서 모든 비교가능 회사들이 동종 또는 동류의 물품을 판매하기 때문에 이전가격 연구는 ICO와 XCO간의 가격이 해당 산업의 정상적인 가격결정 관행에 부합하는 방법으로 결정되었음을 뒷받침한다.

---

[4] 이 사례에서 영업이익률은 모든 관련 비용을 지급한 후 해당 판매에서 ICO가 얻는 실제 금액을 보여주기 때문에 세관은 ICO의 실제 이윤율의 보다 정확한 값으로서 해당 영업이익률을 수용하였다. 그럼에도 불구하고 특정 상황에서는 적절하게 공제되는 관련 비용과 정확한 이전가격 설정을 설명하기 위해 세관은 매출총이익을 고려할 수도 있다.

■ 결 론

23. ICO와 XCO간 특수관계자 거래와 관련하여 판매 주변상황을 검토한 후, 거래순이익률법(TNMM)에 근거한 이전가격 연구와 필요하다고 여겨지는 영업비용과 관련한 추가 정보에 대한 분석을 통해 세관은 협정 제1조 제2항(a)의 규정에 따라 당사자들간의 특수관계가 거래가격에 영향을 미치지 않았다고 결정하였다.

24. 예해 23.1에 명시한 바와 같이 판매 주변상황을 검토하기 위한 이전가격 연구의 사용은 사안별로 고려되어야 한다.

사례연구 14.2
협정 제1조제2항(a)에 따른 특수관계자간 거래 검토시 이전가격 문서의 사용[5]

- 도 입

1. 이 문서는 세관이 제1조제2항(a)에 따라 수입물품에 대하여 실제 지급하였거나 지급하여야 할 가격이 구매자와 판매자 간의 특수관계에 의해 영향을 받았는지 여부를 결정할 때 기업의 이전가격보고서에 제공된 정보와 추가 정보를 고려한 사례를 설명한다.

   이 사례연구는 WTO 평가협정을 해석하고 적용하는데 있어서 세관당국이 OECD 가이드라인과 OECD 가이드라인을 적용하여 산출된 문서를 활용해야 할 그 어떠한 의무를 명시하거나 시사하거나 규정하지 않는다.

- 거래사실

2. X국의 XCO는 I국의 공급(유통)업자 ICO에게 명품 가방을 판매한다. XCO와 ICO는 모두 다국적 기업의 본사이자 명품 가방의 브랜드 소유자인 ACO의 완전자회사이다. XCO와 ACO의 다른 특수관계사들은 동종동질 또는 유사한 명품 가방을 I국의 특수관계가 없는 구매자에게는 판매하지 않는다. ICO는 I국으로 XCO가 판매한 명품 가방의 유일한 수입자이다. 따라서 ICO가 I국으로 수입한 모든 명품 가방은 XCO로부터 구매한 것이다.

---

[5] USE OF TRANSFER PRICING DOCUMENTATION WHEN EXAMINING RELATED PARTY TRANSACTIONS UNDER ARTICLE 1.2 (a) OF THE AGREEMENT

3. 2012년도에 ICO는 XCO가 발행한 송품장 가격에 기초하여 수입 명품 가방의 가격을 신고하였다. I국 세관에 제출된 상업서류는 협정 제1조 (a)호부터 (c)호에 규정된 바와 같이 거래가격의 사용을 배제하거나 수입가격에 대해 제8조에 규정된 추가 조정을 요구하는 특별한 상황이나 추가 지급이 없음을 나타냈다.

4. 2013년도에 I국 세관은 ICO가 신고한 수입가격을 검증하기 위하여 사후심사를 실시하였는데, 그 이유는 해당 가격의 수용에 대해 의심이 있었기 때문이었다. ICO의 이전가격 정책은 모든 명품가방의 수입가격이 (다국적 기업과 OECD 조세 당국을 위한 이전가격 가이드라인에 따라) 재판매가격법을 사용하여 결정되었음을 보여준다. 매해 연말에 ICO는 XCO가 권장하는 대로 재판매 가격과 내년도 목표 매출총이익률에 기초하여 명품가방의 수입가격을 산정하였다. 2012년도 목표 매출총이익률이 40%로 결정된 후, ICO는 재판매가격법을 사용하여 2012년도에 수입될 명품 가방의 수입가격을 다음 공식에 따라 산정하였다.

   ; 수입 가격 = 권장 재판매가격 × (1 − 목표매출총이익률) / (1 + 관세율)

5. ICO는 단순 또는 보통의 유통업자이다. I국에서 가방의 판매에 대한 마케팅 전략은 사실상 XCO가 수립한다. XCO는 또한 유지해야 하는 재고 수준에 대해 조언을 해주고, ICO가 사용하는 할인 정책을 포함하여 ICO가 판매하는 가방의 권장 판매가격을 결정한다. XCO는 또한 해당 가방과 관련된 가치 있는 무형 자산 개발에 많은 투자를 해 왔다. 결과적으로 XCO는 I국에서 가방의 판매와 관련한 시장 위험과 가격 위험을 부담하고 있다.

6. 해당 수입물품이 재판매되는 I국의 명품 가방 시장은 매우 경쟁적이다. 그러나 2012년도에 ICO의 실제 판매 소득(income)은 예상 소득을 훨씬 상회하였는데, 이는 예상했던 것보다 더 많은 가방이 책정된 가격(full price)에 판매되고 할인된 가격에는 더 적게 팔렸기 때문이다. 결과적으로 2012년도 ICO의 매출총이익률은 ICO의 이전가격 정책에 명시된 목표 매출총이익률보다 높은 64%였다. 심사기간 동안 세관은 신고된 수입가격의 수용 여부를 검토하기 위하여 ICO에게 추가 정보를 제출하도록 요청하였다.

7. ICO는 특수관계가 해당 가격에 영향을 주지 않았다는 것을 증명하는 수단으로서, 협정 제1조제2항의 (b)호와 (c)호의 적용에 필요한 비교가격을 제시하지 않았다. 하지만 ICO는 이전가격 보고서를 제출했는데, 그 보고서는 ICO의 매출총이익률과 비교가능 업체들이 그들의 비특수관계자들과의 거래(즉, 비교가능한 독립된 거래)에서 실현한 매출총이익률을 비교하는 재판매가격법을 사용한 것이었다. 이전가격 보고서는 OECD 이전가격 가이드라인에 의거하여 규정된 절차에 따라 독립된 기업에 의해 작성되었다.

8. 이전가격 보고서에 따르면 ICO는 어떤 가치 있고 특별한 무형자산을 사용하거나 어떤 중대한 위험을 부담하지 않는다. ICO가 제출한 이전가격 보고서에는 I국에 위치한 8개의 비교가능 업체가 선정되었다. 기능분석은 8개의 선택된 비교가능 업체가 ICO와 마찬가지로 X국으로부터 비교가능 물품을 수입하고 있으며, 유사한 기능을 수행하고, 유사한 위험을 부담하며, 어떠한 가치 있는 무형자산을 사용하지 않았다는 것을 보여준다.

9. 이전가격 보고서는 선택된 비교가능 업체들이 2012년도에 실현한 매출총이익률의 정상(4분위) 범위가 35~46%이고 중위값이 43%임을 나타냈다. 따라서 ICO가 실현한 64%의 매출총이익률은 정상 4분위 범위에 해당하지 않았다. 세관이 평가 심사를 수행할 때에, 이 특정 사례에서 ICO는 이와 관련하여 어떠한 이전가격 조정도 하지 않았다고 확인되었다.

- **결정을 위한 쟁점**

10. 이 사례에서 제공된 이전가격 보고서는 세관이 수입물품에 대하여 실제 지급하였거나 지급하여야할 가격이 협정 제1조에 따라 당사자간의 특수관계에 의해 영향을 받았는지 여부를 결정할 수 있게 하는 정보를 제공하고 있는가?

- **분 석**

11. 협정 제1조에 따라 구매자와 판매자가 특수관계에 있지 않거나, 특수관계가 있더라도 그 관계가 해당 가격에 영향을 미치지 않은 경우에 거래가격은 과세가격으로 수용될 수 있다. 구매자와 판매자가 특수관계에 있는 경우, 협정 제1조제2항은 세관이 해당 가격과 관련하여 의심이 있을 때에 거래가격을 수용할 수 있는 2가지 방법을 제시한다. (1) 특수관계가 가격에 영향을 주었는지 여부를 결정하기 위해 판매주변상황을 검토하거나(제1조제2항(a)호), 또는 (2) 수입자가 해당 가격이 3개의 비교가격 중 하나에 매우 근접함을 입증한다.(제1조제2항(b)호).

12. 이 사례에서는 7번 단락에서 명시된 것과 같이 수입자가 비교가격을 제시하지 않았으므로 세관은 판매 주변상황을 검토하였다.

13. 협정 제1조제2항에 대한 주해는 판매 주변상황을 검토함에 있어 "세관당국은 특수관계가 가격에 영향을 미쳤는지 여부를 결정하기 위하여 구매자와 판매자가 그들의 상업적 관계를 조직하는 방법과 해당 가격이 결정된 방법을 포함한 거래의 관련된 측면을 검토할 준비가 되어 있어야 한다."라고 규정하고 있다.

14. 재판매가격법을 사용하는 업체들에 대하여 판매 주변상황을 검토할 때에 해당 업체의 매출총이익률과 비교가능 업체들의 매출총이익률의 비교는 신고가격이 해당 산업에서 정상적인 가격결정 관행에 부합하는 방법으로 결정되었는지 여부를 보여줄 수 있다.

15. 기능분석에 의하면, ICO와 8개의 비교가능 업체들 간에는 중요한 차이가 없었다. 왜냐하면 이 비교가능 업체들은
    - 모두 I국에 위치하고 있으며,
    - 유사한 유통기능을 수행하고, 유사한 위험을 부담하며, ICO와 유사하게 어떠한 가치 있는 무형자산도 사용하지 않으며,
    - X국에서 유사하게 제조된 비교가능한 물품을 수입한다.

    추가적으로 제품의 비교가능성은 적절한 수준으로 보여졌고, 이러한 비교가능 업체들은 관세평가 목적으로도 적합하다고 간주되었다.

16. 이전가격 보고서에 따르면, 비교가능 업체들이 실현한 매출총이익률의 정상 4분위 범위는 35%~46%이고, 중위값은 43%이었다. 그러나

2012년에 ICO는 해당 산업의 비교가능 업체들의 정상 매출총이익률보다 훨씬 높은 64%의 매출총이익률을 실현하였다. 수입국 I의 명품 가방 시장이 경쟁적이므로 ICO와 8개의 비교가능 업체들간에 실질적인 차이가 없다 것을 고려하면 ICO의 영업이익 및 경비는 비교가능 업체들의 영업이익 및 경비와 유사해야 한다. 따라서 2012년도 ICO의 높은 매출총이익률은 그의 기능, 자산, 위험과 비례 하지 않은 것이다.

17. 따라서 ICO가 높은 이익율을 실현하였고, ICO가 어떠한 보상조정도 하지 않았다는 점을 고려하여 세관은 수입가격이 해당 산업의 정상적인 가격결정 관행과 부합하는 방식으로 결정되지 않았다는 결론을 내렸다. 2012년에 수입된 물품의 과세가격은 낮은 가격으로 신고 되었으며, 대체 평가방법을 순차적으로 적용하여 다시 결정되어야 한다.

- **결론**

18. 이전가격 보고서의 검토를 통한 협정 제1조제2항(a)의 규정에 따른 ICO와 XCO 간의 판매 주변상황 조사에서 세관은 신고된 수입가격이 해당 산업의 정상적인 가격결정 관행과 부합하는 방법으로 결정되지 않았고 따라서 구매자와 판매자간의 특수관계에 영향을 받았다고 결론을 내렸다. 그러므로 과세가격은 대체 평가방법을 순차적으로 적용함으로써 결정되어야 한다.

19. 판매 주변상황을 조사하기 위한 가능한 기초로서 이전가격 보고서의 사용은 예해 23.1에서 명시되어 있듯이 사안별로 고려되어야 함에 유의하여야 한다.

STUDIES

8

연구

WTO관세평가협정
Agreement on Implementation of Article VII of the GATT 1994

8

연 구
STUDIES

연구 1.1 중고 자동차의 처리
연구 2.1 임차수입물품의 취급

WTO관세평가협정
Agreement on Implementation of Article VII of the GATT 1994

8 STUDIES 연구

연구 1.1
중고 자동차의 처리

1. 협정에 따른 중고 자동차의 평가처리는 그 자체로 특별한 원칙상의 쟁점을 제기하지 않지만, 실무적인 문제들을 발생하게 한다. 그러므로 이 문제들이 여러 가지 가능한 해결방안이 제시될 이 연구의 주제가 되어야 한다는 것은 세관당국에 도움이 될 것으로 여겨진다.

2. 이 연구는 신형 또는 중고 구매에 관계없이 수입시점에 중고로 간주되는 자동차의 광범위한 영역을 포함하도록 의도하고 있으며, 특수용도 자동차와 클래식 또는 빈티지 자동차의 한정된 분야에 대하여는 다루지 않는다.

3. 자동차가 "중고"로 간주되어야 하는지의 여부를 결정하는 기준은 별개의 문제이다. 이 분야에서 발생할 수 있는 광범위한 다른 상황들은 채택된 실무와 일치하게 하는데 적합하지 않기 때문에, 이 문제는 각 당국의

재량에 맡겨야 한다. 이 문제는 다음의 잠정적으로 서로 다른 상황으로 설명될 수 있다.

(a) 무역업자가 수입하는 수입 자동차의 주행거리계가 수출국 공장에서 수출국 항구까지의 주행거리인 250km를 가리키는 경우

(b) 개인이 몇 주 전에 외국에서 신품으로 구매하여 등록한 후 수입하는 수입차가 외국의 구매장소로부터 수입국의 반입장소까지 1,560km를 주행한 경우

4. 수입 중고 자동차가 최종 판매된 이래 더 사용된 것으로 간주되어야 하는지 여부에 대한 쟁점은 마찬가지로 상기 3번 단락에서 언급한 바와 같이 처리되어야 한다. 이러한 맥락에 기반한 접근방법에 의할 경우 쟁점 자동차는 다음과 같이 정의된 바와 같이 Ⅰ유형이나 Ⅱ유형에 해당할 것이다.

5. 기본적으로 수입 중고 자동차의 평가에서 다루어져야 할 두 가지 유형의 상황이 있다. 두 가지 유형은 다음과 같고, 같은 순서로 추후 검토될 것이다.

Ⅰ. 자동차가 중간에 사용되지 않고 구매한 대로 수입되는 경우
Ⅱ. 자동차가 구매한 이래 추가적으로 사용된 후 수입되는 경우

Ⅰ. 자동차가 중간에 사용되지 않고 구매한 대로 수입되는 경우

6. 판매에 따른 수입의 경우, 그 거래와 관련한 실제로 지급했거나 지급하여야 할 가격은 협정 제1조의 요건 및 조건이 충족되는 경우에는 언제나 거래가격을 결정하는 기초로 취급되어야 한다.

7. 제1조의 규정이 적용될 수 없다면, 과세가격은 규정된 적용순서에 따라 협정이 규정하는 다른 방법 중 하나로 결정되어야 한다. 이 방법에 관해서는 아래 10번부터 23번까지의 단락을 참고한다.

Ⅱ. 자동차가 구매한 이래 추가적으로 사용된 후 수입되는 경우

- 제1조

8. 제1조 규정의 적용 가능성과 관련하여 모든 다른 사항에 우선하여 고려할 것은 당국이 구매한 이래 사용된 것으로 고려하는 평가대상 자동차가 평가목적상 최종 판매된 때와 동일한 자동차로 여전히 간주될 수 있는지 여부이다.

9. 그렇게 간주될 수 없다면, 평가시점에 그 상태의 자동차에 대하여 실제로 지급하였거나 지급하여야 할 가격은 없다. 그러므로 제1조의 규정은 적용될 수 없고, 과세가격은 협정에서 규정된 적용순서에 따라 적용될 수 있는 첫 번째 조항에 따라 결정되어야 한다.

- 제2조와 제3조

10. 제2조 및 제3조에서 예정한 평가방법의 적용은 해당물품과 동시 또는 거의 동시에 수출된 동종·동질 또는 유사 물품의 존재를 전제로 하고 있다. 더욱이 이들 동종·동질 또는 유사 물품의 가격은 협정 제1조에 따라 결정되어야 한다.

11. 개인이 수입한 중고 자동차와 같은 특정한 경우에 이러한 조건들이 충족될 수 있을 지는 의문스럽다. 하지만 특히 무역업자가 수입하는 경우에는 제2조 또는 제3조를 적용할 여지가 가끔 있을 수 있다.

- 제5조

12. 제2조 또는 제3조를 적용할 수 없고, 해당 수입 중고 자동차 또는 동종·동질 또는 유사 수입 중고 자동차가 수입된 상태로 수입국에서 판매된다면, 제5조제1항의 규정은 그 규정의 요건이 충족될 수 있는 한 적용되어야 한다.

13. 제5조제1항이 적용될 수 없지만 중고 자동차가 추가 가공된 후(예를 들면, 수리, 재생, 부속품의 장착) 수입국내에서 판매되는 경우에는, 수입자가 요청하면 제5조제2항에 기초한 평가를 염두에 두어야 한다. 이러한 가공 또는 재생으로 부가된 가치를 고려할 필요가 있는 공제는 그 후에 이루어져야 한다.

14. 하지만 12번과 13번 단락에서 설명하는 것과 같은 상황은 일반적으로 무역업자가 수입하는 경우에만 발생할 것이다.

- 제6조

15. 중고 자동차는 명백히 중고 형태로 생산되지 않기 때문에 수입물품의 생산비용에 기초하고 있는 제6조의 규정은 적용될 수 없다.

- 제7조

16. 상기로부터 많은 경우에 중고 자동차의 과세가격은 협정 제7조의 규정에 따라 결정되어야 한다는 것을 알 수 있다.

17. 이러한 "합리적인" 방법을 사용하여 물품을 평가할 때에는 협정에서 정하는 일반원칙과 특히 다음의 사항을 염두에 두는 것이 중요하다.

- 제7조의 목적상 과세가격은 협정 및 1994년도 GATT 제7조의 원칙 및 일반규정에 부합하는 합리적인 방법과 수입국에서 입수할 수 있는 자료를 근거로 결정된다.
- 특정 평가방법은 제7조 제2항에 의해 명백하게 배제된다.
- 사용되는 평가방법은 제1조부터 제6조까지에서 정하는 방법을 합리적인 신축성과 함께 적용하고, 최대한 이전에 결정된 과세가격에 기초하여야 한다.
- 협정은 평가의 기초를 결정하기 위하여 세관당국과 수입자 사이에 협의를 권고하고 있다.

18. 중고 자동차에 대한 표준적인 평가방법을 예정하는 것은 불가능할 수도 있다. 그럼에도 불구하고 논쟁이 된다면, 상기 규정된 원칙에 기초하여 제7조에 따라 결정된 과세가격은 법으로 인정되어야 함을 유념하면, 몇 가지 접근방법이 적용될 수 있다. 이러한 접근방법 중 일부는 다음의 단락들에서 제시된다. 최종 분석에서, 각 국가의 특수한 상황이 고려될 수 있도록, 협정 및 GATT 제7조의 원칙과 일반규정에 부합하는 방법을 선택하는 것은 각 당국에 위임되어야 한다.

19. 예를 들면, 과세가격은 자동차에 대하여 실제로 지급하였거나 지급하여야 할 가격에 기초할 수 있다. 이러한 경우에는, 물품은 평가시점의 상태에 따라서 평가되어야 한다. 따라서 가격은 구매한 이후 발생한 감가상각(연한 또는 사용과 관련하여)을 고려하여 조정된다. 아래 표는 감가상각의 경우에 조정을 행하는데 적용될 수 있는 절차를 예시하고 있다. 자의성을 피하기 위하여 이들 조정의 적용상 각각의 사안에 적합한 상황을 고려하기 위하여 몇 가지 판단이 당연히 수행되어야 한

다. 특히 사용에 기초한 조정의 경우에는 주행거리계의 표시 값에 항상 의존할 수 없다는 것을 염두에 두어야 한다.

구입이후의 시간		지급한 가격으로부터 공제되어야 할 금액
6개월 미만		a 퍼센트
6개월에서 12개월		b 퍼센트
12개월에서 24개월	혹은	c 퍼센트
등		등

구입일 이후의 사용	지급한 가격으로부터 공제되어야 할 금액
5,000km 미만	x 퍼센트
5,001km에서 15,000km	y 퍼센트
15,001km에서 30,000km	z 퍼센트
등	등

구매 이후에 행해진 일체의 개량이나 추가된 부속품은 자동차의 가격을 증가시키는 것에 유의해야 한다.

20. 실제로 지급하였거나 지급하여야 할 가격이 없는 경우에는, 과세가격은 동일한 제품 및 모델의 수입 신품 자동차에 대하여 이전에 인정된 거래가격을 기초로 수입자와 협의하여 결정될 수 있다. 다음으로 이 과세가격은 한편으로는 연한이나 마모 및 노후화에 기인한 감가상각과 다른 한편으로는 관련 자동차의 장비의 일부를 형성하지 않는 추가 부속품을 고려하여 평가시점의 자동차의 상태를 반영하기 위하여 조정되어야 한다. 또한 조정은 비교대상 거래간의 수준과 수량의 차이를 고려할 필요성을 입증할 수 있다.

21. 동일한 제품 및 모델의 신형 자동차의 수입이 없는 경우에는 유사 신형 자동차에 대하여 이미 인정된 거래가격을 사용하여 이전 단락에서 기술한 방법을 적용할 수 있다.

22. 19번 단락에서 예정된 방법은 동일한 제품 및 모델의 신형 수입차동차에 대한 수입국내 시장의 카탈로그 가격에 기초하여서도 적용될 수 있다. 제5조의 규정이 합리적인 신축성을 가지고 적용되는 경우, 추가적인 조정이 제5조 제1항(a)호 (ⅰ)부터 (ⅳ)까지에 따라 이루어져야 할 것이다.

23. 수입국내 중고 자동차 시장의 현재 가격을 표시하고 있는 카탈로그나 전문 정기간행물을 입수할 수 있는 경우에는, 이러한 가격은 평가의 기초로 사용될 수 있다. 이 경우에는 당연히 관련 자동차와 비교하여 해당 자동차의 상태와 가격에 영향을 주는 모든 요소(예를 들면, 비정상적인 마모, 수리, 재생, 부속품)에 대한 고려가 이루어져야 한다. 더욱이, 이러한 카탈로그에 기재된 지침 가격이 수입관세 및 제세를 포함하고 있을 수 있다는 것을 간과하지 않는 것이 중요하다. 하지만 제7조 제2항(a)는 수입국내에서 생산된 자동차에 대한 이러한 방법의 적용을 금지하고 있다(수입국내에서 생산된 자동차가 재수입되는 경우에는 관세가 부과될 수 있다). 이러한 경우, 아마도 "동종·동질" 및 "유사한"이라는 용어의 신축적인 해석을 통하여 다른 국가에서 생산된 동종·동질 또는 유사 자동차를 참고할 수 있다.

24. 이 연구에서 검토하는 경우 발생할 수 있는 주요 난제 중 하나는 개인에 의한 구매가 종종 상업 송장이 아닌 단순히 영수증이나 수기 명세서 또는 구두계약을 수반하는 것과 관련하여, 거래가격을 결정하기 위하여 필요한 사실을 확인하는 실무적인 것임에 유의해야한다. 이러한 상황에서는 세관당국은 신고된 구매가격의 진실성 대해 만족해야 할 것이다. 이러한 쟁점은 특히 허위로 작성된 송장을 사용함으로써 더 많은 사기의 기회가 제공되는 중고물품 거래의 광범위한 문제의 일부분이다. 이는 주로 관련 국내 법규에 의하여 처리될 관세집행상의 문제이다.

25. 각 체약국의 국내 법률에 따라, 협정 제8조제2항에 열거된 요소는 중고 자동차의 과세가격에 포함되거나 제외될 것이다. 운송이 비영리적이거나, 운송서류로부터 공제되거나 가산되어야 할 요소가 결정될 수 없는 경우에는 필요한 조정은 수입물품의 운송에 대하여 발생된 실제 비용에 기초하여야 한다. 이들 조정은 객관적이고 수량화 할 수 있는 자료에 기초해야 한다.(제8조 제3항 참조)

연구 1.1 부록
Supplement to Study 1.1

[질문1]

1. 수입국에 거주하는 중고자동차의 구매자(개인적인 상거래)가 수출국 국내시장에서 수입국으로 수입하기 위하여 자동차를 구매할 때 수출국 국내시장의 물품가격에 따라 협정 제7조에 따른 과세가격을 결정하는 것이 가능한가?

- **답변**

2. 기술위원회 연구 1.1에 따라, 기본적으로 수입 중고자동차의 평가와 관련하여 다뤄져야 할 다음과 같은 두 가지 유형의 상황이 있다.

   (a) 자동차가 중간에 사용되지 않고 구매한 대로 수입되는 경우
   (b) 자동차가 구매한 이래 추가적으로 사용된 후 수입되는 경우
   질문에 제시된 사실로부터, 상황 (a)가 적용될 것으로 가정된다[1]*

---

1) 상황 (b)에 관해서는, 사례연구 5.1 "제8조 제1항(b)의 적용"에서 설명하는 제1조 및

3. 관세평가기술위원회 권고의견 14.1에서 기술위원회가 이전에 표명한 견해에 따르면, 수입자가 검토 중인 당면 판매가 수입국으로 물품을 수출할 목적으로 발생하였다는 것을 입증할 수 있다면, 이러한 경우에는 제1조가 적용될 수 있기 때문에 제7조를 고려할 필요가 없다.

4. 이러한 상황에서는, 수입이 판매 직후에 이루어진다는 전제 하에, 1조에 규정된 모든 다른 요건과 조건이 충족된다면 그 판매와 관련한 실제로 지급하였거나 지급하여야 할 가격이 제1조에 따른 거래가격을 결정하기 위한 기초로서 이용되어야 한다.

[질문2]

5. 만약 실제로 지급하였거나 지급하여야 할 가격이 수출국 국내시장에서 적용된 가격이라면 제7조 제2항(c)와 제1조의 관계를 어떻게 설명할 수 있는가? 이 상황에서는 중고 자동차는 수입한 구매자에 의해 직접 그리고 개인적으로 이 시장에서 실지로 구매되었고 가격은 과세가격을 결정하기 위한 기초로서 사용될 수 있는 유일한 지표이다.

- 답변

6. 제7조 제2항(c)는 구매자가 실제로 지급하였거나 지급하여야 할 가격을 기초로 과세가격을 결정하는 것을 금지하는 것은 아니다. 하지만 제7조에 따른 과세가격을 결정하기 위한 기초로 수출국 국내시장에서의 판매에서 도출된 다른 가격의 사용은 금지한다. 제7조 제2항(c)에서 금지되고 있는 활동 유형의 예시는 수출국의 전반적인 시장가격 또는 판매자가 수출국의 국내시장에서 다른 구매자에게 물품을 제공하는 가격을 과

제8조의 적용과 연구 1.1 "중고 자동차의 처리" 19번 단락에서 설명하는 제7조의 적용에 따라 이러한 상황을 처리하는 방법에 대한 지침이 주어진다.

세가격의 근거로 하는 것을 포함한다. 협정 제7조 제2항에서 포함하고 있는 금지규정은 제7조에 따라 결정되는 과세가격에 대해서만 적용되고 제1조 및 제8조에 따른 거래가격의 결정에서는 적용되지 않는다.

[질문3]

7. 기술위원회 연구 1.1 19번 단락의 절차를 적용함으로써 수출국 국내시장의 신차 및 중고 자동차의 세전/세후 가격을 표시하고 있는 독립된 권위있는 기관에 의해 출판된 외국 카탈로그에 기재된 가격을 중고 자동차의 과세가격을 결정하는 기초(시가(始價), initial price)로 사용할 수 있는가? 수출국 국내시장에서 실제로 지급한 가격과 차이를 유발하는 그러한 가격에서의 내국세 및 관세의 제외는 이들 가격이 수입 중고 자동차의 과세가격 결정하기 위한 기초로 사용될 수 있는 이유가 되는가?

- 답변

8. 제7조 제2항(c)는 평가를 위한 기초로서 수출국 국내시장의 물품가격을 사용할 수 없도록 한다. 기술위원회 연구 1.1은 관세, 조세 및 기타 부담금이 조정되는(예를 들면, 공제가격 방법의 신축적인 적용) 수입국의 카탈로그 가격을 사용하는 절차를 약술하고 있다. 다른 자료가 없는 경우에는 협정의 원칙에 부합하는 일체의 합리적인 방법이 과세가격을 결정하는데 사용될 수 있다.

연 구 2.1
임대차수입물품(rented or leased goods)의 취급

1. 이 협정에 따른 우선적인 평가방법인 거래가격은 물품이 수입국으로 수출하기 위하여 판매된 때 실제로 지급하였거나 지급하여야 할 가격에 기초한다.

2. "협정에서의 판매의 개념"에 대한 권고의견 1.1에서는 임대차거래는 계약이 구매하는 선택권을 포함한다 할지라도 그 본질상 판매가 아니라고 명시하고 있다. 그러므로 이러한 경우, 거래가격 방법은 배제되므로 협정에서 규정하는 순서대로 기타 방법에 따라 과세가격을 결정하는 것이 필요하다.

3. 임대차 물품과 동종·동질 또는 유사 물품이 수입국으로 수출하기 위하여 판매된 경우에, 제2조 및 제3조에 기초하여 과세가격을 결정할 수 있다.

4. 하지만, 이들 두 개 조항이 사용될 수 없는 경우에는, 제5조가 다음의 순서로 고려되어야 한다. 임대차 물품의 특성 상 임대차 물품은 그 자체로 수입국으로 판매된 것이 아니기 때문에 동종·동질 또는 유사 수입물품이 수입국내에서 판매된 경우에만 제5조가 적용될 수 있다. 그렇지 않다면 제6조에 따라 과세가격을 결정하도록 시도할 필요가 있다.

5. 일단 제2조부터 제6조까지에 따른 과세가격을 결정할 수 있는 가능성이 철저히 검토된다면, 여러 가지 접근이 가능한 방법으로 제7조가 적용되어야 한다.

6. 제7조에 따라 평가되는 물품의 경우, 합리적인 신축성을 적용하여 제1조부터 제6조까지 포함한 규정된 방법이 먼저 사용되어야 한다. 이러한 점에서 제7조 적용에 관한 기술위원회 문서(권고의견 12.1, 12.2 및 12.3)와 제7조의 실무적 적용에 관하여 발행된 문서에 주목할 필요가 있다.

7. 만약 제7조에 따라 제1조부터 제6조까지의 신축적인 적용으로 과세가격을 결정할 수 없는 경우에는, 제7조제2항에서 배제되지 않고, 협정 및 1994년 GATT 제7조의 원칙과 일반규정에 부합하는 기타 합리적인 방법을 사용하여 과세가격을 결정할 수 있다.

8. 예를 들면, 평가는 수입국으로 수출하기 위한 유효한 표시 가격 (신품 또는 중고품)의 사용에 기초할 수 있다. 중고 물품의 경우, 평가는 중고품의 유효한 표시 가격이 없는 경우 신품에 대한 유효한 표시 가격에 기초할 수도 있다. 하지만, 물품은 수입 시점의 상태를 참고하여 평가되어야 하므로, 이러한 신품에 대한 표시 가격은 평가 대상물품의 감가상각 및 노후성을 고려하여 조정되어야 한다.

9. 또 다른 가능성으로는 세관과 수입자 모두가 수용할 수 있는 전문가 조언에 따르는 것이다. 그렇게 결정된 가격은 협정 제7조의 규정에 부합되어야 한다.

10. 어떤 경우에는 임차 계약은 구매선택권을 포함하고 있다. 이 구매선택권은 기본계약기간의 초기, 계약기간 중 또는 계약기간 말에 제공될 수 있다. 첫 번째 경우 평가는 구매선택권 행사 가격에 기초하여야 한다. 마지막 두 가지 경우에는 임차 계약서에서 정하고 있는 임차료와 지급해야 할 잔여금액의 합계액이 과세가격의 결정을 위한 기초로 제공될 수 있다.

11. 구매하는 선택권이 없는 경우에는 제7조에 따른 평가는 또한 수입물품에 대해 지급하였거나 지급하여야 할 임차료를 기초로 진행될 수 있다. 평가를 위하여, 해당 물품의 경제적 내구 연한 동안의 총 예상 임차료가 기초로 사용될 것이다. 어떤 경우에는 해당 물품의 경제적 내구 연한보다 짧은 기간 내에 물품의 감가상각을 보전하기 위하여 임차료가 더 높게 책정되는 경우도 있다는 점에 주의가 필요하다.

12. 물품의 경제적 내구연한 결정은 예를 들어 기술변화율이 급속하게 이루어지는 산업의 경우와 같이 때때로 실무적인 문제를 발생할 수도 있다. 동종·동질 및 유사 물품의 내구연한에 대한 과거의 경험이 유용할 수도 있는 반면, 대부분의 경우에는 수입자의 협력 하에 전문회사에 자문을 구함으로써 해결될 수 있을 것이다. 신품에 대하여는 "총 경제적 내구연한"을 사용하고 중고품에 대하여는 "잔존 경제적 내구 연한"을 사용하는 것과 같이 신품과 중고품의 경제적 내구연한에 대하여 차이가 있어야 하는 점에 유념해야 한다.

13. 일단 총 임차료가 결정되면, 계약조건과 협정에 부합하는 원칙에 따라 가산 또는 공제의 형태로 과세가격을 결정하기 위한 어떤 조정이 필요하다. 부과 가능한 가산이 관련되는 경우, 임차료에 이미 포함되지 아니한 부과되어야 할 요소는 고려되어야 한다. 이러한 관점에서 제8조에 열거된 요소들은 몇 가지 지침을 제공할 수 있다. 공제에 대한 관점에서 과세가격의 일부가 아닌 일체의 요소들은 공제되어야 한다.

14. 아래의 사례는 지급하여야 할 임차료에 기초한 과세가격의 결정을 설명한다. (사례의 목적상, 제8조에서 규정하고 있는 요소들은 무시한다). 이러한 접근법은 계약기간에 상관없이 적용 가능한 것들이다. 예상 경제적 내구 연한의 만료 이전에 물품이 재수출되는 경우, 관세 및 제세의 환급은 국내 법률에서 허용한다면 가능할 것이다.

8. 연구 (STUDIES)

- **거래사실**

15. 사업 확장의 결과로, X국의 A회사는 최소 36개월 동안, 기간갱신 가능한 조건으로 Y국의 B 임대회사로부터 신품 기계를 임차하기로 하였다. 계약조건에 따라 수입자가 부담하는 수입국에서의 설치 및 유지비용은 가동한 처음 2년간에는 매년 20,000 c.u. 그 다음 해에는 매년 30,000 c.u.이며, 임대회사에 지급해야 한다. 이 기계는 이러한 비용들과 10%의 이자를 포함하여 매달 50,000 c.u.로 임차된다.

16. 이 기계의 고유한 특성으로 인하여, 비록 합리적인 신축성을 가지고 적용된다고 하더라도 평가방법 중 어떤 것도(제1조부터 제6조까지) 적절하지 못하다. 세관당국과 수입자와의 협의의 결과로 과세가격은 해당 기계의 총 경제적 내구 연한 동안 지급하여야 하는 임차료 총액에 기초하기로 결정된다. 그러한 목적으로 기계는 5년 동안 사용할 수 있는 것으로 결정되었다.

17. 그러므로 5년에 걸쳐 지급하여야 하는 임차료의 총액은 평가에 대한 기초로 채택될 것이다. 일단 그렇게 결정되는 경우, 이 금액으로부터 설치 및 유지비용과 이자를 공제할 필요가 있다.

18. 다음 부호들은 다음 계산을 공식화하기 위해 채택되었다.
    - R = 해당 물품의 총 경제적 내구연한 동안 지급하여야 하는 총 임차료
    - M = 설치 및 유지비용
    - I = 이자[3)]
    - 과세가격 = R − (M + I)

---

3) 공제되는 이자는 복리 계산을 위하여 사용되는 공식을 기초로 결정되어야 한다.

부록

WTO관세평가협정
Agreement on Implementation of Article VII of the GATT 1994

부록

* 관세법
* 관세법시행령
* 관세법시행규칙
* 수입물품 과세가격 결정에 관한 고시
* 4단법령 [관세법/ 시행령/ 시행규칙/ 관세평가운영에관한고시]

WTO관세평가협정
Agreement on Implementation of Article Ⅶ of the GATT 1994

관 세 법

- **제30조(과세가격 결정의 원칙)**

① 수입물품의 과세가격은 우리나라에 수출하기 위하여 판매되는 물품에 대하여 구매자가 실제로 지급하였거나 지급하여야 할 가격에 다음 각 호의 금액을 더하여 조정한 거래가격으로 한다. 다만, 다음 각 호의 금액을 더할 때에는 객관적이고 수량화할 수 있는 자료에 근거하여야 하며, 이러한 자료가 없는 경우에는 이 조에 규정된 방법으로 과세가격을 결정하지 아니하고 제31조부터 제35조까지에 규정된 방법으로 과세가격을 결정한다. <개정 2013.1.1.>

1. 구매자가 부담하는 수수료와 중개료. 다만, 구매수수료는 제외한다.
2. 해당 수입물품과 동일체로 취급되는 용기의 비용과 해당 수입물품의 포장에 드는 노무비와 자재비로서 구매자가 부담하는 비용
3. 구매자가 해당 수입물품의 생산 및 수출거래를 위하여 대통령령으로 정하는 물품 및 용역을 무료 또는 인하된 가격으로 직접 또는 간접으로 공급한 경우에는 그 물품 및 용역의 가격 또는 인하차액을 해당 수입물품의 총생산량 등 대통령령으로 정하는 요소를 고려하여 적절히 배분한 금액
4. 특허권, 실용신안권, 디자인권, 상표권 및 이와 유사한 권리를 사용하는 대가로 지급하는 것으로서 대통령령으로 정하는 바에 따라 산출된 금액
5. 해당 수입물품을 수입한 후 전매·처분 또는 사용하여 생긴 수익금액 중 판매자에게 직접 또는 간접으로 귀속되는 금액
6. 수입항(輸入港)까지의 운임·보험료와 그 밖에 운송과 관련되는 비용으로서 대통령령으로 정하는 바에 따라 결정된 금액. 다만, 기획재정부령으로 정하는 수입물품의 경우에는 이의 전부 또는 일부를 제외할 수 있다.

② 제1항 각 호 외의 부분 본문에서 "구매자가 실제로 지급하였거나 지급하여야 할 가격"이란 해당 수입물품의 대가로서 구매자가 지급하였거나 지급하여야 할 총금액을 말하며, 구매자가 해당 수입물품의 대가와 판매자의 채무를 상계(相計)하는 금액, 구매자가 판매자의 채무를 변제하는 금액, 그 밖의 간접적인 지급액을 포함한다.

다만, 구매자가 지급하였거나 지급하여야 할 총금액에서 다음 각 호의 어느 하나에 해당하는 금액을 명백히 구분할 수 있을 때에는 그 금액을 뺀 금액을 말한다.

1. 수입 후에 하는 해당 수입물품의 건설, 설치, 조립, 정비, 유지 또는 해당 수입물품에 관한 기술지원에 필요한 비용
2. 수입항에 도착한 후 해당 수입물품을 운송하는 데에 필요한 운임·보험료와 그 밖에 운송과 관련되는 비용
3. 우리나라에서 해당 수입물품에 부과된 관세 등의 세금과 그 밖의 공과금
4. 연불조건(延拂條件)의 수입인 경우에는 해당 수입물품에 대한 연불이자

③ 다음 각 호의 어느 하나에 해당하는 경우에는 제1항에 따른 거래가격을 해당 물품의 과세가격으로 하지 아니하고 제31조부터 제35조까지에 규정된 방법으로 과세가격을 결정한다. 이 경우 세관장은 다음 각 호의 어느 하나에 해당하는 것으로 판단하는 근거를 납세의무자에게 미리 서면으로 통보하여 의견을 제시할 기회를 주어야 한다. <개정 2011.12.31., 2014.12.23.>

1. 해당 물품의 처분 또는 사용에 제한이 있는 경우. 다만, 세관장이 제1항에 따른 거래가격에 실질적으로 영향을 미치지 아니한다고 인정하는 제한이 있는 경우 등 대통령령으로 정하는 경우는 제외한다.
2. 해당 물품에 대한 거래의 성립 또는 가격의 결정이 금액으로 계산할 수 없는 조건 또는 사정에 따라 영향을 받은 경우
3. 해당 물품을 수입한 후에 전매·처분 또는 사용하여 생긴 수익의 일부가 판매자에게 직접 또는 간접으로 귀속되는 경우. 다만, 제1항에 따라 적절히 조정할 수 있는 경우는 제외한다.
4. 구매자와 판매자 간에 대통령령으로 정하는 특수관계(이하 "특수관계"라 한다)가 있어 그 특수관계가 해당 물품의 가격에 영향을 미친 경우. 다만, 해당 산업부문의 정상적인 가격결정 관행에 부합하는 방법으로 결정된 경우 등 대통령령으로 정하는 경우는 제외한다.

④ 세관장은 납세의무자가 제1항에 따른 거래가격으로 가격신고를 한 경우 해당 신고가격이 동종·동질물품 또는 유사물품의 거래가격과 현저한 차이가 있는 등 이를 과세가격으로 인정하기 곤란한 경우로서 대통령령으로 정하는 경우에는 대통령령으로 정하는 바에 따라 납세의무자에게 신고가격이 사실과 같음을 증명할 수 있는 자료를 제출할 것을 요구할 수 있다.

⑤ 세관장은 납세의무자가 다음 각 호의 어느 하나에 해당하면 제1항과 제2항에 규정된 방법으로 과세가격을 결정하지 아니하고 제31조부터 제35조까지에 규정된 방법으로 과세가격을 결정한다. 이 경우 세관장은 빠른 시일 내에 과세가격 결정을 하기 위하여 납세의무자와 정보교환 등 적절한 협조가 이루어지도록 노력하여야 하고, 신고가격을 과세가격으로 인정하기 곤란한 사유와 과세가격 결정 내용을 해당 납세의무자에게 통보하여야 한다. <개정 2013.1.1.>

1. 제4항에 따라 요구받은 자료를 제출하지 아니한 경우
2. 제4항의 요구에 따라 제출한 자료가 일반적으로 인정된 회계원칙에 부합하지 아니하게 작성된 경우
3. 그 밖에 대통령령으로 정하는 사유에 해당하여 신고가격을 과세가격으로 인정하기 곤란한 경우 [전문개정 2010.12.30.]

■ **제31조**(동종·동질물품의 거래가격을 기초로 한 과세가격의 결정)

① 제30조에 따른 방법으로 과세가격을 결정할 수 없는 경우에는 과세가격으로 인정된 사실이 있는 동종·동질물품의 거래가격으로서 다음 각 호의 요건을 갖춘 가격을 기초로 하여 과세가격을 결정한다.

1. 과세가격을 결정하려는 해당 물품의 생산국에서 생산된 것으로서 해당 물품의 선적일(船積日)에 선적되거나 해당 물품의 선적일을 전후하여 가격에 영향을 미치는 시장조건이나 상관행(商慣行)에 변동이 없는 기간 중에 선적되어 우리나라에 수입된 것일 것
2. 거래 단계, 거래 수량, 운송 거리, 운송 형태 등이 해당 물품과 같아야 하며, 두 물품 간에 차이가 있는 경우에는 그에 따른 가격차이를 조정한 가격일 것

② 제1항에 따라 과세가격으로 인정된 사실이 있는 동종·동질물품의 거래가격이라 하더라도 그 가격의 정확성과 진실성을 의심할만한 합리적인 사유가 있는 경우 그 가격은 과세가격 결정의 기초자료에서 제외한다. <신설 2013.1.1.>

③ 제1항을 적용할 때 동종·동질물품의 거래가격이 둘 이상 있는 경우에는 생산자, 거래 시기, 거래 단계, 거래 수량 등(이하 "거래내용등"이라 한다)이 해당 물품과 가장 유사한 것에 해당하는 물품의 가격을 기초로 하고, 거래내용등이 같은 물품이 둘 이상 있고 그 가격도 둘 이상이 있는 경우에는 가장 낮은 가격을 기초로 하여 과세가격을 결정한다. <개정 2013.1.1.> [전문개정 2010.12.30.]

- **제32조(유사물품의 거래가격을 기초로 한 과세가격의 결정)**

① 제30조와 제31조에 따른 방법으로 과세가격을 결정할 수 없을 때에는 과세가격으로 인정된 사실이 있는 유사물품의 거래가격으로서 제31조제1항 각 호의 요건을 갖춘 가격을 기초로 하여 과세가격을 결정한다.

② 제1항에 따라 과세가격으로 인정된 사실이 있는 유사물품의 거래가격이라 하더라도 그 가격의 정확성과 진실성을 의심할만한 합리적인 사유가 있는 경우 그 가격은 과세가격 결정의 기초자료에서 제외한다. <신설 2013.1.1.>

③ 제1항을 적용할 때 유사물품의 거래가격이 둘 이상이 있는 경우에는 거래내용등이 해당 물품과 가장 유사한 것에 해당하는 물품의 가격을 기초로 하고, 거래내용등이 같은 물품이 둘 이상이 있고 그 가격도 둘 이상이 있는 경우에는 가장 낮은 가격을 기초로 하여 과세가격을 결정한다. <개정 2013.1.1.> [전문개정 2010.12.30.]

- **제33조(국내판매가격을 기초로 한 과세가격의 결정)**

① 제30조부터 제32조까지에 규정된 방법으로 과세가격을 결정할 수 없을 때에는 제1호의 금액에서 제2호부터 제4호까지의 금액을 뺀 가격을 과세가격으로 한다. 다만, 납세의무자가 요청하면 제34조에 따라 과세가격을 결정하되 제34조에 따라 결정할 수 없는 경우에는 이 조, 제35조의 순서에 따라 과세가격을 결정한다. <개정 2011.12.31.>

   1. 해당 물품, 동종·동질물품 또는 유사물품이 수입된 것과 동일한 상태로 해당 물품의 수입신고일 또는 수입신고일과 거의 동시에 특수관계가 없는 자에게 가장 많은 수량으로 국내에서 판매되는 단위가격을 기초로 하여 산출한 금액

   2. 국내판매와 관련하여 통상적으로 지급하였거나 지급하여야 할 것으로 합의된 수수료 또는 동종·동류의 수입물품이 국내에서 판매되는 때에 통상적으로 부가되는 이윤 및 일반경비에 해당하는 금액

   3. 수입항에 도착한 후 국내에서 발생한 통상의 운임·보험료와 그 밖의 관련 비용

   4. 해당 물품의 수입 및 국내판매와 관련하여 납부하였거나 납부하여야 하는 조세와 그 밖의 공과금

② 제1항제1호에 따른 국내에서 판매되는 단위가격이라 하더라도 그 가격의 정확성과 진실성을 의심할만한 합리적인 사유가 있는 경우에는 제1항을 적용하지 아니할 수 있다. <신설 2014.12.23.>

③ 해당 물품, 동종·동질물품 또는 유사물품이 수입된 것과 동일한 상태로 국내에서 판매되는 사례가 없는 경우 납세의무자가 요청할 때에는 해당 물품이 국내에서 가공된 후 특수관계가 없는 자에게 가장 많은 수량으로 판매되는 단위가격을 기초로 하여 산출된 금액에서 다음 각 호의 금액을 뺀 가격을 과세가격으로 한다. <개정 2014.12.23.>

1. 제1항제2호부터 제4호까지의 금액
2. 국내 가공에 따른 부가가치 [전문개정 2010.12.30.]

- **제34조**(산정가격을 기초로 한 과세가격의 결정)

① 제30조부터 제33조까지에 규정된 방법으로 과세가격을 결정할 수 없을 때에는 다음 각 호의 금액을 합한 가격을 기초로 하여 과세가격을 결정한다. <개정 2013.1.1.>

1. 해당 물품의 생산에 사용된 원자재 비용 및 조립이나 그 밖의 가공에 드는 비용 또는 그 가격
2. 수출국 내에서 해당 물품과 동종·동류의 물품의 생산자가 우리나라에 수출하기 위하여 판매할 때 통상적으로 반영하는 이윤 및 일반 경비에 해당하는 금액
3. 해당 물품의 수입항까지의 운임·보험료와 그 밖에 운송과 관련된 비용으로서 제30조제1항제6호에 따라 결정된 금액

② 납세의무자가 제1항 각 호의 금액을 확인하는데 필요한 자료를 제출하지 않은 경우에는 제1항을 적용하지 않을 수 있다. <신설 2013.1.1.> [전문개정 2010.12.30.]

- **제35조**(합리적 기준에 따른 과세가격의 결정)

① 제30조부터 제34조까지에 규정된 방법으로 과세가격을 결정할 수 없을 때에는 대통령령으로 정하는 바에 따라 제30조부터 제34조까지에 규정된 원칙과 부합되는 합리적인 기준에 따라 과세가격을 결정한다.

② 제1항에 따른 방법으로 과세가격을 결정할 수 없을 때에는 국제거래시세·산지조사가격을 조정한 가격을 적용하는 방법 등 거래의 실질 및 관행에 비추어 합리적으로 인정되는 방법에 따라 과세가격을 결정한다. [전문개정 2013.8.13.]

- **제36조(과세가격 결정방법 등의 통보)**

세관장은 납세의무자가 서면으로 요청하면 과세가격을 결정하는 데에 사용한 방법과 과세가격 및 그 산출근거를 그 납세의무자에게 서면으로 통보하여야 한다. [전문개정 2010.12.30.]

- **제37조(과세가격 결정방법의 사전심사)**

① 제38조제1항에 따라 납세신고를 하여야 하는 자는 과세가격 결정과 관련하여 다음 각 호의 사항에 관하여 의문이 있을 때에는 가격신고를 하기 전에 대통령령으로 정하는 바에 따라 관세청장에게 미리 심사하여 줄 것을 신청할 수 있다. <개정 2018.12.31.>

1. 제30조제1항부터 제3항까지에 규정된 사항
2. 제30조에 따른 방법으로 과세가격을 결정할 수 없는 경우에 적용되는 과세가격 결정방법
3. 특수관계가 있는 자들 간에 거래되는 물품의 과세가격 결정방법

② 제1항에 따른 신청을 받은 관세청장은 대통령령으로 정하는 기간 이내에 과세가격의 결정방법을 심사한 후 그 결과를 신청인에게 통보하여야 한다.

③ 제2항에 따라 결과를 통보받은 자가 그 결과에 이의가 있는 경우에는 그 결과를 통보받은 날부터 30일 이내에 대통령령으로 정하는 바에 따라 관세청장에게 재심사를 신청할 수 있다. 이 경우 재심사의 기간 및 결과의 통보에 관하여는 제2항을 준용한다. <신설 2014.12.23., 2018.12.31.>

④ 세관장은 관세의 납세의무자가 제2항 또는 제3항에 따라 통보된 과세가격의 결정방법에 따라 납세신고를 한 경우 대통령령으로 정하는 요건을 갖추었을 때에는 그 결정방법에 따라 과세가격을 결정하여야 한다. <개정 2014.12.23.>

⑤ 제1항제3호에 따라 사전심사를 신청하여 제2항에 따라 결과를 통보받은 자는 심사결과 결정된 과세가격 결정방법을 적용하여 산출한 과세가격 및 그 산출과정 등이 포함된 보고서를 대통령령으로 정하는 바에 따라 관세청장에게 제출하여야 한다. <신설 2018.12.31.>

⑥ 관세청장은 제5항에 따른 보고서를 제출하지 아니하는 등 대통령령으로 정하는 사유에 해당하는 경우에는 제2항에 따른 사전심사 결과를 변경, 철회 또는 취소할 수 있다. 이 경우 관세청장은 사전심사를 신청한 자에게 그 사실을 즉시 통보하여야 한다. 〈신설 2018.12.31.〉 [전문개정 2010.12.30.]

- **제37조의2(관세의 과세가격 결정방법과 국세의 정상가격 산출방법의 사전조정)**

① 제37조제1항제3호에 관하여 의문이 있어 같은 항에 따른 사전심사를 신청하는 자는 관세의 과세가격과 국세의 정상가격을 사전에 조정(이하 이 조에서 "사전조정"이라 한다)받기 위하여 「국제조세조정에 관한 법률」 제14조제1항에 따른 정상가격 산출방법의 사전승인(같은 조 제2항 단서에 따른 일방적 사전승인의 대상인 경우에 한정한다)을 관세청장에게 동시에 신청할 수 있다. <개정 2017.12.19., 2020.12.22.>

② 관세청장은 제1항에 따른 신청을 받은 경우에는 국세청장에게 정상가격 산출방법의 사전승인 신청서류를 첨부하여 신청을 받은 사실을 통보하고, 국세청장과 과세가격 결정방법, 정상가격 산출방법 및 사전조정 가격의 범위에 대하여 대통령령으로 정하는 바에 따라 협의하여야 한다. <개정 2017.12.19.>

③ 관세청장은 제2항에 따른 협의가 이루어진 경우에는 사전조정을 하여야 한다. <개정 2017.12.19.>

④ 관세청장은 제1항에 따른 신청의 처리결과를 사전조정을 신청한 자와 기획재정부장관에게 통보하여야 한다. <개정 2017.12.19.>

⑤ 제1항부터 제4항까지의 규정에 따른 사전조정 신청 방법 및 절차 등에 관하여 필요한 사항은 대통령령으로 정한다. [본조신설 2014.12.23.] [종전 제37조의2는 제37조의3으로 이동 <2014.12.23.>]

- **제37조의3(관세의 부과 등을 위한 정보제공)**

    관세청장 또는 세관장은 과세가격의 결정·조정 및 관세의 부과·징수를 위하여 필요한 경우에는 국세청장, 지방국세청장 또는 관할 세무서장에게 대통령령으로 정하는 정보 또는 자료를 요청할 수 있다. 이 경우 요청을 받은 기관은 정당한 사유가 없으면 요청에 따라야 한다. [본조신설 2011.12.31.] [제37조의2에서 이동, 종전 제37조의3은 제37조의4로 이동 <2014.12.23.>]

- **제37조의4(특수관계자 수입물품 과세가격결정자료 제출)**

① 세관장은 관세조사 및 제38조제2항에 따른 세액심사시 특수관계에 있는 자가 수입하는 물품의 과세가격의 적정성을 심사하기 위하여 해당 특수관계자에게 과세가격결정자료(전산화된 자료를 포함한다)를 제출할 것을 요구할 수 있다. 이 경우 자료의 제출범위, 제출방법 등은 대통령령으로 정한다. <개정 2013.8.13., 2022.12.31., 2023.12.31.>

② 세관장은 제1항에 따라 제출받은 과세가격결정자료에서 제30조제1항 각 호의 어느 하나에 해당하는 금액이 이에 해당하지 아니하는 금액과 합산되어 있는지 불분명한 경우에는 이를 구분하여 계산할 수 있는 객관적인 증명자료(전산화된 자료를 포함한다)의 제출을 요구할 수 있다. <신설 2016.12.20., 2022.12.31.>

③ 제1항에 따른 과세가격결정자료 또는 제2항에 따른 증명자료(이하 "과세가격결정자료등"이라 한다)의 제출을 요구받은 자는 자료제출을 요구받은 날부터 60일 이내에 해당 자료를 제출하여야 한다. 다만, 대통령령으로 정하는 부득이한 사유로 제출기한의 연장을 신청하는 경우에는 세관장은 한 차례만 60일까지 연장할 수 있다. <개정 2016.12.20., 2022.12.31.>

④ 세관장은 특수관계에 있는 자가 다음 각 호의 어느 하나에 해당하는 경우에는 제31조부터 제35조까지의 규정에 따른 방법으로 과세가격을 결정할 수 있다. 이 경우 세관장은 과세가격을 결정하기 전에 특수관계에 있는 자와 대통령령으로 정하는 바에 따라 협의를 하여야 하며 의견을 제시할 기회를 주어야 한다. <신설 2016.12.20., 2018.12.31., 2022.12.31.>

   1. 과세가격결정자료등을 제3항에 따른 기한까지 제출하지 아니하는 경우
   2. 과세가격결정자료등을 거짓으로 제출하는 경우

⑤ 제4항에도 불구하고 세관장은 특수관계에 있는 자가 제30조제3항제4호 단서에 해당하는 경우임을 증명하는 경우에는 같은 조 제1항 및 제2항에 따라 과세가격을 결정하여야 한다. <신설 2018.12.31.>

⑥ 세관장은 과세가격결정자료등의 제출을 요구받은 자가 제277조제1항에 따라 과태료를 부과받고도 자료를 제출하지 아니하거나 거짓의 자료를 시정하여 제출하지 아니하는 경우에는 미제출된 자료를 제출하도록 요구하거나 거짓의 자료를 시정하여 제출하도록 요구할 수 있다. <신설 2021.12.21., 2022.12.31.>

⑦ 제6항에 따라 자료제출을 요구받은 자는 그 요구를 받은 날부터 30일 이내에 그 요구에 따른 자료를 제출하여야 한다. <신설 2021.12.21.>

[본조신설 2013.1.1.]

[제목개정 2022.12.31.]

[제37조의3에서 이동 <2014.12.23.>]

관 세 법 시 행 령

- **제17조**(우리나라에 수출하기 위하여 판매되는 물품의 범위)

  법 제30조제1항 본문에 따른 우리나라에 수출하기 위하여 판매되는 물품은 해당 물품을 우리나라에 도착하게 한 원인이 되는 거래를 통해 판매되는 물품으로 한다. 다만, 다음 각 호의 물품은 포함되지 않는다.

  1. 무상으로 국내에 도착하는 물품
  2. 국내 도착 후 경매 등을 통해 판매가격이 결정되는 위탁판매물품
  3. 수출자의 책임으로 국내에서 판매하기 위해 국내에 도착하는 물품
  4. 별개의 독립된 법적 사업체가 아닌 지점 등과의 거래에 따라 국내에 도착하는 물품
  5. 임대차계약에 따라 국내에 도착하는 물품
  6. 무상으로 임차하여 국내에 도착하는 물품
  7. 산업쓰레기 등 수출자의 부담으로 국내에서 폐기하기 위해 국내에 도착하는 물품 [전문개정 2024.2.29.]

- **제17조의2**(구매수수료의 범위 등)

  ① 법 제30조제1항제1호 단서에 따른 구매수수료(이하 "구매수수료"라 한다)는 해당 수입물품의 구매와 관련하여 외국에서 구매자를 대리하여 행하는 용역의 대가로서 구매자가 구매대리인에게 지급하는 비용으로 한다.

  ② 구매자가 구매대리인에게 지급한 비용에 구매수수료 외의 비용이 포함된 경우에는 그 지급한 비용 중 구매수수료에 해당하는 금액이 따로 구분하여 산정될 수 있는 경우에만 해당 금액을 구매수수료로 한다.

  ③ 세관장은 필요하다고 인정하는 경우 구매수수료에 관한 자료의 제출을 구매자에게 요청할 수 있다. [본조신설 2011.4.1.]

- **제18조(무료 또는 인하된 가격으로 공급하는 물품 및 용역의 범위)**

    법 제30조제1항제3호에서 "대통령령으로 정하는 물품 및 용역"이란 구매자가 직접 또는 간접으로 공급하는 것으로서 다음 각 호의 어느 하나에 해당하는 것을 말한다. <개정 2005.6.30., 2008.2.29., 2011.4.1.>

    1. 수입물품에 결합되는 재료·구성요소·부분품 및 그 밖에 이와 비슷한 물품
    2. 수입물품의 생산에 사용되는 공구·금형·다이스 및 그 밖에 이와 비슷한 물품으로서 기획재정부령으로 정하는 것
    3. 수입물품의 생산과정에 소비되는 물품
    4. 수입물품의 생산에 필요한 기술·설계·고안·공예 및 디자인. 다만, 우리나라에서 개발된 것은 제외한다.

- **제18조의2(무료 또는 인하된 가격으로 공급하는 물품 및 용역금액의 배분 등)**

① 법 제30조제1항제3호에 따라 무료 또는 인하된 가격으로 공급하는 물품 및 용역의 금액(실제 거래가격을 기준으로 산정한 금액을 말하며 국내에서 생산된 물품 및 용역을 공급하는 경우에는 부가가치세를 제외하고 산정한다)을 더하는 경우 다음 각 호의 요소를 고려하여 배분한다. <개정 2020.10.7.>

1. 해당 수입물품의 총생산량 대비 실제 수입된 물품의 비율
2. 공급하는 물품 및 용역이 해당 수입물품 외의 물품 생산과 함께 관련되어 있는 경우 각 생산 물품별 거래가격(해당 수입물품 외의 물품이 국내에서 생산되는 경우에는 거래가격에서 부가가치세를 제외한다) 합계액 대비 해당 수입물품 거래가격의 비율

② 제1항에도 불구하고 납세의무자는 법 제30조제1항제3호에 따라 무료 또는 인하된 가격으로 공급하는 물품 및 용역의 가격 또는 인하차액 전액을 최초로 수입되는 물품의 실제로 지급하였거나 지급하여야 할 가격에 배분할 수 있다. 이 경우 수입되는 전체 물품에 관세율이 다른 여러 개의 물품이 혼재된 경우에는 전단에 따른 전액을 관세율이 다른 물품별로 최초로 수입되는 물품의 가격에 안분하여 배분한다. <신설 2020.10.7.> [본조신설 2013.2.15.]

- **제19조(권리사용료의 산출)**

① 법 제30조제1항제4호에서 "이와 유사한 권리"라 함은 다음 각호의 1에 해당하는 것을 말한다.

1. 저작권 등의 법적 권리
2. 법적 권리에는 속하지 아니하지만 경제적 가치를 가지는 것으로서 상당한 노력에 의하여 비밀로 유지된 생산방법·판매방법 기타 사업활동에 유용한 기술상 또는 경영상의 정보 등(이하 "영업비밀"이라 한다)

② 법 제30조제1항의 규정에 의하여 당해 물품에 대하여 구매자가 실제로 지급하였거나 지급하여야 할 가격에 가산하여야 하는 특허권·실용신안권·디자인권·상표권 및 이와 유사한 권리를 사용하는 대가(특정한 고안이나 창안이 구현되어 있는 수입물품을 이용하여 우리나라에서 그 고안이나 창안을 다른 물품에 재현하는 권리를 사용하는 대가를 제외하며, 이하 "권리사용료"라 한다)는 당해 물품에 관련되고 당해 물품의 거래조건으로 구매자가 직접 또는 간접으로 지급하는 금액으로 한다. <개정 2005.6.30.>

③ 제2항의 규정을 적용함에 있어서 다음 각호의 1에 해당하는 경우에는 권리사용료가 당해 물품과 관련되는 것으로 본다. <개정 2005.6.30.>

1. 권리사용료가 특허권에 대하여 지급되는 때에는 수입물품이 다음 각목의 1에 해당하는 물품인 경우
   가. 특허발명품
   나. 방법에 관한 특허에 의하여 생산된 물품
   다. 국내에서 당해 특허에 의하여 생산될 물품의 부분품·원재료 또는 구성요소로서 그 자체에 당해 특허의 내용의 전부 또는 일부가 구현되어 있는 물품
   라. 방법에 관한 특허를 실시하기에 적합하게 고안된 설비·기계 및 장치 (그 주요특성을 갖춘 부분품 등을 포함한다)
2. 권리사용료가 디자인권에 대하여 지급되는 때에는 수입물품이 당해 디자인을 표현하는 물품이거나 국내에서 당해 디자인권에 의하여 생산되는 물품의 부분품 또는 구성요소로서 그 자체에 당해 디자인의 전부 또는 일부가 표현되어 있는 경우

3. 권리사용료가 상표권에 대하여 지급되는 때에는 수입물품에 상표가 부착되거나 희석·혼합·분류·단순조립·재포장 등의 경미한 가공후에 상표가 부착되는 경우

4. 권리사용료가 저작권에 대하여 지급되는 때에는 수입물품에 가사·선율·영상·컴퓨터소프트웨어 등이 수록되어 있는 경우

5. 권리사용료가 실용신안권 또는 영업비밀에 대하여 지급되는 때에는 당해 실용신안권 또는 영업비밀이 수입물품과 제1호의 규정에 준하는 관련이 있는 경우

6. 권리사용료가 기타의 권리에 대하여 지급되는 때에는 당해 권리가 수입물품과 제1호 내지 제5호의 규정중 권리의 성격상 당해 권리와 가장 유사한 권리에 대한 규정에 준하는 관련이 있는 경우

④ 제2항을 적용할 때 컴퓨터소프트웨어에 대하여 지급되는 권리사용료는 컴퓨터소프트웨어가 수록된 마그네틱테이프·마그네틱디스크·시디롬 및 이와 유사한 물품[법 별표 관세율표 번호(이하 "관세율표 번호"라 한다) 제8523호에 속하는 것으로 한정한다]과 관련되지 아니하는 것으로 본다. <개정 2007.4.5., 2011.4.1.>

⑤ 제2항의 규정을 적용함에 있어서 다음 각호의 1에 해당하는 경우에는 권리사용료가 당해 물품의 거래조건으로 지급되는 것으로 본다.

1. 구매자가 수입물품을 구매하기 위하여 판매자에게 권리사용료를 지급하는 경우

2. 수입물품의 구매자와 판매자간의 약정에 따라 구매자가 수입물품을 구매하기 위하여 당해 판매자가 아닌 자에게 권리사용료를 지급하는 경우

3. 구매자가 수입물품을 구매하기 위하여 판매자가 아닌 자로부터 특허권 등의 사용에 대한 허락을 받아 판매자에게 그 특허권 등을 사용하게 하고 당해 판매자가 아닌 자에게 권리사용료를 지급하는 경우

⑥ 제2항을 적용할 때 구매자가 지급하는 권리사용료에 수입물품과 관련이 없는 물품이나 국내 생산 및 그 밖의 사업 등에 대한 활동 대가가 포함되어 있는 경우에는 전체 권리사용료 중 수입물품과 관련된 권리사용료만큼 가산한다. 이 경우 관세청장은 필요한 계산식을 정할 수 있다. <개정 2020.10.7.>

- **제19조의2**(수입물품을 전매·처분 또는 사용하여 생긴 수익금액의 범위)

  법 제30조제1항제5호에서 "해당 수입물품을 수입한 후 전매·처분 또는 사용하여 생긴 수익금액"이란 해당 수입물품의 전매·처분대금, 임대료 등을 말한다. 다만, 주식배당금 및 금융서비스의 대가 등 수입물품과 관련이 없는 금액은 제외한다. [본조신설 2020.10.7.]

- **제20조**(운임 등의 결정)

① 법 제30조제1항제6호의 규정에 의한 운임 및 보험료는 당해 사업자가 발급한 운임명세서·보험료명세서 또는 이에 갈음할 수 있는 서류에 의하여 산출한다.

② 제1항에 따라 운임 및 보험료를 산출할 수 없는 경우의 운임 및 보험료는 운송거리·운송방법 등을 고려하여 기획재정부령으로 정하는 바에 따라 산출한다. <개정 2020.10.7.>

③ 기획재정부령으로 정하는 물품이 항공기로 운송되는 경우에는 제1항에도 불구하고 해당 물품이 항공기 외의 일반적인 운송방법에 의하여 운송된 것으로 보아 기획재정부령으로 정하는 바에 따라 운임 및 보험료를 산출한다. <개정 2020.10.7.>

④ 다음 각 호의 어느 하나에 해당하는 물품의 운임이 통상의 운임과 현저하게 다른 때에는 제1항에도 불구하고 법 제225조제1항에 따른 선박회사 또는 항공사(그 업무를 대행하는 자를 포함한다. 이하 이 항에서 "선박회사등"이라 한다)가 통상적으로 적용하는 운임을 해당 물품의 운임으로 할 수 있다. <개정 2020.10.7.>

  1. 수입자 또는 수입자와 특수관계에 있는 선박회사등의 운송수단으로 운송되는 물품

  2. 운임과 적재수량을 특약한 항해용선계약에 따라 운송되는 물품(실제 적재수량이 특약수량에 미치지 아니하는 경우를 포함한다)

  3. 기타 특수조건에 의하여 운송되는 물품

⑤ 법 제30조제1항제6호 본문에 따른 금액은 해당 수입물품이 수입항에 도착하여 본선하역준비가 완료될 때까지 발생하는 비용으로 한다. <개정 2022.2.15.>

⑥ 제3항에 따라 산출된 운임 및 보험료를 적용받으려는 납세의무자는 해당 물품에 대하여 법 제27조에 따른 가격신고를 할 때 해당 물품이 제3항에 따른 기획재정부령으로 정하는 물품에 해당됨을 증명하는 자료를 세관장에게 제출해야 한다. 다만, 과세가격 금액이 소액인 경우 등으로서 세관장이 자료 제출이 필요하지 않다고 인정하는 경우는 제외한다. <개정 2020.10.7.>

⑦ 삭제 <2020.10.7.>

- **제20조의2(간접지급금액 등)**

① 법 제30조제2항 각 호 외의 부분 본문의 "그 밖의 간접적인 지급액"에는 다음 각 호의 금액이 포함되는 것으로 한다.

  1. 수입물품의 대가 중 전부 또는 일부를 판매자의 요청으로 제3자에게 지급하는 경우 그 금액
  2. 수입물품의 거래조건으로 판매자 또는 제3자가 수행해야 하는 하자보증을 구매자가 대신하고 그에 해당하는 금액을 할인받았거나 하자보증비 중 전부 또는 일부를 별도로 지급하는 경우 그 금액
  3. 수입물품의 거래조건으로 구매자가 외국훈련비, 외국교육비 또는 연구개발비 등을 지급하는 경우 그 금액
  4. 그 밖에 일반적으로 판매자가 부담하는 금융비용 등을 구매자가 지급하는 경우 그 금액

② 법 제30조제1항 각 호의 가산금액 외에 구매자가 자기의 계산으로 행한 활동의 비용은 같은 조 제2항 각 호 외의 부분 본문의 "그 밖의 간접적인 지급액"으로 보지 않는다.

③ 법 제30조제2항제4호에 따라 구매자가 지급하였거나 지급하여야 할 총금액에서 수입물품에 대한 연불이자를 빼는 경우는 해당 연불이자가 다음 각 호의 요건을 모두 갖춘 경우로 한다.

  1. 연불이자가 수입물품의 대가로 실제로 지급하였거나 지급하여야 할 금액과 구분될 것
  2. 금융계약이 서면으로 체결되었을 것

3. 해당 물품이 수입신고된 가격으로 판매되고, 그 이자율은 금융이 제공된 국가에서 당시 금융거래에 통용되는 수준의 이자율을 초과하지 않을 것
[본조신설 2020.10.7.]

- **제21조(처분 또는 사용에 대한 제한의 범위)**

법 제30조제3항제1호의 규정에 의한 물품의 처분 또는 사용에 제한이 있는 경우에는 다음 각호의 경우가 포함되는 것으로 한다.

1. 전시용·자선용·교육용 등 당해 물품을 특정용도로 사용하도록 하는 제한
2. 당해 물품을 특정인에게만 판매 또는 임대하도록 하는 제한
3. 기타 당해 물품의 가격에 실질적으로 영향을 미치는 제한

- **제22조(거래가격에 영향을 미치지 아니하는 제한 등)**

① 법 제30조제3항제1호 단서에서 "거래가격에 실질적으로 영향을 미치지 아니한다고 인정하는 제한이 있는 경우 등 대통령령으로 정하는 경우"란 다음 각 호의 어느 하나에 해당하는 제한이 있는 경우를 말한다. <개정 2011.4.1., 2015.2.6., 2020.10.7.>

1. 우리나라의 법령이나 법령에 의한 처분에 의하여 부과되거나 요구되는 제한
2. 수입물품이 판매될 수 있는 지역의 제한
3. 그 밖에 해당 수입물품의 특성, 해당 산업부문의 관행 등을 고려하여 통상적으로 허용되는 제한으로서 수입가격에 실질적으로 영향을 미치지 않는다고 세관장이 인정하는 제한

② 법 제30조제3항제2호의 규정에 의하여 금액으로 계산할 수 없는 조건 또는 사정에 의하여 영향을 받은 경우에는 다음 각호의 경우가 포함되는 것으로 한다.

1. 구매자가 판매자로부터 특정수량의 다른 물품을 구매하는 조건으로 당해 물품의 가격이 결정되는 경우
2. 구매자가 판매자에게 판매하는 다른 물품의 가격에 따라 당해 물품의 가격이 결정되는 경우
3. 판매자가 반제품을 구매자에게 공급하고 그 대가로 그 완제품의 일정수량을 받는 조건으로 당해 물품의 가격이 결정되는 경우

- 제23조(특수관계의 범위 등)

① 법 제30조제3항제4호에서 "대통령령으로 정하는 특수관계"란 다음 각 호의 어느 하나에 해당하는 경우를 말한다. <개정 2006.5.22., 2011.4.1., 2013.2.15.>

1. 구매자와 판매자가 상호 사업상의 임원 또는 관리자인 경우
2. 구매자와 판매자가 상호 법률상의 동업자인 경우
3. 구매자와 판매자가 고용관계에 있는 경우
4. 특정인이 구매자 및 판매자의 의결권 있는 주식을 직접 또는 간접으로 5퍼센트 이상 소유하거나 관리하는 경우
5. 구매자 및 판매자중 일방이 상대방에 대하여 법적으로 또는 사실상으로 지시나 통제를 할 수 있는 위치에 있는 등 일방이 상대방을 직접 또는 간접으로 지배하는 경우
6. 구매자 및 판매자가 동일한 제3자에 의하여 직접 또는 간접으로 지배를 받는 경우
7. 구매자 및 판매자가 동일한 제3자를 직접 또는 간접으로 공동지배하는 경우
8. 구매자와 판매자가 「국세기본법 시행령」 제1조의2제1항 각 호의 어느 하나에 해당하는 친족관계에 있는 경우

② 법 제30조제3항제4호 단서에서 "해당 산업부문의 정상적인 가격결정 관행에 부합하는 방법으로 결정된 경우 등 대통령령으로 정하는 경우"란 다음 각 호의 어느 하나에 해당하는 경우를 말한다. <개정 2008.2.29., 2015.2.6., 2020.10.7.>

1. 특수관계가 없는 구매자와 판매자간에 통상적으로 이루어지는 가격결정방법으로 결정된 경우
2. 당해 산업부문의 정상적인 가격결정 관행에 부합하는 방법으로 결정된 경우
3. 해당 물품의 가격이 다음 각 목의 어느 하나의 가격(이하 이 조에서 "비교가격"이라 한다)에 근접하는 가격으로서 기획재정부령으로 정하는 가격에 해당함을 구매자가 입증한 경우. 이 경우 비교가격 산출의 기준시점은 기획재정부령으로 정한다.
    가. 특수관계가 없는 우리나라의 구매자에게 수출되는 동종·동질물품 또는 유사물품의 거래가격

나. 법 제33조 및 법 제34조의 규정에 의하여 결정되는 동종·동질물품 또는 유사물품의 과세가격

③ 해당 물품의 가격과 비교가격을 비교할 때에는 거래단계, 거래수량 및 법 제30조제1항 각 호의 금액의 차이 등을 고려해야 한다. <개정 2020.10.7.>

④ 제2항의 규정을 적용받고자 하는 자는 관세청장이 정하는 바에 따라 가격신고를 하는 때에 그 증명에 필요한 자료를 제출하여야 한다.

- **제24조(과세가격 불인정의 범위 등)**

① 법 제30조제4항에서 "대통령령으로 정하는 경우"란 다음 각 호의 어느 하나에 해당하는 경우를 말한다. <개정 2008.2.29., 2011.4.1., 2013.2.15., 2016.2.5.>

　1. 납세의무자가 신고한 가격이 동종·동질물품 또는 유사물품의 가격과 현저한 차이가 있는 경우

　2. 납세의무자가 동일한 공급자로부터 계속하여 수입하고 있음에도 불구하고 신고한 가격에 현저한 변동이 있는 경우

　3. 신고한 물품이 원유·광석·곡물 등 국제거래시세가 공표되는 물품인 경우 신고한 가격이 그 국제거래시세와 현저한 차이가 있는 경우

　3의2. 신고한 물품이 원유·광석·곡물 등으로서 국제거래시세가 공표되지 않는 물품인 경우 관세청장 또는 관세청장이 지정하는 자가 조사한 수입물품의 산지 조사가격이 있는 때에는 신고한 가격이 그 조사가격과 현저한 차이가 있는 경우

　4. 납세의무자가 거래처를 변경한 경우로서 신고한 가격이 종전의 가격과 현저한 차이가 있는 경우

　5. 제1호부터 제4호까지의 사유에 준하는 사유로서 기획재정부령으로 정하는 경우

② 세관장은 법 제30조제4항에 따라 자료제출을 요구하는 경우 그 사유와 자료제출에 필요한 기획재정부령으로 정하는 기간을 적은 서면으로 해야 한다. <개정 2020.10.7.>

③ 법 제30조제5항제3호에서 "대통령령으로 정하는 사유에 해당하여 신고가격을 과세가격으로 인정하기 곤란한 경우"란 다음 각 호의 어느 하나에 해당하는 경우를 말한다. <신설 2007.4.5., 2011.4.1.>

1. 납세의무자가 제출한 자료가 수입물품의 거래관계를 구체적으로 나타내지 못하는 경우
2. 그 밖에 납세의무자가 제출한 자료에 대한 사실관계를 확인할 수 없는 등 신고가격의 정확성이나 진실성을 의심할만한 합리적인 사유가 있는 경우

- **제25조**(동종·동질물품의 범위)

① 법 제31조제1항 각 호 외의 부분에서 "동종·동질물품"이란 해당 수입물품의 생산국에서 생산된 것으로서 물리적 특성, 품질 및 소비자 등의 평판을 포함한 모든 면에서 동일한 물품(외양에 경미한 차이가 있을 뿐 그 밖의 모든 면에서 동일한 물품을 포함한다)을 말한다. <개정 2020.10.7.>

② 법 제31조제1항제1호에서 "선적일"은 수입물품을 수출국에서 우리나라로 운송하기 위하여 선적하는 날로 하며, 선하증권, 송품장 등으로 확인한다. 다만, 선적일의 확인이 곤란한 경우로서 해당 물품의 선적국 및 운송수단이 동종·동질물품의 선적국 및 운송수단과 동일한 경우에는 같은 호에 따른 "선적일"을 "입항일"로, "선적"을 "입항"으로 본다. <신설 2020.10.7.>

③ 법 제31조제1항제1호에서 "해당 물품의 선적일을 전후하여 가격에 영향을 미치는 시장조건이나 상관행에 변동이 없는 기간"은 해당 물품의 선적일 전 60일과 선적일 후 60일을 합한 기간으로 한다. 다만, 농림축산물 등 계절에 따라 가격의 차이가 심한 물품의 경우에는 선적일 전 30일과 선적일 후 30일을 합한 기간으로 한다. <신설 2020.10.7.>

④ 법 제31조제1항제2호에 따른 가격차이의 조정은 다음 각 호의 구분에 따른 방법으로 한다. <신설 2020.10.7.>

1. 거래 단계가 서로 다른 경우: 수출국에서 통상적으로 인정하는 각 단계별 가격차이를 반영하여 조정
2. 거래 수량이 서로 다른 경우: 수량할인 등의 근거자료를 고려하여 가격차이를 조정

3. 운송 거리가 서로 다른 경우: 운송 거리에 비례하여 가격차이를 조정

4. 운송 형태가 서로 다른 경우: 운송 형태별 통상적으로 적용되는 가격차이를 반영하여 조정

⑤ 법 제31조제3항을 적용할 때 해당 물품의 생산자가 생산한 동종·동질물품은 다른 생산자가 생산한 동종·동질물품보다 우선하여 적용한다. <신설 2020.10.7.>

- **제26조(유사물품의 범위)**

① 법 제32조제1항에서 "유사물품"이라 함은 당해 수입물품의 생산국에서 생산된 것으로서 모든 면에서 동일하지는 아니하지만 동일한 기능을 수행하고 대체사용이 가능할 수 있을 만큼 비슷한 특성과 비슷한 구성요소를 가지고 있는 물품을 말한다. <개정 2020.10.7.>

② 법 제32조에 따라 과세가격을 결정할 때에는 제25조제2항부터 제5항까지의 규정을 준용한다. 이 경우 "동종·동질물품"은 "유사물품"으로 본다. <신설 2020.10.7.>

- **제27조(수입물품의 국내판매가격 등)**

① 법 제33조제1항제1호에서 "국내에서 판매되는 단위가격"이란 수입 후 최초의 거래에서 판매되는 단위가격을 말한다. 다만, 다음 각 호의 어느 하나에 해당하는 경우의 가격은 이를 국내에서 판매되는 단위가격으로 보지 아니한다. <개정 2011.4.1.>

1. 최초거래의 구매자가 판매자 또는 수출자와 제23조제1항에 따른 특수관계에 있는 경우

2. 최초거래의 구매자가 판매자 또는 수출자에게 제18조 각호의 물품 및 용역을 수입물품의 생산 또는 거래에 관련하여 사용하도록 무료 또는 인하된 가격으로 공급하는 경우

② 법 제33조제1항제1호에 따른 금액을 산출할 때에는 해당 물품, 동종·동질물품, 유사물품의 순서로 적용한다. 이 경우 해당 수입자가 동종·동질물품 또는 유사물품을 판매하고 있는 경우에는 해당 수입자의 판매가격을 다른 수입자의 판매가격에 우선하여 적용한다. <신설 2020.10.7.>

③ 법 제33조제1항제1호의 규정을 적용함에 있어서의 수입신고일과 거의 동시에 판매되는 단위가격은 당해 물품의 종류와 특성에 따라 수입신고일의 가격과 가격변동이 거의 없다고 인정되는 기간중의 판매가격으로 한다. 다만, 수입신고일부터 90일이 경과된 후에 판매되는 가격을 제외한다. <개정 2020.10.7.>

④ 법 제33조제1항제2호에서 "동종·동류의 수입물품"이라 함은 당해 수입물품이 제조되는 특정산업 또는 산업부문에서 생산되고 당해 수입물품과 일반적으로 동일한 범주에 속하는 물품(동종·동질물품 또는 유사물품을 포함한다)을 말한다. <개정 2020.10.7.>

⑤ 법 제33조제1항제2호에 따른 이윤 및 일반경비는 일체로서 취급하며, 일반적으로 인정된 회계원칙에 따라 작성된 회계보고서를 근거로 하여 다음 각 호의 구분에 따라 계산한다. <개정 2012.2.2., 2020.10.7., 2023.2.28.>

　1. 납세의무자가 제출한 회계보고서를 근거로 계산한 이윤 및 일반경비의 비율이 제6항 또는 제8항에 따라 산출한 이윤 및 일반경비의 비율(이하 이 조에서 "동종·동류비율"이라 한다)의 100분의 120 이하인 경우: 납세의무자가 제출한 이윤 및 일반경비

　2. 제1호 외의 경우: 동종·동류비율을 적용하여 산출한 이윤 및 일반경비

⑥ 세관장은 관세청장이 정하는 바에 따라 해당 수입물품의 특성, 거래 규모 등을 고려하여 동종·동류의 수입물품을 선정하고 이 물품이 국내에서 판매되는 때에 부가되는 이윤 및 일반경비의 평균값을 기준으로 동종·동류비율을 산출하여야 한다. <신설 2012.2.2., 2020.10.7.>

⑦ 세관장은 동종·동류비율 및 그 산출근거를 납세의무자에게 서면으로 통보하여야 한다. <신설 2012.2.2., 2020.10.7.>

⑧ 납세의무자는 세관장이 산출한 동종·동류비율이 불합리하다고 판단될 때에는 제7항에 따른 통보를 받은 날부터 30일 이내에 관세청장이 정하는 바에 따라 해당 납세의무자의 수입물품을 통관했거나 통관할 세관장을 거쳐 관세청장에게 이의를 제기할 수 있다. 이 경우 관세청장은 해당 납세의무자가 제출하는 자료와 관련 업계 또는 단체의 자료를 검토하여 동종·동류비율을 다시 산출할 수 있다. <신설 2012.2.2., 2018.2.13., 2020.10.7., 2023.2.28.>

⑨ 법 제33조제1항제3호에서 "그 밖의 관련 비용"이란 해당 물품, 동종·동질물품 또는 유사물품의 하역, 검수, 검역, 검사, 통관 비용 등 수입과 관련하여 발생하는 비용을 말한다. <신설 2020.10.7.>

⑩ 법 제33조제2항에서 "그 가격의 정확성과 진실성을 의심할만한 합리적인 사유가 있는 경우"란 해당 물품의 국내판매가격이 동종·동질물품 또는 유사물품의 국내판매가격보다 현저하게 낮은 경우 등을 말한다. <신설 2020.10.7.>

- **제28조(산정가격을 기초로 한 과세가격의 결정)**

① 법 제34조제1항제1호에 해당하는 금액은 해당 물품의 생산자가 생산국에서 일반적으로 인정된 회계원칙에 따라 작성하여 제공하는 회계장부 등 생산에 관한 자료를 근거로 하여 산정한다. <신설 2020.10.7.>

② 법 제34조제1항제1호에 따른 조립이나 그 밖의 가공에 드는 비용 또는 그 가격에는 법 제30조제1항제2호에 따른 금액이 포함되는 것으로 하며, 우리나라에서 개발된 기술·설계·고안·디자인 또는 공예에 드는 비용을 생산자가 부담하는 경우에는 해당 비용이 포함되는 것으로 한다. <개정 2005.6.30., 2020.10.7.> [제목개정 2020.10.7.]

- **제29조(합리적 기준에 따른 과세가격의 결정)**

① 법 제35조에 따라 과세가격을 결정할 때에는 국내에서 이용 가능한 자료를 기초로 다음 각 호의 방법을 적용한다. 이 경우 적용순서는 법 제30조부터 제34조까지의 규정을 따른다. <개정 2013.2.15., 2020.10.7.>

　1. 법 제31조 또는 법 제32조의 규정을 적용함에 있어서 법 제31조제1항제1호의 요건을 신축적으로 해석·적용하는 방법

　2. 법 제33조의 규정을 적용함에 있어서 수입된 것과 동일한 상태로 판매되어야 한다는 요건을 신축적으로 해석·적용하는 방법

　3. 법 제33조 또는 법 제34조의 규정에 의하여 과세가격으로 인정된 바 있는 동종·동질물품 또는 유사물품의 과세가격을 기초로 과세가격을 결정하는 방법

4. 제27조제3항 단서를 적용하지 않는 방법
5. 그 밖에 거래의 실질 및 관행에 비추어 합리적이라고 인정되는 방법

② 법 제35조의 규정에 의하여 과세가격을 결정함에 있어서는 다음 각호의 1에 해당하는 가격을 기준으로 하여서는 아니된다.

1. 우리나라에서 생산된 물품의 국내판매가격
2. 선택가능한 가격중 반드시 높은 가격을 과세가격으로 하여야 한다는 기준에 따라 결정하는 가격
3. 수출국의 국내판매가격
4. 동종·동질물품 또는 유사물품에 대하여 법 제34조의 규정에 의한 방법외의 방법으로 생산비용을 기초로 하여 결정된 가격
5. 우리나라외의 국가에 수출하는 물품의 가격
6. 특정수입물품에 대하여 미리 설정하여 둔 최저과세기준가격
7. 자의적 또는 가공적인 가격

③ 제1항제1호부터 제4호까지의 규정에 따른 방법을 적용하기 곤란하거나 적용할 수 없는 경우로서 다음 각 호의 어느 하나에 해당하는 물품에 대한 과세가격 결정에 필요한 기초자료, 금액의 계산방법 등 세부사항은 기획재정부령으로 정할 수 있다. <개정 2020.2.11., 2020.10.7.>

1. 수입신고전에 변질·손상된 물품
2. 여행자 또는 승무원의 휴대품·우편물·탁송품 및 별송품
3. 임차수입물품
4. 중고물품
5. 법 제188조 단서의 규정에 의하여 외국물품으로 보는 물품
6. 범칙물품
7. 「석유 및 석유대체연료 사업법」 제2조제1호의 석유로서 국제거래시세를 조정한 가격으로 보세구역에서 거래되는 물품
8. 그 밖에 과세가격결정에 혼란이 발생할 우려가 있는 물품으로서 기획재정부령으로 정하는 물품 [제목개정 2020.10.7.]

- **제30조(가산율 또는 공제율의 적용)**

① 관세청장 또는 세관장은 장기간 반복하여 수입되는 물품에 대하여 법 제30조제1항이나 법 제33조제1항 또는 제3항을 적용하는 경우 납세의무자의 편의와 신속한 통관업무를 위하여 필요하다고 인정되는 때에는 기획재정부령으로 정하는 바에 따라 해당 물품에 대하여 통상적으로 인정되는 가산율 또는 공제율을 적용할 수 있다. <개정 2019.2.12., 2020.10.7.>

② 제1항의 규정에 의한 가산율 또는 공제율의 적용은 납세의무자의 요청이 있는 경우에 한한다.

- **제31조(과세가격 결정방법의 사전심사)**

① 법 제37조제1항에 따라 과세가격 결정에 관한 사전심사를 신청하려는 자는 거래당사자·통관예정세관·신청내용 등을 적은 신청서에 다음 각 호의 서류를 첨부하여 관세청장에게 제출해야 한다. <개정 2008.2.22., 2020.10.7.>

　1. 거래관계에 관한 기본계약서(투자계약서·대리점계약서·기술용역계약서·기술도입계약서 등)

　2. 수입물품과 관련된 사업계획서

　3. 수입물품공급계약서

　4. 수입물품가격결정의 근거자료

　4의2. 법 제37조제1항제3호의 사항에 해당하는 경우에는 기획재정부령으로 정하는 서류

　5. 그 밖에 과세가격결정에 필요한 참고자료

② 관세청장은 제1항에 따라 제출된 신청서 및 서류가 과세가격의 심사에 충분하지 않다고 인정되는 때에는 다음 각 호의 구분에 따른 기간을 정하여 보정을 요구할 수 있다. <개정 2008.2.22., 2020.10.7.>

　1. 법 제37조제1항제1호 및 제2호에 해당하는 경우: 20일 이내

　2. 법 제37조제1항제3호에 해당하는 경우: 30일 이내

③ 법 제37조제2항에서 "대통령령으로 정하는 기간"이란 다음 각 호의 구분에 따른 기간을 말한다. 이 경우 관세청장이 제2항에 따라 제출된 신청서 및 서류의 보완을 요구한 경우에는 그 기간은 산입하지 아니한다. <개정 2008.2.22., 2011.4.1.>

1. 법 제37조제1항제1호 및 제2호에 해당하는 경우 : 1개월
2. 법 제37조제1항제3호에 해당하는 경우 : 1년

④ 법 제37조제3항 전단에 따라 사전심사의 결과에 대하여 재심사를 신청하려는 자는 재심사 신청의 요지와 내용이 기재된 신청서에 다음 각 호의 서류 및 자료를 첨부하여 관세청장에게 제출하여야 한다. <신설 2015.2.6.>

1. 법 제37조제2항에 따른 과세가격 결정방법 사전심사서 사본
2. 재심사 신청의 요지와 내용을 입증할 수 있는 자료

⑤ 제1항 각 호 및 제4항 각 호의 서류 및 자료는 한글로 작성하여 제출해야 한다. 다만, 관세청장이 허용하는 경우에는 영문 등으로 작성된 서류 및 자료를 제출할 수 있다. <신설 2020.10.7.>

⑥ 관세청장은 법 제37조제1항에 따른 사전심사 또는 법 제37조제3항 전단에 따른 재심사의 신청이 다음 각 호의 어느 하나에 해당하는 경우에는 해당 신청을 반려할 수 있다. <신설 2020.10.7., 2024.2.29., 2025.2.28.>

1. 해당 신청인에 대해 관세조사(과세가격에 대한 관세조사에 한정한다)가 진행 중인 경우
2. 해당 신청인에 대한 관세조사를 통해 과세가격결정방법이 확인된 후에 계약관계나 거래실질에 변동이 없는 경우
3. 해당 신청인이 법 제119조에 따른 이의신청·심사청구 및 심판청구나 행정소송을 진행 중인 경우
4. 제2항에 따른 기간 내에 보정자료를 제출하지 않은 경우
5. 해당 거래관계 또는 거래내용 등 과세가격 결정에 중요한 사항이 신청 내용과 달라 관세청장이 사전심사 또는 재심사가 곤란하다고 판단하는 경우

⑦ 법 제37조제4항에서 "대통령령으로 정하는 요건"이란 다음 각 호의 요건을 말한다. <개정 2008.2.22., 2011.4.1., 2015.2.6., 2019.2.12., 2020.10.7., 2025.2.28.>

1. 법 제37조제1항에 따른 신청인과 납세의무자가 동일할 것
2. 제1항에 따라 제출된 내용에 거짓이 없고 그 내용이 가격신고된 내용과 같을 것
3. 사전심사의 기초가 되는 법령이나 거래관계 등이 달라지지 아니하였을 것
4. 다음 각 목의 구분에 따른 기간 이내에 신고할 것
   가. 법 제37조제1항제1호 또는 제2호에 따라 과세가격 결정방법의 사전심사를 신청한 경우: 법 제37조제2항에 따른 결과의 통보일부터 3년
   나. 법 제37조제1항제3호에 따라 과세가격 결정방법의 사전심사를 신청한 경우: 다음 1)부터 2)까지의 기간
   1) 법 제37조제2항에 따른 결과의 통보일
   2) 법 제37조제2항에 따른 결과의 통보일부터 3년이 되는 날이 속하는 사업연도의 말일. 다만, 법 제37조제2항에 따른 통보일 기준으로 2년 이후부터 3년이 되는 날이 속하는 사업연도의 말일이 도래하기 30일 전까지 신고기간을 2년 연장하여 줄 것을 신청한 경우로서 관세청장이 이를 허용하는 경우에는 5년이 되는 날이 속하는 사업연도의 말일로 한다.

⑧ 법 제37조제5항에 따라 보고서를 제출해야 하는 자는 매년 사업연도 말일 이후 6개월 이내에 다음 각 호의 사항이 포함된 보고서를 관세청장에게 제출해야 한다. <신설 2019.2.12., 2020.10.7.>

1. 사전심사 결과 결정된 과세가격 결정방법의 전제가 되는 조건 또는 가정의 실현 여부
2. 사전심사 결과 결정된 과세가격 결정방법으로 산출된 과세가격 및 그 산출과정
3. 제2호에 따라 산출된 과세가격과 실제의 거래가격이 다른 경우에는 그 차이에 대한 처리내역
4. 그 밖에 관세청장이 법 제37조제2항에 따라 결과를 통보할 때 보고서에 포함하도록 통보한 사항

⑨ 신청인은 관세청장이 법 제37조제2항 또는 제3항에 따라 과세가격의 결정방법을 통보하기 전까지는 신청내용을 변경하여 다시 신청하거나 신청을 철회할 수 있으며, 관세청장은 신청인이 신청을 철회한 때에는 제1항·제2항·제4항 및 제5항에 따라 제출된 모든 자료를 신청인에게 반환해야 한다. <신설 2020. 10. 7.>

⑩ 법 제37조제6항 전단에서 "제5항에 따른 보고서를 제출하지 아니하는 등 대통령령으로 정하는 사유"란 다음 각 호의 구분에 따른 사유를 말한다. <신설 2019.2.12., 2020.10.7.>

1. 사전심사 결과를 변경할 수 있는 사유: 다음 각 목의 어느 하나에 해당하는 경우
   가. 사전심사 결과 결정된 과세가격 결정방법의 전제가 되는 조건 또는 가정의 중요한 부분이 변경되거나 실현되지 않은 경우
   나. 관련 법령 또는 국제협약이 변경되어 사전심사 결과 결정된 과세가격 결정방법이 적정하지 않게 된 경우
   다. 사전심사 결과 결정된 과세가격 결정방법을 통보받은 자가 국내외 시장 상황 변동 등으로 인하여 과세가격 결정방법의 변경을 요청하는 경우
   라. 그 밖에 사전심사 결과 결정된 과세가격 결정방법의 변경이 필요하다고 관세청장이 정하여 고시하는 사유에 해당하는 경우
2. 사전심사 결과를 철회할 수 있는 사유: 다음 각 목의 어느 하나에 해당하는 경우
   가. 신청인이 제8항에 따른 보고서의 전부 또는 중요한 부분을 제출하지 않아 보완을 요구했으나 보완을 하지 않은 경우
   나. 신청인이 제8항에 따른 보고서의 중요한 부분을 고의로 누락했거나 허위로 작성한 경우
3. 사전심사 결과를 취소할 수 있는 사유: 다음 각 목의 어느 하나에 해당하는 경우
   가. 신청인이 제1항에 따른 자료의 중요한 부분을 고의로 누락했거나 허위로 작성한 경우
   나. 신청인이 사전심사 결과 결정된 과세가격 결정방법의 내용 또는 조건을 준수하지 않고 과세가격을 신고한 경우

⑪ 관세청장 또는 세관장은 제1항·제2항·제4항 및 제5항 및 제8항에 따라 제출된 서류 및 자료 등을 법 제37조에 따른 과세가격 결정방법의 사전심사 외의 용도로는 사용할 수 없다. <신설 2020.2.11., 2020.10.7.>

- 제31조의2 삭제 <2018.2.13.>

- **제31조의3**(사전조정의 절차 등)

① 관세청장은 법 제37조의2제1항에 따른 신청을 받은 날부터 90일 이내에 같은 조 제2항에 따른 사전조정 절차를 시작하고, 그 사실을 신청자에게 통지하여야 한다. 다만, 관세청장은 제31조제1항 및 제2항에 따른 자료가 제출되지 아니하거나 거짓으로 작성되는 등의 사유로 사전조정 절차를 시작할 수 없으면 그 사유를 신청자에게 통지하여야 한다. <개정 2018.2.13.>

② 신청자는 제1항 단서에 따라 사전조정 절차를 시작할 수 없다는 통지를 받은 경우에는 그 통지를 받은 날부터 30일 이내에 자료를 보완하여 제출하거나 법 제37조제1항제3호의 사항에 관한 사전심사와 「국제조세조정에 관한 법률」 제14조제2항 단서에 따른 사전승인 절차를 따로 진행할 것인지를 관세청장에게 통지할 수 있다. 이 경우 관세청장은 그 통지받은 사항을 지체 없이 국세청장에게 알려야 한다. <개정 2018.2.13., 2021.2.17.>

③ 법 제37조의2제5항에 따른 사전조정 신청 방법 및 절차 등에 관하여는 제31조 및 「국제조세조정에 관한 법률 시행령」 제26조, 제27조, 제29조, 제30조, 제32조 및 제40조제3항을 준용한다. <개정 2018.2.13., 2021.2.17.>

④ 제1항부터 제3항까지에서 규정한 사항 외에 사전조정의 실시, 그 밖에 사전조정에 필요한 사항은 기획재정부령으로 정한다. [본조신설 2015.2.6.]

[종전 제31조의3은 제31조의5로 이동 <2015.2.6.>]

- **제31조의4**(관세부과 등을 위한 정보제공 범위)

법 제37조의3 전단에서 "대통령령으로 정하는 정보 또는 자료"란 다음 각 호의 어느 하나에 해당하는 것을 말한다. <개정 2015.2.6., 2021.2.17.>

1. 「국제조세조정에 관한 법률」 제7조에 따른 과세표준 및 세액의 결정·경정과 관련된 정보 또는 자료
2. 그 밖에 과세가격의 결정·조정에 필요한 자료

[본조신설 2012.2.2.] [제31조의2에서 이동 <2015.2.6.>]

- **제31조의5(특수관계자 수입물품 과세자료 제출범위 등)**

① 법 제37조의4제1항에 따라 세관장이 해당 특수관계자에게 요구할 수 있는 자료는 다음 각 호와 같다. 이 경우 세관장은 요구사유 및 자료제출에 필요한 기간을 적은 문서로 자료를 요구해야 한다. <개정 2015.2.6., 2018.2.13., 2019.2.12., 2021.2.17.>

1. 특수관계자 간 상호출자현황
2. 삭제 <2019.2.12.>
3. 수입물품 가격산출 내역 등 내부가격 결정자료와 국제거래가격 정책자료
4. 수입물품 구매계약서 및 원가분담계약서
5. 권리사용료, 기술도입료 및 수수료 등에 관한 계약서
6. 광고 및 판매촉진 등 영업·경영지원에 관한 계약서
7. 삭제 <2019.2.12.>
8. 해당 거래와 관련된 회계처리기준 및 방법
9. 해외 특수관계자의 감사보고서 및 연간보고서
10. 해외 대금 지급·영수 내역 및 증빙자료
11. 「국제조세조정에 관한 법률 시행령」 제33조에 따른 통합기업보고서 및 개별기업보고서
12. 그 밖에 수입물품에 대한 과세가격 심사를 위하여 필요한 자료

② 제1항에 해당하는 자료는 한글로 작성하여 제출하여야 한다. 다만, 세관장이 허용하는 경우에는 영문으로 작성된 자료를 제출할 수 있다.

③ 법 제37조의4제3항 단서에서 "대통령령으로 정하는 부득이한 사유"란 다음 각 호의 어느 하나에 해당하는 경우를 말한다. <개정 2015.2.6., 2017.3.27.>

1. 자료제출을 요구받은 자가 화재·도난 등의 사유로 자료를 제출할 수 없는 경우
2. 자료제출을 요구받은 자가 사업이 중대한 위기에 처하여 자료를 제출하기 매우 곤란한 경우
3. 관련 장부·서류가 권한 있는 기관에 압수되거나 영치된 경우
4. 자료의 수집·작성에 상당한 기간이 걸려 기한까지 자료를 제출할 수 없는 경우

5. 제1호부터 제4호까지에 준하는 사유가 있어 기한까지 자료를 제출할 수 없다고 판단되는 경우

④ 법 제37조의4제3항 단서에 따라 제출기한의 연장을 신청하려는 자는 제출기한이 끝나기 15일 전까지 관세청장이 정하는 자료제출기한연장신청서를 세관장에게 제출하여야 한다. <개정 2015.2.6., 2017.3.27.>

⑤ 세관장은 제4항의 자료제출기한 연장신청이 접수된 날부터 7일 이내에 연장 여부를 신청인에게 통지하여야 한다. 이 경우 7일 이내에 연장 여부를 신청인에게 통지를 하지 아니한 경우에는 연장신청한 기한까지 자료제출기한이 연장된 것으로 본다.

⑥ 세관장은 법 제37조의4제4항 후단에 따라 특수관계에 있는 자와 다음 각 호의 사항에 대하여 협의해야 하며, 10일 이상의 기간 동안 의견을 제시할 기회를 주어야 한다. <신설 2019.2.12. 2025.2.28>

1. 특수관계에 있는 자가 법 제37조의4제5항에 따라 법 제30조제3항제4호 단서에 해당하는 경우임을 증명하여 같은 조 제1항 및 제2항에 따라 과세가격을 결정해야 하는지 여부

2. 법 제30조제1항 및 제2항에 따라 과세가격을 결정할 수 있는지 여부를 판단하기 위해 같은 조 제1항 각 호에 해당하는 금액과 이에 해당하지 않는 금액을 구분하여 계산할 수 있는지 여부 및 구분하여 계산할 수 있는 경우에는 그 계산 방법

3. 법 제31조부터 제35조까지의 규정에 따른 방법 중 과세가격을 결정하는 방법

[본조신설 2013.2.15.] [제31조의3에서 이동 <2015.2.6.>]

관세법시행규칙

- **제3조의3(구매자를 대리하여 행하는 용역의 범위 등)**

　영 제17조의2제1항에 따른 구매자를 대리하여 행하는 용역은 구매자의 계산과 위험부담으로 공급자 물색, 구매 관련 사항 전달, 샘플수집, 물품검사, 보험·운송·보관 및 인도 등을 알선하는 용역으로 한다. 다만, 다음 각 호의 어느 하나에 해당하는 경우에는 그러하지 아니하다.

　　1. 구매대리인이 자기의 계산으로 용역을 수행하는 경우
　　2. 구매대리인이 해당 수입물품에 대하여 소유권 또는 그 밖의 이와 유사한 권리가 있는 경우
　　3. 구매대리인이 해당 거래나 가격을 통제하여 실질적인 결정권을 행사하는 경우

　[본조신설 2011.4.1.] [제3조의2에서 이동 <2020.10.7.>]

- **제4조(무료 또는 인하된 가격으로 공급하는 물품 및 용역)**

① 영 제18조제2호에서 "기획재정부령으로 정하는 것"이란 해당 수입물품의 조립·가공·성형 등의 생산과정에 직접 사용되는 기계·기구 등을 말한다. <개정 2008.12.31., 2011.4.1.>

② 영 제18조제4호의 규정에 의한 수입물품의 생산에 필요한 기술은 특허기술·노하우 등 이미 개발되어 있는 기술과 새로이 수행하여 얻은 기술로 한다.

③ 영 제18조 각 호의 물품 및 용역의 가격은 다음 각 호의 구분에 따른 금액으로 결정한다. <개정 2020.10.7.>

　　1. 해당 물품 및 용역을 영 제23조제1항에 따른 특수관계가 없는 자로부터 구입 또는 임차하여 구매자가 공급하는 경우: 그 구입 또는 임차하는 데에 소요되는 비용과 이를 생산장소까지 운송하는 데에 소요되는 비용을 합한 금액
　　2. 해당 물품 및 용역을 구매자가 직접 생산하여 공급하는 경우: 그 생산비용과 이를 수입물품의 생산장소까지 운송하는 데에 소요되는 비용을 합한 금액

3. 해당 물품 및 용역을 구매자와 영 제23조제1항에 따른 특수관계에 있는 자로부터 구입 또는 임차하여 공급하는 경우: 다음 각 목의 어느 하나에 따라 산출된 비용과 이를 수입물품의 생산장소까지 운송하는 데에 소요되는 비용을 합한 금액

    가. 해당 물품 및 용역의 생산비용

    나. 특수관계에 있는 자가 해당 물품 및 용역을 구입 또는 임차한 비용

4. 수입물품의 생산에 필요한 기술·설계·고안·공예 및 의장(이하 이 호에서 "기술등"이라 한다)이 수입물품 및 국내생산물품에 함께 관련된 경우 : 당해 기술등이 제공되어 생산된 수입물품에 해당되는 기술등의 금액

- **제4조의2(권리사용료의 산출)**

구매자가 수입물품과 관련하여 판매자가 아닌 자에게 권리사용료를 지급하는 경우 그 권리사용료가 영 제19조제2항에 따른 해당 물품의 거래조건에 해당하는지를 판단할 때에는 다음 각 호를 고려해야 한다.

1. 물품판매계약 또는 물품판매계약 관련 자료에 권리사용료에 대해 기술한 내용이 있는지 여부
2. 권리사용계약 또는 권리사용계약 관련 자료에 물품 판매에 대해 기술한 내용이 있는지 여부
3. 물품판매계약·권리사용계약 또는 각각의 계약 관련 자료에 권리사용료를 지급하지 않는 경우 물품판매계약이 종료될 수 있다는 조건이 있는지 여부
4. 권리사용료가 지급되지 않는 경우 해당 권리가 결합된 물품을 제조·판매하는 것이 금지된다는 조건이 권리사용계약에 있는지 여부
5. 상표권 등 권리의 사용을 허락한 자가 품질관리 수준을 초과하여 우리나라에 수출하기 위해 판매되는 물품의 생산 또는 판매 등을 관리할 수 있는 조건이 권리사용계약에 포함되어 있는지 여부
6. 그 밖에 실질적으로 권리사용료에 해당하는 지급의무가 있고, 거래조건으로 지급된다고 인정할 만한 거래사실이 존재하는지 여부 [본조신설 2020.10.7.]

- **제4조의3(운임 등의 결정)**

① 영 제20조제2항에 따른 운임은 다음 각 호에 따른다.

1. 법 제241조제2항제3호의2가목에 따른 운송수단이 외국에서 우리나라로 운항하여 수입되는 경우: 해당 운송수단이 수출항으로부터 수입항에 도착할 때까지의 연료비, 승무원의 급식비, 급료, 수당, 선원 등의 송출비용 및 그 밖의 비용 등 운송에 실제로 소요되는 금액

2. 하나의 용선계약으로 여러가지 화물을 여러 차례에 걸쳐 왕복운송하거나 여러가지 화물을 하나의 운송계약에 따라 일괄운임으로 지급하는 경우: 수입되는 물품의 중량을 기준으로 계산하여 배분한 운임. 다만, 수입되는 물품의 중량을 알 수 없거나 중량을 기준으로 계산하는 것이 현저히 불합리한 경우에는 가격을 기준으로 계산하여 배분한 운임으로 한다.

3. 운송계약상 선적항 및 수입항의 구분 없이 총 허용정박 시간만 정하여 체선료(滯船料) 또는 조출료(早出料)의 발생장소를 명확히 구분할 수 없는 경우: 총 허용정박 시간을 선적항과 수입항에서의 허용 정박시간으로 반분(半分)하여 계산된 선적항에서의 체선료를 포함한 운임. 이 경우 실제 공제받은 조출료는 운임에 포함하지 않는다.

4. 법 제254조의2제6항에 따라 통관하는 탁송품으로서 그 운임을 알 수 없는 경우: 관세청장이 정하는 탁송품 과세운임표에 따른 운임

② 영 제20조제3항에서 "기획재정부령으로 정하는 물품"이란 다음 각 호의 어느 하나에 해당하는 물품을 말한다. <개정 2021.3.16.>

1. 무상으로 반입하는 상품의 견본, 광고용품 및 그 제조용 원료로서 운임 및 보험료를 제외한 총 과세가격이 20만원 이하인 물품

2. 수출물품의 제조·가공에 사용할 외화획득용 원재료로서 세관장이 수출계약의 이행에 필요하다고 인정하여 무상으로 반입하는 물품

3. 계약조건과 다르거나 하자보증기간 안에 고장이 생긴 수입물품을 대체·수리 또는 보수하기 위해 무상으로 반입하는 물품

4. 계약조건과 다르거나 하자보증 기간 안에 고장이 생긴 수입물품을 외국으로 반출한 후 이를 수리하여 무상으로 반입하는 물품으로서 운임 및 보험료를 제외한 총 과세가격이 20만원 이하인 물품

5. 계약조건과 다르거나 하자보증 기간 안에 고장이 생긴 수출물품을 수리 또는 대체하기 위해 무상으로 반입하는 물품

6. 신문사, 방송국 또는 통신사에서 반입하는 뉴스를 취재한 사진필름, 녹음테이프 및 이와 유사한 취재물품

7. 우리나라의 거주자가 받는 물품으로서 자가 사용할 것으로 인정되는 것 중 운임 및 보험료를 제외한 총 과세가격이 20만원 이하인 물품

8. 제48조의2제1항에 따른 우리나라 국민, 외국인 또는 재외영주권자가 입국할 때 반입하는 이사화물로서 운임 및 보험료를 제외한 총 과세가격이 50만원 이하인 물품

9. 여행자가 휴대하여 반입하는 물품

10. 항공사가 자기 소유인 운송수단으로 운송하여 반입하는 항공기용품과 외국의 본사 또는 지사로부터 무상으로 송부받은 해당 운송사업에 사용할 소모품 및 사무용품

11. 항공기 외의 일반적인 운송방법으로 운송하기로 계약된 물품으로서 해당 물품의 제작지연, 그 밖에 수입자의 귀책사유가 아닌 사유로 수출자가 그 운송방법의 변경에 따른 비용을 부담하고 항공기로 운송한 물품

12. 항공기 외의 일반적인 운송방법으로 운송하기로 계약된 물품으로서 천재지변이나 영 제2조제1항 각 호에 해당하는 사유로 운송수단을 변경하거나 해외 거래처를 변경하여 항공기로 긴급하게 운송하는 물품

③ 제2항 각 호의 물품은 다음 각 호의 구분에 따라 운임을 산출한다. 이 경우 다음 각 호의 적용 운임이 실제 발생한 항공운임을 초과하는 경우에는 해당 항공운임을 적용한다.

1. 제2항제1호부터 제9호까지의 물품: 우리나라에서 적용하고 있는 선편소포우편물요금표에 따른 요금. 이 경우 물품의 중량이 선편소포우편물요금표에 표시된 최대중량을 초과하는 경우에는 최대중량의 요금에 최대중량을 초과하는 중량에 해당하는 요금을 가산하여 계산한다.

2. 제2항제10호부터 제12호까지의 물품: 법 제225조제1항에 따른 선박회사(그 업무를 대행하는 자를 포함한다)가 해당 물품에 대해 통상적으로 적용하는 운임

④ 영 제20조제3항에 따른 제2항 각 호의 물품에 대한 보험료는 보험사업자가 통상적으로 적용하는 항공기 외의 일반적인 운송방법에 대한 보험료로 계산할 수 있다.

[본조신설 2020. 10. 7.]

- **제5조**(특수관계의 영향을 받지 않은 물품가격)

① 영 제23조제2항제3호 각 목 외의 부분에서 "기획재정부령이 정하는 가격"이란 수입가격과 영 제23조제2항제3호 각 목의 가격(이하 "비교가격"이라 한다)과의 차이가 비교가격을 기준으로 하여 비교할 때 100분의 10 이하인 경우를 말한다. 다만, 세관장은 해당 물품의 특성·거래내용·거래관행 등으로 보아 그 수입가격이 합리적이라고 인정되는 때에는 비교가격의 100분의 110을 초과하더라도 비교가격에 근접한 것으로 볼 수 있으며, 수입가격이 불합리한 가격이라고 인정되는 때에는 비교가격의 100분의 110 이하인 경우라도 비교가격에 근접한 것으로 보지 아니할 수 있다. <개정 2008.12.31., 2009.3.26.>

② 비교가격은 비교의 목적으로만 사용되어야 하며, 비교가격을 과세가격으로 결정하여서는 아니된다.

③ 영 제23조제2항제3호 후단에 따른 비교가격 산출의 기준시점은 다음 각 호와 같다. <신설 2020.10.7.>

1. 특수관계가 없는 우리나라의 구매자에게 수출되는 동종·동질물품 또는 유사물품의 거래가격: 선적 시점
2. 법 제33조에 따라 결정되는 동종·동질물품 또는 유사물품의 과세가격: 국내판매 시점
3. 법 제34조에 따라 결정되는 동종·동질물품 또는 유사물품의 과세가격: 수입신고 시점

[제목개정 2020.10.7.]

- **제5조의2**(신고가격 증명자료 제출기간)

영 제24조제2항에 따른 "기획재정부령으로 정하는 기간"은 자료제출 요구일로부터 15일로 한다. 다만, 부득이한 사유로 납세의무자가 자료제출 기간 연장을 요청하는 경우에는 세관장이 해당 사유를 고려하여 타당하다고 인정하는 기간으로 한다. [본조신설 2020.10.7.]

- **제6조 삭제** <2012.2.28.>

- **제7조(합리적인 기준에 의한 과세가격의 결정)**

① 영 제29조제1항제1호에서 "법 제31조제1항제1호의 요건을 신축적으로 해석·적용하는 방법"이라 함은 다음 각호의 방법을 말한다. <개정 2015.3.6.>

  1. 당해 물품의 생산국에서 생산된 것이라는 장소적 요건을 다른 생산국에서 생산된 것으로 확대하여 해석·적용하는 방법

  2. 당해 물품의 선적일 또는 선적일 전후라는 시간적 요건을 선적일 전후 90일로 확대하여 해석·적용하는 방법. 다만, 가격에 영향을 미치는 시장조건이나 상관행(商慣行)이 유사한 경우에는 90일을 초과하는 기간으로 확대하여 해석·적용할 수 있다.

② 영 제29조제1항제2호에서 "수입된 것과 동일한 상태로 판매하여야 한다는 요건을 신축적으로 해석·적용하는 방법"이라 함은 납세의무자의 요청이 없는 경우에도 법 제33조제3항에 따라 과세가격을 결정하는 방법을 말한다. <개정 2020.3.13.>

③ 영 제29조제1항제4호에서 "제27조제3항 단서의 규정을 적용하지 아니하는 방법"이라 함은 수입신고일부터 180일까지 판매되는 가격을 적용하는 방법을 말한다. <개정 2022.3.18.>

- **제7조의2(수입신고 전 변질 또는 손상물품의 과세가격의 결정)**

  영 제29조제3항제1호에 해당하는 물품의 과세가격은 다음 각 호의 가격을 기초로 하여 결정할 수 있다.

  1. 변질 또는 손상으로 인해 구매자와 판매자간에 다시 결정된 가격

  2. 변질 또는 손상되지 않은 물품의 가격에서 다음 각 목 중 어느 하나의 금액을 공제한 가격

      가. 관련 법령에 따른 감정기관의 손해평가액

      나. 수리 또는 개체(改替)비용

      다. 보험회사의 손해보상액 [본조신설 2020.10.7.]

- **제7조의3**(여행자 휴대품·우편물등의 과세가격의 결정)

① 영 제29조제3항제2호에 따른 여행자 또는 승무원의 휴대품·우편물·탁송품 및 별송품(이하 "여행자 휴대품·우편물등"이라 한다)의 과세가격을 결정하는 때에는 다음 각 호의 가격을 기초로 하여 결정할 수 있다.

1. 신고인의 제출 서류에 명시된 신고인의 결제금액(명칭 및 형식에 관계없이 모든 성격의 지급수단으로 결제한 금액을 말한다)
2. 외국에서 통상적으로 거래되는 가격으로서 객관적으로 조사된 가격
3. 해당 물품과 동종·동질물품 또는 유사물품의 국내도매가격에 관세청장이 정하는 시가역산율을 적용하여 산출한 가격
4. 관련 법령에 따른 감정기관의 감정가격
5. 중고 승용차(화물자동차를 포함한다) 및 이륜자동차에 대해 제1호 또는 제2호를 적용하는 경우 최초 등록일 또는 사용일부터 수입신고일까지의 사용으로 인한 가치감소에 대해 관세청장이 정하는 기준을 적용하여 산출한 가격
6. 그 밖에 신고인이 제시하는 가격으로서 세관장이 타당하다고 인정하는 가격

② 제1항제3호의 국내도매가격을 산출하려는 경우에는 다음 각 호의 방법에 따른다.

1. 해당 물품과 동종·동질물품 또는 유사물품을 취급하는 2곳 이상의 수입물품 거래처(인터넷을 통한 전자상거래처를 포함한다)의 국내도매가격을 조사해야 한다. 다만, 다음 각 목의 경우에는 1곳의 수입물품 거래처만 조사하는 등 국내도매가격 조사방법을 신축적으로 적용할 수 있다.
   가. 국내도매가격이 200만원 이하인 물품으로 신속한 통관이 필요한 경우
   나. 물품 특성상 2곳 이상의 거래처를 조사할 수 없는 경우
   다. 과세가격 결정에 지장이 없다고 세관장이 인정하는 경우
2. 제1호에 따라 조사된 가격이 둘 이상인 경우에는 다음 각 목에 따라 국내도매가격을 결정한다.
   가. 조사된 가격 중 가장 낮은 가격을 기준으로 최고가격과 최저가격의 차이가 10%를 초과하는 경우에는 조사된 가격의 평균가격
   나. 조사된 가격 중 가장 낮은 가격을 기준으로 최고가격과 최저가격의 차이가 10% 이하인 경우에는 조사된 가격 중 최저가격

③ 제1항제3호의 시가역산율은 국내도매가격에서 법 제33조제1항제2호부터 제4호까지의 금액을 공제하여 과세가격을 산정하기 위한 비율을 말하며, 산출방법은 관세청장이 정하는 바에 따른다. [본조신설 2020.10.7.]

- **제7조의4(임차수입물품의 과세가격의 결정)**

① 영 제29조제3항제3호에 따른 임차수입물품의 과세가격은 다음 각 호를 순차적으로 적용한 가격을 기초로 하여 결정할 수 있다.

1. 임차료의 산출 기초가 되는 해당 임차수입물품의 가격
2. 해당 임차수입물품, 동종·동질물품 또는 유사물품을 우리나라에 수출할 때 공개된 가격자료에 기재된 가격(중고물품의 경우에는 제7조의5에 따라 결정된 가격을 말한다)
3. 해당 임차수입물품의 경제적 내구연한 동안 지급될 총 예상임차료를 기초로 하여 계산한 가격. 다만, 세관장이 일률적인 내구연한의 적용이 불합리하다고 판단하는 경우는 제외한다.
4. 임차하여 수입하는 물품에 대해 수입자가 구매선택권을 가지는 경우에는 임차계약상 구매선택권을 행사할 수 있을 때까지 지급할 총 예상임차료와 구매선택권을 행사하는 때에 지급해야 할 금액의 현재가격(제2항제2호 및 제3호를 적용하여 산정한 가격을 말한다)의 합계액을 기초로 하여 결정한 가격
5. 그 밖에 세관장이 타당하다고 인정하는 합리적인 가격

② 제1항제3호에 따라 과세가격을 결정할 때에는 다음 각 호에 따른다.

1. 해당 수입물품의 경제적 내구연한 동안에 지급될 총 예상임차료(해당 물품을 수입한 후 이를 정상으로 유지 사용하기 위해 소요되는 비용이 임차료에 포함되어 있을 때에는 그에 상당하는 실비를 공제한 총 예상임차료)를 현재가격으로 환산한 가격을 기초로 한다.
2. 수입자가 임차료 외의 명목으로 정기적 또는 비정기적으로 지급하는 특허권 등의 사용료 또는 해당 물품의 거래조건으로 별도로 지급하는 비용이 있는 경우에는 이를 임차료에 포함한다.
3. 현재가격을 계산하는 때에 적용할 이자율은 임차계약서에 따르되, 해당 계약서에 이자율이 정해져 있지 않거나 규정된 이자율이 제9조의3에서 정한 이자율 이상인 때에는 제9조의3에서 정한 이자율을 적용한다. [본조신설 2020.10.7.]

- **제7조의5(중고물품의 과세가격의 결정)**

① 영 제29조제3항제4호에 따른 중고물품의 과세가격은 다음 각 호의 가격을 기초로 하여 결정할 수 있다.

   1. 관련 법령에 따른 감정기관의 감정가격

   2. 국내도매가격에 제7조의3제1항제3호의 시가역산율을 적용하여 산출한 가격

   3. 해외로부터 수입되어 국내에서 거래되는 신품 또는 중고물품의 수입당시의 과세가격을 기초로 하여 가치감소분을 공제한 가격. 다만, 내용연수가 경과된 물품의 경우는 제외한다.

   4. 그 밖에 세관장이 타당하다고 인정하는 합리적인 가격

② 제1항제3호의 가치감소 산정기준은 관세청장이 정할 수 있다. [본조신설 2020.10.7.]

- **제7조의6(보세공장에서 내국물품과 외국물품을 혼용하여 제조한 물품의 과세가격의 결정)**

① 영 제29조제3항제5호에 따라 내국물품과 외국물품의 혼용에 관한 승인을 받아 제조된 물품의 과세가격은 다음의 산식에 따른다.

> 제품가격 × [외국물품가격 / (외국물품가격 + 내국물품가격)]

② 제1항을 적용할 때 제품가격, 외국물품가격 및 내국물품 가격은 다음 각 호의 방법으로 결정한다.

   1. 제품가격은 보세공장에서 외국물품과 내국물품을 혼용하여 제조된 물품의 가격으로 하며, 법 제30조부터 제35조까지에서 정하는 방법에 따른다.

   2. 제조에 사용된 외국물품의 가격은 법 제30조부터 제35조까지에서 정하는 방법에 따른다.

   3. 제조에 사용된 내국물품의 가격은 해당 보세공장에서 구매한 가격으로 한다.

   4. 제3호에도 불구하고 다음 각 목의 어느 하나에 해당하는 경우에는 해당 물품과 동일하거나 유사한 물품의 국내판매가격을 구매가격으로 한다. 이 경우 거래 단계 등이 같아야 하며, 두 물품 간 거래 단계 등에 차이가 있는 경우에는 그에 따른 가격 차이를 조정해야 한다.

가. 구매자와 판매자가 영 제23조제1항 각 호에서 정하는 특수관계가 있는 경우

나. 영 제18조 각 호에서 정하는 물품 및 용역을 무료 또는 인하된 가격으로 직접 또는 간접으로 공급한 사실이 있는 경우

5. 제2호부터 제4호까지의 가격은 법 제186조제1항에 따라 사용신고를 하는 때에 이를 확인해야 하며, 각각 사용신고 하는 때의 원화가격으로 결정한다. [본조신설 2020.10.7.]

- **제7조의7(범칙물품의 과세가격의 결정)**

영 제29조제3항제6호에 따른 범칙물품의 과세가격은 제7조의2부터 제7조의6까지 및 제7조의8에 따라 결정한다. [본조신설 2020.10.7.]

- **제7조의8(보세구역에서 거래되는 석유의 과세가격의 결정)**

① 영 제29조제3항제7호에 따른 국제거래시세를 조정한 가격으로 보세구역에서 거래되는 석유의 과세가격은 보세구역에서 거래되어 판매된 가격을 알 수 있는 송품장, 계약서 등의 자료를 기초로 하여 결정할 수 있다.

② 국내에서 발생한 하역비, 보관료 등의 비용이 제1항의 보세구역에서 거래되어 판매된 가격에 포함되어 있고, 이를 입증자료를 통해 구분할 수 있는 경우 그 비용을 해당 가격에서 공제할 수 있다. [본조신설 2020.10.7.]

- **제7조의9(가산율 또는 공제율의 결정 방법)**

① 영 제30조제2항에 따라 가산율 또는 공제율의 적용을 받으려 하는 자는 관세청장이 정하는 가산율 또는 공제율 산정신청서에 다음 각 호의 서류를 첨부하여 관세청장 또는 세관장에게 제출해야한다.

1. 최근 3년간의 해당물품의 수입실적 자료
2. 영 제31조제1항 각 호의 서류
3. 최근 3년간 해당 수입물품의 국내판매 가격자료와 이윤 및 일반경비를 확인할 수 있는 자료(공제율 산정의 경우에 한정한다)

② 영 제30조제1항에 따라 가산율 또는 공제율을 산정하는 경우 관세청장 또는 세관장은 해당 납세의무자에게 의견을 제시할 기회를 주어야 한다.

③ 제1항에 따른 신청을 받은 관세청장 또는 세관장은 신청서류 및 신청인의 최근 거래관계와 거래내용을 심사하여 20일 이내에 관세청장이 정하는 가산율 또는 공제율 결정서를 신청인에게 발급해야 한다. 다만, 다음 각 호의 어느 하나에 해당하여 가산율 또는 공제율의 산정이 곤란한 경우에는 가산율 또는 공제율 결정서를 발급하지 아니한다.

1. 가산 또는 공제할 금액의 지급기준이 변경되는 경우
2. 가산율 또는 공제율 결정의 기초가 되는 거래관계나 내용이 변경된 경우
3. 그 밖에 관세청장 또는 세관장이 거래관계나 거래내용 등을 고려하여 가산율 또는 공제율의 산정이 곤란하다고 인정하는 경우

④ 제3항에 따라 결정되는 가산율 또는 공제율은 소수점 이하 셋째 자릿수까지 계산한 후 이를 반올림하여 둘째 자릿수까지 산정한다.

⑤ 가산율 또는 공제율은 제3항에 따른 가산율 또는 공제율 결정서를 발급한 날부터 1년 간 적용한다. 다만, 세관장이 필요하다고 인정하는 경우에는 적용 기간을 다르게 정할 수 있다. [본조신설 2020.10.7.]

- **제7조의10(특수관계자간 거래물품의 과세가격 결정방법 사전심사)**

① 영 제31조제1항제4호의2에서 "기획재정부령으로 정하는 서류"란 다음 각 호의 서류를 말한다. 다만, 제2호 및 제7호의 서류는 특수관계 사전심사 신청 물품의 과세가격 결정방법과 관련이 없다고 관세청장이 인정하는 경우에는 제출하지 않을 수 있다. <개정 2021.3.16.>

1. 거래당사자의 사업연혁, 사업내용, 조직 및 출자관계 등에 관한 설명자료
2. 관할 세무서에 신고한 거래당사자의 최근 3년 동안의 재무제표, 무형자산 및 용역거래를 포함한 「국제조세조정에 관한 법률」 제16조제2항제3호에 따른 정상가격 산출방법 신고서
3. 원가분담 계약서, 비용분담 계약서 등 수입물품 거래에 관한 서류
4. 수입물품 가격의 산출방법을 구체적으로 설명하는 다음 각 목의 자료

가. 가격산출 관련 재무자료
나. 가격산출의 전제가 되는 조건 또는 가정에 대한 설명자료
다. 특수관계자간 가격결정에 관한 내부지침 및 정책
5. 「국제조세조정에 관한 법률」 제14조에 따른 정상가격 산출방법의 사전승인을 받은 경우 이를 증명하는 서류
6. 회계법인이 작성한 이전가격보고서가 있는 경우 산출근거자료 및 자산·용역의 가격에 영향을 미치는 요소에 관한 분석자료가 포함된 보고서
7. 판매 형태에 따라 구분한 최근 3년간 수입품목별 매출액·매출원가
8. 특수관계가 거래가격에 영향을 미치지 않았음을 확인할 수 있는 자료

② 제1항에도 불구하고 사전심사를 신청하는 자가 「중소기업기본법」 제2조에 따른 중소기업인 경우에는 영 제31조제1항제4호의2의 "기획재정부령으로 정하는 서류"는 제1항제4호 및 제8호의 자료를 말한다.

③ 영 제31조제7항제4호에 따라 특수관계 사전심사 결과의 적용기간을 연장하려는 관세청장이 정하는 특수관계 사전심사 적용기간 연장 신청서에 다음 각 호의 서류를 첨부하여 관세청장에게 제출해야 한다. 다만, 연장 신청일 이전에 제출한 법 제37조제5항에 따른 보고서에 다음 각 호의 서류를 포함하여 제출하였고, 연장 신청일 현재 거래사실 등의이 변동이 없는 경우는 제외한다.

1. 수입물품 거래 관련 계약서(수입물품과 관련된 기술용역 계약서 등을 포함한다)
2. 사전심사 결정물품의 거래 상대방 및 거래단계 등을 확인할 수 있는 서류
3. 사전심사 결과 결정된 과세가격 결정방법의 전제가 되는 조건 또는 가정의 변동 여부를 확인할 수 있는 자료 [본조신설 2020.10.7.]

관세평가 운영에 관한 고시

(관세청 법인심사과, 042-481-7987)

[시행 2024.9.5.] [관세청고시 제2024-37호, 2024.9.5., 일부개정.]

제1장 총칙

- **제1조(목적)**

　이 고시는 다음 각 호에 따라 관세청장에게 위임된 사항과 수입물품 과세가격 결정 제도의 운영을 위하여 필요한 세부지침을 정함을 목적으로 한다.

　　1. 「관세법」(이하 "법"이라 한다) 제18조 및 같은 법 시행령(이하 "영"이라 한다) 제288조의 과세환율에 관한 사항
　　2. 법 제27조부터 제28조까지, 영 제15조부터 제16조까지 및 같은 법 시행규칙(이하 "규칙"이라 한다) 제2조부터 제3조의2까지의 가격신고에 관한 사항
　　3. 법 제30조부터 제36조까지, 영 제17조부터 제30조까지, 규칙 제3조의3부터 제7조의9까지 및 「1994년도 관세 및 무역에 관한 일반협정 제7조의 이행에 관한 협정」제1조부터 제17조까지(해당 협정의 부속서를 포함한다)의 과세가격 결정에 관한 사항
　　4. 법 제37조부터 제37조의4까지 및 영 제31조부터 제31조의5까지, 규칙 제7조의10의 과세가격 사전심사 등에 관한 사항

- **제2조(통화)**

　과세가격은 송품장에 기재된 통화를 기초로 하여 결정한다. 다만, 송품장에 기재된 통화와 실제로 결제되는 통화가 상이한 것이 관계자료 등에 의하여 확인된 경우에는 실제로 결제되는 통화를 기초로 하여 결정한다.

- 제3조(과세환율)

① 법 제18조 및 규칙 제1조의2에 따른 과세환율은 「외국환거래법」 제9조제2항에 따른 외국환중개회사가 고시하는 환율 자릿수와 동일하게 산정하되, 같은 자릿수 미만에서 반올림한다.

② 과세환율의 적용기간은 일요일 00시부터 토요일 24시까지로 하며, 관세청 전자통관시스템(UNI-PASS)을 통하여 알린다.

③ 관세평가분류원장은 제1항부터 제2항까지에 따른 과세환율의 결정 등을 위하여 필요한 사항을 따로 정할 수 있다.

제2장 가격신고

- 제4조(가격신고)

법 제27조제1항에 따른 가격신고는 해당 물품의 과세가격이 법 제30조에 따라 결정되는 경우에는 별지 제3호서식의 가격신고서A, 법 제31조부터 제35조까지에 따라 결정되는 경우에는 별지 제4호서식의 가격신고서B에 의하여 전자문서로 제출한다. 다만, 세관장이 사실 확인을 위하여 필요하다고 인정하는 경우에는 서면신고서와 그 증명자료를 별도로 제출하게 할 수 있다.

- 제5조(포괄가격신고)

① 영 제15조제3항에 따라 같은 판매자와 구매자간에 같은 물품을 같은 조건으로 반복적으로 수입하는 납세의무자는 1년 이내의 범위에서 일정기간 동안의 수입물품에 대하여 포괄하여 가격신고(이하 "포괄가격신고"라 한다)를 할 수 있다. 다만, 다음 각 호의 어느 하나에 해당하는 경우에는 제4조에 따른 가격신고서를 건별로 제출하여야 한다.

1. 규칙 제2조제2항제2호에 따라 세관장이 관세를 부과·징수하는 물품

2. 규칙 제2조제2항제3호에 따른 잠정가격으로 가격신고(이하 "잠정가격신고"라 한다)하는 물품
   3. 규칙 제2조제2항제4호의 수입신고수리전 사전세액심사대상 물품

② 제1항에 따라 포괄가격신고를 하려는 자는 수입신고 전에 다음 각 호의 구분에 따른 자료를 첨부하여 통관예정지 세관장에게 제출해야 한다.

   1. 과세가격이 법 제30조에 따라 결정되는 경우: 별지 제5호서식의 포괄가격신고서(C) 및 계약서, 송품장 등 과세가격 결정에 관한 사항을 확인할 수 있는 자료
   2. 과세가격이 법 제31조부터 제35조까지의 규정에 따라 결정되는 경우: 별지 제6호서식의 포괄가격신고서(D) 및 계약서, 송품장 등 과세가격 결정에 관한 사항을 확인할 수 있는 자료

③ 제2항에 따른 포괄가격신고서는 전자문서와 함께 제출하여야 한다.

④ 포괄가격신고서를 제출받은 통관예정지 세관장은 신고사항의 누락여부 등을 확인하고 관세청 전자통관시스템에서 등록번호를 생성하여 신청인에게 전자문서로 통지한다.

⑤ 포괄가격신고서의 등록번호를 통지받은 신청인은 등록된 포괄가격신고서의 내용과 합치되는 수입물품에 대하여는 포괄가격신고서 등록번호를 수입신고서에 기재하고 건별 가격신고서 제출을 생략한다.

⑥ 제1항에도 불구하고 포괄가격신고 대상 물품이 포괄가격신고 대상이 아닌 물품과 함께 수입되는 경우에는 건별 가격신고서를 제출해야 한다.

⑦ 수입물품의 거래조건 등 등록된 포괄가격신고서의 내용이 변경된 경우 또는 제1항에서 정한 기간을 경과한 경우에는 포괄가격신고서를 갱신 또는 변경하여야 하며 그 절차는 최초 포괄가격신고절차와 동일하다.

- **제6조(잠정가격신고)**

① 납세의무자는 법 제28조제1항에 따라 잠정가격신고를 하는 때에는 제4조에서 정한 별지 제3호 또는 제4호서식의 가격신고서와 영 제16조제2항에 따라 잠정가격신고 대상 여부를 확인할 수 있는 계약서 등의 서류를 첨부하여 제출해야

한다. 이 경우 같은 계약에 따라 반복 수입하는 잠정가격신고 대상 물품은 해당 계약에 따른 최초 잠정가격신고 건에 계약서 등의 서류를 첨부하여 제출하고, 그 이후 잠정가격신고 건에는 수입신고서의 신고인 기재란에 최초 잠정가격신고 건의 수입신고번호를 기재하는 것으로 건별 서류 제출을 갈음한다.

② 영 제16조제1항제2호의3에 따른 잠정가격신고(이하 "사후보상조정 잠정가격신고"라 한다)는 제4항에 따라 수입물품 거래가격 조정 계획 제출확인서가 발급된 경우에 한정하여 할 수 있다.

③ 사후보상조정 잠정가격신고를 하고자 하는 자는 해당 거래의 수입물품 수입신고 1개월 전까지 규칙 별지 제1호의5서식의 수입물품 거래가격 조정 계획서(이하 "가격조정계획서"라 한다)에 규칙 제3조제2항제2호 각 호의 서류를 첨부하여 제50조 및 제51조에 따라 사전심사 신청서를 검토한 본부세관장 또는 본사 소재지를 관할하는 본부세관장에게 제출해야 한다.

④ 세관장은 제3항에 따라 제출된 가격조정계획서를 접수한 날부터 15일 이내에 영 제16조제1항제2호의3 및 규칙 제3조제2항 각 호의 요건을 모두 갖추었는지 여부를 확인하고 별지 제12호서식의 수입물품 거래가격 조정 계획 제출확인서(이하 "가격조정 계획확인서"라 한다)를 발급해야 한다. 다만, 가격조정계획서의 거래가격 조정내용, 첨부서류 등이 영 제16조제1항제2호의3 및 규칙 제3조제2항 각 호의 요건을 모두 갖추었는지 여부를 확인하기에 충분하지 않다고 판단되는 때에는 일정한 기간을 정하여 보완을 요구할 수 있다.

⑤ 세관장은 수입물품 거래가격 조정계획이 영 제16조제1항제2호의3 및 규칙 제3조제2항 각 호의 요건을 모두 갖추지 아니하였거나 제4항 단서에 따른 보완요구 사항을 보완하지 아니하는 경우에는 제3항에 따라 제출된 가격조정계획서를 반려할 수 있다.

⑥ 사후보상조정 잠정가격신고를 받은 세관장은 필요한 경우 납세의무자에게 가격조정계획확인서의 제출을 요구할 수 있다.

⑦ 영 제31조제10항제1호다목에 따라 납세의무자가 특수관계 사전심사 결과 결정된 과세가격 결정방법의 변경을 요청하는 경우 규칙 제3조제3항제4호에 따라 잠정가격신고를 할 수 있다.

⑧ 제1항의 잠정가격신고를 받은 세관장은 잠정가산율, 잠정가격신고 사유 등을 확인하고, 수입신고수리 시에는 납세의무자가 신고한 가격확정예정시기를 기초로 구매자와 판매자간의 거래계약의 내용 등을 고려하여 2년을 초과하지 않는 범위

내에서 확정가격신고기간을 정하여 이를 수입신고서 및 수입신고필증의 세관기재란에 기재하여야 한다.

⑨ 세관장은 잠정(확정)가격신고에 관한 별지 제7호서식의 전산관리내역을 확인·관리하여야 한다.

- **제7조(잠정가격신고 방법)**
① 영 제16조제1항에 해당하는 물품을 수입하려는 자는 계약에 따라 잠정적으로 지급하기로 한 가격을 잠정가격으로 신고할 수 있다. 다만, 다음 각 호에서 정하는 방법으로 잠정가산금액 등을 산출한 경우에는 해당 가격을 기초로 산정된 가격을 잠정가격으로 신고할 수 있다.

  1. 영 제16조제1항제2호에 해당하는 물품 중에서 해당 물품 수입후의 판매수익 등의 결과에 따라 권리사용료 또는 사후귀속이익 등 가산금액이 확정되는 물품은 다음 각 목의 방법을 순차적으로 적용하여 산출된 금액을 잠정가산금액으로 신고할 수 있다.

     가. 수입거래 관련계획서나 사업계획서상의 예상판매량 또는 예상생산량을 근거로 하여 산출된 예상지급금액. 다만, 이 경우 관련 수입물품이 장기간 수입되는 경우에는 전년도 또는 전단위 기간에 동일거래계약상의 물품에 대하여 사용한 확정가산율이 있는 경우에는 이를 잠정가산율로 하여 잠정가산금액을 산출할 수 있다.

     나. 동종·동질물품 또는 유사물품의 전년도 지급실적이 있는 경우에는 다음의 계산식에 따라 산출된 추정지급금액
     - 추정지급금액 = {전1년간의 수입 후의 판매수익 등의 금액(매출액) × 권리사용료지급비율} × 계약기간

  2. 영 제16조제1항제2호에 해당하는 물품 중 일정기간단위별 수입물품의 운송량 등에 따라 수입후 일정기간 경과 후에 운임이나 보험료가 확정되는 경우에는(예: 포괄운송계약 또는 포괄보험계약) 해당 운송사업자 또는 보험사업자가 발급한 잠정계산서나 이에 갈음할 서류상의 예상지급금액을 잠정가산금액으로 신고할 수 있다.

② 제1항제1호가목을 적용할 때 잠정가산금액의 신고방법 및 구체적인 산정방법은 제20조 또는 제22조에 따른다.

- **제8조**(확정가격신고)

① 제6조에 따라 잠정가격신고를 한 자는 세관장이 지정하는 기간 내에 잠정가격신고한 세관장에게 별지 제8호서식의 확정가격신고서와 영 제15조제5항제3호 및 제4호의 과세자료를 전자통관시스템을 통해 전송해 확정된 가격을 신고(이하 "확정가격신고"라 한다)해야 한다. 다만, 확정가격이 잠정가격과 차이가 없는 경우에는 제6조에 따른 잠정가격신고를 하는 때에 제출한 과세자료는 제출을 생략할 수 있다.

② 사후보상조정 잠정가격신고를 한 자는 제6조제4항에 따라 가격조정 계획확인서를 발급한 세관장에게 확정가격신고를 하여야 한다.

③ 제1항에 따라 확정가격신고를 하여야 하는 세관이 둘 이상인 경우에는 그 중 어느 하나의 세관에 확정가격신고를 할 수 있다.

④ 납세의무자가 영 제16조제1항제2호의2에 따른 사유로 잠정가격신고를 하였으나 법 제37조제1항제3호에 따른 과세가격 결정방법 사전심사가 영 제31조제6항, 제40조제3항 및 제47조제8항에 따라 반려되거나 영 제31조제9항, 제48조제3항 및 제4항에 따라 철회된 경우에는 반려 또는 철회된 날부터 3개월 이내에 확정가격신고를 하여야 한다.

⑤ 세관장은 확정가격신고를 받은 날부터 15일 이내에 제1항에 따른 과세자료 제출 여부 등 형식적 요건을 확인하여 수리하여야 한다. 다만, 확정가격신고의 내용이 형식적인 요건을 확인하기에 충분하지 않은 경우에는 일정한 기간을 정하여 보완을 요구할 수 있다.

⑥ 제5항에 따라 확정가격신고가 수리된 경우 확정가격신고일은 납세의무자가 전자통관시스템을 통해 확정가격신고를 한 날로 한다.

- **제9조**(잠정가격의 확정)

① 세관장은 납세의무자가 법 제28조제3항에 따라 확정가격 신고기간 내에 확정가격신고를 하지 않는 경우 제6조에 따라 신고한 잠정가격으로 해당 물품의 가격을 확정할 수 있다. 다만, 제11조제2항에 따라 확정가산율을 통보한 경우에는 동 확정가산율을 적용하여 가격을 확정할 수 있다.

② 세관장은 사후보상조정 잠정가격신고를 한 자가 신고한 확정가격이 제6조제3항에 따라 제출된 가격조정 계획서에 따라 적정하게 조정되지 않은 경우에는 잠정가격으로 해당 물품의 가격을 확정할 수 있다.

- **제10조(확정가격신고에 따른 세액 정정)**

① 납세의무자는 확정가격이 잠정가격보다 높은 경우 확정가격신고수리 통보를 받은 날부터 10일 이내에 수정신고를 해야 한다. 이 경우 확정가격이 잠정가격보다 낮은 경우에는 확정가격신고수리 통보를 받은 날부터 경정청구를 할 수 있다.

② 확정가격신고에 따른 세액의 적정성 등에 대해서는 확정가격신고를 수리한 후에 심사한다.

- **제11조(확정가산율)**

① 제6조에 따라 잠정가격 신고를 한 자는 영 제16조제3항에 따라 확정가격 신고기간이 끝나기 30일 전까지 세관장에게 별지 제24호서식의 확정가산율 산정 신청서와 첨부서류를 제출하여 확정가격의 계산을 위한 가산율(이하 "확정가산율"이라 한다)을 산정해 줄 것을 요청할 수 있다. 이 경우 확정가격신고를 하여야 하는 세관이 둘 이상인 때에는 그 중 어느 하나의 세관에 확정가산율 산정을 요청할 수 있다.

② 제1항에 따라 확정가산율 산정 요청을 받은 세관장은 그 요청을 받은 날부터 15일 이내에 제출받은 자료에 근거하여 확정가산율 계산방법의 적정성 등 형식적 요건을 확인하고 별지 제25호서식의 확정가산율 통보서에 따라 해당 납세의무자에게 통보해야 한다.

③ 세관장은 납세의무자가 제2항에 따라 통보받은 확정가산율을 기초로 제8조제1항에 따른 확정가격신고를 한 경우에는 제10조제1항에 따라 처리한다.

- **제12조(확정가격 신고기간의 연장)**

① 규칙 제3조의2제1항에 따라 확정가격 신고기간을 연장하려는 자는 확정가격 신고기간이 끝나기 3일전까지 별지 제9호서식의 확정가격 신고기간 연장신청서에

관련 증빙자료를 첨부하여 전자통관시스템에 전송하여야 한다.
② 세관장은 규칙 제3조의2제3항에 따라 확정가격 신고기간 연장 여부가 결정되면 확정가격 신고기간을 연장하고 별지 제9호서식의 확정가격 신고기간 연장신청수리서를 신청일부터 3일 이내에 처리하여 신청인에게 통보해야 한다.

제3장 거래가격에 기초한 과세가격 결정

- **제13조**(과세가격 결정방법의 적용순서)

수입물품의 과세가격은 법 제30조에 따른 과세가격 결정방법(이하 "제1방법"이라 한다)을 우선 적용하고 제1방법을 적용할 수 없는 경우에는 법 제31조부터 제35조까지에 따른 과세가격 결정방법(이하 각각 "제2방법", "제3방법", "제4방법", "제5방법", "제6방법"이라 한다)을 순차적으로 적용하여 결정한다. 다만, 법 제33조제1항 단서에 따라 납세의무자가 요청하면 제5방법을 우선 적용하되 제5방법을 적용할 수 없는 경우에는 제4방법, 제6방법의 순서에 따라 적용한다.

- **제14조**(제1방법을 적용할 수 없는 수입물품)

제13조 본문에 따라 제1방법을 적용할 수 없는 경우는 다음 각 호의 어느 하나를 포함한다.
1. 영 제17조 각 호의 어느 하나에 해당하는 경우를 포함하여 제15조제1항에 따른 판매의 결과로 우리나라에 도착한 물품이 아닌 경우
2. 제15조제2항 및 법 제30조제1항 각 호 외의 부분 본문에 따른 우리나라에 수출하기 위한 판매(이하 "수출판매"라 한다)를 확인할 수 없는 경우
3. 제16조제1항 각 호 및 법 제30조제1항 각 호 외의 부분 본문의 수입물품에 대하여 구매자가 실제로 지급하였거나 지급하여야 할 가격을 확인할 수 없는 경우
4. 법 제30조제1항 각 호 외의 부분 단서에 해당하는 경우
5. 법 제30조제3항 각 호의 어느 하나에 해당하는 경우
6. 법 제30조제5항 각 호의 어느 하나에 해당하는 경우

- **제15조**(수출판매의 범위)

① 법 제30조제1항 각 호 외의 부분 본문에서 판매는 각각 자기 책임과 계산으로 해당 수입물품에 대한 대가를 지급하고 소유권 이전을 목적으로 하는 구매자와 판매자 간의 거래를 말한다.

② 법 제30조제1항 각 호 외의 부분 본문에서 우리나라에 수출하기 위하여 판매되는 물품에 대한 가격은 해당 물품의 실제적인 국제 간 이동을 수반하는 거래로서 우리나라에 도착하기 직전에 이루어진 판매에서의 가격을 말한다.

- **제16조**(실제지급가격)

① 법 제30조제1항 각 호 외의 부분 본문에서 "구매자가 실제로 지급하였거나 지급하여야 할 가격"(이하 "실제지급가격"이라 한다)은 다음 각 호의 금액을 포함한다.

   1. 해당 수입물품에 대하여 구매자가 판매자에게 또는 판매자의 이익을 위하여 제3자에게 실제 지급하였거나 지급하여야 할 모든 금액
   2. 해당 수입물품의 판매조건으로 구매자가 판매자에게 또는 판매자의 의무를 이행하기 위하여 제3자에게 실제 지급하였거나 지급하여야 할 모든 금액

② 해당 수입물품이 우리나라에 도착한 이후에 구매자와 판매자 간에 이루어지는 가격에 대한 환불, 감액 등은 실제지급가격을 결정할 때 고려되지 않는다. 다만, 해당 수입물품이 우리나라에 도착하기 이전에 규칙 제3조제3항제3호 각 목의 요건을 모두 충족하는 가격조정약관이 유효하게 존재하고 해당 수입물품의 가격이 해당 가격조정약관에 따른 경우에는 그렇지 않다.

- **제17조**(수수료 및 중개료)

법 제30조제1항제1호에서 "수수료와 중개료"란 다음 각 호를 말한다.

   1. 수수료는 해당 수입물품을 구매 또는 판매함에 있어서 구매자 또는 판매자를 대리하여 행하는 용역의 대가로 구매자 또는 판매자가 지급하는 비용을 말한다.
   2. 중개료는 판매자와 구매자를 위하여 거래알선 및 중개역할의 대가로 판매자 및 구매자가 지급하는 비용을 말한다.

- **제18조(용기 및 포장비용)**

  법 제30조제1항제2호에서 "해당 수입물품과 동일체로 취급되는 용기"란 관세율표의 해석에 관한 통칙 제5호에 따라 그 내용물과 함께 분류되는 케이스, 용기 및 포장용기 등을 말한다.

- **제19조(생산지원)**

  ① 법 제30조제1항제3호에서 "해당 수입물품의 생산"이란 재배, 제조, 채광, 채취, 가공, 조립 등 해당 물품을 만들어 내거나 가치를 창출해내는 행위를 말한다.

  ② 구매자가 영 제18조의 생산지원 물품 및 용역의 생산에 필요한 요소를 제공한 경우에는 해당요소의 비용까지 과세가격에 포함한다.

  ③ 영 제18조제1호부터 제3호까지의 생산지원 물품에 영 제18조제4호의 생산지원 용역이 반영되어 있는 경우에는 해당 용역의 국내 수행 여부와 관계없이 생산지원 가격에 포함한다.

  ④ 영 제18조제2호의 "공구·금형·다이스"에는 수입물품의 생산에 직접 사용되는 종이로 만든 형태의 표본도 포함한다.

- **제20조(생산지원금액의 가산방법)**

  영 제18조의2에 따라 생산지원 물품 및 용역의 가격(인하차액을 포함한다)을 배분할 때에는 다음 각 호의 방법에 따른다.

  1. 납세의무자는 영 제18조의2제2항에 따라 생산지원의 가격 전액을 최초로 수입되는 물품의 가격에 가산하는 때에는 법 제27조에 따라 최초로 수입되는 물품의 가격신고를 하는 때에 일시에 납부하고자 하는 생산지원의 가격 전액에 대한 산출기준 및 상세 계산내역을 세관장에게 제출하여야 한다.

  2. 생산지원 용역이 생산지원 용역에 의해 생산된 수입물품과 국내생산물품에 함께 관련된 때에는 생산지원 용역의 가격에 생산지원 용역에 의해 생산된 전체 물품의 가격 중에서 해당 수입물품의 가격이 차지하는 비율을 곱하여 산출한 금액(이하 "조정액"이라 한다)을 해당 수입물품의 가격에 가산한다.

  3. 생산지원 용역이 생산지원 용역에 의해 생산된 수입물품과 국내생산물품에

함께 관련되고 또한 해당 수입물품이 여러 종류의 물품에 함께 관련되어 분할 수입되는 때에는 생산지원 용역의 가격을 해당 수입물품별로 가격에 따라 조정액을 안분하여 가산하며, 그 안분방법은 먼저 가산율을 산출하고 그 가산율을 해당 수입물품별 가격에 곱한다.

4. 제3호의 가산율 산정은 생산지원 용역에 의해 생산된 수입물품의 총가격에서 조정액이 차지하는 구성비로 계산한다.
5. 조정액 산출시에 적용하는 물품가격은 수입물품에 대하여는 실제지급가격으로 하고 국내생산물품에 대하여는 부가가치세가 포함되지 아니한 가격으로 한다.

- **제21조(권리사용료)**

① 영 제19조제2항에 따라 권리사용료의 가산여부를 판단하는 경우 권리사용료가 지급되는 장소 또는 권리허락자의 소재지는 고려하지 않는다.

② 규칙 제4조의2제6호의 그 밖에 실질적으로 권리사용료에 해당하는 지급의무가 있고, 거래조건으로 지급된다고 인정할 만한 거래사실은 다음 각 호의 어느 하나를 포함한다.

1. 수입물품의 판매자와 권리사용료를 지급받는 자 또는 권리권자가 영 제23조제1항의 특수관계에 해당하는 경우
2. 특허권 등의 권리권자가 수입물품의 판매자를 선정 또는 지정하는 등 구매자에게 수입물품의 구매에 대한 실질적인 선택권이 없다고 인정되는 경우
3. 구매자가 특허권 등(상표권은 제외한다)의 권리권자로부터 수입물품과 관련된 특허권 등에 대한 전용실시권을 허락받아 판매자에게 그 특허권 등에 대한 통상실시권을 허락하고 구매자가 해당 권리권자에게 해당 특허권 등에 대한 권리사용료를 지급하는 경우

③ 권리사용료를 실제지급금액에 가산하는 경우 다음 각 호의 요건을 모두 충족하는 경우에 한하여 제20조의 가산방법을 준용할 수 있다.

1. 수입신고 1건당 가산할 권리사용료에 해당하는 세액이 5만원 미만이거나 납세의무자가 AEO승인(수입분야)업체인 경우
2. 납세의무자가 권리사용료 산출을 사유로 제6조에 따라 잠정가격신고를 하고 제8조에 따라 확정가격신고를 하는 경우

3. 납세의무자가 권리사용료에 대한 관세를 일시에 납부하고자 별지 18호서식의 확정가격일괄가산신청서를 전자문서로 제출하는 경우

- **제22조(권리사용료 산출방법)**

① 영 제19조제6항의 "계산식"이란 다음 각 호를 말한다.

1. 수입물품이 완제품(수입후 경미한 조립, 혼합, 희석, 분류, 가공 또는 재포장 등의 작업이 이루어지는 경우를 포함한다)인 경우에는 이와 관련하여 총지급 권리사용료 전액을 가산한다.

2. 수입물품이 국내에서 생산될 물품의 부분품, 원재료, 구성요소 등(이하 "수입부분품 등"이라 한다)이라도 해당 권리가 수입물품에만 관련되는 경우에는 이와 관련하여 총지급 권리사용료 전액을 가산한다. 다만, 총지급 권리사용료가 수입부분품 등 뿐만 아니라 국내에서 생산될 완제품 전체와 관련된 경우에는 총지급 권리사용료에 완제품의 가격(제조원가에서 세금 및 권리사용료를 제외한 금액을 말한다) 중 수입부분품 등의 가격이 차지하는 비율을 곱하여 산출된 권리사용료 금액을 가산한다.

3. 수입물품이 방법에 관한 특허를 실시하기에 적합하게 고안된 설비, 기계 및 장치(그 주요특성을 갖춘 부분품 등을 포함한다)인 경우에는 이와 관련하여 총지급 권리사용료 전액을 가산한다. 다만, 총지급 권리사용료는 특정한 완제품을 생산하는 전체방법이나 제조공정에 관한 대가이고, 수입하는 물품은 그 중 일부공정을 실시하기 위한 설비 등인 경우에는 총지급 권리사용료에 권리사용료와 관련이 있는 전체 설비 등의 가격 중 권리사용료와 관련이 있는 수입설비 등의 가격이 차지하는 비율을 곱하여 산출된 금액을 가산한다.

4. 권리사용료의 지급원인이 되는 물품이 장기간 반복하여 수입되는 경우에는 권리사용료의 안분을 위한 조정액과 가산율은 다음 각 목이 정하는 바에 따라 산출한다.

   가. 수입물품이 제2호 단서에 해당하는 물품인 경우

   - 조정액 = 총지급 권리사용료 × $\dfrac{\text{수입부분품 등의 가격}}{\text{완제품가격(세금 및 권리사용료 제외)}}$

   - 가산율 = $\dfrac{\text{조정액}}{\text{수입부분품 등의 가격}}$

나. 수입물품이 제3호 단서에 해당하는 물품인 경우

- 조정액 = 총지급 권리사용료 × $\dfrac{\text{수입설비 등의 가격}}{\text{전체 설비 등의 가격}}$

- 가산율 = $\dfrac{\text{조정액}}{\text{수입설비 등의 가격}}$

② 제1항에 따라 총지급 권리사용료를 계산하려는 경우에는 다음 각 호에 따른다.

1. 제1항의 총지급 권리사용료는 구매자가 지급하는 권리사용료에 수입물품과 관련이 없는 그 밖의 사업 등에 대한 활동 대가가 포함되어 있을 때에는 그 대가를 뺀 금액을 말한다. 이 경우 해당 금액은 납세의무자가 제출한 일반적으로 인정된 회계원칙에 따라 작성된 자료 등 객관적이고 수량화할 수 있는 자료에 근거하여 적절하게 조정하여 계산할 수 있다.

2. 권리사용 계약에 따라 지급하여야 할 권리사용료에 대한 원천징수세액을 포함한다.

3. 권리사용료가 수입물품을 사용하여 생산된 제품의 생산량 또는 판매량에 따라 장기간에 걸쳐 지급되는 경우에는 해당 수입물품의 사용연수, 생산능력 및 생산되는 제품의 수요 상황 등을 고려하여 객관적이고 수량화할 수 있는 자료를 근거로 합리적으로 산출할 수 있다.

③ 제1항에 따라 권리사용료를 계산할 때 수입물품의 가격은 다음 각 호에 따른다.

1. 수입물품의 가격은 가산하려는 권리사용료를 제외하고 법 제30조제1항 각 호의 금액을 더한 거래가격을 말한다.

2. 제1항제4호가목의 수입부분품 등의 가격은 일반적으로 인정된 회계원칙에 따라 작성된 회계보고서 등에 따라 일정기간 동안 완제품의 가격에 포함된 수입원재료의 가격을 말한다.

④ 제1항에 따라 권리사용료를 계산할 때 제1항제2호 및 제4호가목에 따른 완제품의 가격은 다음 각 호에 따른다.

1. 완제품가격에서 제조원가는 직접재료비(수입원재료와 국내원재료를 포함한다)에 직접노무비 및 제조간접비를 더한 금액으로 판매비와 관리비, 이윤 등은 포함되지 않는다.

2. 완제품가격에서 제외되는 세금에는 관세, 부가가치세 등을 포함한다. 다만, 완제품의 제조원가에 세금이 포함되어 있는 경우에만 해당한다.
3. 제1항제4호가목에 따른 조정액을 계산할 때 완제품가격에서 제외되는 권리사용료는 일반적으로 인정된 회계원칙에 따라 제조원가에 반영된 권리사용료를 말한다.

- **제23조**(사후귀속이익)

법 제30조제1항제5호에 따른 해당 수입물품을 수입한 후 전매·처분 또는 사용하여 생긴 수익금액은 해당 수입물품과의 거래조건 해당 여부와 관계없이 과세가격에 가산한다.

- **제24조**(운임 및 운송관련비용)

① 법 제30조제1항제6호, 법 제30조제2항제2호, 법 제33조제1항제3호 및 법 제34조제1항제3호에서 "수입항"이란 해당 수입물품이 외국에서 우리나라에 도착한 운송수단으로부터 양륙(일시 양륙은 제외한다)이 이루어지는 항구 또는 공항을 말한다.

② 영 제20조제5항에서 "수입항에 도착하여 본선하역준비가 완료될 때"란 수입물품의 양륙을 할 수 있는 상태가 된 때를 말한다. 이 경우 항해용선계약에서는 「상법」 제838조제1항에 따른 통지를 발송한 때를 말한다.

③ 법 제30조제1항제6호에 따른 금액은 해당 수입물품을 수입항까지 운송하기 위하여 발생한 비용으로서, 다음 각 호의 금액을 말한다.
  1. 수입물품을 운송계약에 따라 운송하는 때에는 해당 운송계약에 의하여 해당 운송의 대가로서 운송인 또는 운송주선인 등에게 실제로 지급되는 금액
  2. 수입물품을 용선계약에 따라 운송하는 때에는 해당 용선계약에 의하여 실제로 지급되는 모든 금액(공선회조료를 포함한다)

④ 제3항에 따른 금액은 다음 각 호의 어느 하나에 따른 방법으로 결정한다.
  1. 수입물품을 운송하기 위한 선적자재비(資材費) 및 선박개장비(改裝費)를 지급한 경우에는 동 비용을 포함한다.

2. 수입물품의 운임에 수입항에서의 하역비가 포함되어 있고 그 금액이 구분 표시되어 있는 경우에는 동 하역비는 과세가격에 포함하지 아니한다.

3. 구매자(수입자 포함)가 부담하는 선적항에서의 체선료는 과세가격에 포함하며, 선적항에서의 조출료를 공제받은 경우에는 이를 과세가격에 포함하지 아니한다. 다만, 조출료는 수입통관시에 그 금액을 확인할 수 있는 경우에 한하되, 잠정가격신고의 경우 확정가격 신고일까지 그 금액을 확인할 수 있는 서류제출에 의하여 과세가격에 포함하지 아니한다.

4. 항해용선계약에서 수입물품의 운임과 구분되는 수입항에서의 체선료는 과세가격에 포함하지 아니하고 수입항에서의 조출료는 과세가격에서 공제하지 아니한다.

5. 컨테이너에 의한 문전배달형태(Door to Door)의 운송계약의 경우에 그 운송료가 구분되는 때에는 수입항 도착 이후의 운송료는 과세가격에 포함하지 아니한다.

6. 컨테이너 임차료가 운임과 별도로 지급되는 경우에는 컨테이너의 임차에 소요되는 비용은 과세가격에 포함한다.

7. 수입항에서의 도선료, 예선료, 강취료가 수입물품의 운임과 구분되는 경우에는 이를 과세가격에 포함하지 아니한다.

8. 규칙 제4조의3제1항제4호의 탁송품 과세운임표에 따른 운임은 별표 제1호와 같다. 이 경우 규칙 제4조의3제1항제4호에서 "운임을 알 수 없는 경우"란 수입신고를 할 때 운임명세서 또는 이에 갈음할 수 있는 서류에서 수입항까지의 운임을 구분할 수 없는 경우를 말한다.

⑤ 제3항에 따른 운임 등은 실제지급가격에 포함되어 있지 않은 범위 내에서 해당 실제지급가격에 가산한다. 이 경우 해당 운임 등이 실제지급가격에 포함되어 있는지 여부에 대한 판단은 다음 각 호에 따른다.

1. 수출판매 계약에 따라 수입항까지의 운임 등을 판매자가 지급하기로 한 경우에는 실제지급가격에 포함되어 있는 것으로 취급하여, 실제로 지급되는 운임 등을 고려하지 않는다. 다만, 구매자가 실제지급가격과 별도로 지급하는 수입항까지의 운임 등은 실제지급가격에 가산한다.

2. 수출판매 계약에 따라 수입항까지의 운임 등을 구매자가 지급하기로 한 경우에는 실제지급가격에 포함되어 있지 않은 것으로 취급하여, 해당 수입항까지의 운임 등을 실제지급가격에 가산한다.

3. 수출판매 계약에 따라 선박으로 운송하기로 한 수입물품이 항공으로 운송된 경우(규칙 제4조의3제2항의 적용을 받는 경우는 제외한다)에는 다음 각 목에 따른다.

　가. 해당 계약에 따라 판매자가 수입항까지의 운임 등을 지급하기로 한 경우: 해당 운송방법의 변경에 따른 비용을 구매자가 지급하는 때에는 실제지급가격에 가산하며, 판매자가 지급하는 때에는 실제지급가격에 포함된 것으로 취급한다.

　나. 해당 계약에 따라 구매자가 수입항까지의 운임 등을 지급하기로 한 경우: 해당 운송방법의 변경에 따른 비용은 실제지급가격에 가산한다.

　다. 나목에도 불구하고 해당 운송방법의 변경에 따른 비용을 당초 계약의 약정에 따라 판매자가 지급한 사실이 객관적인 자료로 확인되는 경우에는 실제지급가격에 포함되어 있는 것으로 취급한다.

- **제25조(통상운임)**

① 영 제20조제4항의 "선박회사등이 통상적으로 적용하는 운임"(이하 "통상운임"이라 한다)이란 해당 물품의 종류, 수량 및 운송조건(운송수단의 종류와 운송경로 등을 말한다)을 고려하여 통상 필요하다고 인정되는 수입항까지의 운송을 위한 운임 등을 말한다.

② 제24조제3항에 따른 운임 등이 무료인 경우에는 제1항에 따른 통상운임을 적용한다.

- **제26조(보험료)**

① 보험료는 수입물품에 대하여 실제로 보험에 가입된 경우에만 실제지급가격에 가산한다.

② 보험료는 영 제20조제1항에 따라 해당 사업자가 발급한 보험료명세서 또는 이에 갈음할 수 있는 서류에 근거하여 계산한다. 다만, 포괄예정보험에 따른 경우에는 다음 각 호의 어느 하나의 방법으로 계산한다.

　1. 수입신고시에 보험사업자가 발행한 보험료명세서를 제출하는 경우에는 이를 보험료로 계산한다.

2. 보험료명세서로 보험료를 계산할 수 없는 경우에는 보험사업자가 발급한 보험예정서류에 근거해 잠정계산하고 보험료가 확정되면 즉시 실제지급한 보험료명세서에 따라 확정 신고한다.
3. 제1호 및 제2호에도 불구하고 수입자는 포괄예정보험이 적용되는 최초 수입물품의 수입신고시에 포괄예정보험료 전액을 가산하여 잠정신고할 수 있으며, 보험료가 확정된 경우에는 최초 수입물품에 가산하여 확정 신고할 수 있다.

제4장 거래가격 배제

- **제27조(조건 또는 사정)**

수입물품의 생산 또는 마케팅과 관련한 조건 또는 사정은 법 제30조제3항제2호의 거래가격을 과세가격으로 하지 아니하게 하는 조건 또는 사정으로 보지 않는다.

- **제28조(판매 주변상황 검토에 의한 특수관계 영향 판단)**

① 세관장은 특수관계가 해당 물품의 가격에 영향을 미쳤는지 여부를 판단하기 위해 구매자와 판매자가 그들의 상업적 관계를 조직하는 방법과 해당 가격이 결정된 방법 등 거래와 관련된 여러 사실관계를 종합적으로 검토하여야 한다.

② 다음 각 호의 어느 하나에 해당하는 경우에는 영 제23조제2항제1호의 "통상적으로 이루어지는 가격결정방법" 또는 제2호의 "당해 산업부문의 정상적인 가격결정 관행에 부합하는 방법"으로 볼 수 있다. 다만, 제1호부터 제3호까지 및 제7호를 적용하는 경우로서 가격차이가 있을 때에는 해당 호 단서의 "조정"이 가능한 경우에 한정한다.

1. 판매자가 국내의 특수관계가 없는 구매자에게 동등한 가격 수준으로 판매하는 경우. 다만, 거래수량, 거래단계 등이 상이한 경우에는 이를 조정하여야 한다.

2. 판매자가 수출국 또는 제3국의 특수관계가 없는 구매자에게 동등한 가격 수준으로 판매하는 경우. 다만, 거래수량, 거래단계, 국가별 시장의 발전수준 및 판매자의 글로벌 마케팅 전략 등이 상이한 경우에는 이를 조정하여야 한다.
3. 구매자가 동종동질 또는 유사물품을 특수관계가 없는 다른 판매자로부터 동등한 가격 수준으로 구매하는 경우. 다만, 거래수량, 거래단계 등이 상이한 경우에는 이를 조정하여야 한다.
4. 판매된 물품의 가격이 신문, 잡지 등에 공표된 가격으로서 다른 특수관계가 없는 구매자도 동등한 가격 수준으로 구입할 수 있음이 증명되는 경우
5. 해당물품의 가격이 그 물품의 생산 및 판매에 관한 모든 비용과 대표적인 기간동안에 동종 또는 동류의 물품 판매에서 실현된 기업의 전반적인 이윤을 충분하게 포함하고 있는 경우
6. 판매자가 특수관계가 없는 제조자 등으로부터 구입한 물품을 구매자에게 판매하는 경우에 해당물품의 가격이 제조자 등으로부터의 구입가격에 더하여 판매자의 판매와 관련된 통상의 이윤 및 일반경비를 충분하게 포함하고 있는 경우
7. 판매자가 구매자에 대한 판매에서 실현한 매출총이익률과 특수관계가 없는 구매자에 대한 판매에서 실현한 매출총이익률이 동등한 수준인 경우. 다만, 거래수량, 거래단계, 국가별 시장의 발전수준 및 판매자의 글로벌 마케팅 전략 등이 상이한 경우에는 이를 조정하여야 한다.
8. 구매자가 특수관계자로부터 구매한 물품과 특수관계가 없는 자로부터 구매한 동종동질 또는 유사물품을 국내 판매할 때 실현한 매출총이익률이 동등한 수준인 경우. 다만, 동등한 수준의 거래조건과 시장조건에서 실현된 것을 전제로 하며, 구매자의 총이익률은 해당 산업의 총이익률과 동등한 수준이어야 한다.
9. 구매자가 해당 수입물품 또는 이를 대체할 수 있는 물품을 특수관계가 없는 자로부터 자유롭게 구매하며, 구매자가 판매자를 선택하는 주요 요인이 가격에 의한 것임이 제출 자료 및 실제 거래내역에 의해 확인되는 경우
10. 판매자가 가격을 결정하기 위한 특정 공식을 사용하며, 특수관계가 있는 구매자와 특수관계가 없는 구매자에게 물품을 판매할 때 해당 공식을 동일하게 적용하는 경우

- **제29조**(비교가격에 의한 특수관계 영향 판단)

① 수입자가 수입물품의 거래가격이 영 제23조제2항제3호 각 목의 가격(이하 "비교가격"이라 한다.)에 근접함을 증명하는 경우에는 제28조에 따른 검토 없이 거래가격을 수용한다.

② 비교가격은 법 제38조제2항의 심사, 법 제110조제2항제2호의 관세조사 등을 통하여 세관장이 과세가격으로 인정한 사실이 있는 가격이어야 하며, 영 제23조제2항제3호나목의 가격을 적용할 때에 해당 수입물품에 기초한 과세가격은 비교가격으로 사용할 수 없다.

③ 제1항에 따라 수입물품의 거래가격이 비교가격에 근접한지 여부를 결정하는 경우에는 물품의 특성, 산업의 특징, 물품이 수입되는 계절 및 가격차이의 상업적 중요성 등을 고려하여야 한다.

제5장 거래가격 배제에 따른 과세가격 결정

- **제30조**(제2방법 및 제3방법 적용요건 등)

영 제25조제4항에 따른 가격차이의 조정은 가격이 증가 또는 감소되는지 여부와 상관없이 조정의 합리성과 정확성을 보장할 수 있는 입증 자료에 근거하여야 한다.

- **제31조**(제4방법을 적용할 수 없는 수입물품)

제4방법으로 과세가격을 결정할 수 없는 경우에는 다음 각 호의 어느 하나에 해당하는 경우를 포함한다.

1. 법 제33조제2항의 경우
2. 영 제27조제3항 단서에 따른 수입신고일부터 90일 이내 판매되는 가격을 확인할 수 없는 경우
3. 제34조에 따른 방법으로 비교대상업체가 2개 이상 선정되지 않는 경우

4. 제36조에 따라 영 제27조제5항제1호의 "납세의무자가 제출한 회계보고서를 근거로 계산한 이윤 및 일반경비의 비율"(이하 "납세의무자 비율"이라 한다)을 계산할 수 없는 경우

- **제32조**(법제33조에 따른 금액 산정 시 고려사항)

① 관세법 제33조제1항제1호의 금액을 산정하는 경우에는 일반적으로 인정된 회계원칙에 따라 매출액에서 차감되는 금액(매출에누리, 매출할인 등)을 공제하고, 매출환입된 판매수량은 단위가격을 산정할 때 판매되지 않은 것으로 본다. 다만, 차감되는 금액 중 판매비와 관리비 성격의 금액이 포함되어 있는 경우에는 그 금액을 제외하고 공제한다.

② 법 제33조제1항제4호에 따른 "조세와 그 밖의 공과금"은 세관장이 제4방법을 적용하여 산출한 과세가격을 기초로 계산한 금액을 의미한다.

③ 제4방법으로 과세가격을 결정하는 물품이 장기간 반복하여 수입되고 납세의무자의 요청이 있는 경우 세관장은 매 신고건별로 법 제33조제1항제2호부터 제4호까지 및 법 제33조제3항 각 호의 금액(이하 "공제금액"이라 한다)을 계산하는 대신에 영 제30조에 따라 일정기간 동안의 국내판매가격에 대한 공제금액의 비율(이하 "공제율"이라 한다)을 산정하여 적용할 수 있다.

④ 제3항에 따른 공제율 산정의 신청 및 산정방법은 규칙 제7조의9에서 정하는 바에 따른다.

- **제33조**(산출대상 품목군 등의 결정)

① 세관장이 영 제27조제6항에 따른 동종·동류비율을 산출할 때에는 다음 각 호의 사항을 고려하여 연도별로 결정한 납세의무자의 제4방법 적용대상 수입물품(이하 "산출대상 품목군"이라 한다)별로 산출하여야 한다.

1. 해당 수입물품의 관세·통계통합품목분류표 품목번호(이하 "품목번호"라 한다)
2. 해당 수입물품 및 관련 산업의 특성
3. 납세의무자의 취급품목, 국내판매형태, 사업부문 및 회계자료의 구분 여부 등 사업의 내용

② 세관장은 다음 각 호의 사항을 고려하여 산출대상 품목군과 동종·동류 물품의 품목번호의 범위(이하 "동종·동류 품목번호"라 한다)를 연도별로 결정하여야 한다.

1. 산출대상 품목군의 10단위부터 2단위까지의 품목번호 중 대표성이 있는 품목번호. 다만, 품목이 다양한 경우 여러 품목번호 단위로 결정할 수 있다.
2. 산출대상 품목군의 전체 수입액에서 차지하는 수입비중이 80% 이상인 품목번호. 다만, 제34조에 따라 비교대상업체를 선정할 때 다른 산업부문의 업체가 선정될 우려가 있는 품목번호 등은 제외할 수 있다.

- **제34조**(비교대상업체의 선정)

① 세관장은 제33조제1항에 따른 산출대상 품목군별로 다음 각 호의 요건을 모두 충족하는 업체들을 비교대상업체 후보군으로 선정한다. 이 경우 산업의 특성과 연도별 수입실적을 고려하여 비교대상업체 후보군의 규모를 조정할 수 있다.

1. 납세의무자와 동일한 연도에 동종·동류 품목번호에 해당하는 물품을 수입한 실적이 있는 업체
2. 수입시점과 동시 또는 유사한 시점에 다음 각 목의 어느 하나에 해당하는 업종에 속하는 업체
   가. 「부가가치세법」, 「법인세법」 및 「소득세법」에 따른 사업자등록 정보로서 납세의무자의 업종
   나. 가목의 업종, 주요 경쟁업체의 업종, 동종·동류 품목번호에 해당하는 물품을 주로 취급하는 업종 등을 고려하여 선정한 「부가가치세법」, 「법인세법」 및 「소득세법」에 따른 사업자등록 정보의 업종

② 세관장은 제1항에 따라 선정된 비교대상업체 후보군 중 다음 각 호의 요건을 모두 충족하는 업체를 비교대상업체로 선정한다.

1. 동종·동류 품목번호에 해당하는 물품에 대한 연도별 수입금액이 납세의무자의 해당 수입금액의 100분의 50 이상이고 100분의 150 이하인 업체

동종·동류 품목번호에 해당하는 물품에 대한 납세의무자의 연도별 수입금액 ×50%		동종·동류 품목번호에 해당하는 물품에 대한 연도별 수입금액		동종·동류 품목번호에 해당하는 물품에 대한 납세의무자의 연도별 수입금액 ×150%
	≤		≤	

2. 「주식회사 등의 외부감사에 관한 법률」에서 정하는 외부감사대상법인으로서 산출대상 연도의 외부감사 의견이 "적정"인 업체. 다만, 그 밖에 외부감사 결과가 적정함을 확인할 수 있는 객관적인 자료가 있는 업체는 비교대상업체에 포함할 수 있다.
3. 산출대상 품목군과 동종·동류 물품의 국내판매형태(상품 판매, 제조가공 후 판매)가 동일하거나 유사한 업체. 다만, 손익계산서에 판매형태별로 매출액 및 매출원가가 구분되어 있는 경우에는 여러 판매형태를 병행하고 있는 업체도 비교대상업체로 선정할 수 있다.
4. 제3호에 따른 국내판매형태에 대한 매출액이 매출원가보다 많은 업체

③ 제2항에 따라 선정된 비교대상업체 중 다음 각 호의 어느 하나에 해당하는 업체를 제외한다.

1. 매출원가 대비 동종·동류 품목번호에 해당하는 물품을 수입한 금액의 비율이 다음 각 목의 구분에 해당하는 업체

   가. 산출대상 품목군의 국내판매형태가 상품 판매인 경우: 상품 매출원가 대비 동종·동류 품목번호에 해당하는 물품을 수입한 금액의 비율이 100의 30 미만

   나. 산출대상 품목군의 국내판매형태가 제조가공 후 판매인 경우: 제품 매출원가 대비 동종·동류 품목번호에 해당하는 물품을 수입한 금액의 비율이 100의 10 미만

2. 제2항에 따라 선정된 각 비교대상업체의 매출총이익률이 비교대상업체 전체의 매출액 합계액에서 매출총이익 합계액이 차지하는 비율의 100분의 50 미만이거나 100분의 150 초과인 업체
3. 동종·동류 품목번호에 해당하는 수입물품의 거래가격이 영 제23조제1항의 특수관계로부터 영향을 받았다고 세관장이 인정한 업체

- **제35조**(동종·동류비율의 산출 및 통보 등)

① 영 제27조제6항에 따른 동종·동류비율은 세관장이 제34조에 따라 선정한 비교대상업체들의 매출액 총합계액에서 매출총이익 총합계액이 차지하는 비율을 기초로 산출한다.

② 세관장은 필요하다고 인정되는 경우에는 납세의무자, 관련 업계 또는 단체 등에게 제34조에 따른 비교대상업체 선정 및 이 조에 따른 동종·동류비율 산출을 위해 필요한 자료를 요청할 수 있다.

③ 세관장은 제33조, 제34조 및 제36조의 규정을 적용함에 있어 납세의무자에게 다음 각 호의 사항에 대해 의견을 제시할 기회를 주어야 한다.
 1. 제33조에 따른 산출대상 품목군 및 동종·동류 품목번호
 2. 제34조제1항제2호에 따른 업종
 3. 제34조제2항제3호에 따른 국내판매형태
 4. 제36조에 따른 납세의무자 비율

④ 세관장은 제1항에 따라 동종·동류비율을 산출한 후 다음 각 호의 사항을 별지 제1호서식의 이윤 및 일반경비율 산출내역서에 작성하여 납세의무자와 관세평가 분류원장에게 통보하여야 한다.
 1. 제1항에 따른 동종·동류비율
 2. 제36조에 따른 납세의무자 비율

- **제36조(납세의무자 비율 산출)**

① 납세의무자 비율은 제33조제1항에 따라 결정된 산출대상 품목군과 동종·동류의 물품에 대해 구분 계산한 납세의무자의 매출액, 매출원가를 기초로 다음 산식에 따라 계산한다.

$$\text{납세의무자 비율} = \frac{\text{산출대상 품목군과 동종·동류의 물품 매출액의 합} - \text{산출대상 품목군과 동종·동류의 물품 매출원가의 합}}{\text{산출대상 품목군과 동종·동류의 물품 매출액의 합}}$$

② 세관장은 제4방법으로 과세가격을 결정하려는 수입물품의 수입신고일이 속하는 회계연도의 회계보고서가 작성되지 않은 경우에는 직전 회계연도에 해당 수입물품을 수입하였다면 직전 회계연도의 회계보고서를 기초로 납세의무자 비율을 계산할 수 있다.

- **제37조**(동종·동류비율에 대한 이의제기)

① 영 제27조제8항에 따라 동종·동류비율에 대해 이의를 제기하려는 납세의무자는 이의제기방법 등 세부적인 내용에 대하여 관세평가분류원장에게 사전상담을 신청할 수 있다.

② 영 제27조제8항에 따라 동종·동류비율에 대해 이의를 제기하려는 납세의무자는 별지 제2호서식의 동종·동류비율 이의제기서(이하 "이의제기서"라 한다)에 다음 각 호의 자료를 첨부하여 이를 제35조제4항에 따라 동종·동류비율을 통보한 세관장을 거쳐 관세평가분류원장에게 제출하여야 한다.

1. 제33조에 따른 산출대상 품목군, 동종·동류 품목번호 또는 제34조제1항제2호에 따른 업종 등 세관장이 산출한 동종·동류비율이 불합리하다고 판단하는 사유와 그 근거자료

2. 납세의무자가 재산출한 납세의무자 비율 및 이를 확인할 수 있는 회계 자료 (제36조에 따라 세관장이 산출한 납세의무자 비율이 불합리하다고 판단하는 경우에 한정한다)

③ 이의제기서를 접수한 세관장은 접수일로부터 7일 이내에 법 제33조에 따라 과세가격을 결정하는 사유 및 이의제기에 대한 세관장 의견서를 첨부하여 이의제기서를 관세평가분류원장에게 이관해야 한다.

④ 관세평가분류원장은 제2항에 따라 제출된 서류가 동종·동류비율의 재검토를 위하여 충분하지 않은 경우에는 15일 이내의 기간을 정하여 보완자료의 제출을 요구할 수 있으며, 이의제기한 납세의무자가 기간 내에 자료를 보완하지 아니하는 경우에는 이의제기를 반려할 수 있다.

⑤ 관세평가분류원장은 이의제기 내용 및 제3항에 따른 세관장 의견서에 대한 검토를 마치고 그 결과를 세관장 및 이의제기한 납세의무자에게 통보하여야 한다. 이 경우 관세평가분류원장은 제33조에 따른 산출대상 품목군과 동종·동류 품목번호의 범위 및 제34조에 따른 비교대상업체의 선정 등이 곤란한 경우 등 부득이한 경우를 제외하고 이의제기서를 접수한 날로부터 30일(자료 보완기간 제외) 이내에 통보하여야 한다.

⑥ 세관장은 이의제기를 반영하여 산출된 동종·동류비율을 적용한 과세가격이 제35조에 따라 통보한 동종·동류비율을 적용한 과세가격보다 높은 경우에는 제35조에 따라 통보한 동종·동류비율을 적용한다.

- **제38조(제5방법을 적용할 수 없는 수입물품)**

    납세의무자가 영 제28조제1항에 따라 제출하는 자료만으로 법 제34조제1항제1호에 해당하는 금액을 확인할 수 없는 경우에는 제5방법에 따라 과세가격을 결정할 수 없다.

- **제39조(제6방법의 적용)**

① 법 제30조에 따른 제1방법부터 법 제34조에 따른 제5방법까지에 따라 과세가격을 결정할 수 없을 때에는 영 제29조제2항에서 사용을 금지하고 있는 가격에 해당하지 않는 범위 내에서 「1994년도 관세 및 무역에 관한 일반협정 제7조의 이행에 관한 협정」에 부합하는 합리적인 방법과 국내에서 이용 가능한 자료를 근거로 하여 과세가격을 결정한다.

② 영 제29조제1항에 따라 과세가격을 결정할 때에는 법 제30조에 따른 제1방법부터 법 제34조에 따른 제5방법까지를 적용순서에 따라 신축적으로 적용하여야 하며, 이전에 결정된 과세가격이 있는 경우 이를 최대한 활용하여야 한다.

③ 제2항에 따라 제4방법을 신축적으로 적용하는 때에는 다음 각 호의 사항을 거래의 실질 및 관행에 비추어 합리적으로 인정되는 방법에 따라 조정할 수 있다.

1. 규칙 제7조제2항의 경우
2. 규칙 제7조제3항의 경우
3. 제33조에 따른 산출대상 품목군 및 동종·동류 품목번호
4. 제34조제1항제2호에 따른 업종
5. 제34조제2항제1호에 따른 수입금액
6. 제34조제3항제1호에 따른 매출원가 대비 동종·동류 품목번호에 해당하는 물품을 수입한 금액의 비율
7. 제34조제3항제2호에 따른 매출총이익률
8. 제36조에 따른 납세의무자 비율

- **제40조(여행자휴대품 등의 과세가격)**

① 규칙 제7조의3제1항제5호에 따라 최초 등록일(또는 사용일)로부터 수입신고일까지의 사용에 따른 가치감소에 대하여는 별표 제2호를 적용하여 계산한다.

② 규칙 제7조의3제3항에 따른 시가역산율은 다음 각 목의 계산방법에 따른다.

가. 수입물품의 가격이 과세표준으로 되는 물품으로서 국내도매가격에 부가가치세가 포함되어 있는 경우(종가세)

(1) 개별소비세의 기준가격이 없는 경우

(가) 과세가격 = $\dfrac{WP}{1.485+1.1C+1.1S(1+C)(1+E+F)}$

(나) 시가역산율 = $\dfrac{1}{1.485+1.1C+1.1S(1+C)(1+E+F)}$

(2) 개별소비세의 기준가격이 있는 경우

(가) 과세가격 = $\dfrac{WP+1.1S \times SP(1+E+F)}{1.485+1.1C+1.1S(1+C)(1+E+F)}$

(나) 시가역산율 = $\dfrac{WP+1.1S \times SP(1+E+F)}{WP[1.485+1.1C+1.1S(1+C)(1+E+F)]}$

나. 수입물품의 가격이 과세표준으로 되는 물품으로서 국내도매가격에 부가가치세가 포함되어 있지 않은 경우(종가세)

(1) 개별소비세의 기준가격이 없는 경우

(가) 과세가격 = $\dfrac{WP}{1.35+C+S(1+C)(1+E+F)}$

(나) 시가역산율 = $\dfrac{1}{1.35+C+S(1+C)(1+E+F)}$

(2) 개별소비세의 기준가격이 있는 경우

(가) 과세가격 = $\dfrac{WP+ S \times SP(1+E+F)}{1.35+C+S(1+C)(1+E+F)}$

(나) 시가역산율 = $\dfrac{WP+ S \times SP(1+E+F)}{WP[1.35+C+S(1+C)(1+E+F)]}$

다. 수입물품의 수량이 과세표준으로 되는 물품으로서 국내 도매가격에 부가가치세가 포함되어 있는 경우(종량세)

(1) 개별소비세의 기준가격이 없는 경우

(가) 과세가격 = $\dfrac{WP-1.1C'Q\ [1+S(1+E+F)]}{1.485+1.1S(1+E+F)}$

(나) 시가역산율 = $\dfrac{WP-1.1C'Q\ [1+S(1+E+F)]}{WP\ [1.485+1.1S(1+E+F)]}$

(2) 개별소비세의 기준가격이 있는 경우

(가) 과세가격 = $\dfrac{WP-1.1C'Q[1+S(1+E+F)]+ 1.1S.SP(1+E+F)}{1.485+1.1S(1+E+F)}$

(나) 시가역산율 = $\dfrac{WP-1.1C'Q\ [1+S(1+E+F)] + 1.1S.SP(1+E+F)}{WP\ [1.485+1.1S(1+E+F)]}$

라. 수입물품의 수량이 과세표준으로 되는 물품으로서 국내 도매가격에 부가가치세가 포함되어 있지 않은 경우(종량세)

(1) 개별소비세의 기준가격이 없는 경우

(가) 과세가격 = $\dfrac{WP-C'Q\ [1+S(1+E+F)]}{1.35+S(1+E+F)}$

(나) 시가역산율 = $\dfrac{WP-C'Q\ [1+S(1+E+F)]}{WP\ [1.35+S(1+E+F)]}$

(2) 개별소비세의 기준가격이 있는 경우

(가) 과세가격 = $\dfrac{WP-C'Q\ [1+S(1+E+F)] + S.SP(1+E+F)}{1.35+S(1+E+F)}$

(나) 시가역산율 = $\dfrac{WP-C'Q\ [1+S(1+E+F)] + S.SP(1+E+F)}{WP\ [1.35+S(1+E+F)]}$

※ 국매도매가격 : WP
※ 관세종량세(국내도매가격 형성시 실제 적용된 관세종량세) : C'
※ 교육세율 : E
※ 단위수량 : Q
※ 관세율(국내도매가격 형성시 실제 적용된 관세율) : C
※ 개별소비세율, 주세율 : S
※ 농어촌특별세율 : F
※ 개별소비세 기준가격 : SP

③ 제2항에 따라 산출한 시가역산율(수입물품의 가격이 과세표준으로 되는 물품으로 개별소비세의 부과대상으로서 기준가격이 없는 경우 및 농어촌특별세, 교통·에너지·환경세가 부과되지 않는 경우)의 예시는 별표 제3호, 별표 제4호와 같다.

- **제41조(중고물품의 과세가격)**

① 규칙 제7조의5제2항의 가치감소 산정기준은 다음 각 호의 물품별 기준에 따른다.

1. 기초설비품 및 기계류는 「법인세법시행규칙」 상의 업종별 자산의 기준내용연수 및 내용연수범위표상에 기재된 기준내용연수와 감가상각자산의 상각률표 중 정률법에 의한 상각률에 의한다.

2. 승용차(화물자동차 포함) 및 이륜자동차는 별표 제2호의 기준에 의하고, 건설장비류는 별표 제5호의 기준에 의한다.

② 사용으로 인하여 가치가 감소된 물품의 과세가격을 산출할 때에 적용하는 체감잔존율은 1월단위로 적용하되, 1월을 계산할 때에는 15일 이하는 절사하고, 16일 이상은 1월로 본다.

③ 규칙 제7조의5제1항제3호에 따른 수입 승용자동차 및 화물자동차의 사용으로 인한 가치감소분 공제시에는 자동차의 최초 등록일(또는 사용일)부터 수입신고일까지의 경과일수를 적용한다.

- **제42조(가산율 또는 공제율의 결정)**

① 규칙 제7조의9제1항에 따라 가산율 또는 공제율을 적용받으려는 자는 세관장 또는 관세평가분류원장에게 별지 제10호서식의 가산율(공제율) 산정 신청서를 제출하고, 신청을 받은 세관장 또는 관세평가분류원장은 규칙 제7조9제3항에 따라 신청인에게 별지 제11호서식의 가산율(공제율) 결정서를 발급한다.

② 신청인이 제1항의 가산율(공제율) 결정서에 따라 과세가격을 신고한 때에는 이를 확정된 과세가격으로 본다.

③ 규칙 제7조의9제4항은 제20조 및 제22조의 가산율 산정시에도 준용한다.

제6장 과세가격결정방법 사전심사

- **제1절 일반 수입물품**

- **제43조(일반 수입물품 사전심사 신청)**

① 법 제37조제1항제1호 및 제2호에 따라 과세가격결정방법 사전심사(이하 "사전심사"라 한다)를 신청하고자 하는 자(이하 "신청인"이라 한다)는 별지 제16호서식의 사전심사 신청서와 영 제31조제1항제1호부터 제5호까지의 서류를 전자통관시스템을 통해 관세평가분류원장에게 제출하는 것을 원칙으로 한다.

② 신청인은 사전심사를 위하여 관세사를 대리인으로 선임할 수 있다.

③ 영 제31조제6항에 따른 사전심사 신청을 반려할 수 있는 경우에는 법 제37조제3항에 따라 재심사를 신청하여 그 결과를 통보받은 경우를 포함한다.

- **제44조(사전상담)**

제43조제1항에 따라 사전심사를 신청하고자 하는 자는 관세평가분류원장에게 사전심사에 관하여 상담을 신청할 수 있으며, 관세평가분류원장은 상담신청일로부터 15일내에 상담기회를 제공하여야 한다.

- **제45조(전문가 등의 자문)**

① 관세평가분류원장은 제43조제1항에 따라 사전심사를 함에 있어 신청인의 관할지 또는 통관지 세관장, 국세청장 등 유관 정부기관의 의견을 참고할 수 있다.

② 관세평가분류원장은 사전심사와 관련하여 신청인의 동의가 있는 경우 신청인과 중립적 관계에 있는 전문가(관세평가, 법률, 기업회계, 국제조세 등)로부터 자문을 받을 수 있다. 이 경우 자문과 관련하여 소요되는 비용의 전부 또는 일부를 신청인이 부담하게 할 수 있다.

③ 제2항의 전문가는 사전심사 자문과정에서 알게 된 정보는 비밀로 유지하여야 한다.

- **제46조(심사결과 통보)**

① 제43조제1항에 따라 신청을 받은 관세평가분류원장은 이를 심사하여 영 제31조제3항제1호에 따른 기간 이내에 별지 제17호서식의 과세가격결정방법 사전심사 결정서를 신청인에게 교부하고, 이를 통관예정지 세관장에게 통보하여야 한다.

② 제1항에 따른 사전심사 결과에 대하여 재심사를 신청하고자 하는 자는 그 결과를 통보받은 날부터 30일 이내에 별지 제18호서식의 과세가격 결정방법 사전심사 재심사 신청서에 증빙서류를 첨부하여 관세평가분류원장에게 제출하여야 한다. 이 경우 재심사와 관련한 자료 보완, 신청내용 변경 및 업무처리기한에 관한 사항은 영 제31조제2항 및 제9항과 고시 이 조 제1항을 준용하며, 제1항의 "별지 제17호서식의 과세가격결정방법 사전심사 결정서"는 "별지 제19호서식의 과세가격결정방법 사전심사 재심사 결과 통보서""로 대체한다.

- **제47조**(사전심사 변경 등)

① 신청인은 법령이나 거래관계의 변경 등으로 인하여 이미 사전심사를 받은 과세가격결정방법이 변경되어야 하는 경우에는 사전심사 변경을 요청해야 한다.

② 관세평가분류원장은 법령의 개정 또는 사전심사 결정의 기초가 된 사실관계의 변경 등이 확인되는 경우에는 이미 결과 통보한 사전심사 결정내용을 변경·철회·취소할 수 있다.

- **제2절 특수관계자간 수입물품**

- **제48조**(특수관계자간 수입물품 사전심사 신청)

① 법 제30조제3항제4호에 따른 특수관계에 해당하는 자 중 법 제37조제1항제3호에 따른 과세가격 결정방법 사전심사(이하 "특수관계 사전심사"라 한다)를 신청하려는 자는 별지 제22호서식의 사전심사 신청서를 영 제31조제1항 각 호와 규칙 제7조의10제1항 각 호의 서류와 함께 전자통관시스템을 통해 관세평가분류원장에게 제출하는 것을 원칙으로 한다.

② 제1항에도 불구하고 「중소기업기본법」 제2조에 해당하는 중소기업이 법 제37조제1항제3호에 따른 과세가격 결정방법 사전심사(이하 "특수관계 간이 사전심사"라 한다)를 신청하려는 경우에는 별지 제23호서식의 과세가격 결정방법 간이 사전심사 신청서를 영 제31조제1항 각 호와 규칙 제7조의10제1항제4호 및 제8호의 서류와 함께 관세평가분류원장에게 제출해야 한다.

③ 제1항 및 제2항에 따라 신청서를 제출받은 관세평가분류원장은 신청서 기재내용 및 구비서류 누락 여부 등을 확인한 후 별지 제26호서식의 특수관계 사전심사 접수증을 신청인에게 교부한다. 이 경우 신청서 접수일은 접수증 교부일로 본다.

④ 영 제31조제6항에 따른 특수관계 사전심사 및 특수관계 간이 사전심사 또는 각각 해당 사전심사의 재심사 신청의 반려에 관한 사항은 제43조제3항을 준용한다. 다만, 제43조제3항에서 "재심사를 신청하여 그 결과를 통보받은 경우"란 제54조제4항에 따라 별지 제33호서식의 과세가격결정방법 사전심사 재심사 검토의견서(특수관계자용)를 통보받은 경우를 말한다.

⑤ 법 제37조의2에 따라 관세와 국세의 사전조정을 신청하려는 자는 별지 제24호 서식의 관세의 과세가격 결정방법과 국세의 정상가격 산출방법의 사전조정 신청서를 다음 각 호의 서류와 함께 관세평가분류원장에게 제출해야 한다.
  1. 규칙 제7조의10제1항에 따른 과세가격 결정방법 사전심사 신청서류
  2. 「국제조세조정에 관한 법률 시행령」 제26조제1항에 따른 신청서류
⑥ 관세평가분류원장은 영 제31조의3제1항에 따라 사전조정 절차를 시작할 것인지를 결정하여 별지 제25호서식의 관세의 과세가격 결정방법과 국세의 정상가격 산출방법의 사전조정 적정 여부 통지서를 신청자에게 통보하여야 한다.

- **제49조(사전상담)**

① 제48조에 따라 사전심사를 신청하려는 자는 관세평가분류원장에게 사전심사에 관하여 상담을 신청할 수 있으며 이 경우 신청인은 별지 제20호서식의 특수관계 사전심사 사전상담 신청서를 제출해야 한다.
② 제1항에 따른 사전상담 신청서를 제출받은 관세평가분류원장은 사전상담을 효율적으로 수행하기 위하여 제50조제1항부터 제4항까지를 준용하여 특수관계 사전심사 사전상담을 수행할 본부세관장을 지정해야 한다. 이 경우 해당 본부세관장은 상담신청일부터 1개월 이내에 신청인에게 상담기회를 제공해야 하며, 사전상담의 결과를 별지 제21호서식의 특수관계 사전심사 사전상담 일지에 기록·유지해야 한다.
③ 제48조제5항의 사전조정 신청의 경우에는 관세평가분류원장이 상담신청일부터 1개월 이내에 신청인에게 상담기회를 제공해야 한다.

- **제50조(사전심사 검토 요청)**

① 제48조에 따라 사전심사 신청서를 제출받은 관세평가분류원장은 신청인의 본사 소재지를 관할하는 본부세관장에게 특수관계 사전심사 신청서 및 구비서류에 따라 다음 각 호의 사항을 검토하도록 요청해야 한다.

1. 구매자와 판매자 간의 관계가 영 제23조제1항 각 호의 특수관계에 해당하는지 여부
2. 법 제30조제3항에 해당하는지 여부
3. 법 제30조제1항 및 제2항에 따라 과세가격에 가산하거나 공제할 요소
4. 법 제30조부터 제35조까지에 따른 과세가격 결정방법
5. 그 밖에 특수관계 사전심사 대상 수입물품의 과세가격 결정에 필요한 사항

② 제1항에도 불구하고 관세평가분류원장은 특수관계 사전심사 본부세관별 심사 인력 및 업무량 등을 고려하여 필요하다고 인정하는 경우 주통관지 관할 본부세관장에게 특수관계 사전심사 검토를 요청할 수 있다.

③ 제1항 및 제2항에도 불구하고 신청인의 본사 소재지 또는 주통관지가 대구세관과 광주세관 관할구역인 경우에는 부산세관장에게, 인천공항세관과 평택직할세관 관할구역인 경우에는 인천세관장에게 특수관계 사전심사 검토를 요청한다.

④ 관세청장은 제1항부터 제3항까지의 규정에도 불구하고 특수관계 사전심사 업무의 효율적인 처리 등을 위하여 필요하다고 인정되는 경우에는 특수관계 사전심사 검토를 요청할 본부세관장을 변경하여 지정할 수 있다.

⑤ 관세평가분류원장은 제1항부터 제4항까지에 따라 본부세관장에게 사전심사 검토를 요청하는 경우 제1항에 따라 제출받은 신청서와 함께 구비서류를 해당 본부세관장에게 전달해야 한다.

⑥ 제1항부터 제4항까지에 따라 특수관계 사전심사 검토를 요청받은 본부세관장(이하 "본부세관장"이라 한다)은 신청 내용과 함께 각 호의 사항을 검토하여 작성한 별지 제27호서식의 특수관계 사전심사 신청사항 검토표를 전자통관시스템에 등록해야 한다.

1. 특수관계 사전심사 신청대상 여부
2. 특수관계 사전심사 신청대상 물품별 구체적인 정보
3. 신청인이 특수관계 사전심사 받고자 하는 가격결정방법의 구체성
4. 당초 가격결정방식과 특수관계 사전심사 신청한 방식과 비교

- **제51조(사전심사)**

① 본부세관장은 제50조제1항 각 호 및 제6항 각 호에 따라 검토한 결과, 신청내용이 사전심사를 하기에 충분하지 않은 경우 30일 이내의 기간을 정하여 신청인에게 보완을 요청할 수 있다. 다만, 본부세관장은 신청인이 본사의 자료 제공 지연 등 부득이한 사유로 연장을 신청할 경우에는 30일 이내의 보완기간을 정하여 한 번만 연장할 수 있다.

② 본부세관장은 제48조에 따른 사전심사의 신청이 영 제31조제6항 및 고시 제43조제3항, 제48조4항 및 이 조 제8항에 따른 반려할 수 있는 사유에 해당한다고 판단될 경우에는 관세평가분류원장에게 그 사실을 통보하여야 하며, 관세평가분류원장은 본부세관장이 통보한 사실관계 등을 검토하여 반려 사유에 해당될 경우 서면으로 그 사유를 명시하여 사전심사 신청을 반려할 수 있다.

③ 신청인과 본부세관장은 특수관계 사전심사를 시작하는 때에 별지 제28호서식의 청렴협약서에 각각 서명하고 이를 보관한다.

④ 본부세관장은 자료의 정확한 해석 등을 위하여 신청인의 설명이 필요한 경우 신청인(해외 관련기업 포함)에게 보충설명을 요청할 수 있다.

⑤ 본부세관장은 신청인이 제출한 자료만으로는 사실관계 등의 확인이 곤란하여 신청인의 사무실, 공장, 사업장 등의 방문(이하 "현장방문"이라 한다)이 필요하다고 판단되는 경우에는 신청인의 협조를 얻어 5근무일이내에서 현장방문하여 사실관계를 확인할 수 있으며, 다음 각 호의 어느 하나에 해당하는 부득이한 사유가 있는 경우 5근무일 이내에서 그 기간을 연장할 수 있다. 이 경우 현장방문은 신청인의 근무시간에 수행하는 것이 원칙이나 신청인의 동의가 있는 경우에는 근무시간 이외에도 수행할 수 있다.

  1. 이미 확인한 내용과 관련하여 추가 확인이 필요한 경우
  2. 해외 관련기업, 신고인, 운송업자, 국내거래업자 및 그 밖의 관계인 등 신청인과 관련된 제3자에 대한 특수관계 사전심사 및 자료수집을 위하여 필요한 경우
  3. 그 밖에 정확한 특수관계 사전심사를 위하여 확인기간을 연장할 필요가 있다고 인정하는 경우

⑥ 관세평가분류원장은 규칙 제7조의10제1항의 제출서류, 영 제31조제2항에 따라

제출된 보완자료, 이 조 제4항 및 제5항에 따른 설명 또는 확인된 사실에 의하여 심사한 결과 신청인이 적용받고자 하는 과세가격 결정방법으로 인정할 수 없다고 판단되는 경우에는 서면으로 신청인에게 그 사유를 명시하여 수정을 요구할 수 있다.

⑦ 신청인은 제6항에 따라 수정요구를 받은 때에는 수정요구를 받은 날로부터 30일 이내에 서면으로 당초 신청 내용 중 특수관계의 거래가격 영향 여부 및 과세가격결정방법의 수정을 신청할 수 있다.

⑧ 관세평가분류원장은 다음 각 호의 어느 하나에 해당하는 경우에는 진행 중인 사전심사를 중단하고 신청을 반려할 수 있다.

1. 신청인이 정당한 사유없이 제4항 및 제5항에 따른 설명이나 사실관계 확인에 대하여 거부·방해 또는 질문에 불응하는 경우
2. 신청인이 제7항에 따른 기간이내에 수정신청을 하지 않은 경우
3. 제7항에 따라 신청인이 수정신청한 내용이 불합리하여 적용받고자 하는 과세가격 결정방법을 인정할 수 없는 경우
4. 신청인이 제1항에 따른 보완기간내에 신청서류를 보완하지 않은 경우

⑨ 관세평가분류원장은 사전심사 신청에 대한 심사결과 특수관계자간 수입물품에 대하여 과세가격 결정방법을 확정하기 어려운 경우에는 관세청장에게 질의할 수 있다.

⑩ 관세평가분류원장이 제54조제1항에 따라 별지 제29호서식의 과세가격 결정방법 사전심사 검토의견서를 통보하는 경우에는 신청물품의 수입신고 과세가격으로 인정받을 수 있는 가격을 산출하는 방법(계산식을 포함한다)을 결정하여 함께 통보해야 한다.

⑪ 관세평가분류원장은 본부세관장에게 제6항부터 제10항까지에서 정한 사항을 검토하도록 요청할 수 있다.

⑫ 관세평가분류원장은 특수관계 사전심사가 영 제31조제6항, 고시 제43조제3항, 제48조제4항 및 이 조 제8항에 따라 반려되거나 영 제31조제9항, 제54조제4항 및 제5항에 따라 철회된 경우에는 반려 또는 철회 사실을 신청인, 해당 사전심사 건을 검토하였던 본부세관장 및 통관예정지 세관장에게 즉시 통보하여야 한다.

⑬ 본부세관장은 특수관계 사전심사를 신청한 수입물품에 대한 과세가격 결정방법의 적정 여부를 확인하기 위하여 필요한 경우 관련 수입물품의 동종업체 거래정보 및 해외시장정보 등을 수집할 수 있다.

⑭ 본부세관장은 특수관계 사전심사와 관련한 주요업무 처리과정 및 내용을 신청건별로 전자통관시스템에 등록·관리하여야 한다.

⑮ 관세평가분류원장은 특수관계 사전심사 접수 및 진행사항을 별지 제37호서식의 특수관계 사전심사 관리대장으로 누적관리하고 동 내용을 관세청장에게 매월 5일까지 보고한다.

- **제52조(사전심사 검토결과의 처리)**

① 본부세관장은 특수관계 사전심사 검토를 종료하기 전에 특수관계 사전심사 검토 내용을 관세평가분류원장에게 송부하여야 하며, 특수관계 사전심사 검토가 관세평가 관련 법령 및 규정에 따라 적합하게 이루어졌는지를 검토하기 위하여 특수관계 사전심사 실무회의(이하 "실무회의"라 한다)를 개최하여야 한다. 다만, 송부된 검토 내용에 이상이 없다고 관세평가분류원장이 인정할 경우에는 실무회의를 생략할 수 있다.

② 제1항에 따른 실무회의는 다음 제1호에서 제3호까지에 해당하는 공무원으로 구성하며 필요하다고 인정되는 경우 제4호에 해당하는 공무원을 포함하여 구성할 수 있다. 다만, 제4호의 경우 실무회의를 개최하는 본부세관에 해당 공무원이 소속되어 있는 경우에 한정한다.

   1. 해당 특수관계 사전심사 심사팀 소속 심사요원
   2. 관세청 심사국 심사정책과 관세평가담당 공무원 1명
   3. 관세평가분류원 관세평가과 관세평가담당 공무원 1명
   4. 공인회계사 자격을 보유한 세관공무원 1명

③ 본부세관장은 특수관계 사전심사 검토를 종료한 때에는 특수관계 사전심사 검토서를 작성하여 제53조에 따른 특수관계 사전심사 위원회(이하 "위원회"라 한다)에 심의를 요청하여야 한다.

- **제53조(특수관계 사전심사 위원회)**

① 특수관계 사전심사에 관한 사항을 심의하기 위하여 관세평가분류원에 위원회를 둔다.

② 위원회는 위원장 1명을 포함하여 10명 이내의 위원으로 구성하며, 위원장은 관세평가분류원장이 되고 위원은 다음 각 호의 사람이 된다.

   1. 관세청 관세평가담당 사무관 1명
   2. 관세평가분류원 관세평가 담당 과장 1명
   3. 본부세관 심사담당 과장 5명
   4. 제1호부터 3호까지에 따라 위원회를 구성하기 어려운 경우에는 심사경력 등을 고려하여 위원장이 지정하는 사람 2명

③ 위원회에서는 다음 각 호의 사항을 심의한다.

   1. 특수관계 사전심사에 따른 과세가격 결정방법
   2. 법 제37조제6항, 영 제31조제10항에 대한 사항
   3. 그 밖에 특수관계 사전심사와 관련하여 위원장이 위원회의 심의가 필요하다고 판단하는 사항

④ 위원회는 위원장이 소집하며 위원장을 포함하여 재적위원 과반수의 출석과 출석위원 3분의2 이상의 찬성으로 의결한다.

⑤ 위원장은 심의를 요청한 특수관계 사전심사 담당 심사팀장 및 심사요원에게 특수관계 사전심사 검토내용을 설명하게 할 수 있으며, 신청인이 요청하는 경우 심의 안건과 관련하여 이해관계인을 위원회에 참석시켜 의견을 진술하게 할 수 있다.

⑥ 위원회는 상정된 특수관계 사전심사 심의 안건에 대하여 채택하거나 채택하지 않는 취지로 의결을 할 수 있으며, 채택하지 않는 경우에는 수정의견을 제시할 수 있다.

⑦ 심의 안건이 채택되지 않은 경우 본부세관장은 특수관계 사전심사 심의 안건을 수정·보완하여 위원회에 재심의를 요청한다.

⑧ 제6항에 따라 채택하는 취지로 의결한 경우 관세평가분류원장은 고시 제54조의 규정에 따라 특수관계 사전심사 결과를 신청인에게 통지한다. 다만, 관세평가분류원장은 위원회가 채택하는 취지로 의결한 경우에도 심의 안건에 대해 재검토가 필요하다고 판단되는 경우에는 관세청장에게 질의하여 처리할 수 있다.

⑨ 제1항부터 제8항까지에서 정한 사항을 제외하고 위원회의 운영에 관하여 필요한 사항은 관세평가분류원장이 정한다.

- **제54조(사전심사 결과통보)**

① 관세평가분류원장은 제48조에 따른 사전심사신청에 대하여 신청일로부터 영 제31조제3항제2호에 따른 기간 이내에 특수관계가 거래가격에 영향을 미쳤는지 여부, 법 제30조제1항과 제2항에 따른 가산 또는 공제요소 해당여부, 제1방법부터 제6방법까지에 따른 과세가격결정여부 등을 내용으로 하는 별지 제29호서식의 과세가격결정방법 사전심사 검토의견서를 신청인에게 통보하여야 한다.

② 제1항에 따라 검토의견을 통보받은 자는 검토의견서를 통보받은 날로부터 30일 이내에 그 동의여부를 관세평가분류원장에게 서면으로 제출하여야 한다.

③ 제1항의 검토의견서를 통보받았으나 제2항에 따라 그 검토의견에 이의가 있어 부동의 하고자 하는 자는 그 검토의견서를 통보받은 날로부터 30일 이내에 별지 제31호서식의 과세가격결정방법 사전심사 재심사 신청서(특수관계자용)에 증빙서류를 첨부하여 관세평가분류원장에게 재심사를 신청할 수 있다. 이 경우 관세평가분류원장은 제49조에 따른 사전상담을 생략할 수 있고 제50조부터 제53조까지에 따른 사전심사 절차를 따라야 한다. 다만, 본부세관장은 재심사 검토의견이 당초 심사의 검토의견과 동일한 경우에는 제52조에 따른 실무회의를 생략할 수 있다.

④ 재심사와 관련한 자료 보완, 신청내용 변경, 검토의견의 통보에 관한 사항은 영 제31조제2항 및 제9항과 고시 이 조 제1항 및 제2항을 준용하며, 제1항의 "별지 제29호서식의 과세가격결정방법 사전심사 검토의견서(특수관계자용)"는 "별지 제32호서식의 과세가격결정방법 사전심사 재심사 검토의견서(특수관계자용)"로 대체하며, 제5항의 "별지 제30호서식의 과세가격결정방법 사전심사 결정서(특수관계자용)"는 "별지 제33호서식의 과세가격결정방법 사전심사 재심사 결정서(특수관계자용)"로 대체한다. 다만, 그 검토의견에 이의가 있어 부동의로 제

출하였으나 그 검토의견서를 통보받은 날로부터 30일 이내에 재심사 신청을 하지 아니한 때에는 사전심사 신청이 신청인에 의해 철회된 것으로 본다.

⑤ 제1항의 검토의견서를 통보받은 자가 제2항에 따라 기한 내에 동의여부를 통보하지 아니한 때에는 사전심사신청이 신청인에 의해 철회된 것으로 본다. 이 경우 관세평가분류원장은 신청인에 의해 철회된 사실을 해당 사전심사 건을 검토하였던 본부세관장 및 통관예정지 세관장에게 즉시 통보하여야 한다. 다만, 일부 품목에 대하여 부동의로 제출한 경우에는 제3항 및 제4항의 절차에 따른다.

⑥ 신청인이 제2항에 따라 동의로 제출한 경우에는 그 제출을 받은 날부터 15일 이내에 별지 제30호서식의 과세가격결정방법 사전심사 결정서를 신청인에게 교부하고, 이를 해당 사전심사 건을 검토하였던 본부세관장 및 통관예정지 세관장에게 통보한다.

⑦ 제1항의 심사결과가 신청내용과 동일하지 아니하더라도 제2항에 따라 신청인이 심사결과에 동의한 경우에는 신청인이 그 내용을 당초부터 신청한 것으로 본다.

⑧ 관세평가분류원장은 제48조제2항에 따른 특수관계 간이 사전심사를 신청받은 날부터 6개월 이내에 그 결과를 별지 제29호서식의 과세가격결정방법 사전심사 검토의견서에 따라 신청인에게 통보하여야 한다. 다만, 물품과 거래내용의 특성에 따라 심사기간의 연장이 필요한 경우에는 관세청장과 협의하여 심사기간을 영 제31조제3항제2호에 따른 기간의 범위 내에서 연장할 수 있다.

- **제55조**(사전심사 결과 변경 등)

① 관세평가분류원장은 법 제37조제6항 및 영 제31조제10항에 따라 이미 사전심사한 내용을 변경, 철회 또는 취소하려는 경우 제48조 및 제50조부터 제53조까지에 따른 사전심사 절차를 준용하여 처리하여야 한다. 다만, 신청인의 철회요청 또는 특수관계 사전심사 결정물품의 단순 추가, 결정서의 문구 명확화 등 경미한 변경의 경우에는 제52조제1항에 따른 실무회의 및 제53조제1항에 따른 위원회 심의를 생략할 수 있다.

② 제1항을 적용할 때 본부세관장은 영 제31조제10항에 따라 사전심사의 변경, 철회 또는 취소할 수 있는 사유에 해당한다고 판단될 경우 검토의견을 관세평가분류원장에게 통보하여야 한다.

③ 관세평가분류원장은 법 제37조제6항 및 영 제31조제10항에 따라 이미 사전심사한 내용을 변경, 철회 또는 취소한 경우에는 신청인, 해당 사전심사 건을 검토하였던 본부세관장 및 통관예정지 세관장에게 지체 없이 통보하여야 한다.

- **제56조(연례보고서의 제출 등)**

① 법 제37조제5항 및 영 제31조제8항에 따라 보고서를 제출해야 하는 자는 매년 사업연도 말일 이후 6개월 이내에 다음 각 호의 사항이 포함된 별지 제34호서식의 과세가격 결정방법 사전심사 연례보고서를 제51조에 따라 특수관계 사전심사를 검토한 본부세관장에게 제출한다. 이 경우 신청인은 사전심사 결정서를 교부받은 날로부터 해당 사업연도 말일까지의 기간이 6월 미만일 경우 당해 연도 연례보고서를 차년도 연례보고서에 포함하여 제출할 수 있다.

1. 영 제31조제8항제1호부터 제3호까지에 관한 사항
2. 사업연혁, 사업내용, 조직, 출자관계, 재무제표, 수입물품 전체 현황, 수입거래 관련 계약서, 수입물품별 가격산출방법
3. 주요 매입처별 매입원가 및 매출처별 매출원가 등 상품 및 제품 가격 적정성 검토에 필요한 자료
4. 그 밖에 본부세관장이 연례보고서 검토를 위하여 필요하다고 인정하는 사항

② 본부세관장은 본사의 자료 제공 지연 등의 사유로 자료를 제출할 수 없다고 인정되는 경우 연례보고서를 제출하는 자의 요청에 따라 1개월 범위내에서 연장할 수 있다.

③ 제1항에 따라 연례보고서를 제출받은 본부세관장은 그 연례보고서를 제출받은 날부터 6월 이내에 제54조제6항에 따라 교부받은 사전심사 결정서의 내용에 따라 수입물품에 대한 가격신고 등이 적정하게 이행되었는지 여부 등을 검토한 후 그 결과를 관세평가분류원장에게 제출한다. 본부세관장은 연례보고서 검토와 관련하여 필요하다고 인정되는 경우 제51조 규정을 준용하여 처리할 수 있다.

④ 본부세관장은 제3항에 따른 연례보고서 검토 결과 법 제37조제6항 및 영 제31조제10항 각 호의 어느 하나에 해당한다고 판단될 경우 그 검토의견을 관세평가분류원장에게 통보하여야 한다.

⑤ 제4항에 따른 통보를 받은 관세평가분류원장은 이를 검토하여 조치할 수 있으며, 재검토가 필요하다고 판단되는 경우에는 관세청장에게 보고한 후 본부세관장에게 재검토를 요청할 수 있다. 다만, 관세평가분류원장은 본부세관장이 통보한 의견 등을 검토한 결과 법 제37조제6항 및 영 제31조제10항에 따라 이미 사전심사한 내용을 변경, 철회 또는 취소하려는 경우 제53조의 위원회의 심의를 거쳐야 한다.

- **제57조**(특수관계 사전심사 적용기간 연장 신청)

① 영 제31조제7항제4호에 따라 특수관계 사전심사 결과의 적용기간을 연장하고자 하는 자는 별지 제35호서식의 특수관계 사전심사 적용기간 연장 신청서를 규칙 제7조의10제3항 각 호의 서류와 함께 본부세관장에게 제출하여야 한다.

② 제1항에 따라 연장 신청을 제출받은 본부세관장은 연장 신청을 받은 날로부터 20일 이내에 사전심사 결정의 전제가 된 거래내용 및 시장상황의 변동여부와 적용기간 동안의 연례보고 내용의 적정 여부 등을 확인하여 연장 승인 여부에 관한 검토의견을 관세평가분류원장에게 통보하여야 한다.

③ 제2항에 따른 통보를 받은 관세평가분류원장은 통보받은 날로부터 10일 이내에 연장 승인 여부를 결정하여야 한다. 관세평가분류원장은 적용기간의 연장을 승인하는 경우에는 별지 제36호서식의 특수관계 사전심사 적용기간 연장승인서를 신청인, 해당 적용기간 연장을 검토하였던 본부세관장 및 통관예정지 세관장에게 즉시 통보하여야 한다.

④ 관세평가분류원장은 제3항에 따라 적용기간의 연장을 승인하지 않는 경우에는 해당 사실을 신청인, 해당 적용기간 연장을 검토하였던 본부세관장 및 통관예정지 세관장에게 즉시 통보하여야 한다.

- **제58조**(관세조사와의 관계)

① 법 제110조제2항제2호의 관세조사는 사전심사 신청에 의하여 중단되지 아니한다. 다만, 관세조사 대상자로 선정되었더라도 세관장이 관세조사를 통지하기 전에 신청인이 특수관계 사전심사를 신청한 경우 해당 신청 물품의 과세가격에 관한 관세조사의 유예를 요청할 수 있다.

② 제1항 단서의 규정에 따라 관세조사의 유예를 요청받은 세관장은 그 사실을 관세청장에게 보고한 후 그 지시에 따라 동 관세조사를 유예할 수 있다.

③ 관세청장은 특수관계 사전심사로 인해 과세가격 결정방법이 결정된 물품에 대하여 결과를 통보받은 날로부터 3년간 과세가격의 적정성에 한하여 정기 관세조사를 유예할 수 있다.

- **제59조(준용규정)**

제43조제2항 및 제45조의 규정은 특수관계 사전심사에 준용한다.

제7장 관세평가협의회 등

- **제60조(관세평가협의회 구성)**

① 수입물품의 과세가격결정에 관하여 관세평가분류원장이 회의에 부치는 사항을 심의하기 위하여 관세평가분류원에 관세평가협의회(이하 "협의회" 라 한다)를 둔다.

② 협의회는 위원장 1명과 40명 이내의 위원으로 구성하며, 협의회의 위원장은 관세평가분류원장이 되고, 위원은 다음 각 호의 어느 하나에 해당하는 자 중에서 위원장이 정한다.

  1. 관세청과 그 소속기관의 4급부터 6급까지의 공무원 중 15명 이내

  2. 관세사, 대학교수 등 관세평가업무에 관한 지식이 풍부한 자 중 25명 이내

③ 협의회의 회의는 위원장과 위원장이 회의마다 지정하는 제2항제1호에 해당하는 위원 6명과 제2항제2호에 해당하는 위원 6명으로 구성한다.

④ 위원장은 안건의 내용에 따라 위원을 수시로 교체 지명할 수 있다.

⑤ 그 밖에 협의회의 운영에 관하여 필요한 사항은 협의회의 의결을 거쳐 위원장이 정한다.

⑥ 위원장은 협의회 안건 및 심의내용·심의결과 등을 기록·유지·관리하여야 한다.

- **제61조**(협의회 심의사항)

① 위원장은 회의개최 7일전까지 의안 및 의사일정을 위원에게 배포한다. 다만, 시급한 사항에 대하여는 회의개최 전에 배포할 수 있으며, 이 경우 위원들의 동의를 얻어야 한다.

② 협의회에서는 다음 사항을 심의한다.

1. 세관장 또는 관세청 업무부서에서 관세평가와 관련하여 질의 및 의견조회한 사항 중 관세평가분류원장이 협의회에서 심의하여야 할 것으로 판단한 사항
2. 법 제37조 및 영 제288조제2항에 따라 관세평가분류원장에게 과세가격의 사전심사를 신청한 물품 중 관세평가분류원장이 협의회에서 심의하여야 할 것으로 판단한 사항
3. 민원인 또는 외부기관에서 관세평가분류원장에게 질의한 건 중 관세평가분류원장이 협의회에서 심의하여야 할 것으로 판단한 사항
4. 민원인 또는 외부기관에서 관세청장에게 질의한 건 중 관세청장이 이관한 경우로서 관세평가분류원장이 협의회에서 심의하여야 할 것으로 판단한 사항
5. 관세평가 관련 법규의 해석·판단 등을 위해 심의가 필요하다고 판단되는 사항
6. 그 밖에 위원장이 협의회에서 심의하여야 할 사항이라고 판단되는 물품의 과세가격 결정에 관한 사항

- **제62조**(협의회의 운영)

① 협의회는 제61조제2항의 심의 안건에 대하여 결정하고자 하는 경우 제60조제3항에 따라 구성된 위원 과반수의 출석과 출석위원 과반수의 찬성으로 의결한다.

② 위원은 다음 각 호의 어느 하나에 해당하는 경우에는 안건을 심의할 때에 제척된다.

1. 심의안건 당사자(수입자) 또는 신고인(관세사)인 경우
2. 제1호에 규정된 사람의 친족 또는 사용인에 해당하는 경우
3. 제60조제2항제1호에 해당하는 위원이 소속 기관에서 상정한 안건을 심의하는 경우

4. 그 밖에 제1호부터 제3호까지에 준하는 사유에 해당하여 위원장이 공정한 심의를 기대하기 어렵다고 판단하는 경우

③ 위원은 제2항 각 호의 어느 하나에 해당하는 경우에는 위원 선정에서 회피하여야 한다.

④ 심의안건 당사자 또는 신고인은 위원이 제2항 각 호의 어느 하나에 해당하는 등 공정한 심의를 기대하기 어려운 사정이 있다고 인정될 때에는 위원성명, 기피이유를 위원장에게 제출하여 해당 위원의 기피를 신청할 수 있으며, 위원장은 기피 신청이 이유 있다고 인정되는 때에는 위원을 교체하여 지명하여야 한다.

⑤ 협의회의 사무를 처리하기 위하여 관세평가분류원 소관부서 내에 간사 1인을 둔다.

⑥ 관세평가분류원장은 협의회 결정사항에 대하여 관세청장 및 각 세관장에게 보고(통보)하여야 한다.

⑦ 관세평가분류원장과 세관장은 특별한 사유가 없는 한 제1항의 결정사항에 따라야 한다.

⑧ 관세평가분류원장은 다음 각 호에 해당하는 사항에 대하여는 결정 전에 재심의 하거나, 관세청장에게 보고 후 지시에 따라 결정하여야 한다.

1. 종전의 관세청장의 과세가격 결정 사례와 다르게 결정하고자 하는 경우
2. 관세평가 관련 법령 해석의 중요한 선례가 될 수 있는 경우
3. 관세평가정책과 관련하여 파급효과가 크다고 판단되는 경우

- **제63조**(관세평가협의회 수당)

  협의회의 회의에 출석한 공무원이 아닌 위원에 대하여는 예산의 범위 안에서 수당과 여비를 지급할 수 있다.

- **제64조**(관세평가자문단)

① 관세청장은 수입물품의 과세가격결정에 관한 다음 각 호의 사항에 대해 의견수렴이 필요하다고 판단할 경우 전문가(관세사, 법률전문가, 회계사, 학계 등)로 이루어진 관세평가자문단(이하 "자문단"이라 한다)을 구성하여 자문을 받을 수 있다.

1. 관세평가 제도·정책 등의 검토를 위해 자문이 필요하다고 판단되는 사항

2. 관세평가에 대한 다수 이해관계자 관련 사항 또는 사회적 관심사항

3. 그 밖에 관세평가와 관련하여 자문이 필요한 사항이라고 판단되는 사항

② 제1항의 전문가는 자문단 운영과정에서 알게 된 정보에 대해 비밀을 유지하여야 한다. 또한 자문과 관련하여 소요되는 비용에 관하여는 제63조를 준용한다.

- **제65조(재검토 기한)**

관세청장은 「훈령·예규 등의 발령 및 관리에 관한 규정」에 따라 이 고시에 대하여 2025년 1월 1일 기준으로 매 3년이 되는 시점(매 3년째의 12월 31일까지를 말한다)마다 그 타당성을 검토하여 개선 등의 조치를 하여야 한다.

부칙 <제2024-37호, 2024.9.5.>

- **제1조(시행일)**

이 고시는 2024년 9월 5일부터 시행한다.

- **제2조(다른 규정의 폐지)**

이 고시의 시행과 동시에 「특수관계자간 수입물품 과세가격 결정방법 사전심사 운영에 관한 훈령(관세청훈령 제2281호, 2023.8.10.)」을 폐지한다.

관세법/ 시행령/ 시행규칙/ 관세평가운영에관한고시

관 세 법 [시행 2025.4.1.] [법률 제20608호, 2024.12.31., 일부개정]	관세법시행령 [시행 2025.7.22.] [대통령령 제35363호, 2025.2.28., 일부개정]	관세법시행규칙 [시행 2025.3.21.] [기획재정부령 제1110호, 2025.3.21., 일부개정]	관세평가운영에관한 고시 [시행 2024.9.5.] [관세청고시 제2024-37호, 2024.9.5., 일부개정]
제2관 과세가격의 결정 **제30조**(과세가격 결정의 원칙) ① 수입물품의 과세가격은 우리나라에 수출하기 위하여 판매되는 물품에 대하여 구매자가 실제로 지급하였거나 지급하여야 할 가격에 다음 각 호의 금액을 더하여 조정한 거래가격으로 한다. 다만, 다음 각 호의 금액을 더할 때에는 객관적이고 수량화할 수 있는 자료에 근거하여야 하며, 이러한 자료가 없는 경우에는 이 조에 규정된 방법으로 과세가격을 결정하지 아니하고 제31조부터 제35조까지에 규정된 방법으로 과세가격을 결정한다. <개정 2013.1.1.> 【참조】WTO평가협정: 일반서설 & 제1조, 제8조 & 제15조	**제17조**(우리나라에 수출하기 위하여 판매되는 물품의 범위) 법 제30조제1항 본문에 따른 우리나라에 수출하기 위하여 판매되는 물품은 해당 물품을 우리나라에 도착하게 한 원인이 되는 거래를 통해 판매되는 물품으로 한다. 다만, 다음 각 호의 물품은 포함되지 않는다. 1. 무상으로 국내에 도착하는 물품 2. 국내 도착 후 경매 등을 통해 판매가격이 결정되는 위탁판매물품 3. 수출자의 책임으로 국내에서 판매하기 위해 국내에 도착하는 물품 4. 별개의 독립된 법적 사업체가 아닌 지점 등과의 거래에 따라 국내에 도착하는 물품 5. 임대차계약에 따라 국내에 도착하는 물품 6. 무상으로 임차하여 국내에 도착하는 물품 7. 산업쓰레기 등 수출자의 부담으로 국내에서 폐기하기 위해 국내에 도착하는 물품 [전문개정 2024.2.29.]		**제15조**(수출판매의 범위) ① 법 제30조제1항 각 호 외의 부분 본문에서 판매는 각각 자기 책임과 계산으로 해당 수입물품에 대한 대가를 지급하고 소유권 이전을 목적으로 하는 구매자와 판매자 간의 거래를 말한다. ② 법 제30조제1항 각 호 외의 부분 본문에서 우리나라에 수출하기 위하여 판매되는 물품에 대한 가격은 해당 물품의 실제적인 국제 간 이동을 수반하는 거래로서 우리나라에 도착하기 직전에 이루어진 판매에서의 가격을 말한다. 【참조】WTO평가협정: 권고의견 1.1 & 권고의견 14.1 & 예해 22.1 **제16조**(실제지급가격) ① 법 제30조제1항 각 호 외의 부분 본문에서 "구매자가 실제로 지급하였거나 지급하여야 할 가격"(이하 "실제지급가격"이라 한다)은 다음 각 호의 금액을 포함한다.

	【참조】 WTO평가협정: 권고의견 1.1		1. 해당 수입물품에 대하여 구매자가 판매자에게 또는 판매자의 이익을 위하여 제3자에게 실제 지급하였거나 지급하여야 할 모든 금액 2. 해당 수입물품의 판매조건으로 구매자가 판매자에게 또는 판매자의 의무를 이행하기 위하여 제3자에게 실제 지급하였거나 지급하여야 할 모든 금액 【참조】 WTO평가협정: 협정제1조주해 & 부속서 Ⅲ의 7항 ② 해당 수입물품이 우리나라에 도착한 이후에 구매자와 판매자 간에 이루어지는 가격에 대한 환불, 감액 등은 실제지급가격을 결정할 때 고려되지 않는다. 다만, 해당 수입물품이 우리나라에 도착하기 이전에 규칙 제3조제3항 제3호 각 목의 요건을 모두 충족하는 가격조정약관이 유효하게 존재하고 해당 수입물품의 가격이 해당 가격조정약관에 따른 경우에는 그렇지 않다. 【참조】 WTO평가협정: 예해 4.1
1. 구매자가 부담하는 수수료와 중개료. 다만, 구매수수료는 제외한다. 【참조】 WTO평가협정: 제8조	제17조의2(구매수수료의 범위 등) ① 법 제30조제1항제1호 단서에 따른 구매수수료(이하 "구매수수료"라 한다)는 해당 수입물품의 구매와 관련하여 외국에서 구매자를 대리하여 행하는 용역의 대가로서 구매자가 구매대리인에게 지급하는 비용으로 한다. ② 구매자가 구매대리인에게 지급한 비용에 구매수수료 외의 비용이 포함된 경우	제3조의3(구매자를 대리하여 행하는 용역의 범위 등) 영 제17조의2제1항에 따른 구매자를 대리하여 행하는 용역은 구매자의 계산과 위험부담으로 공급자 물색, 구매 관련 사항 전달, 샘플수집, 물품검사, 보험·운송·보관 및 인도 등을 알선하는 용역으로 한다. 다만, 다음 각 호의 어느 하나에 해당하는 경우에는 그러하지 아니하다. 1. 구매대리인이 자기의 계산으로 용역을 수행	제17조(수수료 및 중개료) 법 제30조제1항제1호에서 "수수료와 중개료"란 다음 각 호를 말한다. 1. 수수료는 해당 수입물품을 구매 또는 판매함에 있어서 구매자 또는 판매자를 대리하여 행하는 용역의 대가로 구매자 또는 판매자가 지급하는 비용을 말한다. 2. 중개료는 판매자와 구매자를 위하여 거래알선 및 중개역할의 대

	에는 그 지급한 비용 중 구매수수료에 해당하는 금액이 따로 구분하여 산정될 수 있는 경우에만 해당 금액을 구매수수료로 한다. ③ 세관장이 필요하다고 인정하는 경우 구매수수료에 관한 자료의 제출을 구매자에게 요청할 수 있다. [본조신설 2011.4.1.]	하는 경우 2. 구매대리인이 해당 수입물품에 대하여 소유권 또는 그 밖의 이와 유사한 권리가 있는 경우 3. 구매대리인이 해당 거래나 가격을 통제하여 실질적인 결정권을 행사하는 경우 [본조신설 2011.4.1.] [제3조의2에서 이동<2020.10.7.>] 【참조】 WTO평가협정: 해설 2.1 & 예해 17.1	가로 판매자 및 구매자가 지급하는 비용을 말한다. 【참조】 WTO평가협정: 해설 2.1
2. 해당 수입물품과 동일체로 취급되는 용기의 비용과 해당 수입물품의 포장에 드는 노무비와 자재비로서 구매자가 부담하는 비용 【참조】 WTO평가협정: 제8조			**제18조**(용기 및 포장비용) 법 제30조제1항제2호에서 "해당 수입물품과 동일체로 취급되는 용기"란 관세율표의 해석에 관한 통칙 제5호에 따라 그 내용품과 함께 분류되는 케이스, 용기 및 포장용기 등을 말한다.
3. 구매자가 해당 수입물품의 생산 및 수출거래를 위하여 대통령령으로 정하는 물품 및 용역을 무료 또는 인하된 가격으로 직접 또는 간접으로 공급한 경우에는 그 물품 및 용역의 가격 또는 인하차액을 해당 수입물품의 총생산량 등 대통령령으로 정하는 요소를 고려하여 적절히 배분한 금액 【참조】 WTO평가협정: 제8조	**제18조**(무료 또는 인하된 가격으로 공급하는 물품 및 용역의 범위) 법 제30조제1항제3호에서 "대통령령으로 정하는 물품 및 용역"이란 구매자가 직접 또는 간접으로 공급하는 것으로서 다음 각 호의 어느 하나에 해당하는 것을 말한다.<개정 2005.6.30., 2008.2.29., 2011.4.1.> 1. 수입물품에 결합되는 재료·구성요소·부분품 및 그 밖에 이와 비슷한 물품 2. 수입물품의 생산에 사용되는 공구·금형·다이스 및 그 밖에 이와 비슷한 물품으로서 기획재정부령으로 정하는 것 3. 수입물품의 생산과정에	**제4조**(무료 또는 인하된 가격으로 공급하는 물품 및 용역) ① 영 제18조제2호에서 "기획재정부령으로 정하는 것"이란 해당 수입물의	**제19조**(생산지원) ① 법 제30조제1항제3호에서 "해당 수입물품의 생산"이란 재배, 제조, 채광, 채취, 가공, 조립 등 해당 물품을 만들어 내거나 가치를 창출해내는 행위를 말한다. ② 구매자가 영 제18조의 생산지원 물품 및 용역의 생산에 필요한 요소를 제공한 경우에는 해당 요소의 비용까지 과세가격에 포함한다. 【참조】 WTO평가협정: 예해 24.1 ③ 영 제18조제1호부터 제3호까지의 생산지원 물품에 영 제18조제4호의 생산지원 용역이 반영되어 있는 경우에는 해당 용역의 국

	소비되는 물품 4. 수입물품의 생산에 필요한 기술·설계·고안·공예 및 디자인. 다만, 우리나라에서 개발된 것은 제외한다. 【참조】 WTO평가협정: 결정 5.1 & 사례연구 1.1 & 사례연구 5.2 & 사례연구 8.1 & 사례연구 8.2	조립·가공·성형 등의 생산과정에 직접 사용되는 기계·기구 등을 말한다. 〈개정 2008.12.31., 2011.4.1.〉 ② 영 제18조제4호의 규정에 의한 수입물품의 생산에 필요한 기술은 특허기술·노하우 등 이미 개발되어 있는 기술과 새로이 수행하여 얻은 기술로 한다. ③ 영 제18조 각 호의 물품 및 용역의 가격은 다음 각 호의 구분에 따른 금액으로 결정한다. 〈개정 2020.10.7.〉 1. 해당 물품 및 용역을 영 제23조제1항에 따른 특수관계가 없는 자로부터 구입 또는 임차하여 구매자가 공급하는 경우: 그 구입 또는 임차하는 데에 소요되는 비용과 이를 생산장소까지 운송하는 데에 소요되는 비용을 합한 금액 2. 해당 물품 및 용역을 구매자가 직접 생산하여 공급하는 경우: 그 생산비용과 이를 수입물품의 생산장소까지 운송하는 데에 소요되는 비용을 합한 금액 3. 해당 물품 및 용역을 구매자와 영 제23조제1항에 따른 특수관계에 있는 자로부터 구입 또는 임차하여 공급하는 경우: 다음 각 목의 어느 하나에 따라 산출된 비용과 이를 수입물품의 생산장소까지 운송하는 데에 소요되는 비용을 합한 금액 가. 해당 물품 및 용역의 생산비용 나. 특수관계에 있는 자가 해당 물품 및 용역을 구입 또는 임차한 비용	내 수행 여부와 관계없이 생산지원 가격에 포함한다. 【참조】 WTO평가협정: 예해 18.1 ④ 영 제18조제2호의 "공구·금형·다이스"에는 수입물품의 생산에 직접 사용되는 종이로 만든 형태의 표본도 포함한다. 【참조】 WTO평가협정: 사례연구 8.1

		4. 수입물품의 생산에 필요한 기술·설계·고안·공예 및 의장(이하 이 호에서 "기술등"이라 한다)이 수입물품 및 국내생산물품에 함께 관련된 경우 : 당해 기술등이 제공되어 생산된 수입물품에 해당되는 기술등의 금액
제18조의2(무료 또는 인하된 가격으로 공급하는 물품 및 용역금액의 배분 등) ① 법 제30조제1항제3호에 따라 무료 또는 인하된 가격으로 공급하는 물품 및 용역의 금액(실제 거래가격을 기준으로 산정한 금액을 말하며 국내에서 생산된 물품 및 용역을 공급하는 경우에는 부가가치세를 제외하고 산정한다)을 더하는 경우 다음 각 호의 요소를 고려하여 배분한다. <개정 2020.10.7.> 1. 해당 수입물품의 총생산량 대비 실제 수입된 물품의 비율 2. 공급하는 물품 및 용역이 해당 수입물품 외의 물품 생산과 함께 관련되어 있는 경우 각 생산 물품별 거래가격(해당 수입물품 외의 물품이 국내에서 생산되는 경우에는 거래가격에서 부가가치세를 제외한다) 합계액 대비 해당 수입물품 거래가격의 비율 ② 제1항에도 불구하고 납세의무자는 법 제30조제1항제3호에 따라 무료 또는 인하된 가격으로 공급하는 물품 및 용역의 가격 또는 인하차액 전액을 최초로 수입되는 물품의 실제로 지급하였거나 지급하여야 할 가격에 배분할 수 있		제20조(생산지원금액의 가산 방법) 영 제18조의2에 따라 생산지원 물품 및 용역의 가격(인하차액을 포함한다)을 배분할 때에는 다음 각 호의 방법에 따른다. 1. 납세의무자는 영 제18조의2제2항에 따라 생산지원의 가격 전액을 최초로 수입되는 물품의 가격에 가산하는 때에는 법 제27조에 따라 최초로 수입되는 물품의 가격신고를 하는 때에 일시에 납부하고자 하는 생산지원의 가격 전액에 대한 산출기준 및 상세 계산내역을 세관장에게 제출하여야 한다. 2. 생산지원 용역이 생산지원 용역에 의해 생산된 수입물품과 국내생산물품에 함께 관련된 때에는 생산지원 용역의 가격에 생산지원 용역에 의해 생산된 전체 물품의 가격 중에서 해당 수입물품의 가격이 차지하는 비율을 곱하여 산출한 금액(이하 "조정액"이라 한다)을 해당 수입물품의 가격에 가산한다. 3. 생산지원 용역이 생산지원 용역에 의해 생산

	다. 이 경우 수입되는 전체 물품에 관세율이 다른 여러 개의 물품이 혼재된 경우에는 전단에 따른 전액을 관세율이 다른 물품별로 최초로 수입되는 물품의 가격에 안분하여 배분한다. <신설 2020.10.7.> [본조신설 2013.2.15.] 【참조】 WTO평가협정: 제8조에 대한 주해		된 수입물품과 국내생산물품에 함께 관련되고 또한 해당 수입물품이 여러 종류의 물품에 함께 관련되어 분할 수입되는 때에는 생산지원 용역의 가격을 해당 수입물품별로 가격에 따라 조정액을 안분하여 가산하며, 그 안분방법은 먼저 가산율을 산출하고 그 가산율을 해당 수입물품별 가격에 곱한다. 4. 제3호의 가산율 산정은 생산지원 용역에 의해 생산된 수입물품의 총가격에서 조정액이 차지하는 구성비로 계산한다. 5. 조정액 산출시에 적용하는 물품가격은 수입물품에 대하여는 실제지급가격으로 하고 국내생산물품에 대하여는 부가가치세가 포함되지 아니한 가격으로 한다.
4. 특허권, 실용신안권, 디자인권, 상표권 및 이와 유사한 권리를 사용하는 대가로 지급하는 것으로서 대통령령으로 정하는 바에 따라 산출된 금액 【참조】 WTO평가협정: 제8조	제19조(권리사용료의 산출) ① 법 제30조제1항제4호에서 "이와 유사한 권리"라 함은 다음 각호의 1에 해당하는 것을 말한다. 1. 저작권 등의 법적 권리 2. 법적 권리에는 속하지 아니하지만 경제적 가치를 가지는 것으로서 상당한 노력에 의하여 비밀로 유지된 생산방법·판매방법 기타 사업활동에 유용한 기술상 또는 경영상의 정보 등(이하 "영업비밀"이라 한다) ② 법 제30조제1항의 규정에 의하여 당해 물품에 대하여 구매자가 실제로 지급	제4조의2(권리사용료의 산출) 구매자가 수입물품과 관련하여 판매자가 아닌 자에게 권리사용료를 지급하는 경우 그 권리사용료가 영 제19조제2항에 따른 해당 물품의 거래조건에 해당하는지를 판단할 때에는 다음 각 호를 고려해야 한다. 1. 물품판매계약 또는 물품판매계약 관련 자료에 권리사용료에 대해 기술한 내용이 있는지 여부 2. 권리사용계약 또는 권리사용계약 관련 자료에 물품 판매에 대해 기술한 내용이 있는지 여부	제21조(권리사용료) ① 영 제19조제2항에 따라 권리사용료의 가산여부를 판단하는 경우 권리사용료가 지급되는 장소 또는 권리허락자의 소재지는 고려하지 않는다. 【참조】 WTO평가협정: 권고의견 4.14 ② 규칙 제4조의2제6호의 그 밖에 실질적으로 권리사용료에 해당하는 지급의무가 있고, 거래조건으로 지급된다고 인정할 만한 거래사실은 다음 각 호의 어느 하나를 포함한다. 1. 수입물품의 판매자와 권리사용료를 지급받는 자 또는 권리권자가 영

하였거나 지급하여야 할 가격에 가산하여야 하는 특허권·실용신안권·디자인권·상표권 및 이와 유사한 권리를 사용하는 대가(특정한 고안이나 창안이 구현되어 있는 수입물품을 이용하여 우리나라에서 그 고안이나 창안을 다른 물품에 재현하는 권리를 사용하는 대가를 제외하며, 이하 "권리사용료"라 한다)는 당해 물품에 관련되고 당해 물품의 거래조건으로 구매자가 직접 또는 간접으로 지급하는 금액으로 한다. <개정 2005.6.30.> 【참조】 WTO평가협정: 예해 19.1 ③ 제2항의 규정을 적용함에 있어서 다음 각호의 1에 해당하는 경우에는 권리사용료가 당해 물품과 관련되는 것으로 본다. <개정 2005.6.30.> 1. 권리사용료가 특허권에 대하여 지급되는 때에는 수입물품이 다음 각 목의 1에 해당하는 물품인 경우 가. 특허발명품 나. 방법에 관한 특허에 의하여 생산된 물품 다. 국내에서 당해 특허에 의하여 생산될 물품의 부분품·원재료 또는 구성소소로서 그 자체에 당해 특허의 내용의 전부 또는 일부가 구현되어 있는 물품 라. 방법에 관한 특허를 실시하기에 적합하게 고안된 설비·기계 및 장치(그 주요특성을 갖춘 부분품 등을 포함한다) 2. 권리사용료가 디자인권에 대하여 지급되는 때	3. 물품판매계약·권리사용계약 또는 각각의 계약 관련 자료에 권리사용료를 지급하지 않는 경우 물품판매계약이 종료될 수 있다는 조건이 있는지 여부 4. 권리사용료가 지급되지 않는 경우 해당 권리가 결합된 물품을 제조·판매하는 것이 금지된다는 조건이 권리사용계약에 있는지 여부 5. 상표권 등 권리의 사용을 허락한 자가 품질관리 수준을 초과하여 우리나라에 수출하기 위해 판매되는 물품의 생산 또는 판매 등을 관리할 수 있는 조건이 권리사용계약에 포함되어 있는지 여부 6. 그 밖에 실질적으로 권리사용료에 해당하는 지급의무가 있고, 거래조건으로 지급된다고 인정될 만한 거래사실이 존재하는지 여부 [본조신설 2020.10.7.] 【참조】 WTO평가협정: 예해 25.1	제23조제1항의 특수관계에 해당하는 경우 2. 특허권 등의 권리권자가 수입물품의 판매자를 선정 또는 지정하는 등 구매자에게 수입물품의 구매에 대한 실질적인 선택권이 없다고 인정되는 경우 3. 구매자가 특허권 등(상표권은 제외한다)의 권리권자로부터 수입물품과 관련된 특허권 등에 대한 전용실시권을 허락받아 판매자에게 그 특허권 등에 대한 통상실시권을 허락하고 구매자가 해당 권리권자에게 해당 특허권 등에 대한 권리사용료를 지급하는 경우 ③ 권리사용료를 실제지급가격에 가산하는 경우 다음 각 호의 요건을 모두 충족하는 경우에 한하여 제20조의 가산방법을 준용할 수 있다. 1. 납세의무자 등이 다음 각 목의 어느 하나에 해당되는 경우 가. 납세의무자가 AEO승인(수입분야)업체인 경우 나. 수입신고 1건당 가산할 권리사용료에 해당하는 세액이 5만원 미만인 경우 다. 수입물품이 법 제37조제1항제3호에 따라 사전심사를 신청하여 심사결과 결정된 과세가격 결정방법을 적용하는 물품인 경우 2. 납세의무자가 권리사용료 산출을 사유로 제6조에 따라 해당 모든 수입신고 건별로 잠정가격신고를 하고 제8조에 따라 확정가격신고를 하는 경우

	에는 수입물품이 당해 디자인을 표현하는 물품이거나 국내에서 당해 디자인권에 의하여 생산되는 물품의 부분품 또는 구성요소로서 그 자체에 당해 디자인의 전부 또는 일부가 표현되어 있는 경우 3. 권리사용료가 상표권에 대하여 지급되는 때에는 수입물품에 상표가 부착되거나 희석·혼합·분류·단순조립·재포장 등의 경미한 가공후에 상표가 부착되는 경우 4. 권리사용료가 저작권에 대하여 지급되는 때에는 수입물품에 가사·선율·영상·컴퓨터소프트웨어 등이 수록되어 있는 경우 5. 권리사용료가 실용신안권 또는 영업비밀에 대하여 지급되는 때에는 당해 실용신안권 또는 영업비밀이 수입물품과 제1호의 규정에 준하는 관련이 있는 경우 6. 권리사용료가 기타의 권리에 대하여 지급되는 때에는 당해 권리가 수입물품과 제1호 내지 제5호의 규정중 권리의 성격상 당해 권리와 가장 유사한 권리에 대한 규정에 준하는 관련이 있는 경우 ④ 제2항을 적용할 때 컴퓨터소프트웨어에 대하여 지급되는 권리사용료는 컴퓨터소프트웨어가 수록된 마그네틱테이프·마그네틱디스크·시디롬 및 이와 유사한 물품(법 별표 관세율표 번호(이하 "관세율표 번호"라 한다) 제8523호에 속하는 것으로 한정한다)과 관련되		3. 납세의무자가 권리사용료에 대한 관세 등을 일시에 납부하고자 별지 제15호서식의 확정가격 일괄신고 신청서를 제출하는 경우

지 아니하는 것으로 본다.
<개정 2007.4.5., 2011.4.1.>
【참조】 WTO평가협정: 결정 4.1 & 예해 13.1
⑤ 제2항의 규정을 적용함에 있어서 다음 각호의 1에 해당하는 경우에는 권리사용료가 당해 물품의 거래조건으로 지급되는 것으로 본다.
  1. 구매자가 수입물품을 구매하기 위하여 판매자에게 권리사용료를 지급하는 경우
  2. 수입물품의 구매자와 판매자간의 약정에 따라 구매자가 수입물품을 구매하기 위하여 당해 판매자가 아닌 자에게 권리사용료를 지급하는 경우
  3. 구매자가 수입물품을 구매하기 위하여 판매자가 아닌 자로부터 특허권 등의 사용에 대한 허락을 받아 판매자에게 그 특허권 등을 사용하게 하고 당해 판매자가 아닌 자에게 권리사용료를 지급하는 경우
【참조】 WTO평가협정: 권고의견 4.1~4.19
⑥ 제2항을 적용할 때 구매자가 지급하는 권리사용료에 수입물품과 관련이 없는 물품이나 국내 생산 및 그 밖의 사업 등에 대한 활동 대가가 포함되어 있는 경우에는 전체 권리사용료 중 수입물품과 관련된 권리사용료만큼 가산한다. 이 경우 관세청장은 필요한 계산식을 정할 수 있다. <개정 2020.10.7.>
	제22조(권리사용료 산출방법)
	① 영 제19조제6항의 "계산식"이란 다음 각 호를 말한다.
	  1. 수입물품이 완제품(수입 후 경미한 조립, 혼합, 희석, 분류, 가공 또는 재포장 등의 작업이 이루어지는 경우를 포함한다)인 경우에는 이와 관련하여 총지급 권리사용료 전액을 가산한다.
	  2. 수입물품이 국내에서 생산될 물품의 부분품, 원재료, 구성요소 등(이하 "수입부분품 등"이

			라 한다)이라도 해당 권리가 수입물품에만 관련되는 경우에는 이와 관련하여 총지급 권리사용료 전액을 가산한다. 다만, 총지급 권리사용료가 수입부분품 등 뿐만 아니라 국내에서 생산될 완제품 전체와 관련된 경우에는 총지급 권리사용료에 완제품의 가격(제조원가에서 세금 및 권리사용료를 제외한 금액을 말한다) 중 수입부분품 등의 가격이 차지하는 비율을 곱하여 산출된 권리사용료 금액을 가산한다. 3. 수입물품이 방법에 관한 특허를 실시하기에 적합하게 고안된 설비, 기계 및 장치(그 주요 특성을 갖춘 부분품 등을 포함한다)인 경우에는 이와 관련하여 총지급 권리사용료 전액을 가산한다. 다만, 총지급 권리사용료는 특정한 완제품을 생산하는 전체방법이나 제조공정에 관한 대가이고, 수입하는 물품은 그 중 일부 공정을 실시하기 위한 설비 등인 경우에는 총지급 권리사용료에 권리사용료와 관련이 있는 전체 설비 등의 가격 중 권리사용료와 관련이 있는 수입설비 등의 가격이 차지하는 비율을 곱하여 산출된 금액을 가산한다. 4. 권리사용료의 지급원인이 되는 물품이 장기간 반복하여 수입되는 경우에는 권리사용료의 안분을 위한 조정액과 가산율은 다음 각 목이 정하는 바에 따라 산출한다.

			가. 수입물품이 제2호 단서에 해당하는 물품인 경우 · 조정액 = 총지급 권리사용료 × (수입부분품 등의 가격)/(판매통가격(세금 및 권리사용료 제외)) · 가산율 = 조정액/(수입부분품 등의 가격) 나. 수입물품이 제3호 단서에 해당하는 물품인 경우 · 조정액 = 총지급 권리사용료 × (수입설비 등의 가격)/(전체 설비 등의 가격) · 가산율 = 조정액/(수입설비 등의 가격) ② 제1항에 따라 총지급 권리사용료를 계산하려는 경우에는 다음 각 호에 따른다. 1. 제1항의 총지급 권리사용료는 구매자가 지급하는 권리사용료에 수입물품과 관련이 없는 그 밖의 사업 등에 대한 활동 대가가 포함되어 있을 때에는 그 대가를 뺀 금액을 말한다. 이 경우 해당 금액은 납세의무자가 제출한 일반적으로 인정된 회계원칙에 따라 작성된 자료 등 객관적이고 수량화할 수 있는 자료에 근거하여 적절하게 조정하여 계산할 수 있다. 2. 권리사용 계약에 따라 지급하여야 할 권리사용료에 대한 원천징수 세액을 포함한다. 【참조】 WTO평가협정: 권고의견 4.16 3. 권리사용료가 수입물품을 사용하여 생산된 제품의 생산량 또는 판매량에 따라 장기간에 걸쳐 지급되는 경우에는 해당 수입물품의 사용연수, 생산능력 및 생산되는 제품의 수요 상황 등을 고려하여 객관적이고 수량화할 수 있는 자료를 근거로 합리적으로 산출할 수 있다.

				③ 제1항에 따라 권리사용료를 계산할 때 수입물품의 가격은 다음 각 호에 따른다. 1. 수입물품의 가격은 가산하려는 권리사용료를 제외하고 법 제30조제1항 각 호의 금액을 더한 거래가격을 말한다. 2. 제1항제4호가목의 수입 부분품 등의 가격은 일반적으로 인정된 회계원칙에 따라 작성된 회계보고서 등에 따라 일정기간 동안 완제품의 가격에 포함된 수입원재료의 가격을 말한다. ④ 제1항에 따라 권리사용료를 계산할 때 제1항제2호 및 제4호가목에 따른 완제품의 가격은 다음 각 호에 따른다. 1. 완제품가격에서 제조원가는 직접재료비(수입원재료와 국내원재료를 포함한다)에 직접노무비 및 제조간접비를 더한 금액으로 판매비와 관리비, 이윤 등은 포함되지 않는다. 2. 완제품가격에서 제외되는 세금에는 관세, 부가가치세 등을 포함한다. 다만, 완제품의 제조원가에 세금이 포함되어 있는 경우에만 해당한다. 3. 제1항제4호가목에 따른 조정액을 계산할 때 완제품가격에서 제외되는 권리사용료는 일반적으로 인정된 회계원칙에 따라 제조원가에 반영된 권리사용료를 말한다.
5. 해당 수입물품을 수입한 후 전매·처분 또는 사용하여 생긴 수익금액 중 판매자에게 직접	제19조의2(수입물품을 전매·처분 또는 사용하여 생긴 수익금액의 범위)			제23조(사후귀속이익) 법 제30조제1항제5호에 따른 해당 수입물품을 수입한 후

또는 간접으로 귀속되는 금액 【참조】WTO평가협정: 제8조	법 제30조제1항제5호에서 "해당 수입물품을 수입한 후 전매·처분 또는 사용하여 생긴 수익금액"이란 해당 수입물품의 전매·처분대금, 임대료 등을 말한다. 다만, 주식배당금 및 금융서비스의 대가 등 수입물품과 관련이 없는 금액은 제외한다. [본조신설 2020. 10. 7.] 【참조】WTO평가협정 : 사례연구 2.1 & 사례연구 2.2		전매·처분 또는 사용하여 생긴 수익금액은 해당 수입물품과의 거래조건 해당 여부와 관계없이 과세가격에 가산한다. 【참조】WTO평가협정: 제8조 & 사례연구 2.2
6. 수입항(輸入港)까지의 운임·보험료와 그 밖에 운송과 관련되는 비용으로서 대통령령으로 정하는 바에 따라 결정된 금액. 다만, 기획재정부령으로 정하는 수입물품의 경우에는 이의 전부 또는 일부를 제외할 수 있다. 【참조】WTO평가협정: 제8조	제20조(운임 등의 결정) ① 법 제30조제1항제6호의 규정에 의한 운임 및 보험료는 당해 사업자가 발급한 운임명세서·보험료명세서 또는 이에 갈음할 수 있는 서류에 의하여 산출한다. ② 제1항에 따라 운임 및 보험료를 산출할 수 없는 경우의 운임 및 보험료는 운송거리·운송방법 등을 고려하여 기획재정부령으로 정하는 바에 따라 산출한다. <개정 2020. 10. 7.>	제4조의3(운임 등의 결정) ① 영 제20조제2항에 따른 운임은 다음 각 호에 따른다. 1. 법 제241조제2항제3호의2가목에 따른 운송수단이 외국에서 우리나라로 운항하여 수입되는 경우: 해당 운송수단이 수출항으로부터 수입항에 도착할 때까지의 연료비, 승무원의 급식비, 급료, 수당, 선원 등의 송출비용 및 그 밖의 비용 등 운송에 실제로 소요되는 금액 2. 하나의 용선계약으로 여러가지 화물을 여러 차례에 걸쳐 왕복운송하거나 여러가지 화물을 하나의 운송계약에 따라 일괄운임으로 지급하는 경우: 수입되는 물품의 중량을 기준으로 계산하여 배분한 운임. 다만, 수입되는 물품의	제24조(운임 및 운송관련비용) ① 법 제30조제1항제6호, 법 제30조제2항제2호, 법 제33조제1항제3호 및 법 제34조제1항제3호에서 "수입항"이란 해당 수입물품이 외국에서 우리나라에 도착한 운송수단으로부터 양륙(일시 양륙은 제외한다)이 이루어지는 항구 또는 공항을 말한다.

		중량을 알 수 없거나 중량을 기준으로 계산하는 것이 현저히 불합리한 경우에는 가격을 기준으로 계산하여 배분한 운임으로 한다. 3. 운송계약상 선적항 및 수입항의 구분 없이 총 허용정박 시간만 정하여 체선료(滯船料) 또는 조출료(早出料)의 발생장소를 명확히 구분할 수 없는 경우: 총 허용정박 시간을 선적항과 수입항에서의 허용 정박시간으로 반분(半分)하여 계산된 선적항에서의 체선료를 포함한 운임. 이 경우 실제 공제받은 조출료는 운임에 포함하지 않는다. 4. 법 제254조의2제6항에 따라 통관하는 탁송품으로서 그 운임을 알 수 없는 경우: 관세청장이 정하는 탁송품 과세운임표에 따른 운임	
	③ 기획재정부령으로 정하는 물품이 항공기로 운송되는 경우에는 제1항에도 불구하고 해당 물품이 항공기 외의 일반적인 운송방법에 의하여 운송된 것으로 보아 기획재정부령으로 정하는 바에 따라 운임 및 보험료를 산출한다. <개정 2020.10.7.>	② 영 제20조제3항에서 "기획재정부령으로 정하는 물품"이란 다음 각 호의 어느 하나에 해당하는 물품을 말한다. <개정 2021.3.16.> 1. 무상으로 반입하는 상품의 견본, 광고용품 및 그 제조용 원료로서 운임 및 보험료를 제외한 총 과세가격이 20만원 이하인 물품 2. 수출물품의 제조·가공에 사용할 외화획득용 원재료로서 세관장이 수출계약의 이행에 필요하다고 인정하여 무상으로 반입하는 물품 3. 계약조건과 다르거나 하자보증기간 안에 고장이 생긴 수입물품을	

		대체·수리 또는 보수하기 위해 무상으로 반입하는 물품
		4. 계약조건과 다르거나 하자보증 기간 안에 고장이 생긴 수입물품을 외국으로 반출한 후 이를 수리하여 무상으로 반입하는 물품으로서 운임 및 보험료를 제외한 총 과세가격이 20만원 이하인 물품
		5. 계약조건과 다르거나 하자보증 기간 안에 고장이 생긴 수출물품을 수리 또는 대체하기 위해 무상으로 반입하는 물품
		6. 신문사, 방송국 또는 통신사에서 반입하는 뉴스를 취재한 사진필름, 녹음테이프 및 이와 유사한 취재물품
		7. 우리나라의 거주자가 받는 물품으로서 자가 사용할 것으로 인정되는 것 중 운임 및 보험료를 제외한 총 과세가격이 20만원 이하인 물품
		8. 제48조의2제1항에 따른 우리나라 국민, 외국인 또는 재외영주권자가 입국할 때 반입하는 이사화물로서 운임 및 보험료를 제외한 총 과세가격이 50만원 이하인 물품
		9. 여행자가 휴대하여 반입하는 물품
		10. 항공사가 자기 소유인 운송수단으로 운송하여 반입하는 항공기용품과 외국의 본사 또는 지사로부터 무상으로 송부받은 해당 운송사업에 사용할 소모품 및 사무용품
		11. 항공기 외의 일반적인 운송방법으로 운송하기

로 계약된 물품으로서 해당 물품의 제작지연, 그 밖에 수입자의 귀책사유가 아닌 사유로 수출자가 그 운송방법의 변경에 따른 비용을 부담하고 항공기로 운송한 물품
12. 항공기 외의 일반적인 운송방법으로 운송하기로 계약된 물품으로서 천재지변이나 영 제20조제1항 각 호에 해당하는 사유로 운송수단을 변경하거나 해외 거래처를 변경하여 항공기로 긴급하게 운송하는 물품

③ 제2항 각 호의 물품은 다음 각 호의 구분에 따라 운임을 산출한다. 이 경우 다음 각 호의 적용 운임이 실제 발생한 항공운임을 초과하는 경우에는 해당 항공운임을 적용한다.
1. 제2항제1호부터 제9호까지의 물품: 우리나라에서 적용하고 있는 선편소포우편물요금표에 따른 요금. 이 경우 물품의 중량이 선편소포우편물요금표에 표시된 최대중량을 초과하는 경우에는 최대중량의 요금에 최대중량을 초과하는 중량에 해당하는 요금을 가산하여 계산한다.
2. 제2항제10호부터 제12호까지의 물품: 법 제225조제1항에 따른 선박회사(그 업무를 대행하는 자를 포함한다)가 해당 물품에 대해 통상적으로 적용하는 운임

④ 영 제20조제3항에 따른 제2항 각 호의 물품에 대한 보험료는 보험사업자가 통상적으로 적용하는 항공

	④ 다음 각 호의 어느 하나에 해당하는 물품의 운임이 통상의 운임과 현저하게 다른 때에는 제1항에도 불구하고 법 제225조제1항에 따른 선박회사 또는 항공사(그 업무를 대행하는 자를 포함한다. 이하 이 항에서 "선박회사등"이라 한다)가 통상적으로 적용하는 운임을 해당 물품의 운임으로 할 수 있다. <개정 2020.10.7.> 1. 수입자 또는 수입자와 특수관계에 있는 선박회사등의 운송수단으로 운송되는 물품 2. 운임과 적재수량을 특약한 항해용선계약에 따라 운송되는 물품(실제 적재수량이 특약수량에 미치지 아니하는 경우를 포함한다) 3. 기타 특수조건에 의하여 운송되는 물품 ⑤ 법 제30조제1항제6호 본문에 따른 금액은 해당 수입물품이 수입항에 도착하여 본선하역준비가 완료될 때까지 발생하는 비용으로 한다. <개정 2022.2.15.> 【참조】WTO평가협정: 제8조 & 예해 21.1 ⑥ 제3항에 따라 산출된 운임 및 보험료를 적용받으려는 납세의무자는 해당 물품에 대하여 법 제27조에 따른 가격신고를 할 때 해당 물품이 제3항에 따른 기획재정부령으로 정하는 물품에 해당됨을 증명하는 자료를 세관장에게 제출해야 한다. 다만, 과세가격 금액이 소액인 경우 등으로서 세관장이 자료 제출이 필	기 외의 일반적인 운송방법에 대한 보험료로 계산할 수 있다. [본조신설 2020.10.7.] ② 영 제20조제5항에서 "수입항에 도착하여 본선하역준비가 완료될 때"란 수입물품의 양륙을 할 수 있는 상태가 된 때를 말한다. 이 경우 항해용선계약에서는 「상법」 제838조제1항에 따른 통지를 발송한 때를 말한다. ③ 법 제30조제1항제6호에 따른 금액은 해당 수입물품을 수입항까지 운송하기 위하여 발생하는 비용으로서, 다음 각 호의 금액을 말한다. 1. 수입물품을 운송계약에 따라 운송하는 때에는 해당 운송계약에 의하여 해당 운송의 대가로서 운송인 또는 운송주

	요하지 않다고 인정하는 경우는 제외한다. <개정 2020.10.7.> ⑦ 삭제 <2020.10.7.>		선인 등에게 실제로 지급되는 금액 2. 수입물품을 용선계약에 따라 운송하는 때에는 해당 용선계약에 의하여 실제로 지급되는 모든 금액(공선회조료를 포함한다) ④ 제3항에 따른 금액은 다음 각 호의 어느 하나에 따른 방법으로 결정한다. 1. 수입물품을 운송하기 위한 선적자재비(資材費) 및 선박개장비(改裝費)를 지급한 경우에는 동 비용을 포함한다. 2. 수입물품의 운임에 수입항에서의 하역비가 포함되어 있고 그 금액이 구분 표시되어 있는 경우에는 동 하역비는 과세가격에 포함하지 아니한다. 3. 구매자(수입자 포함)가 부담하는 선적항에서의 체선료는 과세가격에 포함하며, 선적항에서의 조출료를 공제받은 경우에는 이를 과세가격에 포함하지 아니한다. 다만, 조출료는 수입통관시에 그 금액을 확인할 수 있는 경우에 한하되, 잠정가격신고의 경우 확정가격 신고일까지 그 금액을 확인할 수 있는 서류제출에 의하여 과세가격에 포함하지 아니한다. 4. 항해용선계약에서 수입물품의 운임과 구분되는 수입항에서의 체선료는 과세가격에 포함하지 아니하고 수입항에서의 조출료는 과세가격에서 공제하지 아니한다. 5. 컨테이너에 의한 문전배달형태(Door to Door)

			의 운송계약의 경우에 그 운송료가 구분되는 때에는 수입항 도착 이후의 운송료는 과세 가격에 포함하지 아니한다. 6. 컨테이너 임차료가 운임과 별도로 지급되는 경우에는 컨테이너의 임차에 소요되는 비용은 과세가격에 포함한다. 7. 수입항에서의 도선료, 예선료, 강취료가 수입물품의 운임과 구분되는 경우에는 이를 과세가격에 포함하지 아니한다. 8. 규칙 제4조의3제1항제4호의 탁송품 과세운임표에 따른 운임은 별표 제1호와 같다. 이 경우 규칙 제4조의3제1항제4호에서 "운임을 알 수 없는 경우"란 수입신고를 할 때 운임명세서 또는 이에 갈음할 수 있는 서류에서 수입항까지의 운임을 구분할 수 없는 경우를 말한다. ⑤ 제3항에 따른 운임 등은 실제지급가격에 포함되어 있지 않은 범위 내에서 해당 실제지급가격에 가산한다. 이 경우 해당 운임 등이 실제지급가격에 포함되어 있는지 여부에 대한 판단은 다음 각 호에 따른다. 1. 수출판매 계약에 따라 수입항까지의 운임 등을 판매자가 지급하기로 한 경우에는 실제지급가격에 포함되어 있는 것으로 취급하여, 실제로 지급되는 운임 등을 고려하지 않는다. 다만, 구매자가 실제지급가격과 별도로 지급하는 수입항까지의 운임 등은 실제지급가격에 가산한다.

				2. 수출판매 계약에 따라 수입항까지의 운임 등을 구매자가 지급하기로 한 경우에는 실제지급가격에 포함되어 있지 않는 것으로 취급하여, 해당 수입항까지의 운임 등을 실제지급가격에 가산한다.
				3. 수출판매 계약에 따라 선박으로 운송하기로 한 수입물품이 항공으로 운송된 경우(규칙 제4조의3제2항의 적용을 받는 경우는 제외한다)에는 다음 각 목에 따른다.
				  가. 해당 계약에 따라 판매자가 수입항까지의 운임 등을 지급하기로 한 경우: 해당 운송방법의 변경에 따른 비용을 구매자가 지급하는 때에는 실제지급가격에 가산하며, 판매자가 지급하는 때에는 실제지급가격에 포함된 것으로 취급한다.
				  나. 해당 계약에 따라 구매자가 수입항까지의 운임 등을 지급하기로 한 경우: 해당 운송방법의 변경에 따른 비용은 실제지급가격에 가산한다.
				  다. 나목에도 불구하고 해당 운송방법의 변경에 따른 비용을 당초 계약의 약정에 따라 판매자가 지급한 사실이 객관적인 자료로 확인되는 경우에는 실제지급가격에 포함되어 있는 것으로 취급한다.
				
				제25조(통상운임)
				① 영 제20조제4항의 "선박회

			사등이 통상적으로 적용하는 운임"(이하 "통상운임"이라 한다)이란 해당 물품의 종류, 수량 및 운송조건(운송수단의 종류와 운송경로 등을 말한다)을 고려하여 통상 필요하다고 인정되는 수입항까지의 운송을 위한 운임 등을 말한다.
			② 제24조제3항에 따른 운임 등이 무료인 경우에는 제1항에 따른 통상운임을 적용한다.
			
			제26조(보험료)
			
			① 보험료는 수입물품에 대하여 실제로 보험에 가입된 경우에만 실제지급가격에 가산한다.
			【참조】 WTO평가협정: 권고의견 13.1
			② 보험료는 영 제20조제1항에 따라 해당 사업자가 발급한 보험료명세서 또는 이에 갈음할 수 있는 서류에 근거하여 계산한다. 다만, 포괄예정보험에 따른 경우에는 다음 각 호의 어느 하나의 방법으로 계산한다.
			  1. 수입신고시에 보험사업자가 발행한 보험료명세서를 제출하는 경우에는 이를 보험료로 계산한다.
			  2. 보험명세서로 보험료를 계산할 수 없는 경우에는 보험사업자가 발급한 보험예정서류에 근거해 잠정계산하고 보험료가 확정되면 즉시 실제지급한 보험료명세서에 따라 확정 신고한다.
			  3. 제1호 및 제2호에도 불구하고 수입자는 포괄예정보험이 적용되는

			최초 수입물품의 수입신고시에 포괄예정보험료 전액을 가산하여 잠정신고할 수 있으며, 보험료가 확정된 경우에는 최초 수입물품에 가산하여 확정 신고할 수 있다.
② 제1항 각 호 외의 부분 본문에서 "구매자가 실제로 지급하였거나 지급하여야 할 가격"이란 해당 수입물품의 대가로서 구매자가 지급하였거나 지급하여야 할 총금액을 말하며, 구매자가 해당 수입물품의 대가와 판매자의 채무를 상계(相計)하는 금액, 구매자가 판매자의 채무를 변제하는 금액, 그 밖의 간접적인 지급액을 포함한다. 다만, 구매자가 지급하였거나 지급하여야 할 총금액에서 다음 각 호의 어느 하나에 해당하는 금액을 명백히 구분할 수 있을 때에는 그 금액을 뺀 금액을 말한다. 【참조】WTO평가협정: 제1조에 대한 주해	제20조의2(간접지급금액 등) ① 법 제30조제2항 각 호 외의 부분 본문의 "그 밖의 간접적인 지급액"에는 다음 각 호의 금액이 포함되는 것으로 한다. 1. 수입물품의 대가 중 전부 또는 일부를 판매자의 요청으로 제3자에게 지급하는 경우 그 금액 【참조】WTO평가협정: 부속서 Ⅲ 제7항 2. 수입물품의 거래조건으로 판매자 또는 제3자가 수행해야 하는 하자보증을 구매자가 대신하고 그에 해당하는 금액을 할인받았거나 하자보증비 중 전부 또는 일부를 별도로 지급하는 경우 그 금액 【참조】WTO평가협정: 예해 20.1 & 해설 6.1 & 사례연구 6.1 3. 수입물품의 거래조건으로 구매자가 외국훈련비, 외국교육비 또는 연구개발비 등을 지급하는 경우 그 금액 【참조】WTO평가협정: 사례연구 7.1 4. 그 밖에 일반적으로 판매자가 부담하는 금융비용 등을 구매자가 지급하는 경우 그 금액 【참조】WTO평가협정: 해설 5.1		※ 참조: 제16조(실제지급가격) ① 법 제30조제1항 각 호 외의 부분 본문에서 "구매자가 실제로 지급하였거나 지급하여야 할 가격"(이하 "실제지급가격"이라 한다)은 다음 각 호의 금액을 포함한다. 1. 해당 수입물품에 대하여 구매자가 판매자에게 또는 판매자의 이익을 위하여 제3자에게 실제 지급하였거나 지급하여야 할 모든 금액 2. 해당 수입물품의 판매조건으로 구매자가 판매자에게 또는 판매자의 의무를 이행하기 위하여 제3자에게 실제 지급하였거나 지급하여야 할 모든 금액 【참조】WTO평가협정: 제1조에 대한 주해 & 부속서 Ⅲ의 7항

		② 법 제30조제1항 각 호의 가산금액 외에 구매자가 자기의 계산으로 행한 활동의 비용은 같은 조 제2항 각 호 외의 부분 본문의 "그 밖의 간접적인 지급액"으로 보지 않는다. 【참조】WTO평가협정: 제1조에 대한 주해 & 예해 7.1 & 예해 16.1	
1. 수입 후에 하는 해당 수입물품의 건설, 설치, 조립, 정비, 유지 또는 해당 수입물품에 관한 기술지원에 필요한 비용 【참조】WTO협정: 예해 9.1 & 해설 6.1			
2. 수입항에 도착한 후 해당 수입물품을 운송하는 데에 필요한 운임·보험료와 그 밖에 운송과 관련되는 비용 【참조】WTO평가협정: 예해 21.1			
3. 우리나라에서 해당 수입물품에 부과된 관세 등의 세금과 그 밖의 공과금 【참조】WTO평가협정: 권고의견 3.1			
4. 연불조건(延拂條件)의 수입인 경우에는 해당 수입물품에 대한 연불이자 【참조】WTO평가협정: 결정 3.1		③ 법 제30조제2항제4호에 따라 구매자가 지급하였거나 지급하여야 할 총금액에서 수입물품에 대한 연불이자를 빼는 경우는 해당 연불이자가 다음 각 호의 요건을 모두 갖춘 경우로 한다. 1. 연불이자가 수입물품의 대가로 실제로 지급하였거나 지급하여야 할 금액과 구분될 것 2. 금융계약이 서면으로 체결되었을 것 3. 해당 물품이 수입신고 된 가격으로 판매되고, 그 이자율은 금융이 제공된 국가에서 당시 금	

	융거래에 통용되는 수준의 이자율을 초과하지 않을 것 [본조신설 2020.10.7.] 【참조】 WTO평가협정: 결정 3.1		
③ 다음 각 호의 어느 하나에 해당하는 경우에는 제1항에 따른 거래가격을 해당 물품의 과세가격으로 하지 아니하고 제31조부터 제35조까지에 규정된 방법으로 과세가격을 결정한다. 이 경우 세관장은 다음 각 호의 어느 하나에 해당하는 것으로 판단하는 근거를 납세의무자에게 미리 서면으로 통보하여 의견을 제시할 기회를 주어야 한다. <개정 2011.12.31., 2014.12.23.> 1. 해당 물품의 처분 또는 사용에 제한이 있는 경우. 다만, 세관장이 제1항에 따른 거래가격에 실질적으로 영향을 미치지 아니한다고 인정하는 제한이 있는 경우 등 대통령령으로 정하는 경우는 제외한다. 【참조】 WTO평가협정: 제1조 & 제1조에 대한 주해	제21조(처분 또는 사용에 대한 제한의 범위) 법 제30조제3항제1호의 규정에 의한 물품의 처분 또는 사용에 제한이 있는 경우에는 다음 각호의 경우가 포함되는 것으로 한다. 1. 전시용·자선용·교육용 등 당해 물품을 특정용도로 사용하도록 하는 제한 2. 당해 물품을 특정인에게만 판매 또는 임대하도록 하는 제한 3. 기타 당해 물품의 가격에 실질적으로 영향을 미치는 제한 제22조(거래가격에 영향을 미치지 아니하는 제한 등) ① 법 제30조제3항제1호 단서에서 "거래가격에 실질적으로 영향을 미치지 아		

		니한다고 인정하는 제한이 있는 경우 등 대통령령으로 정하는 경우"란 다음 각 호의 어느 하나에 해당하는 제한이 있는 경우를 말한다. <개정 2011.4.1., 2015.2.6., 2020.10.7.> 1. 우리나라의 법령이나 법령에 의한 처분에 의하여 부과되거나 요구되는 제한 2. 수입물품이 판매될 수 있는 지역의 제한 3. 그 밖에 해당 수입물품의 특성, 해당 산업부문의 관행 등을 고려하여 통상적으로 허용되는 제한으로서 수입가격에 실질적으로 영향을 미치지 않는다고 세관장이 인정하는 제한 【참조】 WTO평가협정: 제1조 & 예해 12.1 & 사례연구 3.1	
2. 해당 물품에 대한 거래의 성립 또는 가격의 결정이 금액으로 계산할 수 없는 조건 또는 사정에 따라 영향을 받은 경우 【참조】 WTO평가협정: 제1조 & 권고의견 16.1 & 예해 2.1	② 법 제30조제3항제2호의 규정에 의하여 금액으로 계산할 수 없는 조건 또는 사정에 의하여 영향을 받은 경우에는 다음 각호의 경우가 포함되는 것으로 한다. 1. 구매자가 판매자로부터 특정수량의 다른 물품을 구매하는 조건으로 당해 물품의 가격이 결정되는 경우 2. 구매자가 판매자에게 판매하는 다른 물품의 가격에 따라 당해 물품의 가격이 결정되는 경우 3. 판매자가 반제품을 구매자에게 공급하고 그 대가로 그 완제품의 일정수량을 받는 조건으로 당해 물품의 가격이 결정되는 경우 【참조】 WTO평가협정: 제1조에 대한 주해 & 예해 11.1		**제4장 거래가격 배제** **제27조(조건 또는 사정)** 수입물품의 생산 또는 마케팅과 관련한 조건 또는 사정은 법 제30조제3항제2호의 거래가격을 과세가격으로 하지 아니하게 하는 조건 또는 사정으로 보지 않는다. 【참조】 WTO평가협정: 제1조에 대한 주해 제1항 (b)의 2 & 사례연구 3.1

3. 해당 물품을 수입한 후에 전매·처분 또는 사용하여 생긴 수익의 일부가 판매자에게 직접 또는 간접으로 귀속되는 경우. 다만, 제1항에 따라 적절히 조정할 수 있는 경우는 제외한다. 【참조】WTO평가협정: 제1조 4. 구매자와 판매자 간에 대통령령으로 정하는 특수관계(이하 "특수관계"라 한다)가 있어 그 특수관계가 해당 물품의 가격에 영향을 미친 경우. 다만, 해당 산업 부문의 정상적인 가격 결정 관행에 부합하는 방법으로 결정된 경우 등 대통령령으로 정하는 경우는 제외한다. 【참조】WTO평가협정: 제1조 & 제1조에 대한 주해	제23조(특수관계의 범위 등) ① 법 제30조제3항제4호에서 "대통령령으로 정하는 특수관계"란 다음 각 호의 어느 하나에 해당하는 경우를 말한다. <개정 2006.5.22., 2011.4.1., 2013.2.15.> 1. 구매자와 판매자가 상호 사업상의 임원 또는 관리자인 경우 2. 구매자와 판매자가 상호 법률상의 동업자인 경우 3. 구매자와 판매자가 고용관계에 있는 경우 4. 특정인이 구매자 및 판매자의 의결권 있는 주식을 직접 또는 간접으로 5퍼센트 이상 소유하거나 관리하는 경우 5. 구매자 및 판매자중 일방이 상대방에 대하여 법적으로 또는 사실상으로 지시나 통제를 할 수 있는 위치에 있는 등 일방이 상대방을 직접 또는 간접으로 지배하는 경우 6. 구매자 및 판매자가 동일한 제3자에 의하여 직접 또는 간접으로 지배를 받는 경우 7. 구매자 및 판매자가 동일한 제3자를 직접 또는 간접으로 공동지배하는 경우 8. 구매자와 판매자가 「국세기본법 시행령」 제1		

조의2제1항 각 호의 어느 하나에 해당하는 친족관계에 있는 경우 【참조】 WTO평가협정: 제15조 & 제15조에 대한 주해 & 권고의견 21.1 & 사례연구 9.1 & 사례연구 11.1 ② 법 제30조제3항제4호 단서에서 "해당 산업부문의 정상적인 가격결정 관행에 부합하는 방법으로 결정된 경우 등 대통령령으로 정하는 경우"란 다음 각 호의 어느 하나에 해당하는 경우를 말한다. <개정 2008.2.29., 2015.2.6., 2020.10.7.> 1. 특수관계가 없는 구매자와 판매자간에 통상적으로 이루어지는 가격결정방법으로 결정된 경우 2. 당해 산업부문의 정상적인 가격결정 관행에 부합하는 방법으로 결정된 경우 【참조】 WTO평가협정: 제1조에 대한 주해 & 사례연구 14.1 & 사례연구 14.2 & 해설 4.1	**제28조(판매 주변상황 검토에 의한 특수관계 영향 판단)** ① 세관장은 특수관계가 해당 물품의 가격에 영향을 미쳤는지 여부를 판단하기 위해 구매자와 판매자가 그들의 상업적 관계를 조직하는 방법과 해당 가격이 결정된 방법 등 거래와 관련된 여러 사실관계를 종합적으로 검토하여야 한다. ② 다음 각 호의 어느 하나에 해당하는 경우에는 영 제23조제2항제1호의 "통상적으로 이루어지는 가격결정방법" 또는 제2호의 "당해 산업부문의 정상적인 가격결정 관행에 부합하는 방법"으로 볼 수 있다. 다만, 제1호부터 제3호까지 및 제7호를 적용하는 경우로서 가격차이가 있을 때에는 해당 호 단서의 "조정"이 가능한 경우에 한정한다. 1. 판매자가 국내의 특수관계가 없는 구매자에게 동등한 가격 수준으로 판매하는 경우. 다만, 거래수량, 거래단계 등이 상이한 경우에는 이를 조정하여야 한다. 2. 판매자가 수출국 또는 제3국의 특수관계가 없는 구매자에게 동등한 가격 수준으로 판매하는 경우. 다만, 거래수량, 거래단계, 국가별 시장의 발전수준 및 판매자의 글로벌 마케팅 전략 등이 상이한 경우에는 이를 조정하여야 한다.

				3. 구매자가 동종동질 또는 유사물품을 특수관계가 없는 다른 판매자로부터 동등한 가격 수준으로 구매하는 경우. 다만, 거래수량, 거래단계 등이 상이한 경우에는 이를 조정하여야 한다. 4. 판매된 물품의 가격이 신문, 잡지 등에 공표된 가격으로서 다른 특수관계가 없는 구매자도 동등한 가격 수준으로 구입할 수 있음이 증명되는 경우 5. 해당물품의 가격이 그 물품의 생산 및 판매에 관한 모든 비용과 대표적인 기간동안에 동종 또는 동류의 물품 판매에서 실현된 기업의 전반적인 이윤을 충분하게 포함하고 있는 경우 6. 판매자가 특수관계가 없는 제조자 등으로부터 구입한 물품을 구매자에게 판매하는 경우에 해당물품의 가격이 제조자 등으로부터의 구입가격에 더하여 판매자의 판매와 관련된 통상의 이윤 및 일반경비를 충분하게 포함하고 있는 경우 7. 판매자가 구매자에 대한 판매에서 실현한 매출총이익률과 특수관계가 없는 구매자에 대한 판매에서 실현한 매출총이익률이 동등한 수준인 경우. 다만, 거래수량, 거래단계, 국가별 시장의 발전수준 및 판매자의 글로벌 마케팅 전략 등이 상이한 경우에는 이를 조정하여야 한다. 8. 구매자가 특수관계자로부터 구매한 물품과 특

			수관계가 없는 자로부터 구매한 동종동질 또는 유사물품을 국내 판매할 때 실현한 매출총이익률이 동등한 수준인 경우. 다만, 동등한 수준의 거래조건과 시장조건에서 실현된 것을 전제로 하며, 구매자의 총이익률은 해당 산업의 총이익률과 동등한 수준이어야 한다. 9. 구매자가 해당 수입물품 또는 이를 대체할 수 있는 물품을 특수관계가 없는 자로부터 자유롭게 구매하며, 구매자가 판매자를 선택하는 주요 요인이 가격에 의한 것임이 제출 자료 및 실제 거래내역에 의해 확인되는 경우 10. 판매자가 가격을 결정하기 위한 특정한 공식을 사용하며, 특수관계가 있는 구매자와 특수관계가 없는 구매자에게 물품을 판매할 때 해당 공식을 동일하게 적용하는 경우 【참조】 WTO평가협정: 사례연구 10.1 사례연구 11.1 & 예해 23.1 & 해설 4.1
	3. 해당 물품의 가격이 다음 각 목의 어느 하나의 가격(이하 이 조에서 "비교가격"이라 한다)에 근접하는 가격으로서 기획재정부령으로 정하는 가격에 해당함을 구매자가 입증한 경우. 이 경우 비교가격 산출의 기준시점은 기획재정부령으로 정한다. 가. 특수관계가 없는 우리나라의 구매자에게 수출되는 동종·동질	제5조(특수관계의 영향을 받지 않은 물품가격) ① 영 제23조제2항제3호 각 목 외의 부분에서 "기획재정부령이 정하는 가격"이란 수입가격과 영 제23조제2항제3호 각 목의 가격(이하 "비교가격"이라 한다)과의 차이가 비교가격을 기준으로 하여 비교할 때 100분의 10 이하인 경우를 말한다. 다만, 세관장은 해당 물품의 특성·	제29조(비교가격에 의한 특수관계 영향 판단) ① 수입자가 수입물품의 거래가격이 영 제23조제2항제3호 각 목의 가격(이하 "비교가격"이라 한다.)에 근접함을 증명하는 경우에는 제28조에 따른 검토 없이 거래가격을 수용한다. 【참조】 WTO평가협정: 제1조에 대한 주해 제2항 4 ② 비교가격은 법 제38조제2항의 심사, 법 제110조제2

	물품 또는 유사물품의 거래가격 나. 법 제33조 및 법 제34조의 규정에 의하여 결정되는 동종·동질물품 또는 유사물품의 과세가격 【참조】WTO평가협정: 제1조 제1항 (b) ③ 해당 물품의 가격과 비교가격을 비교할 때에는 거래단계, 거래수량 및 법 제30조제1항 각 호의 금액의 차이 등을 고려해야 한다. <개정 2020.10.7.> 【참조】WTO평가협정: 제2항 (b) ④ 제2항의 규정을 적용받고자 하는 자는 관세청장이 정하는 바에 따라 가격신고를 하는 때에 그 증명에 필요한 자료를 제출하여야 한다.	거래내용·거래관행 등으로 보아 그 수입가격이 합리적이라고 인정되는 때에는 비교가격의 100분의 110을 초과하더라도 비교가격에 근접한 것으로 볼 수 있으며, 수입가격이 불합리한 가격이라고 인정되는 때에는 비교가격의 100분의 110 이하인 경우라도 비교가격에 근접한 것으로 보지 아니할 수 있다. <개정 2008.12.31., 2009.3.26.> 【참조】WTO평가협정: 제1조에 대한 주해 제2항 (b) ② 비교가격은 비교의 목적으로만 사용되어야 하며, 비교가격을 과세가격으로 결정하여서는 아니된다. 【참조】WTO평가협정: 제2항 (C) ③ 영 제23조제2항제3호 후단에 따른 비교가격 산출의 기준시점은 다음 각 호와 같다. <신설 2020.10.7.> 1. 특수관계가 없는 우리나라의 구매자에게 수출되는 동종·동질물품 또는 유사물품의 거래가격: 선적 시점 2. 법 제33조에 따라 결정되는 동종·동질물품 또는 유사물품의 과세가격: 국내판매 시점 3. 법 제34조에 따라 결정되는 동종·동질물품 또는 유사물품의 과세가격: 수입신고 시점 [제목개정 2020.10.7.] 【참조】WTO평가협정: 해설 1.1	항제2호의 관세조사 등을 통하여 세관장이 과세가격으로 인정한 사실이 있는 가격이어야 하며, 영 제23조제2항제3호나목의 가격을 적용할 때에 해당 수입물품에 기초한 과세가격은 비교가격으로 사용할 수 없다. 【참조】WTO평가협정: 권고 의견 7.1 ③ 제1항에 따라 수입물품의 거래가격이 비교가격에 근접한지 여부를 결정하는 경우에는 물품의 특성, 산업의 특징, 물품이 수입되는 계절 및 가격차이의 상업적 중요성 등을 고려하여야 한다. 【참조】WTO평가협정: 제1조에 대한 주해 제2항 (b)	
④ 세관장은 납세의무자가 제1항에 따른 거래가격으로 가격신고를 한 경우 해당 신고가격이 동종·동질물품 또는 유사물품의 거래가격과 현저한 차이가 있는 등 이를 과세가격으로	**제24조(과세가격 불인정의 범위 등)** ① 법 제30조제4항에서 "대통령령으로 정하는 경우"란 다음 각 호의 어느 하나에 해당하는 경우를 말한다.		

인정하기 곤란한 경우로서 대통령령으로 정하는 경우에는 대통령령으로 정하는 바에 따라 납세의무자에게 신고가격이 사실과 같음을 증명할 수 있는 자료를 제출할 것을 요구할 수 있다. 【참조】 WTO평가협정: 결정 6.1	<개정 2008.2.29., 2011.4.1., 2013.2.15., 2016.2.5.> 1. 납세의무자가 신고한 가격이 동종·동질물품 또는 유사물품의 가격과 현저한 차이가 있는 경우 2. 납세의무자가 동일한 공급자로부터 계속하여 수입하고 있음에도 불구하고 신고한 가격에 현저한 변동이 있는 경우 3. 신고한 물품이 원유·광석·곡물 등 국제거래시세가 공표되는 물품인 경우 신고한 가격이 그 국제거래시세와 현저한 차이가 있는 경우 3의2. 신고한 물품이 원유·광석·곡물 등으로서 국제거래시세가 공표되지 않는 물품인 경우 관세청장 또는 관세청장이 지정하는 자가 조사한 수입물품의 산지 조사가격이 있는 때에는 신고한 가격이 그 조사가격과 현저한 차이가 있는 경우 4. 납세의무자가 거래처를 변경한 경우로서 신고한 가격이 종전의 가격과 현저한 차이가 있는 경우 5. 제1호부터 제4호까지의 사유에 준하는 사유로서 기획재정부령으로 정하는 경우 【참조】 WTO평가협정: 사례연구 13.1 & 사례연구 13.2		
	② 세관장은 법 제30조제4항에 따라 자료제출을 요구하는 경우 그 사유와 자료제출에 필요한 기획재정부령으로 정하는 기간을 적은 서면으로 해야 한다. <개정 2020.10.7.>	**제5조의2**(신고가격 증명자료 제출기간) 영 제24조제2항에 따른 "기획재정부령으로 정하는 기간"은 자료제출 요구일로부터 15일로 한다. 다만, 부득이한 사유로 납세의무자가 자료제출 기간 연장을 요청하는 경	

		우에는 세관장이 해당 사유를 고려하여 타당하다고 인정하는 기간으로 한다. [본조신설 2020.10.7.]	
		제6조 삭제 <2012.2.28.>	
⑤ 세관장은 납세의무자가 다음 각 호의 어느 하나에 해당하면 제1항과 제2항에 규정된 방법으로 과세가격을 결정하지 아니하고 제31조부터 제35조까지에 규정된 방법으로 과세가격을 결정한다. 이 경우 세관장은 빠른 시일 내에 과세가격 결정을 하기 위하여 납세의무자와 정보교환 등 적절한 협조가 이루어지도록 노력하여야 하고, 신고가격을 과세가격으로 인정하기 곤란한 사유와 과세가격 결정 내용을 해당 납세의무자에게 통보하여야 한다. <개정 2013.1.1.> 1. 제4항에 따라 요구받은 자료를 제출하지 아니한 경우 2. 제4항의 요구에 따라 제출한 자료가 일반적으로 인정된 회계원칙에 부합하지 아니하게 작성된 경우 3. 그 밖에 대통령령으로 정하는 사유에 해당하여 신고가격을 과세가격으로 인정하기 곤란한 경우 [전문개정 2010.12.30.]		③ 법 제30조제5항제3호에서 "대통령령으로 정하는 사유에 해당하여 신고가격을 과세가격으로 인정하기 곤란한 경우"란 다음 각 호의 어느 하나에 해당하는 경우를 말한다. <신설 2007.4.5., 2011.4.1.> 1. 납세의무자가 제출한 자료가 수입물품의 거래관계를 구체적으로 나타내지 못하는 경우 2. 그 밖에 납세의무자가 제출한 자료에 대한 사	

		실관계를 확인할 수 없는 등 신고가격의 정확성이나 진실성을 의심할만한 합리적인 사유가 있는 경우	

제31조(동종·동질물품의 거래가격을 기초로 한 과세가격의 결정)	제25조(동종·동질물품의 범위)		
① 제30조에 따른 방법으로 과세가격을 결정할 수 없는 경우에는 과세가격으로 인정된 사실이 있는 동종·동질물품의 거래가격으로서 다음 각 호의 요건을 갖춘 가격을 기초로 하여 과세가격을 결정한다. 1. 과세가격을 결정하려는 해당 물품의 생산국에서 생산된 것으로서 해당 물품의 선적일(船積日)에 선적되거나 해당 물품의 선적일을 전후하여 가격에 영향을 미치는 시장조건이나 상관행(商慣行)에 변동이 없는 기간 중에 선적되어 우리나라에 수입된 것일 것 【참조】 WTO평가협정: 제2조제1항 (a)	① 법 제31조제1항 각 호 외의 부분에서 "동종·동질물품"이란 해당 수입물품의 생산국에서 생산된 것으로서 물리적 특성, 품질 및 소비자 등의 평판을 포함한 모든 면에서 동일한 물품(외양에 경미한 차이가 있을 뿐 그 밖의 모든 면에서 동일한 물품을 포함한다)을 말한다. <개정 2020.10.7.> 【참조】 WTO평가협정: 제15조 & 예해 1.1 ② 법 제31조제1항제1호에서 "선적일"은 수입물품을 수출국에서 우리나라로 운송하기 위하여 선적하는 날로 하며, 선하증권, 송품장 등으로 확인한다. 다만, 선적일의 확인이 곤란한 경우로서 해당 물품의 선적국 및 운송수단이 동종·동질물품의 선적국 및 운송수단과 동일한 경우에는 같은 호에 따른 "선적일"을 "입항일"로, "선적"을 "입항"으로 본다. <신설 2020.10.7.> ③ 법 제31조제1항제1호에서 "해당 물품의 선적일을 전후하여 가격에 영향을 미치는 시장조건이나 상관행에 변동이 없는 기간"은 해당 물품의 선적일 전 60일과 선적일 후 60일을 합한 기간으로 한다. 다만, 농림축산물 등 계절에 따라 가격의 차이가 심한 물품		

2. 거래 단계, 거래 수량, 운송 거리, 운송 형태 등이 해당 물품과 같아야 하며, 두 물품 간에 차이가 있는 경우에는 그에 따른 가격차이를 조정한 가격일 것 【참조】 WTO평가협정: 제2조 제1항 (b)	의 경우에는 선적일 전 30일과 선적일 후 30일을 합한 기간으로 한다. 〈신설 2020. 10. 7.〉 ④ 법 제31조제1항제2호에 따른 가격차이의 조정은 다음 각 호의 구분에 따른 방법으로 한다. 〈신설 2020.10.7.〉 1. 거래 단계가 서로 다른 경우: 수출국에서 통상적으로 인정하는 각 단계별 가격차이를 반영하여 조정 2. 거래 수량이 서로 다른 경우: 수량할인 등의 근거자료를 고려하여 가격차이를 조정 3. 운송 거리가 서로 다른 경우: 운송 거리에 비례하여 가격차이를 조정 4. 운송 형태가 서로 다른 경우: 운송 형태별 통상적으로 적용되는 가격차이를 반영하여 조정 【참조】 WTO평가협정: 예해 10.1		**제5장 거래가격 배제에 따른 과세가격 결정** **제30조**(제2방법 및 제3방법 적용요건 등) 영 제25조제4항에 따른 가격차이의 조정은 가격이 증가 또는 감소되는지 여부와 상관없이 조정의 합리성과 정확성을 보장할 수 있는 입증 자료에 근거하여야 한다. 【참조】 WTO평가협정: 제2조 제1항 (b) & 예해 10.1
② 제1항에 따라 과세가격으로 인정된 사실이 있는 동종·동질물품의 거래가격이라 하더라도 그 가격의 정확성과 진실성을 의심할 만한 합리적인 사유가 있는 경우 그 가격은 과세가격 결정의 기초자료에서 제외한다. 〈신설 2013.1.1.〉			
③ 제1항을 적용할 때 동종·동질물품의 거래가격이 둘 이상 있는 경우에는 생산자, 거래 시기, 거래 단계, 거래 수량 등(이하 "거래내용등"이라 한다)이 해당 물품과 가장 유사한 것에 해당하는 물품의 가격을 기초로 하고, 거래내용등이 같은 물품이 둘 이상 있고 그 가격도 둘 이상이 있는 경우에는 가장 낮은	⑤ 법 제31조제3항을 적용할 때 해당 물품의 생산자가 생산한 동종·동질물품은 다른 생산자가 생산한 동종·동질물품보다 우선하여 적용한다. 〈신설 2020.10.7.〉 【참조】 WTO평가협정: 제15조 & 예해 1.1		

가격을 기초로 하여 과세가격을 결정한다. <개정 2013.1.1.> [전문개정 2010.12.30.] 【참조】 WTO평가협정: 제2조 제3항			
제32조(유사물품의 거래가격을 기초로 한 과세가격의 결정) ① 제30조와 제31조에 따른 방법으로 과세가격을 결정할 수 없을 때에는 과세가격으로 인정된 사실이 있는 유사물품의 거래가격으로서 제31조제1항 각 호의 요건을 갖춘 가격을 기초로 하여 과세가격을 결정한다. 【참조】 WTO평가협정: 제3조 제1항 (a) ② 제1항에 따라 과세가격으로 인정된 사실이 있는 유사물품의 거래가격이라 하더라도 그 가격의 정확성과 진실성을 의심할만한 합리적인 사유가 있는 경우 그 가격은 과세가격 결정의 기초자료에서 제외한다. <신설 2013.1.1.> ③ 제1항을 적용할 때 유사물품의 거래가격이 둘 이상이 있는 경우에는 거래내용등이 해당 물품과 가장 유사한 것에 해당하는 물품의 가격을 기초로 하고, 거래내용등이 같은 물품이 둘 이상이 있고 그 가격도 둘 이상이 있는 경우에는 가장 낮은 가격을 기초로 하여 과세가격을 결정한다. <개정 2013.1.1.> [전문개정 2010.12.30.] 【참조】 WTO평가협정: 제3조 제3항	제26조(유사물품의 범위) ① 법 제32조제1항에서 "유사물품"이라 함은 당해 수입물품의 생산국에서 생산된 것으로서 모든 면에서 동일하지는 아니하지만 동일한 기능을 수행하고 대체사용이 가능할 수 있을 만큼 비슷한 특성과 비슷한 구성요소를 가지고 있는 물품을 말한다. <개정 2020.10.7.> 【참조】 WTO평가협정: 제15조 & 예해 1.1 ② 법 제32조에 따라 과세가격을 결정할 때에는 제25조제2항부터 제5항까지의 규정을 준용한다. 이 경우 "동종・동질물품"은 "유사물품"으로 본다. <신설 2020.10.7.>		

제33조(국내판매가격을 기초로 한 과세가격의 결정) ① 제30조부터 제32조까지에 규정된 방법으로 과세가격을 결정할 수 없을 때에는 제1호의 금액에서 제2호부터 제4호까지의 금액을 뺀 가격을 과세가격으로 한다. 다만, 납세의무자가 요청하면 제34조에 따라 과세가격을 결정하되 제34조에 따라 결정할 수 없는 경우에는 이 조, 제35조의 순서에 따라 과세가격을 결정한다. <개정 2011.12.31.> 【참조】 WTO평가협정: 제5조 제1항 (a)		**제31조**(제4방법을 적용할 수 없는 수입물품) 제4방법으로 과세가격을 결정할 수 없는 경우에는 다음 각 호의 어느 하나에 해당하는 경우를 포함한다. 1. 법 제33조제2항의 경우 2. 영 제27조제3항 단서에 따른 수입신고일부터 90일 이내 판매되는 가격을 확인할 수 없는 경우 3. 제34조에 따른 방법으로 비교대상업체가 2개 이상 선정되지 않는 경우 4. 제36조에 따라 영 제27조제5항제1호의 "납세의무자가 제출한 회계보고서를 근거로 계산한 이윤 및 일반경비의 비율"(이하 "납세의무자 비율"이라 한다)을 계산할 수 없는 경우
1. 해당 물품, 동종·동질 물품 또는 유사물품이 수입된 것과 동일한 상태로 해당 물품의 수입신고일 또는 수입신고일과 거의 동시에 특수관계가 없는 자에게 가장 많은 수량으로 국내에서 판매되는 단위가격을 기초로 하여 산출한 금액 【참조】 WTO평가협정: 제5조에 대한 주해	**제27조**(수입물품의 국내판매가격 등) ① 법 제33조제1항제1호에서 "국내에서 판매되는 단위가격"이란 수입 후 최초의 거래에서 판매되는 단위가격을 말한다. 다만, 다음 각 호의 어느 하나에 해당하는 경우의 가격은 이를 국내에서 판매되는 단위가격으로 보지 아니한다. <개정 2011.4.1.> 1. 최초거래의 구매자가 판매자 또는 수출자와 제23조제1항에 따른 특수관계에 있는 경우 2. 최초거래의 구매자가 판매자 또는 수출자에게 제18조 각호의 물품 및 용역을 수입물품의 생산 또는 거래에 관련	**제32조**(법 제33조에 따른 금액 산정 시 고려사항) ① 관세법 제33조제1항제1호의 금액을 산정하는 경우에는 일반적으로 인정된 회계원칙에 따라 매출액에서 차감되는 금액(매출에누리, 매출할인 등)을 공제하고, 매출환입된 판매수량은 단위가격을 산정할 때 판매되지 않은 것으로 본다. 다만, 차감되는 금액 중 판매비와 관리비 성격의 금액이 포함되어 있는 경우에는 그 금액을 제외하고 공제한다. ② 법 제33조제1항제4호에 따른 "조세와 그 밖의 공과금"은 세관장이 제4방법을 적용하여 산출한 과세가격을 기초로 계산한 금액을 의미한다.

	2. 국내판매와 관련하여 통상적으로 지급하였거나 지급하여야 할 것으로 합의된 수수료 또는 동종·동류의 수입물품이 국내에서 판매되는 때에 통상적으로 부가되는 이윤 및 일반경비에 해당하는 금액 【참조】 WTO평가협정: 제5조 & 제5조 주해	하여 사용하도록 무료 또는 인하된 가격으로 공급하는 경우 【참조】 WTO평가협정: 제5조에 대한 주해 ② 법 제33조제1항제1호에 따른 금액을 산출할 때에는 해당 물품, 동종·동질물품, 유사물품의 순서로 적용한다. 이 경우 해당 수입자가 동종·동질물품 또는 유사물품을 판매하고 있는 경우에는 해당 수입자의 판매가격을 다른 수입자의 판매가격에 우선하여 적용한다. <신설 2020.10.7.> 【참조】 WTO평가협정: 제5조 주해 & 예해 15.1 ③ 법 제33조제1항제1호의 규정을 적용함에 있어서의 수입신고일과 거의 동시에 판매되는 단위가격은 당해 물품의 종류와 특성에 따라 수입신고일의 가격과 가격변동이 거의 없다고 인정되는 기간중의 판매가격으로 한다. 다만, 수입신고일부터 90일이 경과된 후에 판매되는 가격을 제외한다. <개정 2020.10.7.> 【참조】 WTO평가협정: 제5조 제1항 (b) ④ 법 제33조제1항제2호에서 "동종·동류의 수입물품"이라 함은 당해 수입물품이 제조되는 특정산업 또는 산업부문에서 생산되고 당해 수입물품과 일반적으로 동일한 범주에 속하는 물품(동종·동질물품 또는 유사물품을 포함한다)을 말한다. <개정 2020.10.7.> ⑤ 법 제33조제1항제2호에 따른 이윤 및 일반경비는 일체로서 취급하며, 일반적으로 인정된 회계원칙에 따라 작성된 회계보고서를		③ 제4방법으로 과세가격을 결정하는 물품이 장기간 반복하여 수입되고 납세의무자의 요청이 있는 경우 세관장은 매 신고건별로 법 제33조제1항제2호부터 제4호까지 및 법 제33조제3항 각 호의 금액(이하 "공제금액"이라 한다)을 계산하는 대신에 영 제30조에 따라 일정기간 동안의 국내판매가격에 대한 공제금액의 비율(이하 "공제율"이라 한다)을 산정하여 적용할 수 있다.

근거로 하여 다음 각 호의 구분에 따라 계산한다. <개정 2012.2.2., 2020.10.7., 2023.2.28.> 【참조】 WTO평가협정: 제5조 주해&예해 15.1 1. 납세의무자가 제출한 회계보고서를 근거로 계산한 이윤 및 일반경비의 비율이 제6항 또는 제8항에 따라 산출한 이윤 및 일반경비의 비율(이하 이 조에서 "동종·동류비율"이라 한다)의 100분의 120 이하인 경우: 납세의무자가 제출한 이윤 및 일반경비 2. 제1호 외의 경우: 동종·동류비율을 적용하여 산출한 이윤 및 일반경비 ⑥ 세관장은 관세청장이 정하는 바에 따라 해당 수입물품의 특성, 거래 규모 등을 고려하여 동종·동류의 수입물품을 선정하고 이 물품이 국내에서 판매되는 때에 부가되는 이윤 및 일반경비의 평균값을 기준으로 동종·동류비율을 산출하여야 한다. <신설 2012.2.2., 2020.10.7.> ⑦ 세관장은 동종·동류비율 및 그 산출근거를 납세의무자에게 서면으로 통보하여야 한다. <신설 2012.2.2., 2020.10.7.>		④ 제3항에 따른 공제율 산정의 신청 및 산정방법은 규칙 제7조의9에서 정하는 바에 따른다. **제33조(산출대상 품목군 등의 결정)** ① 세관장이 영 제27조제6항에 따른 동종·동류비율을 산출할 때에는 다음 각 호의 사항을 고려하여 연도별로 결정한 납세의무자의 제4방법 적용대상 수입물품(이하 "산출대상 품목군"이라 한다)별로 산출하여야 한다. 1. 해당 수입물품의 관세·통계통합품목분류표 품목번호(이하 "품목번호"라 한다) 2. 해당 수입물품 및 관련 산업의 특성 3. 납세의무자의 취급품목, 국내판매형태, 사업부문 및 회계자료의 구분 여부 등 사업의 내용 ② 세관장은 다음 각 호의 사항을 고려하여 산출대상 품목군과 동종·동류 물품의 품목번호의 범위(이하 "동종·동류 품목번호"라

한다)를 연도별로 결정하여야 한다.
1. 산출대상 품목군의 10단위부터 2단위까지의 품목번호 중 대표성이 있는 품목번호. 다만, 품목이 다양한 경우 여러 품목번호 단위로 결정할 수 있다.
2. 산출대상 품목군의 전체 수입액에서 차지하는 수입비중이 80% 이상인 품목번호. 다만, 제34조에 따라 비교대상업체를 선정할 때 다른 산업부문의 업체가 선정될 우려가 있는 품목번호 등은 제외할 수 있다.

제34조(비교대상업체의 선정)

① 세관장은 제33조제1항에 따른 산출대상 품목군별로 다음 각 호의 요건을 모두 충족하는 업체들을 비교대상업체 후보군으로 선정한다. 이 경우 산업의 특성과 연도별 수입실적을 고려하여 비교대상업체 후보군의 규모를 조정할 수 있다.
1. 납세의무자와 동일한 연도에 동종·동류 품목번호에 해당하는 물품을 수입한 실적이 있는 업체
2. 수입시점과 동시 또는 유사한 시점에 다음 각 목의 어느 하나에 해당하는 업종에 속하는 업체
   가. 「부가가치세법」, 「법인세법」 및 「소득세법」에 따른 사업자등록 정보로서 납세의무자의 업종
   나. 가목의 업종, 주요

경쟁업체의 업종, 동종·동류 품목번호에 해당하는 물품을 주로 취급하는 업종 등을 고려하여 선정한 「부가가치세법」, 「법인세법」 및 「소득세법」에 따른 사업자등록 정보의 업종

② 세관장은 제1항에 따라 선정된 비교대상업체 후보군 중 다음 각 호의 요건을 모두 충족하는 업체를 비교대상업체로 선정한다.

1. 동종·동류 품목번호에 해당하는 물품에 대한 연도별 수입금액이 납세의무자의 해당 수입금액의 100분의 50 이상이고 100분의 150 이하인 업체

| 동종·동류 품목번호에 해당 하는 물품에 대한 납세의무자 의 연도별 수입금액 × 50% | 금액 | 동종·동류 품목번호에 해당 하는 물품에 대한 연도별 수 입금액 | ≤ | 동종·동류 품목번호에 해당 하는 물품에 대한 납세의무자 의 연도별 수입금액 × 150% |

2. 「주식회사 등의 외부감사에 관한 법률」에서 정하는 외부감사대상법인으로서 산출대상 연도의 외부감사 의견이 "적정"인 업체. 다만, 그 밖에 외부감사 결과가 적정함을 확인할 수 있는 객관적인 자료가 있는 업체는 비교대상업체에 포함할 수 있다.

3. 산출대상 품목군과 동종·동류 물품의 국내 판매형태(상품 판매, 제조가공 후 판매)가 동일하거나 유사한 업체. 다만, 손익계산서에 판매형태별로 매출액 및 매출원가가 구분되어 있는 경우에는 여러 판매형태를 병행하고 있는 업체도 비교대상업체로 선정할 수 있다.

4. 제3호에 따른 국내판매형태에 대한 매출액이 매출원가보다 많은 업체

			③ 제2항에 따라 선정된 비교대상업체 중 다음 각 호의 어느 하나에 해당하는 업체를 제외한다. 1. 매출원가 대비 동종·동류 품목번호에 해당하는 물품을 수입한 금액의 비율이 다음 각 목의 구분에 해당하는 업체 　가. 산출대상 품목군의 국내판매형태가 상품 판매인 경우: 상품 매출원가 대비 동종·동류 품목번호에 해당하는 물품을 수입한 금액의 비율이 100의 30미만 　나. 산출대상 품목군의 국내판매형태가 제조 가공 후 판매인 경우: 제품 매출원가 대비 동종·동류 품목번호에 해당하는 물품을 수입한 금액의 비율이 100의 10 미만 2. 제2항에 따라 선정된 각 비교대상업체의 매출총이익률이 비교대상업체 전체의 매출액 합계액에서 매출총이익 합계액이 차지하는 비율의 100분의 50 미만이거나 100분의 150 초과인 업체 3. 동종·동류 품목번호에 해당하는 수입물품의 거래가격이 영 제23조 제1항의 특수관계로부터 영향을 받았다고 세관장이 인정한 업체
			제35조(동종·동류비율의 산출 및 통보 등) ① 영 제27조제6항에 따른 동종·동류비율은 세관장이 제34조에 따라 선정한 비교대상업체들의 매출액 총합계액에서 매출총이익

				총합계액이 차지하는 비율을 기초로 산출한다. ② 세관장은 필요하다고 인정되는 경우에는 납세의무자, 관련 업계 또는 단체 등에게 제34조에 따른 비교대상업체 선정 및 이 조에 따른 동종·동류비율 산출을 위해 필요한 자료를 요청할 수 있다. ③ 세관장은 제33조, 제34조 및 제36조의 규정을 적용함에 있어 납세의무자에게 다음 각 호의 사항에 대해 의견을 제시할 기회를 주어야 한다. 　1. 제33조에 따른 산출대상 품목군 및 동종·동류 품목번호 　2. 제34조제1항제2호에 따른 업종 　3. 제34조제2항제3호에 따른 국내판매형태 　4. 제36조에 따른 납세의무자 비율 ④ 세관장은 제1항에 따라 동종·동류비율을 산출한 후 다음 각 호의 사항을 별지 제1호서식의 이윤 및 일반경비율 산출내역서에 작성하여 납세의무자와 관세평가분류원장에게 통보하여야 한다. 　1. 제1항에 따른 동종·동류비율 　2. 제36조에 따른 납세의무자 비율 **제36조**(납세의무자 비율 산출) ① 납세의무자 비율은 제33조제1항에 따라 결정된 산출대상 품목군과 동종·동류의 물품에 대해 구분 계산한 납세의무자의 매출액, 매출원가를 기초로 다음 산식에 따라 계산한다.

⑧ 납세의무자는 세관장이 산출한 동종·동류비율이 불합리하다고 판단될 때에는 제7항에 따른 통보를 받은 날부터 30일 이내에 관세청장이 정하는 바에 따라 해당 납세의무자의 수입물품을 통관했거나 통관할 세관장을 거쳐 관세청장에게 이의를 제기할 수 있다. 이 경우 관세청장은 해당 납세의무자가 제출하는 자료와 관련 업계 또는 단체의 자료를 검토하여 동종·동류비율을 다시 산출할 수 있다.
<신설 2012.2.2., 2018.2.13., 2020.10.7., 2023.2.28.>

② 세관장은 제4방법으로 과세가격을 결정하려는 수입물품의 수입신고일이 속하는 회계연도의 회계보고서가 작성되지 않은 경우에는 직전 회계연도에 해당 수입물품을 수입하였다면 직전 회계연도의 회계보고서를 기초로 납세의무자 비율을 계산할 수 있다.

제37조(동종·동류비율에 대한 이의제기)

① 영 제27조제8항에 따라 동종·동류비율에 대해 이의를 제기하려는 납세의무자는 이의제기방법 등 세부적인 내용에 대하여 관세평가분류원장에게 사전 상담을 신청할 수 있다.

② 영 제27조제8항에 따라 동종·동류비율에 대해 이의를 제기하려는 납세의무자는 별지 제2호서식의 동종·동류비율 이의제기서(이하 "이의제기서"라 한다)에 다음 각 호의 자료를 첨부하여 이를 제35조제4항에 따라 동종·동류비율을 통보한 세관장을 거쳐 관세평가분류원장에게 제출하여야 한다.

 1. 제33조에 따른 산출대상 품목군, 동종·동류 품목번호 또는 제34조제1항제2호에 따른 업종 등 세관장이 산출한 동종·동류비율이 불합리하다고 판단하는 사유와 그 근거자료

 2. 납세의무자가 재산출한 납세의무자 비율 및 이를 확인할 수 있는 회계 자료(제36조에 따라 세관장이 산출한 납세

				의무자 비율이 불합리하다고 판단하는 경우에 한정한다) ③ 이의제기서를 접수한 세관장은 접수일로부터 7일 이내에 법 제33조에 따라 과세가격을 결정하는 사유 및 이의제기에 대한 세관장 의견서를 첨부하여 이의제기서를 관세평가분류원장에게 이관해야 한다. ④ 관세평가분류원장은 제2항에 따라 제출된 서류가 동종·동류비율의 재검토를 위하여 충분하지 않은 경우에는 15일 이내의 기간을 정하여 보완자료의 제출을 요구할 수 있으며, 이의제기한 납세의무자가 기간 내에 자료를 보완하지 아니하는 경우에는 이의제기를 반려할 수 있다. ⑤ 관세평가분류원장은 이의제기 내용 및 제3항에 따른 세관장 의견서에 대한 검토를 마치고 그 결과를 세관장 및 이의제기한 납세의무자에게 통보하여야 한다. 이 경우 관세평가분류원장은 제33조에 따른 산출대상 품목군과 동종·동류 품목번호의 범위 및 제34조에 따른 비교대상 업체의 선정 등이 곤란한 경우 등 부득이한 경우를 제외하고 이의제기서를 접수한 날로부터 30일(자료보완기간 제외) 이내에 통보하여야 한다. ⑥ 세관장은 이의제기를 반영하여 산출된 동종·동류비율을 적용한 과세가격이 제35조에 따라 통보한 동종·동류비율을 적용한 과세가격보다 높은 경우에는 제35조에 따라 통보한 동종·동류비율을 적용한다.

3. 수입항에 도착한 후 국내에서 발생한 통상의 운임·보험료와 그 밖의 관련 비용 4. 해당 물품의 수입 및 국내판매와 관련하여 납부하였거나 납부하여야 하는 조세와 그 밖의 공과금 ② 제1항제1호에 따른 국내에서 판매되는 단위가격이라 하더라도 그 가격의 정확성과 진실성을 의심할만한 합리적인 사유가 있는 경우에는 제1항을 적용하지 아니할 수 있다. <신설 2014.12.23.> ③ 해당 물품, 동종·동질물품 또는 유사물품이 수입된 것과 동일한 상태로 국내에서 판매되는 사례가 없는 경우 납세의무자가 요청할 때에는 해당 물품이 국내에서 가공된 후 특수관계가 없는 자에게 가장 많은 수량으로 판매되는 단위가격을 기초로 하여 산출된 금액에서 다음 각 호의 금액을 뺀 가격을 과세가격으로 한다. <개정 2014.12.23.> 1. 제1항제2호부터 제4호까지의 금액 2. 국내 가공에 따른 부가가치 [전문개정 2010.12.30.] 【참조】 WTO평가협정: 제5조 & 제5조에 대한 주해	⑨ 법 제33조제1항제3호에서 "그 밖의 관련 비용"이란 해당 물품, 동종·동질물품 또는 유사물품의 하역, 검수, 검역, 검사, 통관 비용 등 수입과 관련하여 발생하는 비용을 말한다. <신설 2020.10.7.> ⑩ 법 제33조제2항에서 "그 가격의 정확성과 진실성을 의심할만한 합리적인 사유가 있는 경우"란 해당 물품의 국내판매가격이 동종·동질물품 또는 유사물품의 국내판매가격보다 현저하게 낮은 경우 등을 말한다. <신설 2020.10.7.>		※ [참조] 제32조(법 제33조에 따른 금액 산정 시 고려사항) (중략) ② 법 제33조제1항제4호에 따른 "조세와 그 밖의 공과금"은 세관장이 제4방법을 적용하여 산출한 과세가격을 기초로 계산한 금액을 의미한다.
제34조(산정가격을 기초로 한 과세가격의 결정) ① 제30조부터 제33조까지에 규정된 방법으로 과세가격을 결정할 수 없을 때에는 다음 각 호의 금액을 합한 가격을 기초로 하여 과세가격을 결정한다.	**제28조**(산정가격을 기초로 한 과세가격의 결정) ① 법 제34조제1항제1호에 해당하는 금액은 해당 물품의 생산자가 생산국에서 일반적으로 인정된 회계원칙에 따라 작성하여 제공하는 회계장부 등 생산에		**제38조**(제5방법을 적용할 수 없는 수입물품) 납세의무자가 영 제28조제1항에 따라 제출하는 자료만으로 법 제34조제1항제1호에 해당하는 금액을 확인할 수 없는 경우에는 제5방법에 따라 과세가격을 결정할 수 없다.

<개정 2013.1.1.> 1. 해당 물품의 생산에 사용된 원자재 비용 및 조립이나 그 밖의 가공에 드는 비용 또는 그 가격 2. 수출국 내에서 해당 물품과 동종·동류의 물품의 생산자가 우리나라에 수출하기 위하여 판매할 때 통상적으로 반영하는 이윤 및 일반경비에 해당하는 금액 3. 해당 물품의 수입항까지의 운임·보험료와 그 밖에 운송과 관련된 비용으로서 제30조제1항제6호에 따라 결정된 금액 【참조】WTO평가협정: 제6조 & 제6조에 대한 주해 ② 납세의무자가 제1항 각 호의 금액을 확인하는데 필요한 자료를 제출하지 않은 경우에는 제1항을 적용하지 않을 수 있다. <신설 2013.1.1.> [전문개정 2010.12.30.] 【참조】WTO평가협정: 제6조	관한 자료를 근거로 하여 산정한다. <신설 2020.10.7.> ② 법 제34조제1항제1호에 따른 조립이나 그 밖의 가공에 드는 비용 또는 그 가격에는 법 제30조제1항제2호에 따른 금액이 포함되는 것으로 하며, 우리나라에서 개발된 기술·설계·고안·디자인 또는 공예에 드는 비용을 생산자가 부담하는 경우에는 해당 비용이 포함되는 것으로 한다. <개정 2005.6.30., 2020.10.7.> [제목개정 2020.10.7.]		
제35조(합리적 기준에 따른 과세가격의 결정) ① 제30조부터 제34조까지에 규정된 방법으로 과세가격을 결정할 수 없을 때에는 대통령령으로 정하는 바에 따라 제30조부터 제34조까지에 규정된 원칙과 부합되는 합리적인 기준에 따라 과세가격을 결정한다. ② 제1항에 따른 방법으로 과세가격을 결정할 수 없을 때에는 국제거래시세·산지조사가격을 조정한 가격을 적용하는 방법 등 거래의 실질 및 관행에 비추어	**제29조**(합리적 기준에 따른 과세가격의 결정) ① 법 제35조에 따라 과세가격을 결정할 때에는 국내에서 이용 가능한 자료를 기초로 다음 각 호의 방법을 적용한다. 이 경우 적용순서는 법 제30조부터 제34조까지의 규정을 따른다. <개정 2013.2.15., 2020.10.7.> 【참조】WTO평가협정: 권고의견 12.2 & 권고의견 12.4		**제39조**(제6방법의 적용) ① 법 제30조에 따른 제1방법부터 법 제34조에 따른 제5방법까지에 따라 과세가격을 결정할 수 없을 때에는 영 제29조제2항에서 사용을 금지하고 있는 가격에 해당하지 않는 범위 내에서 「1994년도 관세 및 무역에 관한 일반협정 제7조의 이행에 관한 협정」에 부합하는 합리적인 방법과 국내에서 이용 가능한 자료를 근거로 하여 과세가격을 결정한다. 【참조】WTO평가협정: 제7조 & 권고의견 12.1

합리적으로 인정되는 방법에 따라 과세가격을 결정한다. [전문개정 2013.8.13.]			② 영 제29조제1항에 따라 과세가격을 결정할 때에는 법 제30조에 따른 제1방법부터 법 제34조에 따른 제5방법까지를 적용순서에 따라 신축적으로 적용하여야 하며, 이전에 적용된 과세가격이 있는 경우 이를 최대한 활용하여야 한다. 【참조】 WTO평가협정: 권고의견 12.2
	1. 법 제31조 또는 법 제32조의 규정을 적용함에 있어서 법 제31조제1항제1호의 요건을 신축적으로 해석·적용하는 방법 【참조】 WTO평가협정: 제7조에 대한 주해	**제7조**(합리적인 기준에 의한 과세가격의 결정) ① 영 제29조제1항제1호에서 "법 제31조제1항제1호의 요건을 신축적으로 해석·적용하는 방법"이라 함은 다음 각호의 방법을 말한다. <개정 2015.3.6.> 1. 당해 물품의 생산국에서 생산된 것이라는 장소적 요건을 다른 생산국에서 생산된 것으로 확대하여 해석·적용하는 방법 2. 당해 물품의 선적일 또는 선적일 전후라는 시간적 요건을 선적일 전후 90일로 확대하여 해석·적용하는 방법. 다만, 가격에 영향을 미치는 시장조건이나 상관행(商慣行)이 유사한 경우에는 90일을 초과하는 기간으로 확대하여 해석·적용할 수 있다.	
	2. 법 제33조의 규정을 적용함에 있어서 수입된 것과 동일한 상태로 판매되어야 한다는 요건을 신축적으로 해석·적용하는 방법 【참조】 WTO평가협정: 제7조에 대한 주해	② 영 제29조제1항제2호에서 "수입된 것과 동일한 상태로 판매하여야 한다는 요건을 신축적으로 해석·적용하는 방법"이라 함은 납세의무자의 요청이 없는 경우에도 법 제33조제3항에 따라 과세가격을 결정하는 방법을 말한다. <개정 2020.3.13.> 【참조】 WTO평가협정: 제7조에 대한 주해	

3. 법 제33조 또는 법 제34조의 규정에 의하여 과세가격으로 인정된 바 있는 동종·동질물품 또는 유사물품의 과세가격을 기초로 과세가격을 결정하는 방법 【참조】WTO평가협정 : 제7조에 대한 주해 4. 제27조제3항 단서를 적용하지 않는 방법 【참조】WTO평가협정: 제7조에 대한 주해	③ 영 제29조제1항제4호에서 "제27조제3항 단서를 적용하지 않는 방법"이란 수입신고일부터 180일까지 판매되는 가격을 적용하는 방법을 말한다. <개정 2022.3.18.> 【참조】WTO평가협정: 제7조에 대한 주해	③ 제2항에 따라 제4방법을 신축적으로 적용하는 때에는 다음 각 호의 사항을 거래의 실질 및 관행에 비추어 합리적으로 인정되는 방법에 따라 조정할 수 있다. 1. 규칙 제7조제2항의 경우 2. 규칙 제7조제3항의 경우 3. 제33조에 따른 산출대상 품목군 및 동종·동류 품목번호 4. 제34조제1항제2호에 따른 업종 5. 제34조제2항제1호에 따른 수입금액 6. 제34조제3항제1호에 따른 매출원가 대비 동종·동류 품목번호에 해당하는 물품을 수입한 금액의 비율 7. 제34조제3항제2호에 따른 매출총이익률 8. 제36조에 따른 납세의 무자 비율
5. 그 밖에 거래의 실질 및 관행에 비추어 합리적이라고 인정되는 방법 ② 법 제35조의 규정에 의하여 과세가격을 결정함에 있어서는 다음 각호의 1에 해당하는 가격을 기준으로 하여서는 아니된다. 1. 우리나라에서 생산된 물품의 국내판매가격 2. 선택가능한 가격중 반드시 높은 가격을 과세가격으로 하여야 한다는 기준에 따라 결정하는 가격		

		3. 수출국의 국내판매가격 4. 동종·동질물품 또는 유사물품에 대하여 법 제34조의 규정에 의한 방법외의 방법으로 생산비용을 기초로 하여 결정된 가격 5. 우리나라외의 국가에 수출하는 물품의 가격 6. 특정수입물품에 대하여 미리 설정하여 둔 최저 과세기준가격 7. 자의적 또는 가공적인 가격 【참조】 WTO평가협정: 제7조		
제36조(과세가격 결정방법 등의 통보) 　세관장은 납세의무자가 서면으로 요청하면 과세가격을 결정하는 데에 사용한 방법과 과세가격 및 그 산출근거를 그 납세의무자에게 서면으로 통보하여야 한다. [전문개정 2010.12.30.]		③ 제1항제1호부터 제4호까지의 규정에 따른 방법을 적용하기 곤란하거나 적용할 수 없는 경우로서 다음 각 호의 어느 하나에 해당하는 물품에 대한 과세가격 결정에 필요한 기초자료, 금액의 계산방법 등 세부사항은 기획재정부령으로 정할 수 있다. <개정 2020.2.11., 2020.10.7.> 1. 수입신고전에 변질·손상된 물품 【참조】 WTO평가협정: 해설 3.1	
			제7조의2(수입신고 전 변질 또는 손상물품의 과세가격의 결정) 　영 제29조제3항제1호에 해당하는 물품의 과세가격은 다음 각 호의 가격을 기초로 하여 결정할 수 있다.

관세법 / 시행령 / 시행규칙 / 관세평가운영에관한고시

		1. 변질 또는 손상으로 인해 구매자와 판매자간에 다시 결정된 가격 2. 변질 또는 손상되지 않은 물품의 가격에서 다음 각 목 중 어느 하나의 금액을 공제한 가격 　가. 관련 법령에 따른 감정기관의 손해평가액 　나. 수리 또는 개체(改替) 비용 　다. 보험회사의 손해보상액 [본조신설 2020.10.7.]	
	2. 여행자 또는 승무원의 휴대품·우편물·탁송품 및 별송품	**제7조의3(여행자 휴대품·우편물등의 과세가격의 결정)** ① 영 제29조제3항제2호에 따른 여행자 또는 승무원의 휴대품·우편물·탁송품 및 별송품(이하 "여행자 휴대품·우편물등"이라 한다)의 과세가격을 결정하는 때에는 다음 각 호의 가격을 기초로 하여 결정할 수 있다. 1. 신고인의 제출 서류에 명시된 신고인의 결제금액(명칭 및 형식에 관계없이 모든 성격의 지급수단으로 결제한 금액을 말한다) 2. 외국에서 통상적으로 거래되는 가격으로서 객관적으로 조사된 가격 3. 해당 물품과 동종·동질물품 또는 유사물품의 국내도매가격에 관세청장이 정하는 시가역산율을 적용하여 산출한 가격 4. 관련 법령에 따른 감정기관의 감정가격 5. 중고 승용차(화물자동차를 포함한다) 및 이륜자동차에 대해 제1호 또는 제2호를 적용하는	**제40조(여행자휴대품 등의 과세가격)** ① 규칙 제7조의3제1항제5호

441

	경우 최초 등록일 또는 사용일부터 수입신고일까지의 사용으로 인한 가치감소에 대해 관세청장이 정하는 기준을 적용하여 산출한 가격 6. 그 밖에 신고인이 제시하는 가격으로서 세관장이 타당하다고 인정하는 가격	에 따라 최초 등록일(또는 사용일)로부터 수입신고일까지의 사용에 따른 가치감소에 대하여는 별표 제2호를 적용하여 계산한다.
	② 제1항제3호의 국내도매가격을 산출하려는 경우에는 다음 각 호의 방법에 따른다. 1. 해당 물품과 동종·동질물품 또는 유사물품을 취급하는 2곳 이상의 수입물품 거래처(인터넷을 통한 전자상거래처를 포함한다)의 국내도매가격을 조사해야 한다. 다만, 다음 각 목의 경우에는 1곳의 수입물품 거래처만 조사하는 등 국내도매가격 조사방법을 신축적으로 적용할 수 있다. 가. 국내도매가격이 200만원 이하인 물품으로 신속한 통관이 필요한 경우 나. 물품 특성상 2곳 이상의 거래처를 조사할 수 없는 경우 다. 과세가격 결정에 지장이 없다고 세관장이 인정하는 경우 2. 제1호에 따라 조사된 가격이 둘 이상인 경우에는 다음 각 목에 따라 국내도매가격을 결정한다. 가. 조사된 가격 중 가장 낮은 가격을 기준으로 최고가격과 최저가격의 차이가 10%를 초과하는 경우에는 조사된 가격의 평균가격 나. 조사된 가격 중 가장 낮은 가격을 기준으로	

		최고가격과 최저가격의 차이가 10% 이하인 경우에는 조정된 가격 중 최저가격
		③ 제1항제3호의 시가역산율은 국내도매가격에서 법 제33조제1항제2호부터 제4호까지의 금액을 공제하여 과세가격을 산정하기 위한 비율을 말하며, 산출방법은 관세청장이 정하는 바에 따른다.
		[본조신설 2020.10.7.]
			② 규칙 제7조의3제3항에 따른 시가역산율은 다음 각 목의 계산방법에 따른다.
			가. 수입물품의 가격이 과세표준으로 되는 물품으로서 국내도매가격에 부가가치세가 포함되어 있는 경우 (종가세)
			  (1) 개별소비세의 기준가격이 없는 경우
			  (가) 과세가격 = $\dfrac{WP}{1.485 \cdot 1.1C \cdot 1.1S(1+C)(1+E+F)}$
			  (나) 시가역산율 = $\dfrac{1}{1.485 \cdot 1.1C \cdot 1.1S(1+C)(1+E+F)}$
			  (2) 개별소비세의 기준가격이 있는 경우
			  (가) 과세가격 = $\dfrac{WP + 1.15 \times SP(1+E+F)}{1.485 \cdot 1.1C \cdot 1.1S(1+C)(1+E+F)}$
			  (나) 시가역산율 = $\dfrac{WP + 1.15 \times SP(1+E+F)}{WP[1.485 \cdot 1.1C \cdot 1.1S(1+C)(1+E+F)]}$
			나. 수입물품의 가격이 과세표준으로 되는 물품으로서 국내도매가격에 부가가치세가 포함되어 있지 않은 경우(종가세)
			  (1) 개별소비세의 기준가격이 없는 경우
			  (가) 과세가격 = $\dfrac{WP}{1.35 \cdot C \cdot S(1+C)(1+E+F)}$
			  (나) 시가역산율 = $\dfrac{1}{1.35 \cdot C \cdot S(1+C)(1+E+F)}$
			  (2) 개별소비세의 기준가격이 있는 경우
			  (가) 과세가격 = $\dfrac{WP + S \times SP(1+E+F)}{1.35 \cdot C \cdot S(1+C)(1+E+F)}$
			  (나) 시가역산율 = $\dfrac{WP + S \times SP(1+E+F)}{WP[1.35 \cdot C \cdot S(1+C)(1+E+F)]}$
			다. 수입물품의 수량이 과세표준으로 되는 물품으로서 국내도매가격에 부가가치세가 포함되어 있는 경우(종량세)

부록

(1) 개별소비세의 기준가격이 없는 경우

(가) 과세가격 = $\dfrac{WP-1.1C'Q\ [1+S(1+E+F)]}{1.485+1.1S(1+E+F)}$

(나) 시가역산율 = $\dfrac{WP-1.1C'Q\ [1+S(1+E+F)]}{WP\ [1.485+1.1S(1+E+F)]}$

(2) 개별소비세의 기준가격이 있는 경우

(가) 과세가격 = $\dfrac{WP-1.1C'Q\ [1+S(1+E+F)]+1.1S.SP(1+E+F)}{1.485+1.1S(1+E+F)}$

(나) 시가역산율 = $\dfrac{WP-1.1C'Q\ [1+S(1+E+F)]+1.1S.SP(1+E+F)}{WP\ [1.485+1.1S(1+E+F)]}$

라. 수입물품의 수량이 과세표준으로 되는 물품으로서 국내 도매가격에 부가가치세가 포함되어 있지 않은 경우(종량세)

(1) 개별소비세의 기준가격이 없는 경우

(가) 과세가격 = $\dfrac{WP-C'Q\ [1+S(1+E+F)]}{1.35+S(1+E+F)}$

(나) 시가역산율 = $\dfrac{WP-C'Q\ [1+S(1+E+F)]}{WP\ [1.35+S(1+E+F)]}$

(2) 개별소비세의 기준가격이 있는 경우

(가) 과세가격 = $\dfrac{WP-C'Q\ [1+S(1+E+F)]+S.SP(1+E+F)}{1.35+S(1+E+F)}$

(나) 시가역산율 = $\dfrac{WP-C'Q\ [1+S(1+E+F)]+S.SP(1+E+F)}{WP\ [1.35+S(1+E+F)]}$

※ 국내도매가격 : WP
※ 관세통형세(국내도매가격 형성시 실제 적용된 관세통형세) : C'
※ 교육세율 : E
※ 단위수량 : Q
※ 관세율(국내도매가격 형성시 실제 적용된 관세율) : C
※ 개별소비세율, 주세율 : S
※ 농어촌특별세율 : F
※ 개별소비세 기준가격 : SP

③ 제2항에 따라 산출한 시가역산율(수입물품의 가격이 과세표준으로 되는 물품으로 개별소비세의 부과대상으로서 기준가격이 없는 경우 및 농어촌특별세, 교통·에너지·환경세가 부과되지 않는 경우)의 예시는 별표 제3호, 별표 제4호와 같다.

	3. 임차수입물품 【참조】 WTO평가협정: 권고의견 1.1 & 사례연구 4.1 & 연구 2.1	제7조의4(임차수입물품의 과세가격의 결정) ① 영 제29조제3항제3호에 따른 임차수입물품의 과세가격은 다음 각 호를 순차적으로 적용한 가격을 기초로 하여 결정할 수 있다. 1. 임차료의 산출 기초가 되는 해당 임차수입물품의 가격 2. 해당 임차수입물품, 동종·동질물품 또는 유사물품을 우리나라에 수출할 때 공개된 가격자료에 기재된 가격(중고물품의 경우에는 제7조의5에 따라 결정된 가격을 말한다) 3. 해당 임차수입물품의 경제적 내구연한 동안 지급될 총 예상임차료를 기초로 하여 계산한 가격. 다만, 세관장이 일률적인 내구연한의 적용이 불합리하다고 판단하는 경우는 제외한다. 4. 임차하여 수입하는 물품에 대해 수입자가 구매선택권을 가지는 경우에는 임차계약상 구매선택권을 행사할 수 있을 때까지 지급할 총 예상임차료와 구매선택권을 행사하는 때에 지급해야 할 금액의 현재가격(제2항제2호 및 제3호를 적용하여 산정한 가격을 말한다)의 합계액을 기초로 하여 결정한 가격 5. 그 밖에 세관장이 타당하다고 인정하는 합리적인 가격 ② 제1항제3호에 따라 과세가격을 결정할 때에는 다음 각 호에 따른다. 1. 해당 수입물품의 경제적 내구연한 동안에 지	

		급될 총 예상임차료(해당 물품을 수입한 후 이를 정상으로 유지 사용하기 위해 소요되는 비용이 임차료에 포함되어 있을 때에는 그에 상당하는 실비를 공제한 총 예상임차료)를 현재가격으로 환산한 가격을 기초로 한다. 2. 수입자가 임차료 외의 명목으로 정기적 또는 비정기적으로 지급하는 특허권 등의 사용료 또는 해당 물품의 거래조건으로 별도로 지급하는 비용이 있는 경우에는 이를 임차료에 포함한다. 3. 현재가격을 계산하는 때에 적용할 이자율은 임차계약서에 따르되, 해당 계약서에 이자율이 정해져 있지 않거나 규정된 이자율이 제9조의3에서 정한 이자율 이상인 때에는 제9조의3에서 정한 이자율을 적용한다. [본조신설 2020.10.7.]
4. 중고물품 【참조】 WTO평가협정: 연구 1.1		**제7조의5(중고물품의 과세가격의 결정)** ① 영 제29조제3항제4호에 따른 중고물품의 과세가격은 다음 각 호의 가격을 기초로 하여 결정할 수 있다. 1. 관련 법령에 따른 감정기관의 감정가격 2. 국내도매가격에 제7조의3제1항제3호의 시가역산율을 적용하여 산출한 가격 3. 해외로부터 수입되어 국내에서 거래되는 신품 또는 중고물품의 수입 당시의 과세가격을 기초로 하여 가치감소분

| | | 을 공제한 가격. 다만, 내용연수가 경과된 물품의 경우는 제외한다.
4. 그 밖에 세관장이 타당하다고 인정하는 합리적인 가격
② 제1항제3호의 가치감소 산정기준은 관세청장이 정할 수 있다.
[본조신설 2020.10.7.] | **제41조(중고물품의 과세가격)**
① 규칙 제7조의5제2항의 가치감소 산정기준은 다음 각 호의 물품별 기준에 따른다.
1. 기초설비품 및 기계류는 「법인세법 시행규칙」상의 업종별 자산의 기준내용연수 및 내용연수범위표상에 기재된 기준내용연수와 감가상각자산의 상각률표 중 정률법에 의한 상각률에 의한다.
2. 승용차(화물자동차 포함) 및 이륜자동차는 별표 제2호의 기준에 의하고, 건설장비류는 별표 제5호의 기준에 의한다.
② 사용으로 인하여 가치가 감소된 물품의 과세가격을 산출할 때에 적용하는 체감잔율은 1월단위로 적용하되, 1월을 계산할 때에는 15일 이하는 버림하고, 16일 이상은 1월로 본다.
③ 규칙 제7조의5제1항제3호에 따른 수입 승용자동차 및 화물자동차의 사용으로 인한 가치감소분 공제시에는 자동차의 최초 등록일(또는 사용일)부터 수입신고일까지의 경과일수를 적용한다. |
| | 5. 법 제188조 단서의 규정에 의하여 외국물품으로 보는 물품 | | **제7조의6(보세공장에서 내국물품과 외국물품을 혼용하여 제조한 물품의 과세가격의 결정)**
① 영 제29조제3항제5호에 따라 내국물품과 외국물품의 |

혼용에 관한 승인을 받아 제조된 물품의 과세가격은 다음의 산식에 따른다.

제품가격 × {외국물품가격 / (외국물품가격 + 내국물품가격)}

② 제1항을 적용할 때 제품가격, 외국물품가격 및 내국물품 가격은 다음 각 호의 방법으로 결정한다.
1. 제품가격은 보세공장에서 외국물품과 내국물품을 혼용하여 제조된 물품의 가격으로 하며, 법 제30조부터 제35조까지에서 정하는 방법에 따른다.
2. 제조에 사용된 외국물품의 가격은 법 제30조부터 제35조까지에서 정하는 방법에 따른다.
3. 제조에 사용된 내국물품의 가격은 해당 보세공장에서 구매한 가격으로 한다.
4. 제3호에도 불구하고 다음 각 목의 어느 하나에 해당하는 경우에는 해당 물품과 동일하거나 유사한 물품의 국내판매가격을 구매가격으로 한다. 이 경우 거래단계 등이 같아야 하며, 두 물품 간 거래 단계 등에 차이가 있는 경우에는 그에 따른 가격차이를 조정해야 한다.
   가. 구매자와 판매자가 영 제23조제1항 각 호에서 정하는 특수관계가 있는 경우
   나. 영 제18조 각 호에서 정하는 물품 및 용역을 무료 또는 인하된 가격으로 직접 또는 간접으로 공급한 사실이 있는 경우
5. 제2호부터 제4호까지의 가격은 법 제186조제1항에 따라 사용신고를

	하는 때에 이를 확인해야 하며, 각각 사용신고 하는 때의 원화가격으로 결정한다. [본조신설 2020.10.7.]	
6. 범칙물품	**제7조의7(범칙물품의 과세가격의 결정)** 영 제29조제3항제6호에 따른 범칙물품의 과세가격은 제7조의2부터 제7조의6까지 및 제7조의8에 따라 결정한다. [본조신설 2020.10.7.]	
7. 「석유 및 석유대체연료 사업법」 제2조제1호의 석유로서 국제거래시세를 조정한 가격으로 보세구역에서 거래되는 물품	**제7조의8(보세구역에서 거래되는 석유의 과세가격의 결정)** ① 영 제29조제3항제7호에 따른 국제가래시세를 조정한 가격으로 보세구역에서 거래되는 석유의 과세가격은 보세구역에서 거래되어 판매된 가격을 알 수 있는 송품장, 계약서 등의 자료를 기초로 하여 결정할 수 있다. ② 국내에서 발생한 하역비, 보관료 등의 비용이 제1항의 보세구역에서 거래되어 판매된 가격에 포함되어 있고, 이를 입증자료를 통해 구분할 수 있는 경우 그 비용을 해당 가격에서 공제할 수 있다. [본조신설 2020.10.7.]	
8. 그 밖에 과세가격결정에 혼란이 발생할 우려가 있는 물품으로서 기획재정부령으로 정하는 물품 [제목개정 2020.10.7.]		

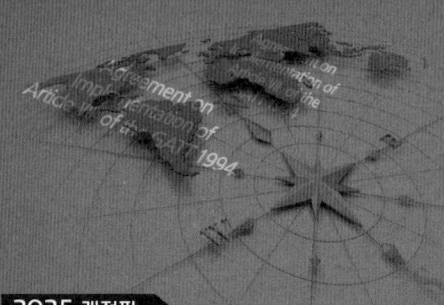

2025 개정판

WTO 관세평가협정

관세 및 무역실무자·
관세사시험을 위한

관세법 포함

저　　자: 세인북스
편　　집: 김병수
디 자 인: 오미정
초판인쇄: 2013년 8월 30일
발 행 일: 2025년 5월 23일(개정6판)
발 행 인: 박병호
발 행 처: 세인관세법인
기 획 처: 세인북스(세인관세법인 출판부)
등　　록: 제 2013-000007호
주　　소: 135-733/ 서울시 서초구 서운로 138 동아타워 2층
전화번호: 02-6011-3064
F A X: 02-6011-3089
의견제출: seinbooks@esein.co.kr
교재구매: www.seinbooks.com

세인관세법인의 출판부인 세인북스에서 발행되는
본서의 무단인용/전재/복제를 금합니다.
이책에 실려있는 내용은 모두 저자에게 저작권이 있습니다.
저자의 서면 허락없이 이 책의 내용의 일부 또는 전부를
무단인용/전재/복제하면 저작권 침해로서 5년 이하의 징역
또는 5천만원 이하의 벌금에 처하거나 이를 병과할 수 있습니다.

ISBN 978-89-98761-88-2(93320)　　　정가 23,000원